5판

토의·토론 수업방법 99

정 문 성

교육과학사

우리 사회의 왜곡된 토론 방식의 **개선을 위하여**

지난 십여 년 동안 우리나라에 토론문화가 크게 확산되었다. 토론 기술과 태도도 많이 발전했다. 그러나 토론은 있고, 실천은 없다(NATO: No Action Talk Only)는 비판도 동시에 받았다.

'토론이나 하고 앉아 있네!'라는 표현은 토론의 비생산성을 꼬집는 것이기도 했고, 실천을 하지 못하는 데 대한 비난이기도 했다. 문제가 생기면 해결할 생각은 않고 토론을 통해 국론만 분열시켜왔다는 비판도 받았다. 토론 훈련을 받는 공무원들도 상명하달이 생명인 공직사회에서 토론이 무슨 의미가 있느냐는 불평도 있었다. 토론 실습을 한 후 한 고위 공무원 수강생이 한 말이 생각난다.

> "평생 공직생활에 토론은 오늘 처음 해 봤습니다. 토론이 좋기는 하지만 현실적으로 아무 의미는 없습니다. 누가 윗분에게 다른 의견을 내겠습니까?", "그리고 좋은 의견을 내죠? 그러면 '아, 그거 기안으로 올려봐!' 바로 이렇게 나오고 그러면 그게 내 일이 된다니까요. 그냥 시키는 대로 하는 게 낫지."

그러나 토론을 강요하는 사회는 계속되었다. 학교 교육에서도 토론은 강조되었다. 아예 교과서에 토론 활동이 명시되어 나타나기도 하였다. 방송국마다 토론 프로그램들이 생겨났고, 시청률도 꽤 높아졌다. 이렇게 활발한 토론문화가 생겨났으면 우리 사회의 여러 문제들이 합리적으로 해결되어야 할 텐데 왜 우리 사회는 혼돈의 연속일까? 무엇이 문제인가?

방법이 문제였다. 토의·토론 방법은 매우 많다. 그런데 우리 사회를 지배했던 방법은 '찬반 대립 토론'이었다. 이것의 전형적인 예는 재판이다. 재판은 원고와 피고가 찬반으로 나뉘어 치열한 토론을 벌이고, 판사가 한 사람의 손을 들어주는 형식이다. 그런데 재판에서는 이기는 사람이나 지는 사람이나 둘 다 치명적 상처를 입기는 마찬가지이다. 많은 시간과 노력을 들이고도 생산적인 결과를 얻지 못하기 때문이다. 그래서 재판 때문에 패가망신하는 사람이 얼마나 많은가?

정치인들 상당수가 법조인이어서 그런지 몰라도, 우리 사회에는 토론을 재판과 같은 '찬반 대립 토론'으로 동일시하는 경향이 있다. 더욱이 방송국의 프로그램도 대부분 '찬반 대립 토론'의 형식을 빌고 있다. 찬반 대립 토론이란 어떤 쟁점이든 찬성팀과 반대팀으로 나누어 서로 마주 앉히고 토론 시합을 시키는 방식을 말한다. 마치 재판과 비슷한데, 직접 참여하는 사람들은 괴롭지만 구경하는 사람 입장에서는 재미있기 때문에 방송국에서 선호하는 방식이다. 쇼펜하우어가 '찬반 대립 토론은 칼 없는 결투'라고 하지 않았는가? 정말 스릴 넘치고 흥미롭다. 반면에 다른 방법들은 참여하는 본인은 재미있을지 몰라도 구경하는 사람은 하나도 재미가 없다. 모 방송국 토론 프로그램 담당 PD가 전화를 해 온 적이 있다. 토론 방식의 문제점을 지적한 필자의 칼럼을 보고, 동감을 했으며, 다른 토론 방식을 도입하기 위해 자문을 구한다는 것이었다. 필자는 무척 고맙고 반가웠다. 그러나 "PD님의 생각은 옳으나, 내가 아는 방법 중에 찬반 대립 토론 외에는 시청률을 올릴 방법이 없으니 계속 하세요."라고 조언할 수밖에 없었다.

일반 사람들이 '토론' 하면 '찬반 대립 토론'을 생각하게 된 가장 큰 이유 중의 하나는 영향력이 큰 방송 프로그램 때문이다. 그렇다고 방송 프로그램을 바꿀 수는 없다. 시청률을 무시할 수 없기 때문이고, 토론에 관심을 갖게 하는 것만으로 큰 기여를 하고 있기 때문이다. 다만 일반 국민뿐만 아니라 학자들이나 교육자들조차도 그렇게 생각하고 있음이 안타깝다는 것이다. 책이나 교과서 등에서 이러한 모습은 쉽게 발견된다. 토론에 대한 개념정의는 대부분 '찬성과 반대가 …'로 시작된다. 이 정의에 따르면 의견이 다른 세 사람은 토론을 못하게 된다. 찬반으로 나누어질 수 없기 때문이다. 즉 그런 개념 정의는 찬반 대립

토론 이외의 토론은 설명하지 못하는 함량미달의 정의가 되어버린다. 이처럼 토론에 대한 왜곡은 너무나 심각하게 우리 사회에 퍼져 있다.

그러나 이윤추구의 실용적 목표를 가진 기업은 달랐다. 기업에서 찬반 대립 토론하는 경우를 거의 본 적이 없다. 그 방식이 얼마나 비생산적인 것을 알기 때문이다. 기업에서는 새로운 아이디어를 만들기 위해 '브레인스토밍'같은 생산적인 방법을 사용한다.

필자가 이 책을 쓴 이유가 바로 그것이다. 우리 사회에 왜곡되어 있는 토론 방식의 획일성을 극복하자는 것이다. 즉 찬반 대립 토론보다는 생산적인 토의·토론 방식을 사용하자는 것이다. 사회 일반에도 마찬가지이고, 공무원 사회에도 마찬가지이다. 찬반 대립 토론으로 누가 맞는지, 누가 잘못했는지를 따질 시간이 어디 있는가? 그 시간에 그럼 "어떻게 할 것이냐?"의 대책을 만들 생산적인 토의·토론을 해야 하지 않겠는가? 학교교육도 마찬가지이다. 왜 학생들에게 찬반 대립 토론으로 싸움을 붙이고 있는가? 찬반 대립 토론에서는 학생들의 톡톡 튀는 아이디어가 나오지 않는다. 아이들의 상상력과 창의성이 발굴되지 않는다. 오히려 아이들의 창의성을 억제한다. 토론은 논증(논리적 증명)과 실증(실제로 증명)으로 자신의 주장을 정당화해야 하기 때문이다. 논증과 실증은 이미 있는 것이지 만들어 내는 것이 아니다. 교사들의 가장 많은 질문 중의 하나는 '토론주제' 정하는 것이 너무 어렵다는 것이다. 이는 찬반 대립 토론을 염두에 두기 때문이다. 적절하게 찬반이 나누어진 주제가 몇 개가 있겠는가? 그러나 청소당번은 어떻게 정할지? 우리 반 분위기를 좋게 하려면? 왕따를 없애려면? 등 토의를 하려면 모든 것이 주제가 된다.

아이들이 가장 싫어하는 수업이 토론 수업이다. 왜냐하면 내 일상생활에서 사용할 일이 거의 없기 때문이다. 이는 성인도 마찬가지이다. 내가 재판을 받거나 자녀가 토론시합에 나가거나 TV토론을 볼 때를 제외하고는 내 생활과 관련이 없다. 아이들을 모두 법조인으로 만들 생각이 아니라면 보다 다양한 토의·토론 방법을 학교 현장에 도입해야 한다.

그래서 '토론' 대신 '토의·토론'이란 용어를 사용하자는 것이다. 토의와 토론은 다르다. 그러나 이 둘이 따로 사용되는 경우는 거의 없다. 토론을 하다가 토의가 되기도 하고, 토의를 하다가 토론이 붙기도 한다. 그러나 이 둘을 아우르는 용어가 없으므로 토의·토론이 적합하다. 그리고 이러한 용어를 사용해야 다양한 방식의 토의·토론을 언급할 수 있다.

바람직한 토의·토론 문화를 만들어 가기 위해서는 대안이 필요했다. 그래서 이 책을 구안하게 되었다. 이 책에는 1부에서는 토의·토론의 개념과 이론, 2부에서는 여기저기 산재해 있는 다양한 토의·토론 방식을 수집하여 소개하였다. 바람직한 토의·토론 방향과 방법은 학교 현장에서부터 훈련되어야 한다. 모처럼 활발하게 전개되는 우리의 토의·토론 문화를 생산적인 방향으로 발전시키는 데 일조하기를 기대한다.

2008. 8.
정 문 성

5판
서 문

성경에는 남을 비판하지 말라고 했다. 비판한 만큼 비판을 당한다는 것이다. 여기에 약간의 오해가 있는 것으로 보인다. 칼에는 '검(劍)'과 '도(刀)'가 있다. '검(劍)'은 양날이 있고, '도(刀)'는 칼등이 있고 칼날은 한쪽만 있다. 요리할 때는 식도와 같이 '도(刀)'를 사용한다. 양날이 필요하지 않기 때문이다. 그러나 '검(劍)'은 전투에서 사용해야 하므로 남을 해치는 효율을 위해 양날로 되어 있다. 비판은 이와 같다. 남을 해치려고 하면 자신도 베일 수 있음을 의식하라는 것이다. 성경에서 남을 비판하지 말라고 한 것은 자신도 베일 각오를 하고 정의로운 비판을 하라는 것이지 하지 말라는 것이 아니다. 그래서 필자가 가장 싫어하는 글이 양비론이다. 양쪽을 싸잡아 비판하고 정작 자신의 주장은 없기 때문이다. 자기는 식도를 사용하고 말겠다는 것이다. 대안 없이는 비판하지 않는 것이 옳다. 대안이 있을 때 비판은 의미가 있다. 그래서 필자가 이 책을 첫 출간할 때 왜곡된 토론문화를 비판하고 대안으로 급하게 36개를, 그 이후 46, 56, 84개의 토의·토론 방법을 모아서 소개한 바 있다. 짧은 기간 동안 많은 호응을 얻어 실용적이고 바로 사용할 수 있는 다양한 토의·토론방법을 많이 발굴하고 정리하여 계속 소개하였다. 이 증보판도 그 일환이다. 독자의 많은 지지에 힘입어 그 후에 발굴한 15개의 토의·토론방법들을 추가하여 증보판을 내게 되었다. 아울러 수정과 교정으로 문장들을 보완하였다.

자신이 실천해보지 않고서는 좋은 것이니 해보라는 것은 무책임하다고 생각한다. 이 책에 있는 99개의 토의·토론 방법은 역사적 의의가 있어서 소개한 것(버즈(buzz)는 특별한 절차가 없어서 월드 카페(world cafe)로 대체하였음) 외에는 필자가 대부분 실천해본 것이고 유익하다고 자신 있게 말할 수 있기 때문에 감히 권장하는 것들이다. 특히 상당수는 경영학에서 가져왔다. 경영학은 응용학문이고 실천학문이라 쓸데없는 것은 살아남지 못하기 때문에 경영학에서 사용하는 것이면 믿고 활용할 수 있다. 또한 필자가 직접 해 보고 토의·토론으로 활용하기 어색한 것은 다소 수정해서 제시하였다.

필자는 사범 대학을 졸업하자마자 4년 동안 중학교와 고등학교에서 사회를 가르쳤다. 내 인생에서 가장 행복했던 시절 중의 하나였다. 제자들을 사랑했고, 제자들로부터 더 많은 사랑을 받았다. 이런 제자들을 정말 잘 가르치고 싶었는데 수업방법에 무지했고 답답했다. 많은 교사들이 필자와 같은 생각이었을 것이다. 그래서 수업방법을 공부하려고 다시 오마 약속하고 대학원에 진학했다. 1994년 '협동학습'으로 박사학위를 받은 뒤에 '협동학습의 이해와 실천(교육과학사)'이란 책과 함께 협동학습을 현장에 보급하기 위해 지구를 몇 바퀴 돌았는지 모른다. 2008년부터는 왜곡된 토론 수업을 바로잡기 위해 토론도 중요하지만 더 중요하고 실용적인 토의를 확산하고 정착시키기 위해 '토의·토론 수업방법 36(교육과학사)'을 시작으로 지금까지 달려오고 있다. 이제 협동학습은 보편화되었고, 왜곡된 토론 수업보다는 누구나 참여할 수 있는 토의·토론 수업이 정착되고 있어서 많은 보람을 느낀다. 2022 개정 교육과정 총론에서도 토의·토론 수업을 권장하고 있다. 토의·토론 수업 역시 협동학습에 기반하고 있다. 필자의 의지와 노력에 지지를 보내고 실천해주신 수많은 선생님들의 도움이 아니었으면 불가능했다. 여기에 소개된 수업사례도 그런 선생님들의 경험을 빌린 것이다. 이제는 다양한 토의·토론 수업방법이 보편화되어 이러한 책이 필요 없는 교실현장이 되기를 기대한다.

2025. 10.
정 문 성

이 책의 차례

제1부 토의·토론 수업의 이해편

제2부 토의·토론 수업의 실천편

제1부

토의·토론 수업의 이해편

제1장

토의·토론이란 무엇인가?

토의·토론은 동양에서는 기원전 1세기 중국 한나라에서 국정을 논하던 경연제도(군주에게 유교의 경서와 역사를 가르치던 교육제도)에서부터, 서양에서는 기원전 5세기 민주주의가 발달한 그리스에서부터 시작되었다. 그 이후 지금까지 정치, 경제, 사회, 문화, 교육 모든 부분에서 중요한 의사결정 방법으로 사용되어 왔다(임칠성, 2011; 차우규, 2000). 특히 민주주의 사회에서 토의·토론은 민주시민이 갖추어야 할 필수적인 자질이 되었다. 여기서는 토의·토론의 개념과 역사 및 필요성을 알아보자.

1. 토의·토론의 개념
2. 토의·토론의 역사
3. 토의·토론의 요소
4. 토의·토론 수업의 필요성
5. 토의·토론 수업의 이점

1. 토의 · 토론의 개념

토의 · 토론과 비슷한 용어로 논쟁, 언쟁, 시비, 쟁론, 대화 등이 사용되고 있고, 수업에 적용될 때는 논쟁 수업, 쟁점 수업, 문제 중심 수업 등의 용어도 사용된다(정문성, 2004). 영어에서도 argue, discourse, dialogue, discuss, debate 등 다양한 용어들이 사용된다(구정화, 2009; 권낙원, 1996; 김병원, 2000; 김주현, 2001; 박천환, 2001; 임칠성, 2011; 변홍규, 1997; 송창석, 2001; 안효일, 2001; 여의숙, 2009; 유동걸, 2012; 전영우, 1996; 황연성, 2011; Brookfield & Preskill, 2005). 그러나 여기서는 토의와 토론의 개념만 다루기로 한다.

토의와 토론은 다른 개념이다. 토론을 토의에 포함되는 개념으로 생각하는 경우도 많다(전명남, 2006; 정재찬 · 이성영 · 서혁 · 박수자, 1998). 그러나 여기서는 별개의 개념으로 구분하고자 한다. 토의(discuss)는 희랍어 'dischos'에서 나왔다. 주의 깊게 검사하다의 뜻이고, 토론(debate)은 라틴어 'debattuo'에서 나왔다. 서로 떨어져 분리되어 싸운다는 뜻이다(토론교육연구소, 2007).

토의(討議, discussion)는 '대립된 의견을 통합시키기 위하여 집단 구성원이 각자의 의견을 제시하고, 그 시비(是非)를 논의하는 과정(두산백과사전)', '어떤 문제에 대하여 함께 검토하고 협의함(다음국어사전)', '두 사람 이상이 모여 집단사고의 과정을 거쳐 어떤 문제의 해결을 시도하는 논의 형태(정재찬 · 이성영 · 서혁 · 박수자, 1998)', '공동의 관심사가 되는 어떤 문제에 대하여, 가장 바람직한 해결방안을 찾으려고 집단 구성원이 협동적으로 의견을 나누는 과정(교육부, 2004)', '참가자들이 협력적인 사고를 통해 문제를 해결하는 과정(송창석, 2011)', '문제를 해결하려는 목적하에 다양한 의견 교환을 통해 합의적 결론에 도달하려는 비형식적 대화 방식(토론교육연구소, 2007)' 등 다양하게 정의된다.

이러한 정의들의 내포와 외연을 종합할 때 토의는 다음과 같이 정의될 수 있다.

> 토의는 어떤 주제에 대해서 여러 사람들이 정보와 의견을 교환하여 학습하거나 문제를 해결하려는 말하기 듣기 활동이다(정문성, 2004: 150).

즉 토의에는 다음과 같은 요소들이 포함된다.

첫째, 주제가 있어야 한다. 이때 주제는 토의를 위해 모인 사람들의 공통된 주제이다. 만약 주제가 없다면 그것은 단순한 대화에 불과하다.

둘째, 여러 사람이어야 한다. 혼자서 토의를 할 수 없으므로 반드시 두 명 이상이 모여 있어야 한다.

셋째, 정보와 의견이 교환되어야 한다. 참여자들이 각자가 가진 정보들을 교환하고, 서로의 의견을 나누는 활동이 있어야 한다.

넷째, 학습이나 문제해결의 목적이 있어야 한다. 목적이 없다면 이것 역시 단순한 대화에 불과하다.

다섯째, 말하기와 듣기 활동이 있어야 한다. 일방적으로 말만 하든가, 듣기만 한다면 그것은 토의라고 할 수 없다.

이러한 토의는 사람들마다 서로 다르게 받아들일 수 있다. 즉 학생, 근로자, 수영 코치, 부모, 교사들에게 약간은 다른 의미로 받아들여질 수 있다. Wilen(1990)은 토의가 교사들에게 주는 의미를 다음과 같이 설명하고 있다.

> 교사에게 토의는 '교육적(educative)이고, 반성적(reflective)이며, 구조적인(structured) 학생들에 의한 집단 대화(conversation)'이다. 여기서 '교육적'이란 것은 수업 목표를 달성하기 위한 방향과 목적이 의도적으로 제시된다는 점이고, '반성적'이란 것은 학생들로 하여금 비판적이고 창의적인 고급사고력을 사용하도록 격려한다는 점이며, '구조적'이라는 것은 그 대화가 리더에 의해서 조직되고 수행된다는 점을 의미한다. 그러므로 친숙한 사람들이 자신들의 생각과 느낌을 비공식으로 나누는 대화와는 구별된다(Wilen, 1990: 3).

토의	구분	토론
합의가 필요한 주제	주제의 성격	선택이 필요한 주제
최선의 결과 도출	목적	대안의 우열을 가림
주장이 같아도 됨	참석자(두 명 이상)	주장이 달라야 함
정보나 의견 교환	상호작용	논증과 실증
규칙이 없거나 느슨함	규칙	엄격한 토론 규칙
특별한 제한 없음	말하기와 듣기	공평성을 위해 제한
창의성	필요한 능력	논리성

[그림 1-1-1] 토의와 토론의 차이

토론(討論, debate or debating)은 '두 개인이나 집단이 어떤 문제에 대해 대립되는 견해를 뒷받침할 논거를 제시하면서 공식적으로 또는 구두(口頭)로 대결하는 것(브리태니커 사전)', '어떤 문제에 대하여 여러 사람이 각자의 의견을 내세워 그것의 정당함을 논함(다음국어사전)', '참가자들이 대립적인 주장을 통해 바람직한 결론에 도달하는 과정(송창석, 2011)', '어떤 논제에 대하여 찬성자와 반대자가 각기 논리적인 근거를 발표하고 상대편의 논거가 부당하다는 것을 명백하게 하는 말하기의 한 형태(박재현, 2004)', '자신의 의견이 올바르며, 적절한 것이라고 주장하고, 그와 대립하는 타자의 의견의 오류, 부적절함을 비판함으로써, 자신의 의견의 영향을 강화하고, 타자의 의견의 영향을 억제하려고 하는 상호 간의 커뮤니케이션(한형석, 2003)' 등 다양하게 정의된다.

이러한 개념 정의들에서 발견되는 현상은 '토론'과 '찬반 대립 토론'을 혼동하는 경향이 보인다는 것이다. 즉 토론에는 여러 가지 방법이 있는데, 이 중 하나인 '찬반 대립 토론'을 '토론'과 동일한 개념으로 정의하는 경우가 많다. '찬반 대립 토론'은 어떤 주제를 찬성과 반대로 나누어 토론하는 것을 말한다. 그러므로 이 개념 정의에 따르면 찬성과 반대로 나누어지지 않고, A입장, B입장,

C입장을 가진 사람들의 토론은 불가능하다는 의미가 된다. 그러므로 토의와 구별되는 토론의 의미를 종합하여 정의하면 토론이란 다음과 같이 정의할 수 있다.

> 토론이란 어떤 주제에 대해 서로 다른 주장을 하는 사람들이 논증과 실증을 통해 규칙에 따라 자기 주장을 정당화하여 다른 사람을 설득하려는 말하기 듣기 활동이다(정문성, 2004; 150).

즉 토론에는 다음과 같은 요소들이 포함된다.

첫째, 주제가 있어야 한다. 이때 주제는 토론을 위해 모인 사람들이 공통적으로 인식한 주제이다. 만약 주제에 대한 합의나 개념 이해가 다르다면 토론은 겉돌게 되어 의미가 없어진다.

둘째, 여러 사람이 참여하되, 주장이 달라야 한다. 토의는 주장이 같아도 할 수 있다. 그러나 주장이 같으면 토론은 불가능하다. 이미 각자의 결론은 정해져 있고, 자신의 결론이 옳다고 주장하기 위해 토론을 하는 것이다.

셋째, 논증과 실증이 전개되어야 한다. 토의는 정보와 의견이 교환되지만 토론은 각자의 주장을 정당화하기 위해서 논리적으로 증명하든가, 실제로 증명해야 한다. 사실상 토론 과정의 대부분은 이러한 논증과 실증의 공방이라고 볼 수 있다.

넷째, 엄격한 토론 규칙이 있어야 한다. 토의에도 규칙이 있지만 토론처럼 엄격하지는 않다. 규칙의 내용은 주로 절차와 예의에 관한 것이지만 토론 방법에 따라 다양할 수 있다. 따로 규칙이 없다고 하더라도 암묵적으로 토론에 참여한 사람들이 만족할 만큼 참여자들에게 공평한 기회를 제공하는 것이 기본이다.

다섯째, 말하기와 듣기 과정이 있어야 한다. 자기 주장만 한다거나 듣기만 해서는 토론이 일어날 수 없다. 특히 상대의 주장을 경청해야 상대 주장의 오류를 지적하고, 자신의 주장을 더 강력하게 펼칠 수 있다.

이처럼 토의와 토론은 개념이 서로 다르다. 토의가 주로 대안을 구상하기 위함이라면 토론은 정확한 판단을 하기 위함이다. 그래서 재판은 토론으로 한다. 정확한 판결을 위해서다. 이를 위해 토론은 고정관념, 편견, 은폐, 축소, 과장, 왜곡 등 흔히 우리가 저지르는 생각의 오류를 제거하는 능력을 가지고 있다. 고정관념은 특정한 집단에 대한 생각이며, 편견은 고정관념이 틀렸다는 증거가 있음에도 원래의 생각을 바꾸지 않으려는 태도이다. 불리한 증거는 숨기거나 별것 아니라고 축소하고 유리한 증거는 매우 중요한 것인 양 과장한다. 내가 유리하게 해석하는 것이 왜곡이다. 우리가 자기도 모르게 사용하는 이 여섯 가지 생각은 토론을 만나면 다 드러나고 제거된다.

▸ 헨리 폰다가 주연한 영화 '12명의 성난 사람들'은 배심원 회의에서 11:1로 유죄였던 상황에서 두 시간 동안 토론 결과 고정관념, 편견, 은폐, 축소, 과장, 왜곡이 제거되면서 12:0으로 무죄가 결정되는 과정을 그린 토론 영화의 수작이다(1957).

그러나 현실적으로 토의와 토론이 분리되어 진행되는 경우는 드물다. 토의를 하다 보면 토론이 붙기도 하고, 토론을 하다 보면 토의가 되기도 한다. 예를 들어 가을 운동회에 우리 반에서 누가 달리기 대표로 나갈 것인가를 결정한다고 하자. 만약 A학생과 B학생이 후보로 나와 서로 나가야 한다고 주장하면 그때부터는 토론이 되어버린다. 반대로 두 학생 중에서 어떤 기준으로 한 명을 뽑아야 할까를 의논하게 되면 다시 토의가 된다. 치열하게 싸우는 TV의 토론 프로그램에서도 더 심도 있는 토론을 진행하기 위해서 주어진 논제나 개념에 대해서는 서로 합의하기도 한다. 즉 토의를 하는 것이다.

그러므로 토의와 토론을 엄격히 구분하기는 힘들다. 특히 학교에서 학습을 위해 토의와 토론을 수업에 적용할 때는 더욱 그렇다. 즉 수업 목표를 달성하기 위해 수단으로 사용하는 토의와 토론이기 때문에 이를 구태여 분리할 필요가 없어진다. 오히려 이 두 방법을 함께 사용하는 것이 더욱 현실적이고 실용적이다. 그래서 토의·토론이라는 용어를 사용하는 것이 바람직하다.

2. 토의·토론의 역사

토의·토론의 역사는 기원전으로 올라간다. 민주주의가 발달했던 고대 그리스에서 꽃이 피었다. 최초의 대중적 토론자였던 BC 436의 이소크라테스(Isocrates), 아무도 토론으로 대적하지 못했던 BC 439의 소크라테스(Socrates)가 유명하다. 그는 다른 주장을 했다는 이유로 결국 의회에 의해 죽임을 당했다. 그러나 그리스 아테네는 유명한 토론자들을 많이 배출했고, 토론이 유행한 도시국가였다.

로마시대에는 키케로(Cicero: 106-43 BC)와 쿠인틸리아누스(Quintilianus: 43 AD)가 유명했다. 로마제국이 멸망한 이후로 정치계에서 토론 문화는 사라졌다.

1265년 영국 의회가 처음 소집되었을 때 다시 토의·토론이 등장하기 시작했고, 의회를 중심으로 영국에서 토의·토론 문화가 발전되었다. 노벨 문학상을 받은 윌리엄 골딩의 '파리대왕'을 보면 토의·토론 문화가 영국에 얼마나 보편화되었는지 알 수 있다. 무인도에 불시착한 영국의 어린이들이 제일 먼저 한 것이 의회를 만드는 것이었다. 물론 토의·토론을 통해서였다. 우리가 볼 때는 잘 공감이 되지 않는 장면이다. 그러나 영국 어린이들은 일상생활 속에서 어른들이 문제해결을 위해 토의·토론하는 모습을 보아왔기 때문에 당연히 토의·토론부터 시작한 것이다.

이러한 토의·토론 문화는 '의회식 토론(parliament debate)'이라는 형식을 만들었고, 서구에서는 이것을 응용한 토론 대회가 많이 열리고 있다. 특히 1815년 케임브리지 대학, 1823년 옥스퍼드 대학 등에서 의회식 토론대회가 열려 인기를 끌었고, 지나치게 논쟁적이어서 잠시 대회를 그만두기도 했다. '토론은 이기고 친구는 잃는다.'라는 영국 속담이 생길 정도였기 때문이다. 그러나 토의·토론은 영국인들이 가장 즐기는 문화 중의 하나이다. 그리고 이것은 서구사회에 널리 퍼져 보편화되었다.

〈표 1-1-1〉 의회식 토론(parliamentary debate)의 일반적 절차

• 찬성팀(government team)은 사회자의 오른편에 앉는다. 반대팀은 왼편에 앉는다. • 토론 순서는 ① 찬성팀 토론자1(Prime Minist), ② 반대팀 토론자1(Leader of the Opposition), ③ 찬성팀 토론자2(Second Government Speaker), ④ 반대팀 토론자2(Second Opposition Speaker)이다. ⑤ 반대팀 토론자1이 반박토론을 하고, ⑥ 찬성팀 토론자1이 반박한다.

3. 토의·토론의 요소

툴민(Toulmin)은 1958년 영국 케임브리지 대학 박사학위논문에서 '6단 논법'을 발표했는데, 토론을 준비할 때 매우 유용한 방법이다. 1단계는 '논제'를 정하고, 2단계는 '결론'으로 어느 입장을 선택한다. 3단계는 '이유'로서 왜 그 결론에 도달했는지를 확인한다. 4단계는 '설명'으로 이유에 대한 설명이다. 이유가 '큰 생각'이라면 설명은 '작은 생각들'이라고 할 수 있다. 이것이 상대방을 설득하는 구체적 설명이 된다. 5단계는 '반론 꺾기'로 예상되는 반론을 생각하고 그 대안을 준비한다. 6단계는 '예외 정리'로 다소의 예외에 대한 확인을 통해 자신의 주장을 더 정교하게 한다(김병원, 2000).

[그림 1-1-3]은 툴민(Toulmin)의 모델이다. 이 모델에 근거하여 토론자는 토론을 완벽하게 준비할 수 있다. 즉 자료를 준비해서 그가 제시한 여섯 가지 요소를 검토하면 된다.

주장(claim)은 다른 사람들이 받아들이기를 희망하는 자신의 명제이다. 예를 들어 '우측 보행을 해야 한다.'라는 주장을 한다고 하자. 그러면 이와 관련된

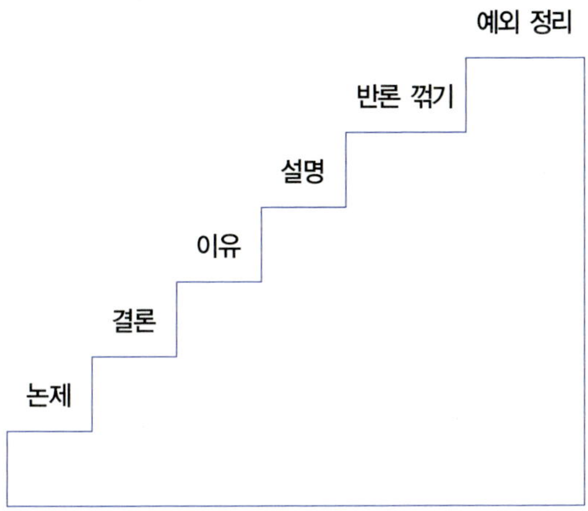

[그림 1-1-2] 6단 논법

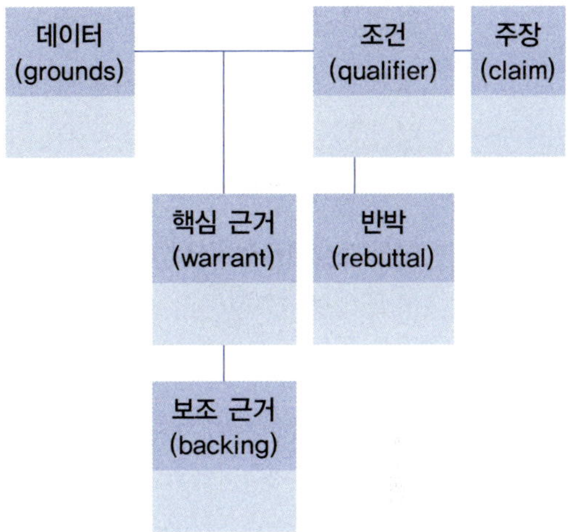

[그림 1-1-3] Toulmin의 모델

데이터(grounds)를 준비해야 한다. 이런 데이터는 상대를 설득하기 위한 기초가 된다. 예를 들면 성인의 65%가 우측 보행을 지지한다는 통계는 이 주장의 이유가 되는 훌륭한 데이터가 된다. 핵심 근거(warrant)는 데이터와 다른 데이터를 주장에 연결해주는 것이다. '우측 보행은 많은 사람(성인의 65%가 찬성)들이 원하는 것이다.'라고 주장할 수 있다. 여기에는 여섯 가지 방법(GASCAP)이 사용된다. 일반화(generalization)는 대부분의 사례에 적용될 때 사용하고, 유추(analogy)는 유사한 사례를 찾아 적용하는 것이다. 표시(sign)는 어떤 증거가 일반적 원리를 보여주는 경우로 예를 들면 담뱃불은 화재의 위험이 있다거나 성적이 높으면 머리가 좋다는 것 등이다. 인과관계(causality)는 원인과 결과의 관계일 때이며, 권위(authority)는 권위 있는 사람의 말이나 글 등을 증거로 사용하는 경우이다. 원리(principle)는 타당하다고 널리 인정되는 명제를 적용하는 경우다.

보조 근거(backing)는 근거를 보조해주는 또 다른 근거이다. '청소년의 55%도 우측 보행을 지지한다.'라는 보조 근거가 된다. 조건(qualifier)은 주장이 적용되는 범위를 말하는데 완벽한 주장은 없기 때문에 일종의 예외를 인정하려는 것이다. 주로 대부분, 보통, 항상, 때때로 등의 용어가 많이 사용된다. '대부분의 사람들이 우측 보행을 원한다.'라고 말할 수 있다. 반박(rebuttal)은 반대 논리나 반대 사례들을 말한다. 스스로 어떤 반대 논리와 반대 사례가 가능한지 점검해본다. 툴민의 모델에 대한 자세한 설명은 '82. 툴민(Toulmin) 모형'에 소개된다.

일반화	대부분의 사례에 적용
유추	유사사례적용
표시	일반화 가능한 증거
인과관계	원인과 결과 관계
권위	권위 있는 사람과 기관
원리	보편적 명제

[그림 1-1-4] 주장(claim)을 위한 여섯 가지 방법(GASCAP)

4. 토의·토론 수업의 필요성

토의·토론을 수업에 적용하려는 노력은 오래전부터 있어 왔다. 토의·토론 수업의 필요성은 크게 네 가지로 정리할 수 있다.

1) 민주시민의 필수 조건

우리의 삶을 돌아보면 수많은 의사결정으로 이루어져 있음을 알 수 있다. 아침에 몇 시에 일어나서 무슨 옷을 입어야 할지, 아침 식사는 어떻게 해야 할지, 심지어 지금 밥을 떠야 할지, 국을 떠야 할지 등 수만 번의 의사결정을 하면서 하루를 보낸다. 이런 사소한 의사결정뿐만 아니라 진학, 진로, 결혼 등 매우 중요한 의사결정에 이르기까지 우리가 의식하던, 아니면 습관적으로 하던 계속

되는 의사결정과 실천의 연속이 우리의 삶이다. 그런데 이러한 의사결정은 나 혼자 하는 것이 아니다. 우리가 로빈슨 크루소가 아닌 다음에야 항상 다른 사람들을 의식하면서 의사결정을 하게 되는 것이다. 즉 사회적 의사결정을 해야 한다. 더욱이 민주주의가 보편화된 오늘날 사회에서는 독단적인 의사결정은 거의 하기 힘들다. 나의 의사결정이 다른 사람에게 영향을 미치고, 다른 사람의 의사결정이 나의 삶에 영향을 끼치기 때문이다. 그러므로 쉽게 의사결정을 하기 위해 사회 계약을 하고, 법을 만들고, 제도를 만드는 것이다. 그 나머지 영역은 끝없이 생각하고 의사결정하고 실현해야 할 우리의 몫이다.

[그림 1-1-5]와 같이 민주주의 사회에서는 주어진 문제를 해결하기 위해 문제와 관련된 사실을 확인하고, 가치를 검토해서 대안을 찾거나 만들고, 그중에 합의해서 하나를 결정하는 것이 전형적인 의사결정 과정이다. 이때 합의를 하기 위해 필요한 것이 토의·토론이다. 여러 사람들이 가진 정보와 의견, 그것의 진위 여부, 가치의 위계 검토, 주장의 논증과 실증 등의 과정을 거쳐 최선의 결정을 하는 것이다. 이러한 사회적 의사결정이 우리의 삶인 이상, 토의·토론도 우리 생활의 일부가 되어 있다.

민주시민교육이 발달한 독일에서는 진보, 보수 교육자들이 1976년 보이텔스바흐라는 작은 도시에 모여 적어도 학교 교육에서는 학생들이 자유로운 토의·토론을 하도록 세 가지 형식적 원칙을 합의하여 널리 유행하게 되었다(심성보, 2018). 세 가지 원칙이란 강제적 교화의 금지, 논쟁은 논쟁으로 다루기, 학습자의 이익에서 출발하기이다. 한국교육과정평가원(옹진환 외, 2023)은 보이텔스바흐 원칙이 너무 오래전에 만들어졌고, 형식적인 원칙에 불과해서 이를 정교화하여 발전시킨 현대 민주주의 사회에 적합한 네 가지 원칙을 제시하였다. 첫째, 다원주의의

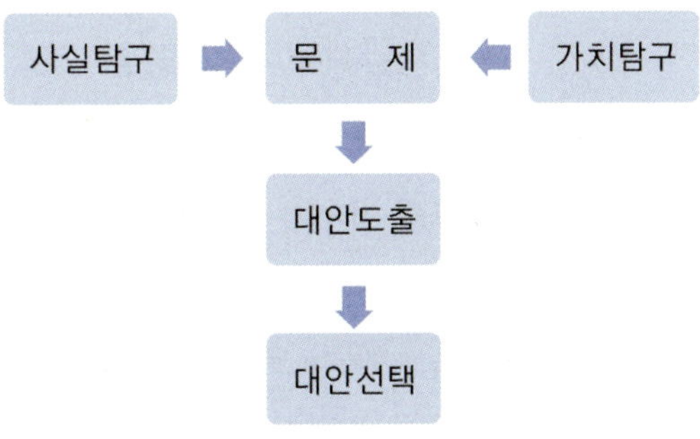

[그림 1-1-5] 의사결정의 과정

보장으로 보이텔스바흐의 제1원칙이 소극적 입장이라면 다원주의는 주장 근거의 다원성을 보장해야 한다는 적극적 입장이다. 둘째, 기본가치의 사회적 맥락화로 인간 존엄, 자유, 평등과 같은 인류 보편적 가치를 덕목으로 가르칠 것이 아니라 왜 그 가치가 보편적 가치가 되었는지 사회적 맥락을 이해하고 내면화해야 한다. 즉 그 가치의 배경 철학은 무엇이며, 이를 보장하기 위한 제도는 어떻게 구성되었으며 어떤 과정으로 발전해왔는지 등 그 기본가치의 사회적 맥락의 근거를 교육해야 한다. 셋째, 식견 있는 행동이어야 한다. 단순한 감정, 동조, 맹목적 찬성과 반대가 아니라 관련 지식을 알고, 관련된 가치의 위계를 따지고, 다양한 대안을 만드는 등 충분한 식견을 가지고 판단하고 실천해야 한다. 적어도 어떤 행동을 할 때는 그 이유를 다른 사람이 납득할 수준의 설명을 할 수 있어야 한다는 것이다. 넷째, 학습자의 자기 관련성이 있어서 자신에게 즉각적으로 가치 있고 유의미한 것이어야 한다. 이는 보이텔스바흐의 제3법칙과 같은 맥락이다. 첫 번째, 네 번째 원칙은 보이텔스바흐의 1, 3원칙과 유사하며 2원칙이 둘째, 셋째 원칙으로 분화 발전되었다고 볼 수 있다. 이러한 원칙이 적용되었을 때 토의 · 토론 수업은 더욱 풍요로운 교육적 효과를 얻을 수 있다.

따라서 학교에서부터 이러한 네 가지 원칙이 작용하는 문화에서 토의 · 토론 능력을 길러주어야 한다. 즉 토의 · 토론을 잘하는 학생이 의사결정도 잘하고, 현명한 삶을 영위할 수 있을 것이다.

2) 고급사고력의 향상

토의 · 토론 수업이 다른 수업방법보다 인지적 효과가 높다는 것에 대해서는 논란의 여지가 있다(Tumposky, 2004). 두빈과 타베기아(Dubin & Taveggia, 1968)는 대학생을 대상으로 한 관련 연구 36개를 분석하고, 51%가 설명식 수업을, 49%가 토의 · 노론 수업이 효과적이며, 따라서 설명식 수업과 토의 · 토론 수업의 차이는 없다고 결론 내렸다(Gall & Gall, 1990에서 재인용). 매키치와 쿨릭(McKeachie & Kulik, 1975)은 저급 사고에서는 설명식 수업이 더 효과적이라고 보고하였다(Gall & Gall, 1990에서 재인용). 그러나 이러한 결과는 토의·토론 활동이 제대로 이루어지지 않았기 때문이다.

토의·토론의 효과는 다음의 네 가지 이론으로 설명된다(정문성, 2003).

첫째는 인지발달론(cognitive development theory)과 인지정교화론(cognitive elaboration theory)이다. 인지발달론은 또래 학습자들의 활발한 상호작용이 지적 자극을 일으켜서 인지가 발달한다는 것이다. 또한 인지정교화론은 학생들이 자기의 생각을 발표할 때 인지가 더욱 정교화된다는 것이다. '가르치면서 배운다'는 것이 인지정교화론이다. 내가 정확하게 이해하지 못하더라도 남을 가르치다 보면 더 정확하게 이해되는 경험을 해 보았을 것이다. 토의·토론 수업은 이러한 기회를 갖게 한다.

둘째는 탐구공동체 이론이다(박범수, 2002; 조성민, 2009; Lipman, 2003). 토의·토론 수업을 하는 것은 탐구공동체 수업이라고 할 수 있는데, 이러한 공동체는 학생들의 자발적인 학습을 유도하고, 상호작용에 의해 인지적, 정의적 피드백을 받아 객관적이고 일반화된 사고로 발전시키는 경험을 준다. 또한 교사로부터 학생에게 학습이 위탁되는 형태이므로 자율적 학습능력을 기르고, 학생들과의 상호작용 속에 추상적 사고능력도 기르게 된다(한석실, 2015).

셋째는 구성주의와 협동학습 이론이다. 구성주의 수업과 협동학습은 토의·토론 수업에서 가능하다. 학생들과의 토의·토론을 통해 지식을 구성해나가기 때문이다. 또한 협동학습은 학생들과의 긍정적 상호의존이 필수적인데, 이를 위해 많은 토의·토론이 활용된다. 두 이론과 경험적 검증이 보여준 학습효과는 토의·토론 수업의 효과를 대변해준다.

넷째는 집단 사고의 효율성이다(강철성, 1999; 김홍희, 2000). 개인의 생각보다는 집단이 함께 생각해낸 결과가 더 정확하고, 합리적이며, 창의적이다. 즉 개인의 생각들이 다양한 관점과 가치로 점검되면서 정련화되는 경험을 토의·토론 속에서 하게 된다. 그만큼 수준 높은 사고가 경험되고, 효율적인 학습 결과로 이어진다(Okolo, Ferrerri & MacArthur, 2007).

토의 · 토론 수업이 인지적 효과 중에서도 저급 사고보다는 고급 사고를 향상시킨다는 주장에 이의를 제기하는 사람은 거의 없다(권낙원, 1996; 강인애, 1999; 강인애 외, 2000; 강철성, 1999; 김홍희, 2000; 박범수, 2002; 이성은 · 오은순 · 성기옥, 2002; 정문성, 2004; Aronson et al., 1978; Honebein, 1996; Kagan, 1994; Larson, 2003; Mathews, 1994; Parker, 2001; Piaget, 1926; Slavin, 1990; Vygotsky, 1978). 고급 사고는 다양하게 정의된다. 비판적 사고, 문제해결력, 창의력, 논리력, 의사결정력, 메타인지 등을 고급 사고라고도 하고, 블룸(Bloom)의 신분류 중에 '기억하기'와 '이해하기'를 저급 사고, '적용하기', '분석하기', '평가하기', '창조하기'의 네 가지를 고급 사고라고 하기도 한다.

후자의 경우로 예를 들어 보면, 토의 · 토론 수업은 분명히 고급 사고를 사용하도록 되어 있다. 설명식 수업을 할 때는 학생들이 교사의 설명을 듣고, 그 지식을 머리에 넣어두는 '기억', 그리고 설명을 '이해'하는 두 가지 사고에만 집중하게 된다. 물론 뛰어난 학생들은 설명식 수업 중에도 그 지식을 자기가 알고 있는 상황에 적용해보거나 분석해 보거나, 교사의 설명을 평가하고 창의적으로 요약하기도 할 것이다. 그러나 이것은 매우 드문 경우에 해당된다. 뿐만 아니라 그럴 시간도 주어지지 않는다. 그러나 토의 · 토론 수업은 오히려 이러한 네 가지 고급 사고를 사용하도록 종용받는 상황이라고 할 수 있다. 토의 · 토론 상황에서는 상대방이 주장한 내용을 현실상황에 적용하고, 분석하고, 평가하고, 창조해보아야 하기 때문이다.

블룸의 분류와는 다르지만 전술한 비판적 사고, 문제해결력, 창의력, 논리력, 의사결정력, 메타인지 등과 같은 고급 사고는 학생 혼자서만은 해결할 수 없는 복잡하고 종합적인 능력이 필요한데, 여러 사람이 참여한 토의 · 토론은 이것을 가능하게 해 준다(Gall & Gall, 1990).

뿐만 아니라 토의 · 토론을 하는 가운데 '기억'과 '이해'의 저급 사고도 활발하게 사용된다. 즉 말을 주고받는 과정이 지식을 기억하도록 연습하는 효과가 되고, 서로의 주장을 이해해야 토의 · 토론이 진행되므로 자연스럽게 '이해'의 사고도 사용한다. 그리고 이러한 경험 때문에 더 오랫동안 기억되고 이해된다.

3) 도덕 발달과 태도의 변화

토의·토론 수업은 학생들의 도덕성 발달과 태도 변화에 큰 영향을 준다. 콜버그(Kohlberg) 이후 도덕성도 인지적 발달과 관계가 있다고 주장되어 왔다. 도덕적 수준을 관습이전단계, 관습단계, 관습이후단계의 세 차원(6단계)으로 나누고, 가급적 학생들을 상위단계로 끌어올리는 것이 도덕교육의 목적이 되었다. 이것을 끌어올리기 위해 사용하는 것이 딜레마를 통한 토의·토론 수업이다. 확실히 학생들은 토의·토론 수업을 통해 갈등을 겪게 되고, 특히 상위 단계에 있는 학생들의 생각을 접하면서 자신도 상위 단계로 발달될 가능성이 많게 된다(Gall & Gall, 1990).

[그림 1-1-6] 태도의 요소

또한 학생들이 가지고 있는 잘못된 태도도 토의·토론 수업을 통해 변화될 가능성이 많다. 태도는 인지적 요소, 정의적 요소, 행동적 요소로 구성된다(Albrecht et al., 1980). 인지적 요소는 주어진 상황에서 어떤 대상에 대해 인식하는 것이고, 정의적 요소는 주어진 상황에서 어떤 대상에 대해 느끼는 감정이다. 행동적 요소는 그 대상에 대해 접근하거나 피하려고 하는 경향을 말한다. 이러한 세 가지 요소는 토의·토론을 하면서 다른 사람의 인식, 감정, 행동을 통해 자신의 인식, 감정, 행동이 영향을 받게 된다. 그리고 그 방향은 보다 개선된 형태로 진행된다. 교사의 지시보다는 이러한 토의·토론을 통해 태도가 바뀔 가능성이 더욱 큰 것이다(Gall & Gall, 1990).

4) 수업 참여도 증가

토의·토론 수업이 필요한 또 하나의 이유는 학생들의 수업 참여도를 높일 수 있다는 점이다(김주환, 2012). 전통적인 수업에서 교사는 '외로운 수행자(sole performer)'였다. 그리고 학생들은 '수동적인 청자(passive listener)'였다. 학

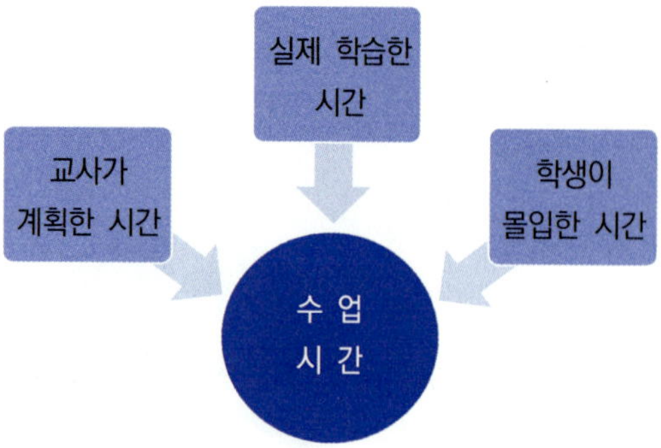

[그림 1-1-7] 수업시간

생들이 수동적일 때 학습에 참여하는 시간은 줄어든다. 기존의 연구들은 학생의 학습 참여시간이 학업성취와 밀접한 관계가 있다는 사실을 증명해왔다. 이것은 상식적으로 생각해도 당연한 사실이다.

그러므로 교사들은 학생들을 학습에 참여시키는 시간을 늘리기 위해 노력해왔다. 그러나 전통적인 수업 방법으로 이를 달성하기는 힘들다. 새드커와 새드커(Sadker & Sadker, 1991)는 교사들이 주어진 수업 시간을 학생들의 학습에 충분히 사용하지 못하고 있음을 지적한 바 있다. 보통 학습 시간은 세 가지로 분류된다(Berliner, 1984). 첫째는 교사가 계획한 수업 시간(allocated time)이다. 흔히 주어진 수업 시간을 말한다. 둘째는 수업 시간 중에 학생이 학습에 몰입한 시간(engaged time)이다. 즉 실제로 학습하는 시간이라고 볼 수 있다. 셋째는 학구적인 학습 시간(academic learning time)으로 높은 집중도로 학습에 몰입하는 시간이다.

학생들이 얼마나 수업에 몰입하느냐가 학업 성취를 결정한다. 그리고 학생들을 학습에 몰입하게 하는 것은 교사의 책임이다. 토의·토론은 학생들을 학습에 몰입하게 하는, 즉 학구적인 학습 시간을 높이는 좋은 방법이다(Bridget, 2007).

[그림 1-1-8]은 전통적인 설명식 수업에서는 학생들의 몰입도가 낮아진다는 것을 잘 보여준다. 세로축은 수행(performance)의 정도이고, 가로축은 시간(time)이다. 즉 수업을 시작했을 때 교사나 학생의 수행의 정도가 높다. 그러나 점점 그 수준이 줄어드는 것을 볼 수 있다. 그러다가 오히려 수업이 끝날 무렵 학생들이 교사보다 더 높아진 것을 볼 수 있다. 이때는 교사가 숙제를 내거나 수업한 것을 정리해주는 매우 중요한 시간이기도 하고, 학생들이 쉬는 시간에 무엇을 할지 계획을 세우므로 뉴런 활동이 활발해지기 때문이다.

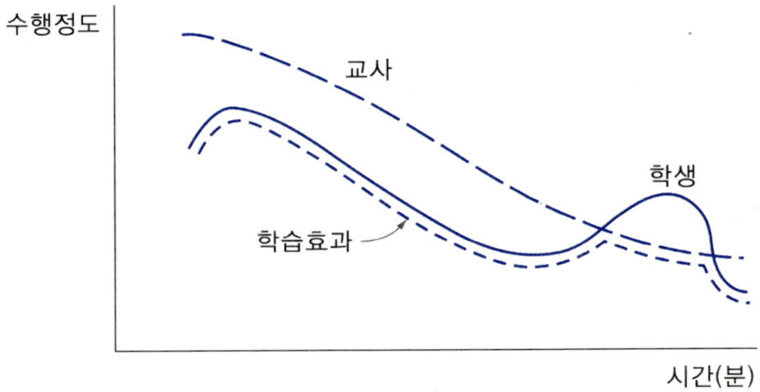

[그림 1-1-8] 설명식 수업

출처: Bligh, D., 2000, Lecture. San Francisco: Jossey-Bass Publishers, p. 50.

설명식 수업의 모습이 이와 같을 때 토의·토론 수업이 학생들의 학습 몰입 시간을 높여준다는 사실은 [그림 1-1-9]가 잘 보여준다. 왼쪽 그래프는 설명식 수업인데, 수업을 시작할 때는 맥박 수가 높았으나 금방 낮아지는 것을 볼 수 있다. 맥박 수가 낮다는 것은 그만큼 학습에 활발하게 참여하지 않는다는 것을 의미한다. 반면에 오른쪽 그래프는 토의·토론 수업인데, 높은 맥박 수를 유지하고 있음을 볼 수 있다. 그만큼 수업 몰입도가 크다고 볼 수 있다. 물론 맥박수만으로 수업 몰입도를 유추할 수는 없다. 예를 들어 열심히 자습하는 학생도 학습에 몰입한 경우지만, 맥박이 높게 뛰지는 않는다. 그러나 일반적인 설명식 수업에서의 양상은 교사가 말하고, 학생이 듣는 형태이기 때문에 자습에서의 맥박 수와는 의미가 다르다고 볼 수 있다. 뇌 과학자들은 설명식 수업에서 많은 학생들이 조는 것은 수업내용이 지루해서라기보다는 학생들을 움직이지 못하게 하기 때문이라고 주장한다. 원래 뇌는 몸이 움직여야 움직이기 때문이다(Medina, 2009).

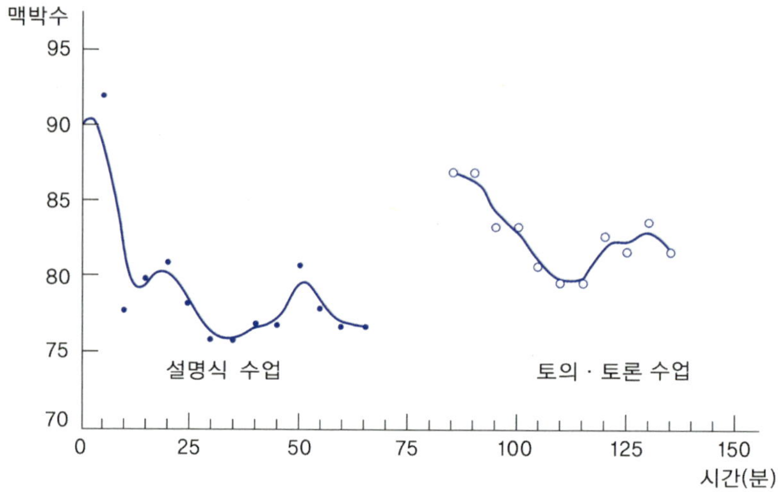

[그림 1-1-9] 설명식 수업과 토의·토론 수업의 맥박 수 비교
출처: Bligh, D., 2000, Lecture. San Francisco: Jossey-Bass Publishers, p. 50.

설명식 수업에서 학생들의 수업 몰입도를 높인다는 것은 수업을 시작한 이후 일정 시간이 지나도 곡선이 하강하지 않는다는 것을 의미한다. [그림 1-1-10]은 설명식 수업에서 5분 동안 휴식을 했을 때의 모습이다. 5분을 휴식했기 때문에 잃어버린 면적(학습효과)보다 그래서 얻은 면적(학습효과)이 더 크다는 것을 볼 수 있다. 즉 곡선이 다시 위로 올라갔음을 보여준다. 이는 5분의 휴식, 정확하게 말하면 학생들이 움직일 수 있도록 허락한 것이 학습효과를 더 커지게 했다는 것을 의미한다. 이것은 설명식 수업으로 학생들의 수업 몰입도를 유지시킨다는 것이 얼마나 어려운 것인가를 보여주는 역설적인 예이다. 그러나 토의·토론 수업에서는 높은 수준의 수업 몰입도를 유지할 수 있다.

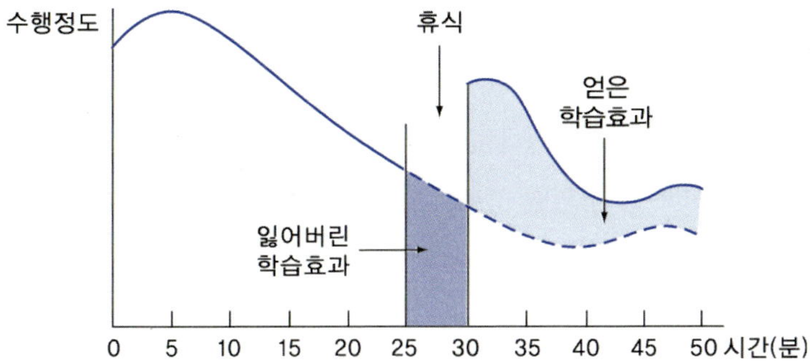

[그림 1-1-10] 설명식 수업에서 휴식의 효과
출처: Bligh, D., 2000, Lecture. San Francisco: Jossey-Bass Publishers, p. 53.

토의·토론 수업이 학생의 몰입도를 증가시키는 이유는 다음과 같이 설명할 수 있다(Lynch, 1996).

첫째, 비공식적이어서 자연스럽다. 주로 소집단으로 토의·토론 수업할 때는 더욱 편안하게 수업에 참여할 수 있다. 교사가 주도하는 수업은 수동적인 긴장감이 있지만 토의·토론에는 거의 긴장감이 없고, 만약 긴장감이 있다면 그것은 스스로 택한 것으로 설렘에 가까운 긍정적인 경우라고 볼 수 있다.

둘째, 다양한 정보들을 얻을 수 있다. 한 명의 교사보다는 많은 학생들로부터 얻는 정보가 더 다양할 수 있다. 또한 수업주제 이외의 부가적으로 얻는 정보도 무시할 수 없을 것이다.

셋째, 서로 다른 여러 사람을 만날 수 있다. 피상적으로 대하는 학생들이 상당히 깊게 만날 수 있는 기회가 된다. 학생들은 많은 친구들을 만나고 상호작용하기를 기대한다.

넷째, 학생들이 하고 싶어 하는 주제로 토의·토론 수업을 할 수 있다. 학생들이 원하는 내용의 수업은 당연히 참여도가 높다.

다섯째, 자유롭게 말할 수 있다. 누구나 말을 하고 싶어 한다. 그러나 교사 주도의 수업에서 학생들은 항상 침묵하기를 요구받는다. "조용히 하세요."는 학생들이 가장 많이 듣는 말 중 하나이고, 가장 듣기 싫어하는 말 중 하나이다. 그러나 토의·토론 수업에서는 말을 하도록 격려받는다.

여섯째, 문법이나 형식에 크게 구애받지 않고 말을 할 수 있다. 토의·토론 수업에서 발표력은 국어 시간에 하는 말하기와는 다르다. 문법 등 형식보다는 내용을 중시하므로 보다 편한 상태에서 참여할 수 있다.

일곱째, 토의·토론 수업이 끝날 즈음에 교사가 평가하고 정리해 줄 때 많은 것을 배우게 된다. 내가 직접 해보고 그 과정과 결과를 평가받을 때 더 의미 있는 학습이 된다.

여덟째, 다른 사람들이 하는 말을 귀 기울여 듣는다. 경청이 쉬운 것은 아니다. 상대의 말을 잘 알아들어야 하고, 그 내용도 이해해야 한다. 토의·토론 수업을 통해 경청의 능력도 크게 향상된다.

5. 토의·토론 수업의 이점

토의·토론이 잘못 운영되면 여러 가지 문제점이 발생할 수 있다(이선영, 2011). 그러나 여기서는 긍정적인 측면만 보기로 한다.

브룩필드와 프레스킬(Brookfield & Preskill)은 토의·토론의 이점을 열 다섯가지로 정리하였다(정문성, 2015). 물론 이러한 이점은 토의·토론이 잘 진행되었다는 전제하에 가능하다.

1) 다양한 관점의 경험

교사도 학생들에게 다양한 관점을 설명할 수 있다. 그러나 이것은 간접경험이다. 토의·토론에서 학생들은 직접 다양한 관점을 경험할 수 있다. 어떤 관점이든지 객관화할 수 있는 능력이 생긴다.

2) 애매하고 복잡한 것에 대한 관용

토의·토론은 많은 질문과 대답을 남긴다. 또한 문제를 해결하기는커녕 또 다른 문제를 제기하면서 문제를 더 복잡하게 만들기도 한다. 그러나 이것은 문제를 악화시키는 것이 아니라 진리에 더 가깝게 다가가는 과정으로 발전된 것이다. 많은 문제들은 복잡하게 얽혀있으므로 이를 해결하는 과정에서 애매하고 복잡한 것에 대해 판단을 유보할 수 있는 능력이 필요하다. 깔끔하게 결정되는 것도 있지만 미해결로 남겨두어야 할 것도 있기 때문이다. 이러한 능력들은 심도 있는 토의·토론에서 향상된다.

3) 가설의 확인과 탐색

토의·토론에서 학생들은 자신들의 가설들이 제기되고 다른 구성원들에 의해 탐색되는 경험을 갖는다. 개인은 자신의 필터로 가설을 만들기 때문에 객관적으로 탐색하기 힘들고, 그 역할을 다른 참여자들이 해준다. 토의·토론에서 학생들은 서로의 비판적 거울(critical mirror)이 되어준다.

4) 주의 깊고 겸손한 경청

토의·토론에서 경청하는 자세는 발표자로 하여금 신중한 사고를 거쳐서 정련된 발표를 하게 한다. 학생들이 이질적일수록 발표자의 주장을 이해하기 힘들다. 그러므로 주의 깊고 겸손한 자세로 경청하는 능력과 태도가 훈련된다.

5) 차이에 대한 새로운 이해

의견의 차이는 토의·토론을 자극한다. 토의·토론은 소수의 의견도 드러내어 따져볼 수 있는 기회를 제공하고 학생들은 그냥 지나칠 뻔한 차이에 대한 새로운 이해를 가능하게 한다.

6) 지적인 명쾌함

토의·토론은 명쾌한 논리와 근거를 탐색하고, 다른 사람들의 주장을 명쾌하게 비판하는 경험을 하면서 명쾌한 지적 능력을 향상시킨다.

7) 개인과 지식의 연결

토의·토론 주제가 제시될 때, 대개의 경우 그 주제와 학생의 경험의 연결은 없다. 그러나 각자 역할을 부여하고 토의·토론을 하면 그 주제는 학생 개인의 경험과 연결된다. 교사의 설명이나 교과서의 화석화된 지식이 토의·토론을 통해 살아있는 지식으로 경험된다.

8) 학생의 말과 경험을 존중

토의·토론은 책 속의 말과 경험이 아니라 개인 자신의 말과 경험을 하게 만든다. 동시에 다른 사람의 말과 경험에도 귀를 기울인다. 그리고 각자의 말과 경험은 가정환경, 인종, 성별 등 다양한 문화적 차이에서 나오는 것도 배운다. 교과서의 지식이 자신의 경험과 관련된 지식으로 살아난다.

9) 민주적 과정을 배우고 태도를 익힘

수업에서 토의·토론 과정은 원리로만 알고 있던 민주적 과정과 태도를 안전하게 배우는 실험실이라고 할 수 있다.

10) 지식의 공동창조자가 됨

토의·토론 수업에서 교사와 학생은 지식을 창조하는 공동책임을 져야 한다. 어떤 탐구 질문이 나올지 모르며, 어떤 통찰, 타당화, 비판, 대안이 나올지 모른다. 학생들은 이러한 지식의 공동창조자의 경험을 갖는다.

11) 아이디어와 의미의 의사소통능력을 향상시킴

우리는 그 어느 때보다 활발한 의사소통이 일어나고 있는 시대를 살고 있다. 교통·통신의 발달, 특히 인터넷과 전자매체의 발달로 과거보다 쉽게, 직접적으로, 저렴한 가격으로 의사소통이 가능해졌다. 그러나 성별, 인종별, 국가별,

민족별 독자적 언어와 문화는 여전히 존재하고, 토의·토론은 서로 다른 문화에서 나오는 아이디어와 의미를 이해하는 의사소통능력을 훈련시켜준다.

12) 협력적 배움의 습관을 익힘

잘 구조화된 토의·토론의 기회가 주어진다면 학생들은 협력적 배움이 얼마나 유익한 것인지 체험하고 습관화할 수 있다.

13) 공감력의 향상

토의·토론은 학생으로 하여금 사고의 지평을 넓혀주고, 새로운 흥미를 갖게 하고, 새로운 관점을 이해하게 해 준다. 나의 울타리를 벗어난 세계를 경험하기 때문이다. 학생들은 타인의 입장에서 생각하고, 공감하고, 주제에 민감함을 경험한다. 전체를 위해 개인의 고집을 거둘 줄도 알게 된다.

14) 종합과 융합능력을 향상시킴

토의·토론을 통해 사고가 확산되는 경험도 갖지만 수렴하고 종합하는 경험도 갖게 한다. 학생들은 더 이상 애매한 것에 당황하지 않고 종합하고 융합하려는 도전정신을 갖는다.

15) 변혁하는 능력을 향상시킴

전통적으로 토의·토론은 서로 다른 생각을 이해하고 종합하여 사회질서를 견고화시키는 역할을 하지만 때로는 사회를 변화시키는 역할도 한다. 갈등을 새로운 방식으로 해결하거나 변혁을 위한 기초를 놓기도 한다. 수업에서의 토의·토론도 이러한 작은 경험을 갖게 해준다.

제 2 장

수업방법의 분류에서 토의·토론 수업의 위치

토의·토론 수업이 수업 방법에서 어떤 위치에 있는지 알아볼 필요가 있다. 토의·토론 수업도 수많은 수업 방법 중의 하나이고, 수업 방법 이론의 범주에서 벗어날 수 없기 때문에 이러한 위치를 확인하는 것은 토의·토론 수업을 할 때 큰 도움이 될 것이다.

1. 수업의 개념

수업이란 가르치고 배우는 활동이다. 그래서 교수 · 학습(learning & teaching)이라고도 한다. 보통 교사의 역할이 강조되면 '○○교수법'이라 하고, 학생의 역할이 강조되면 '○○학습법'이라고 하는 경향이 있다. 그러나 개념적으로는 모두 수업에 해당된다. 왜냐하면 정도의 차이는 있으나 교사가 가르치고, 학생이 배우는 상호작용 과정이 수업이기 때문이다.

수업 = 교수 + 학습

[그림 1-2-1] 수업의 개념

수업연구는 학습의 연구에서부터 시작한다. 즉 학생들이 어떻게 학습을 하는지 알고 더 학습을 잘 할 수 있도록 처방을 하는 것이 교수이기 때문이다. "우리 아이는 선생님을 잘 만났다."라고 하는 것은 교사와 학생의 '교수 스타일'과 '학습 스타일'이 딱 맞아떨어졌다는 것을 의미한다. 이는 역으로 교사와 학생의 교수 또는 학습 스타일이 매우 다양하다는 것을 시사한다.

학습이론은 우선 학습자의 본성과 학습행동을 연구하는 것에서 시작되었다. 학습자로서 본성을 보는 관점은 다음의 세 가지로 나누어진다(황정규 · 이돈희 · 김신일, 2003).

첫째는 학습자로서 인간은 선하다는 주장이다. 이는 공자, 맹자, 소크라테스, 루소 등이 주장하였다. 그러므로 가능한 한 자연스럽게 성장하도록 내버려 두어야 한다.

둘째는 학습자로서 인간은 악하다는 주장이다. 이는 순자, 칼뱅, 마키아벨리, 마르크스 등이 주장하였다. 그러므로 이러한 인간의 악은 어떤 형태로든 통제되고 약화시켜야 한다.

셋째는 학습자로서 인간은 중립이라는 주장이다. 이는 노자, 로크 등이 주장하였다. 학습자는 백지상태와 같으므로 어떻게 처방하느냐에 따라 다르게 성장할 수 있다.

또한 학습자로서 학습 행동을 보는 관점 역시 다음의 세 가지로 나누어진다(황정규·이돈희·김신일, 2011).

첫째는 수동적 존재라는 주장이다. 학습자는 환경에 반응하는 존재이기 때문에 스스로 공부하기보다는 시켜야 하는 존재로 본다.

둘째는 능동적 존재라는 주장이다. 학습자는 내면적 특성을 분출하는 존재이기 때문에 스스로 학습하는 존재로 본다.

셋째는 상호작용하는 존재라는 주장이다. 학습자는 환경과 상호작용하는 존재이므로 질 높은 상호작용 경험을 강조하는 것이 필요하다고 본다.

이처럼 학습자로서 인간의 본성과 행동을 어떻게 보느냐에 따라 학습이론은 다르게 주장될 수 있다. 여러 가지 조합에 의해 살아남은 네 가지 학습이론은 다음과 같다(황정규·이돈희·김신일, 2011).

첫째, 정신도야이론이다. 인간은 악하고 능동적인 존재이므로 훈련과 수양으로 학습을 해야 한다고 주장한다. 즉 스파르타식의 주입식 수업이 필요하다.

둘째, 자연주의이론이다. 인간은 선하고 능동적인 존재이므로 자연스럽게 학습하도록 하고, 다만 나쁜 환경으로부터 보호해주어야 한다고 주장한다. 자기주도적 학습이 여기에 해당한다.

셋째, 행동주의이론이다. 인간은 중립이고, 수동적 존재이므로 자극을 주어야 학습한다고 주장한다. 주로 상과 벌을 통해 학습을 유도해야 한다고 주장한다.

넷째, 인지주의이론이다. 인간은 중립이고, 상호작용하는 존재이므로 인간과 환경, 학습자들 사이, 교사와 학습자의 질 높은 상호작용 경험을 통해 학습하도록 해야 한다고 주장한다.

악하고 능동적인 학생도 있고, 선하고 능동적인 학생, 중립이고 수동적인 학생, 중립이고 상호작용하는 학생 모두 현존하는 학생들의 모습이다. 한 학생 속에 여러 가지 모습들이 함께 있기도 하다. 그러므로 학생들의 특성에 적합한 처방이 필요해진다. 다만 최근의 무게 중심은 네 번째 인지주의에 있는 것이 사실이다. 학생들의 긍정적이고 질 높은 상호작용이 좋은 학습효과를 낳는다는 경험적 연구가 많기 때문이다. 토의·토론 수업도 인지주의이론에 근거하고 있다.

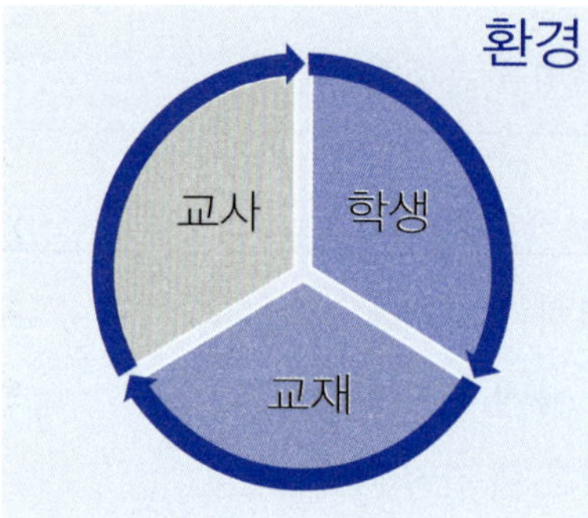

[그림 1-2-2] 수업의 요소

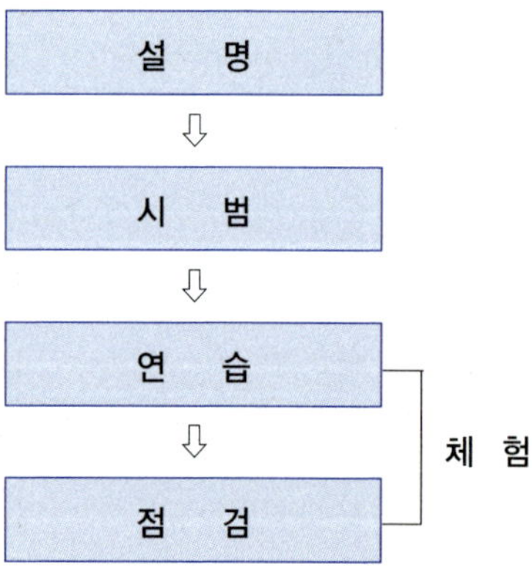

[그림 1-2-3] 전형적인 수업 절차

이처럼 다양한 이론과 적용이 필요하지만 그래도 수업에 대한 공통점은 존재한다. 우선 수업은 [그림 1-2-2]와 같이 네 가지 요소로 구성된다. 수업을 잘 하려면 교사가 잘 가르쳐야 하고, 교재를 좋은 것으로 사용해야 하며, 학생들의 참여를 이끌어야 한다. 그리고 이 모든 것을 뒷받침할 물리적·심리적 교실환경이 중요하다.

또한 대부분의 수업은 [그림 1-2-3]과 같은 형식을 갖추고 있다. 공자가 '들으면 잊어버리고, 보면 기억나되, 해 보면 이해된다.'고 하여 체험 학습을 강조한 것처럼 보이지만 사실은 설명도 잘 해야 하고, 시범도 잘 보여주어야, 올바른 체험으로 이해가 될 것이다(순자, 제8유효편). 이러한 원리에 따라 이 세상 모든 수업은 대개 다음처럼 진행된다. 예를 들어 교사는 곱셈의 원리를 설명하고, 시범적으로 예제 문제를 풀어준다. 그리고 학생들이 스스로 연습문제를 풀어 보게 하고, 그에 대한 점검을 해준다. 이것이 전형적인 수업 절차이며, 이 과정에 다양한 수업 방법들이 동원되는 것이다. 토의·토론도 그중의 하나이다.

2. 수업 방법의 분류

수업 방법은 기준에 따라 여러 가지로 나눌 수 있다(변영계, 2006; 임정훈 외, 2008).

가네(Gagné, 1978)는 수업집단 크기에 따라 40명 이상의 대집단일 때는 설명식 수업, 30명 정도의 중집단일 때는 문답법, 10명 정도의 소집단일 때는 토의·토론법이 적절하다고 하였다. 아셔(Ascher, 1976)는 수업 방법이 공유하고 있는 행동에 따라 말하기(Telling: 설명식 수업이나 토의·토론 수업), 보여주기(Showing: 시청각 수업), 활동하기(Doing: 역할놀이 수업이나 모의 수업) 등으로 나누었다. 가장 유명한 분류는 조이스와 캘훈(Joyce & Calhoun, 2015)이 시도한 것으로 대표적인 수업 방법들을 총망라해서 네 가지 영역으로 분류하였다.

〈표 1-2-1〉 Joyce & Calhoun(2015)의 수업 모형 분류

분류		
정보처리 모형 (information processing models)	■ 연상법(Mnemonics) ■ 과학탐구(Scientific inquiry) ■ 탐구훈련(Inquiry training) ■ 개념학습(Concept attainment) ■ 기타 발상(Synectics)	■ 인지발달(Cognitive growth) ■ 선행소식사(Advance organizers) ■ 귀납적 사고(Inductive thinking) ■ 그림단어귀납 (Picture word inductive)
사회적 모형 (social models)	■ 실험(Laboratory method) ■ 사회탐구(Social inquiry) ■ 집단탐구(Group investigation*) ■ 짝활동(Partners in Learning)	■ 법리(Jurisprudential inquiry) ■ 역할놀이(Role playing) ■ 협동학습 (Structured social inquiry)
개인 모델 (personal models)	■ 학급회의(Classroom meeting) ■ 긍정자아개념 (Positive self-concepts) ■ 의식발달(Awareness training)	■ 개념체계(Conceptual systems) ■ 비지시적 교수 (Nondirective teaching)
행동 모형 (behavioral models)	■ 모의학습(Simulation) ■ 사회학습(Social learning) ■ 행동치료(Programmed learning) ■ 명시적 교수(Explicit instruction)	■ 완전학습(Mastery learning) ■ 불안해소(Anxiety reduction) ■ 직접교수(Direct instruction)

조이스와 캘훈의 분류에 따른다면 토의·토론 수업은 사회적 상호작용군에 가깝다고 할 수 있다.

수업 방법에 참여하는 학생 수를 기준으로 분류하면 개별 모형(one-alone), 일대일(one-to-one) 모형, 일대다(one-to-many) 모형, 다대다(many-to-many) 모형으로 나누어진다. 토의·토론 수업은 주로 다대다 모형으로 분류된다(정재삼·임규연, 2000).

정문성(2004)은 교사와 학습자의 상호작용 방향을 기준으로 〈표 1-2-2〉와 같이 분류하였다. 첫째, 교사가 학습자에게 일방적으로 전달하는 방식으로 설명식 수업이 여기에 해당한다. 둘째, 학습자가 교사에게 일방적으로 전달하는 방식으로 개별화 수업이 비슷하다. 학습자들이 개별 학습지를 해결해서 교사에게 제출하는 방식이다. 셋째, 교사와 학습자가 상호작용하는 방식으로 교사가 질문 또는 요구하고, 학습자는 대답하거나 반응하는 경우이다. 문답식 수업이 여기에 해당한다. 넷째, 학생이 학생을 가르치는 방법이다. 동료 교수법(peer tutoring)이 여기에 해당된다. 다섯째, 학생과 학생이 상호작용하는 방식인데 토의·토론 수업은 여기에 해당된다. 여섯째, 교사와 교사가 상호작용하는 것인데, 팀 티칭(team teaching)이 해당된다.

〈표 1-2-2〉 교사와 학생의 상호작용 방향에 따른 수업 방법의 분류

분 류	수업방법의 예
교사 → 학생	설명식 수업
교사 ← 학생	개별화 수업
교사 ↔ 학생	문답식 수업
학생 → 학생	동료 교수법
학생 ↔ 학생	토의·토론 수업
교사 ↔ 교사	팀 티칭

* 설명식 수업을 강의식 수업으로 표현하는 경우가 많은데 이것은 잘못된 표현이다. '강의'란 대학에서 하는 '수업'을 지칭하는데, 대학 수업은 모두 설명만 한다는 뜻이 되기 때문이다. 강의식 수업이란 '수업식 수업'이란 뜻이 되므로 그 자체가 잘못된 표현이다.

3. 토의·토론 수업의 성격

장동일·김연종(2015)이 1974~2013년까지 토론연구논문을 분석한 결과 교육학(39.7%)이 가장 많았다고 보고하였다. 그만큼 토의·토론은 수업에 많이 활용되고 있다. 브룩필드와 프레스킬(Brookfield & Preskill, 2005)은 토의·토론의 본질적 성격을 아홉 가지로 정리하였는데 이는 모두 교육적 의미가 담겨 있다(정문성, 2015).

1) 호의(hospitality): 토의·토론에 초청받았다는 느낌을 말한다(Palmer, 1993). 주로 토의·토론의 시작 시간에 중요한 역할을 한다. 참여자가 서로의 아이디어나 관점을 서로 수용할 뿐만 아니라 자유롭게 비판하는 분위기를 조성하게 한다.

2) 참여(participation): 민주적 토의·토론의 가장 강력한 힘은 많은 사람들의 참여이다. 이는 참여자들이 다양한 아이디어나 관점의 도전을 받을 수 있기 때문이다. 이로써 학습자들은 풍부하고 의미 있는 학습경험을 하게 된다. 현장에서 직접 발표하고 경청하는 것도 유익하지만 다양한 매체들을 통한 참여로 다른 사람들의 생각을 자극하고, 이해하는 데에 기여할 수 있다.

3) 주의(mindfulness): 벨라 등(Bellah et al., 1991)은 민주주의는 다른 사람의 말에 주의 집중하는 것이라고 했다. 토론자의 말에 주의를 집중하지 않는다면 토의·토론은 무의미한 활동이 되고 만다.

4) 겸손(humility): 발표자에게 주의하면서 겸손해진다. 겸손해야 주의해서 발표를 경청할 수 있기 때문이다. 겸손은 자신의 지식과 경험이 제한적이라는 것을 인정하고, 다른 사람을 통해 배우겠다는 자세이다. 그래서 겸손은 진리를 발견하기 위한 첫 발걸음이 된다(Palmer, 1993).

5) 상호의존성(mutuality): 적극적 토의·토론 참여가 서로에게 유익하다는

태도를 갖기 위해서는 긍정적 상호의존성이 있어야 한다. 즉 학습공동체가 되어야 한다. 학습공동체란 나만 학습하는 것이 아니라 다른 구성원의 학습도 책임진다는 것을 의미한다.

6) 숙고(deliberation): 증거, 자료, 논리 등 확실한 근거가 있는 논의를 해야 함을 의미한다. 다양한 정보와 의견들이 다루어지는 것은 좋지만 그것들이 설득력 있는 논의들이어야 한다는 것이다. 그래야 논의들이 수정, 보완, 발전될 수 있다. 모두가 질문하고 비판하는 숙고하는 분위기를 갖게 한다(Fishkin, 1997).

7) 감사(appreciation): 토의 · 토론을 통해서 많은 것을 얻는다. 다른 사람의 현명한 관찰이 문제의 핵심을 지적해주고, 자극적 질문이 호기심을 불러일으키며, 다른 관점을 보면서 통찰력을 배운다. 부르불레스(Burbules, 1993)는 감사의 마음과 표현이 토의 · 토론에서 가장 중요한 정서적 요소라고 하였다.

8) 희망(hope): 개념 이해, 새로운 관점, 갈등 해결 등의 희망이 없다면 토의 · 토론을 해야 할 이유가 없다. 이러한 희망이 토의 · 토론에 시간을 투자하고, 말하고, 경청하고, 정리하는 등의 작업을 하는 이유이다. 듀이(Dewey, 1955)는 희망을 민주적 신념(democratic faith)이라고 표현하였다. 희망은 민주적 토의 · 토론이 우리의 이해를 확장하고, 갈등을 해결하는 데에 기여할 것이라는 신념을 의미한다.

9) 자율(autonomy): 모든 개인은 다수의 의견과 배치되더라도 잠정적으로는 자신의 주장을 소신 있게 펼칠 수 있어야 한다. 이를 보장하지 않는다면 민주주의는 사라지고 말 것이다. 다만 자신의 주장에 대해 책임을 져야 하고, 언제든지 반대되는 근거가 있다면 수정할 태도도 갖추어야 한다.

4. 토의·토론 수업의 분류

토의·토론 수업도 분류 기준에 따라 여러 가지 종류로 나눌 수 있다(정문성, 2004).

첫째, 토의·토론의 '목적'으로 본다면 모둠을 시작할 때 사용하는 모둠 세우기, 아이디어 개발, 발표력과 학습, 쟁점 분석, 협력적 의사결정, 논리력과 토론 시합, 문제해결과 프로젝트, 이미지 활용 의사소통을 위한 방법 등으로 나눌 수 있다. 이 분류의 장점은 수업 목표와 토의·토론 방법의 특성을 쉽게 관련시킬 수 있다는 점이다. 이것은 교사가 수업 목표에 부합하는 방법을 쉽게 찾아 적용할 수 있도록 한다. 예를 들어 특정 지식을 습득하는 것이 주된 수업 목표라면 지식을 습득하기 위한 방법 중에 토의·토론을 방법으로 선택하여 사용하면 되기 때문이다.

〈표 1-2-3〉은 목적에 따라 방법의 사례를 분류한 것인데, 엄격하게 구분되지는 않지만 대체로 무게 중심이 목적에 부합하는 몇 가지 방법을 예시로 제시한 것이다.

〈표 1-2-3〉 목적에 따른 토의·토론 수업의 종류 예시

목적	방법의 사례		
모둠 세우기	■ 비빔밥	■ 진진가	■ 창문 만들기
아이디어 개발	■ 기회의 원	■ 결부법	■ 브레인스토밍
발표력과 학습	■ 모둠인터뷰	■ 배심 토의	■ 지그소
쟁점 분석	■ 가치분석	■ 법리모형	■ 찬반대립토론
협력적 의사 결정	■ 만장일치	■ 역장분석	■ 피라미드
논리력과 시합	■ CEDA	■ 칼 포퍼 토론	■ 툴민 모형
문제해결과 프로젝트	■ 목표나무	■ 문제중심학습	■ 탐구공동체
이미지 활용 소통	■ 비주얼 싱킹	■ 추론 레이어	■ 카드 뉴스

둘째, 토의·토론의 '집단 규모'를 기준으로 본다면 대집단이 함께 참여하는 경우, 소집단별로 하는 경우, 소집단과 대집단이 통합된 경우로 나누어 볼 수 있다. 대집단의 경우 전체가 토의·토론을 할 수도 있고, 그것이 불가능하거나 효율적이지 못하면 그중 몇 명이 토의·토론을 하고 나머지는 관찰할 수도 있다. 배심(panel) 토의·토론이나 어항(fish bowl) 토의·토론이 여기에 해당된다. 소집단별로 하는 경우는 소집단 내에서 토의·토론이 끝나는 경우이다. 이 경우, 소집단마다 주제가 다를 수도 있고, 같을 수도 있다. 마지막으로 소집단과 대집단이 통합되어 있는 경우는 여러 가지 방법이 있을 수 있다. 대집단으로 시작했다가 소집단으로 나누어지는 경우(집단 탐구)도 있고, 소집단으로 했다가 대집단으로 모이는 경우(피라미드)도 있다. 때로는 소집단과 대집단이 유기적으로 연결될 경우(지그소)도 있다. 어쨌든 이 경우는 소집단과 대집단이 함께 통합되어야 효율적인 토의·토론이 이루어지는 경우를 말한다.

제 3 장

토의·토론 수업의 적용

1. 토의·토론 수업 적용 모델
2. 준비
3. 주제 부여
4. 교사와 토의·토론자의 역할
5. 방법 적용
6. 평가

1. 토의·토론 수업 적용 모델

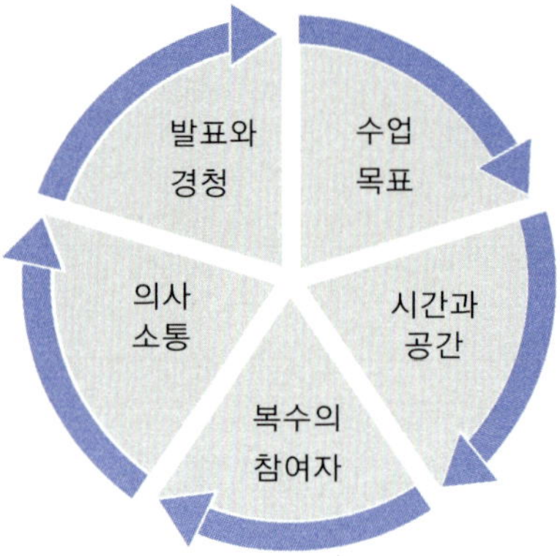

[그림 1-3-1] 토의·토론 수업의 다섯 가지 요소

갤과 갤(Gall & Gall, 1976, 1980, 1993)은 토의 · 토론 수업은 다섯 가지 요소를 가지고 있다고 하였다. 복수의 참여자, 계획된 시간과 공간, 의사 소통, 발표와 경청, 수업 목표가 그것이다.

그러나 이런 요소보다 더 중요한 것은 구성원 모두의 참여가 보장되어야 한다는 점과 절차와 활동이 명시된 구체적 모형이 있어야 한다는 점이다(정문성, 2003). 즉 토의 · 토론 수업 방법에 대한 지식과 철저한 준비가 있어야 한다. 토의 · 토론 수업을 적용하고 진행할 때 어떤 일이 발생할 것이라는 것을 충분히 예상할 수 있을 정도의 준비가 필요하다. 이러한 점을 고려하여 [그림 1-3-2]와 같은 적용 모델이 필요하다. 각 단계를 자세히 살펴보기로 하자.

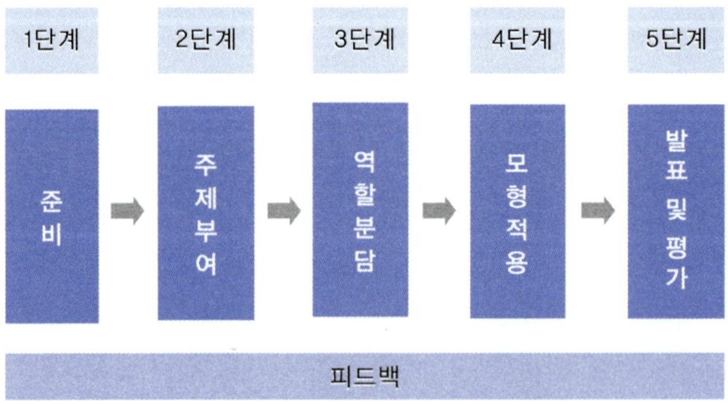

[그림 1-3-2] 토의·토론 적용 모델
출처: 정문성·구정화, 2003, 참여토론식 교육모델 수립을 위한 연구. 중앙공무원교육원

2. 준비

1) 토의·토론의 기본 자세

토의·토론의 기본 자세를 우리나라 토의·토론 문화에서 발생하는 문제점을 중심으로 알아보자. 박재현(2004)은 TV프로그램에서의 토의·토론을 분석하고 다음과 같은 점을 발견하였다. 이는 연구 대상 프로그램에서만 발견된 문제라기보다는 우리나라의 전반적인 토의·토론 문화에서 발견된다는 점에서 반성할 필요가 있다.

첫째, 논리보다 감정에 호소하는 경향이 있다. 토의·토론은 웅변이나 감정으로 상대를 설득하는 것이 아니다. 논증과 실증으로 자기 주장을 정당화하는 것이다. 합리주의를 빨리 받아들인 서양에 비해 우리나라를 비롯한 동양에서는 의사결정 과정에서 감정적 요소가 많이 들어간다. 실제 토의·토론 수업을 하고 나면, 학생들 사이에 감정적 대립이 생겨 오히려 토의·토론 수업 후유증이 생기는 경우도 흔히 발생한다. 서구인들은 토의·토론을 할 때 마치 싸울 것 같이 격렬한 모습을 보이지만 토의·토론이 끝나면 언제 그랬냐는 듯이 평상시로 돌아가는 모습을 쉽게 볼 수 있다. 토의·토론은 어디까지나 토의·토론으로 끝나야 한다는 점을 내면화시킬 필요가 있다. 그리고 토의·토론에서 그런 모습이 나오면 지적을 하거나 불이익을 주어야 한다.

둘째, 타당성과 신뢰성이 떨어지는 논거를 빈번히 사용한다. 이것은 논리적 근거나 실증적 근거를 제대로 찾지 못하거나 자신의 주장을 뒷받침하는 데 별로 소용이 없는 논거를 많이 사용한다는 것인데, 그만큼 토의·토론에 익숙하지 못하다는 것을 시사한다. 이 부분은 토의·토론 경험을 많이 쌓으면 해결되는 문제이니만큼 토의·토론 교육의 필요성을 느끼게 한다.

〈표 1-3-1〉 토의·토론의 문제점

- 논리보다 감정에 호소한다.
- 내용보다 사람을 비판한다.
- 사견을 전체의견처럼 말한다.
- 토론의 규칙과 질서를 경시한다.
- 논리보다 개인적 권위의 영향력을 사용한다.
- 타당성과 신뢰성이 떨어지는 논거를 사용한다.

셋째, 논리보다 개인적 권위(연령, 성별, 지위 등)의 영향력을 사용한다. 즉 자기에게 유리한 권위를 사용하는 것인데, 이것 역시 토의·토론의 기본 원리에 충실하지 못한 것이다. 토의·토론은 과학에 근거하기 때문이다. 퍼스(Peirce)는 인류가 진리를 알아내기 위해 사용한 네 가지 방법을 〈표 1-3-2〉처럼 제시하였다(Woolever & Scott, 1987에서 재인용). 고집, 권위, 직관에 따르면 이 세상에서 설명 못 할 것이 없다. 마치 다 아는 것처럼 말한다. 그러나 과학은 안다고 하는 것보다 모른다고 하는 것이 더 많다. "이것은 과학적으로는 증명하기 힘듭니다."는 가장 많이 들어본 과학자의 말일 것이다. 객관적인 증거를 제시할 수 없으면 모른다고 하는 것이 과학이다. 토의·토론은 바로 이러한 과학을 무기로 진리에 접근하는 방법이다. 논리적이고 실증적인 증거를 통해서만 자기 주장을 정당화하기 때문이다.

〈표 1-3-2〉 진리에 접근하는 방법의 발달

고집 (Tenacity)	이미 알고 있는 지식이 진리라고 확신하는 것. 이런 사람의 특징은 새로운 지식을 받아들이려고 하지 않는다. 우리가 알고 있는 대부분의 지식은 사실 고집에 가깝다. 그것이 옳다고 믿고 있는 것이다. 고집은 시간이 지날수록 그 지식을 많이 사용할수록 강해진다. 누가 오랫동안 사용해온 지식을 버리려고 하겠는가?
권위 (Authority)	경험이 많은 사람, 학식이 높은 사람, 나이가 많은 사람, 높은 지위에 있는 사람 등 권위를 가진 사람들의 설명을 진리로 받아들이는 것이다. "우리 선생님이 그러셨어", "우리 아버지가 그러셨어" 하는 어린이의 주장도 권위에 의존한 것이며, 우리가 유명한 위인들의 말을 인용하는 것도 권위에 의존한 것이다.
직관 (Intuition)	주로 계몽주의 철학자들이 많이 사용한 것으로 이성에 의한 직관을 통해 진리에 접근하는 방식이다. "나는 생각한다. 고로 존재한다."라는 식의 명제는 직관에서 나온 것이다.
과학 (Science)	과학이야말로 인류가 개발한, 진리를 가장 정확하게 이해하는 방법이다. 객관적이기 때문에 보편적 적용이 가능하다. 즉 의사소통의 문제가 해결된다. 적어도 과학은 거짓말은 하지 않기 때문에 진리를 발견할 수 없는 영역이 많지만 그래도 가장 신뢰로운 방법이다.

넷째, 내용보다 사람을 비판하는 경향이 있다. 자주 범하는 잘못이다. 상대가 주장하는 내용에 대해 토의·토론을 하는 것이지, 상대의 인신공격을 하기 위해 토의·토론을 하는 것이 아니다. 그러나 앞에서 지적한

것처럼 감정이 개입되면 이러한 우를 범하게 된다. 이러한 모습이 보이면 토의·토론을 멈추고 학생들에게 다시 한 번 주의를 주어야 한다. 때로는 불이익을 주어야 한다.

다섯째, 개인의 의견(사적 의견)과 집단의 의견(공적 의견)을 일치시키는 경향이 있다. 예를 들어 자신이 어떤 단체의 대표로 토의·토론을 한다면 그 단체의 입장을 주장해야 하는데 자신의 개인적 의견을 주장한다면, 그리고 그것이 그 단체의 주장과 다르다면 토의·토론은 혼란을 겪을 것이다. 또는 자신의 의견이 집단의 의견인 것처럼 가장하는 경우도 마찬가지이다. 대개 이러한 경향은 토의·토론에서 자신이 불리할 때 나타난다.

여섯째, 토론의 규칙과 질서를 경시하는 경향이 있다. 열띤 토의·토론이 일어나면 발언시간을 넘기거나 상대가 말을 하고 있을 때 끊거나 사회자의 허락 없이 말을 하는 등 규칙을 어기는 경우가 많다. 이때는 사회자가 엄격하게 규칙을 적용하고, 그러한 행위가 자신에게 불이익이 되도록 해야 한다.

토론교육연구소(2006)는 토론에 임하는 자세를 〈표 1-3-3〉과 같이 요약했다. 비록 찬반대립토론에 임하는 자세이지만 많은 점을 시사해준다. 물론 이러한 자세는 토의·토론 자체를 위해서가 아니라 토의·토론 수업을 위한 것이다.

토의·토론 수업은 토의·토론에서 이기기 위한 것이 아니라 그것을 통해 수업의 목표를 달성하려는 것이므로 어디까지나 목적

〈표 1-3-3〉 토의·토론에 임하는 자세

자신에 대하여
■ 주제에 대해 충분히 연구하여 주장하고자 하는 것을 충분히 알고 있어야 한다. ■ 주제에 대해 진지한 관심과 성의를 가지고 임한다. ■ 강압보다 설득으로 문제를 해결하여야 한다. ■ 이길 때도 배우지만 질 때도 많은 것을 배운다. ■ 너그러운 승자가 되고, 명예로운 패자가 된다. ■ 남들에게 한 비판을 나에게도 해본다. ■ 내가 지지하는 편에 유리한 최선의 논의를 한다.
타인에 대하여
■ 의견은 다르지만 타인의 권리를 존중한다. ■ 자기 팀, 상대 팀, 심판 모두를 존중한다. ■ 논의와 논거에 대해 정직하여야 한다. ■ 부족한 동료와 상대를 도와준다. ■ 도움이 필요한 사람을 도와주고, 권력 앞에서도 당당히 진실을 말한다.

〈표 1-3-4〉 토의·토론할 때 주의점

토의·토론할 때 주의점
■ 평소에 자기의 발표에 대해 녹음기를 이용해 발음, 어조, 용어선택 등을 반성하며 연습을 한다. ■ 연습은 하되, 외우지 말고, 메모지를 보고 연습한다. ■ 소리를 높이거나 잠시 멈추는 등 중요한 요소를 강조한다. ■ 자연스러운 몸짓은 좋으나 과잉 몸짓은 하지 않는다. ■ 단조로운 음조보다 약간의 변화를 준다. ■ 천천히, 명확하고, 분명하게 말한다. ■ 크지도 않고, 작지도 않은 목소리를 유지한다. ■ 눈을 피하지 말고 청중이나 상대방을 쳐다본다. ■ 만지작거리거나 머리를 만지는 등 신경을 거슬리는 행동은 하지 않는다. ■ 주어진 시간을 잘 관리한다.

출처: Atwater, D., 1984, The 4-H debate project: Getting adults and children involved in communication, ERIC. p. 8.

이 아니라 수단임을 명심해야 한다. 즉 학생들이 토의 · 토론에 몰두해서 수업 목표를 상실하지 않도록 교사가 수시로 이를 확인시켜주는 것이 필요하다.

애트워터(Atwater, 1984)는 토의 · 토론할 때의 주의점과 토의 · 토론을 하기 전, 하는 동안, 하고 나서의 자세를 〈표 1-3-4〉, 〈표 1-3-5〉와 같이 제안하였다.

〈표 1-3-5〉 토의·토론 직전, 과정, 직후의 자세

토의·토론 직전	■ 숨을 깊고 천천히 들이쉰다. 마음을 편안히 한다. ■ 준비한 메모지를 순서대로 정리해 놓는다. ■ 발표를 하러 나갈 때는 미소를 지으면서 청중을 보면서 나간다. ■ 토의·토론 주제를 완전히 이해한다.
토의·토론 과정	■ 바른 자세로 앉아서 서로의 토론에 주의집중한다. ■ 정확한 용어를 사용한다. ■ 구체적이고, 정직하고, 간결하고, 자연스럽고, 당당해야 한다. ■ 청중이 이해할 수 있는 용어를 사용한다. ■ 어렵거나 애매한 용어는 분명한 개념 정의를 하고 사용한다.
토의·토론 직후	■ 조용히 앉아 결과를 기다린다. ■ 자신의 토의·토론을 스스로 평가해 본다.

출처: Atwater, D., 1984, The 4-H debate project: Getting adults and children involved in communication, ERIC. p. 8.

2) 토의·토론 규칙

토의·토론의 규칙(ground rules)은 방법에 따라 다소 다르겠지만 기본적인 것은 대동소이하다. 전반적인 규칙을 정한 다음, 어떤 토의·토론 방법을 사용하느냐에 따라 추가하는 방식이 바람직하다. 그리고 이러한 규칙은 참여자들의 합의로 만들거나 수정할 수 있다. 일반적인 규칙의 예는 〈표 1-3-6〉과 같다.

또한 교사는 원만한 토의·토론의 진행을 위해 〈표 1-3-7〉과 같은 보다 구체적인 방법을 알려주고 훈련시킬 필요가 있다.

〈표 1-3-6〉 토의·토론 규칙

- 모든 사람에게 말할 기회가 주어진다.
- 모든 사람에게 차례로 의견을 물어볼 수 있다.
- 모든 사람은 의견을 공유한다.
- 다른 사람의 발표를 잘 들어야 한다.
- 다른 사람의 의견을 존중한다.
- 누구나 대안을 낼 수 있다.
- 자신의 의견을 수정할 수 있다.
- 같은 팀이라고 생각하고 토의·토론을 한다.
- 왜 그렇습니까? 찬성합니까? 어떻게 생각합니까? 당신의 의견은 무엇입니까? 등 분명한 질문을 해야 한다.

출처: Swan, J., 2007, Designing educationally effective discussion, Language and Education, 21(4), p. 342-359, p. 347.

〈표 1-3-7〉 의사소통을 위한 사회적 기능의 예

1. '제 생각에는'라는 말을 사용하여 자기 생각임을 분명히 하기
2. 구체적이고 쉬운 말로 표현하기
3. 언어적, 비언어적 표현 일치하기
4. '다시 말하면' 등 동일 내용을 다른 표현으로 반복하기
5. '이해하셨어요?' 등 발표 뒤 피드백 받기
6. 듣는 사람이 누구인지 고려하고 전달하기
7. 자신의 감정도 솔직히 담아서 전달하기
8. 타인 언행을 비판 없이 그대로 기술하기
9. 상대방 아이디어를 비판하더라도 사람을 비판하지 말기
10. 내가 이해한 대로 상대방 발표를 재진술하기
11. 상대 감정 느낀 대로 진술하기
12. 상대방 발표를 해석한 후 그 해석에 합의를 구하기
13. 시선을 상대에게 두고 말하기
14. 논쟁에서 승리하기보다 최선의 결정에 주력하기
15. 서로 참여를 격려하기
16. 동조하지 않더라도 일단 경청하기
17. 양측을 지지하는 모든 아이디어를 종합하여 결론 내리기
18. 증거가 분명하면 증거에 따라 생각을 바꾸기
19. 타인을 설득하기보다 최선의 해답을 얻는 데 주력하기
20. 선입관과 편견을 버려서 생각의 자유를 획득하기
21. 아이디어가 불충분해도 기회가 오면 서슴없이 발언하기
22. 토의·토론이 자신에게서 멀어지지 않게 하기
23. 아이디어 소재를 두고 싸우지 말기
24. 토의·토론 진전 상황을 파악하기

출처: 정문성, 2006, 협동학습의 이해와 실천, 서울: 교육과학사, p. 99.

3. 주제 부여

토의·토론의 주제는 수업 목표에 따라 교사가 정해 주는 것이 바람직하다. 큰 주제는 교사가 정하고, 하위 주제들은 학생들이 정할 수도 있다. 〈표 1-3-8〉은 영역에 따라 주제가 어떻게 정해지는지 예를 들어 본 것이다. 그리고 〈표 1-3-9〉는 찬반대립토론을 할 때 사용하는 주제의 종류를 정리한 것이다.

〈표 1-3-8〉 토의·토론 주제의 사례

- 개념의 의미나 관계 등을 분석하는 주제
  ㉮ '성차이'와 '성차별'의 다른 점은 무엇인가?
- 원리나 법칙을 발견하고 증명하는 주제
  ㉮ 주어진 자료를 가지고 한국 농업의 미래를 예측해 보자.
- 감정과 느낌을 자유롭게 발표하는 주제
  ㉮ 다음 그림이 주는 이미지는 무엇인가?
- 새로운 아이디어를 창출해내는 주제
  ㉮ 가출청소년의 우범화 방지 대책을 세워보자.
- 규범이나 가치에 관한 주제
  ㉮ 공무원이 캐주얼한 복장을 입고 근무해도 되는가?
- 현대 사회 문제와 쟁점들로 사회적으로 화제가 된 주제
  ㉮ 좌측보행과 우측보행
- 의사결정을 필요로 하는 주제
  ㉮ 두발자유화
- 인간존재의 여러 측면에 관한 주제
  ㉮ 이 시에서 인간은 어떤 존재로 나타나는가?
- 역사, 종교 등 의미를 명료화하는 문제
  ㉮ 당시 쇄국정책은 옳았는가?

출처: 정문성·구정화, 2003, 참여토론식 교육모델 수립을 위한 연구. 중앙공무원교육원, p. 125에서 편집

〈표 1-3-9〉 찬반 대립 토론 주제의 종류

구분	내용
사실적 논제	사실에 의해서 판별되어야 할 주제로 어떤 증거가 더 명확하느냐에 의해 결정된다.
논리적 논제	논리에 의해서 판별되어야 할 주제로 추론 과정의 타당성으로 결정된다.
가치적 논제	가치의 위계에 의해서 판별되어야 할 주제로 어떤 가치가 상위의 가치이냐로 결정된다.
처방적 논제	어떤 처방이 문제를 해결하느냐에 따라 판별될 주제로 처방의 효과성에 의해 결정된다.
정책적 논제	정책의 유효성에 의해 판별될 주제로 실현 가능성, 효율성, 가치성, 효과성 등 종합적인 예측에 의해 결정된다.

출처: 토론교육연구소, 2007, 토론 교육, 민족사관고등학교, pp. 28–30에서 편집

4. 교사와 토의·토론자의 역할

1) 교사의 역할

토의·토론 수업에서 교사의 역할은 무엇보다 중요하다. 교사는 토의·토론 수업에서도 주도적인 위치에 서 있어야 한다. 교사는 앞에 서서 학생들을 깊은 이해로 이끌어가기 위해 설명하고, 개념을 정의하고, 질문하고, 시범도 보여야 한다. 그러면서 적절한 때에 수업의 주도권을 학생들에게 넘겨주어야 한다(Mcintyre, 2007). 그러나 궁극적인 토의·토론 수업의 책임은 교사에게 있다.

토의·토론 수업에서 학생들이 볼 때 교사는 여전히 막강한 권력을 가진 사람이다. 킨드스바터(Kindsvatter, 1990)는 교사가 다섯 가지의 사회적 권력(social power)을 가지고 있다고 설명하였다.

첫째, 합법적인 권리(legitimate power)를 가지고 있다. 교사는 수업일정과 수업관리, 학생관리의 모든 면에서 학교제도에서 부여한 권리를 가지고 있다. 그러므로 학생들은 교사의 지시나 행동에 대해 민감하게 반응한다. 이러한 권리를 토의·토론 수업에 잘 이용해야 한다.

둘째, 보상을 줄 수 있는 권력(reward power)을 가지고 있다. 수업을 진행하는 데 단기간의 효과를 얻는 데는 보상만 한 것이 없다. 특히 초등학교의 경우 대부분의 교사가 보상 제도를 활용하고 있다. 토의·토론 수업에서도 마찬가지이다. 규칙을 잘 지키거나 적극적으로 참여하는 학생들에게 보상을 주는 것은 성공적인 토의·토론 수업을 이끌어내는 데 매우 효과적인 방법이다.

셋째, 강제 권력(coercive power)을 가지고 있다. 마치 국가에서 경찰처럼 잘못을 하는 경우 벌을 내릴 수 있는 권력을 말한다. 토의·토론 수업을 방해하거나 규칙을 지키지 않거나 바람직하지 않은 행동을 할 때, 교사는 해당 학생에게 혼을 내거나 벌을 줄 수 있다.

넷째, 전문가로서의 권력(expert power)을 가지고 있다. 교사는 학생들보다는 많은 지식과 고도의 판단력을 가지고 있다. 그러므로 학생들이 어려움에 처했을 때 도와줄 수 있고, 학생들이 토의·토론을 잘못된 방향으로 나가고 있을 때 이를 교정해 줄 수 있다.

다섯째, 대상 모델로서의 권력(referent power)을 가지고 있다. 학생들에게 있어 교사는 본받아야 할 모델로 존재한다. 이러한 경향은 저학년일수록 더 강하게 나타난다. 전인적인 모델이 아니더라도 부분적으로라도 학생들이 모방할 모델이 된다. 학생들은 토의·토론 수업에서도 교사가 어떤 생각을 가지고 있는지 눈치를 본다. 교사는 이러한 자신의 입지를 잘 활용해서 훌륭한 시범자로서의 역할뿐만 아니라 바람직한 방향으로 유도할 필요도 있다.

이러한 권력을 가진 교사가 토의·토론 수업에서 해야 할 역할을 정리하면 다음과 같다.

첫째, 관리자(manager)이다. 교사는 수업을 계획하고 조정해나간다. 특히 토의·토론 수업은 교사가 많은 부분들을 학생에게 위임하기 때문에 정교한 관리가 필요하다.

둘째, 안내자(guide)이다. 토의·토론 수업은 종류도 많고, 학생들이 많은 역할을 떠맡게 된다. 그러므로 상세하고 친절한 안내가 사전에 이루어져야 한다.

셋째, 제안자(initiator)이다. 교사는 토의·토론 주제를 제시하고, 그것을 원하는 방향으로 이끌고 가도록 제안하는 역할을 한다. 특히 학생들의 호기심을 잘 유도해서 좋은 출발을 하도록 할 책임이 있다.

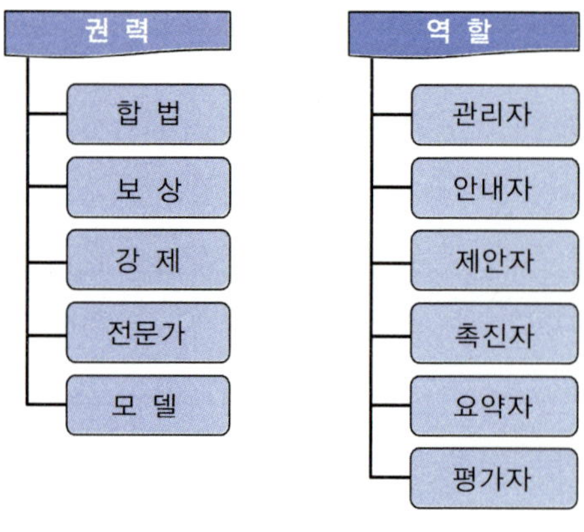

[그림 1-3-3] 교사의 권력과 역할

넷째, 촉진자(facilitator)이다. 교사는 학생들이 토의·토론에 적극 참여하도록 촉진하는 역할을 한다. 교사의 격려는 학생들의 참여도를 높이는 가장 큰 원인이다.

다섯째, 요약정리자(summarizer)이다. 교사는 토의·토론 수업과정이나 끝날 때, 과정과 결론에 대해 요약하며 정리하는 역할을 담당한다. 토의·토론의 목적에 따라 다르겠지만 대부분의 토의·토론은 많은 이야기가 펼쳐지고, 정보가 난무하게 된다. 이러한 혼란을 깔끔하게 정리하는 역할은 교사가 맡아야 한다.

여섯째, 평가자(judge)이다. 학생들도 토의·토론 과정에 대해 평가할 기회를 갖는 것이 좋다. 그러나 궁극적인 평가자는 교사이다. 특히 찬반대립토론을 할 경우 교사는 심판자의 역할도 하게 된다. 물론 학생들이 잘 훈련되어 있으면 학생들이 심판을 할 경우도 있겠지만 교사가 하는 것이 바람직하다. 특히 교사가 토의·토론에서 취할 수 있는 입장은 〈표 1-3-10〉과 같다. 어떤 입장이 바람직한가에 대해서는 논란이 많지만 교사의 입장에서는 '입장표명적 공정형'과 '공정한 의장형'이 가장 바람직하다(Kelly, 1986; 옹진환, 2012).

특히 입장표명적 공정형은 두 가지 의미를 담고 있다. 하나는 교사가 논쟁문제에서 자신의 의견을 숨기지 말아야 한다는 점과 다른 하나는 교사가 표명한 의견도 학생들의 다양한 의견과 함께 공정하게 비판과 평가받아야 한다는 것이다. 즉 교사도 학생과 마찬가지로 토의·토론에 참여한 하나의 구성원이라는 평등한 상황임을 보여주는 것이 모든 학생의 적극적 참여를 이끌 수 있다. 교사가 자신의 의견을 숨기려 하면 오히려 학생이 교사의 눈치를 볼 수 있다. 처음에 학생은 교사의 의견에 영향을 받겠지만 여러 번 토의·토론을 하게 되면 학생은 교사의 의견에 영향받지 않고, 교사의 의견도 다른 학생과 마찬가지로 하나의 의견이며 학생은 독립적으로 자신의 의견을 주장하게 된다. 또한 교사의 입장표명적 공정형의 교육적 의미는 어떻게 주장하며, 어떻게 근거를 제시하는지 교사가 학생에게 시범을 보여준다는 점이다. 즉 학생은 교사의 토의·토론 참여 활동을 보고 배울 수 있다는 점이다.

〈표 1-3-10〉 토의·토론 수업에서 교사의 입장

Kelly	
배타적 중립형	논쟁을 다루지 않는다.
배타적 편파형	한 입장만 소개한다.
중립적 공정형	다양한 입장을 소개하고 교사는 중립을 지킨다.
입장표명적 공정형	다양한 입장을 소개하지만 바람직한 방향으로 유도한다.

Hawood	
신념형	교사가 자신의 의견을 내세운다.
객관형	다양한 입장을 소개하되 자기 의견은 말하지 않는다.
악마 옹호형	무조건 반대입장에서 말한다.
옹호형	다양한 입장을 소개하고 교사의 의견을 말한다.
공정한 의장형	다양한 입장을 소개하고 참여하되 교사의 입장을 밝히지 않는다.
선언한 관심형	교사의 입장을 먼저 말하고 다양한 의견을 소개해준다.

2) 토의 · 토론자의 역할

토의·토론자의 역할은 두 가지로 나누어 생각할 수 있다. 하나는 특별하게 역할을 부여하지 않고, 자연스럽게 토의·토론에 적극 참여하기를 기대하는 경우이고, 다른 하나는 의도적으로 기대하는 역할을 부여하여, 참여 동기를 자극하는 경우이다. 후자의 경우가 더 효과적임은 말할 것도 없다. 예를 들어 서(Seo, 2007)의 연구에 의하면 여러 토의·토론 소집단에 훈련된 사회자를 역할을 주어 참여시켰더니 그렇지 않은 소집단에 비해 훨씬 토의·토론 효과가 컸음을 보고하였다. 사회자는 (1) 친구처럼 편안한 분위기 연출, (2) 적극적인 참여의 권장, (3) 의견을 공유하는 분위기 조성, (4) 토의·토론 주제 제시와 일정 관리, (5) 아이디어를 내도록 자극, (6) 토의·토론 결과의 요약 등의 역할을 훈련받았다. 이 연구는 한 명의 역할자를 투입하였지만 다른 학생들도 적절한 역할을 부여하면 더욱 효과가 높을 것이다.

〈표 1-3-11〉 역할의 사례

역할	행동
발표지킴이(Voice Monitor)	조용한 목소리로 말하도록 책임진다.
동작지킴이(Noise Monitor)	조용히 움직이도록 책임진다.
차례지킴이(Turn-Taking Monitor)	차례로 활동하도록 책임진다.
설명이(Explainer)	설명을 담당한다.
기록이(Recorder)	모둠 활동의 기록을 담당한다.
세우미(Encourager)	참여를 격려한다.
관찰이(Observer)	바람직한 행동을 관찰하여 지적해 준다.
이끄미(Direction Giver)	모둠의 수행을 이끈다.
도우미(Support Giver)	활동을 도와주고, 칭찬해준다.
명석이(Clarifier)	발표를 재정리해 준다.
요약이(Summarizer)	모둠의 결과물을 요약한다.
바로잡음이(Accuracy Coach)	잘못된 부분을 바로잡는다.
점검이(Checker of Understand)	목표를 달성했는지 점검한다.
연구미(Researcher/ Runner)	자료를 수집해서 과제와 관련시킨다.
정교미(Elaborator)	배운 것을 완성한 과제와 관련시킨다.
창조미(Generator)	모둠이 만든 결과물을 새롭게 재창조한다.
비판이(Criticizer of Idea)	아이디어를 비판하는 역할을 담당한다.
정당이(Seeker of Justification)	주장의 정당화를 도와준다.
다름이(Differentiator)	다른 아이디어와 차이를 비교해 준다.
확산이(Extender)	더 많은 정보와 의미를 보태어 준다.
선택이(Options Generator)	여러 대안들을 만들어낸다.
탐구미(Prober)	탐구할 수 있도록 심화 질문을 한다.
뭉침이(Integrator)	여러 의견을 하나의 의견으로 통합한다.

출처: Johnson, D. Johnson, R. & Holubec, E.(1994). Cooperative learning, ASCD., pp. 35-36에서 편집

〈표 1-3-11〉은 여러 가지 역할의 예를 보여 준 것이다. 재미있는 역할이 많다. 예를 들어 비판이(criticizer of idea)는 무조건 비판만 하는 역할을 부여받는다. 특히 평소에 항상 비판적인 학생이 있다면 매우 적절한 역할이 될 것이다. 그가 신나게 비판을 해도 다른 학생들이 비판이의 무지막지한 비판에 대해 거부감을 갖지 않는다. 이처럼 역할만 잘 부여해도 학생들의 토의·토론에 참여하는 정도는 매우 높아진다.

특히 사회자의 역할은 매우 중요하다. 콴츠(Quantz, 2001)는 토의·토론은 마치 마차 바퀴(wagon-wheel pattern)와 같아서 사회자가 중간 허브(hub)의 역할을 한다고 하였다. 허브가 없으면 바퀴가 부서지듯이 핵심적 역할을 한다는 것이다. 실제로 사회자에 따라 토의·토론의 과정과 결과는 큰 차이가 난다.

5. 방법 적용

전술한 바와 같이 토의·토론에는 많은 방법이 있다. 또 다양한 기준에 따라 분류할 수 있다. 수업 목표에 맞는 방법을 선택한 다음, 수업 전체 또는 부분에 적용한다. 때로는 한 방법을 여러 차시에 적용할 수도 있다. 예를 들어 지그소(Jigsaw)는 크게 세 단계로 이루어지는데 1차시는 과제분담, 2차시는 전문가 집단, 3차시는 다시 모집단으로 진행할 수도 있다. 물론 1차시 안에서 이 세 가지 절차를 모두 다 할 수도 있다. 또한 아주 간단한 방법을 수업 중간에 사용할 수도 있다. 특히 토의·토론 수업에 익숙하지 않은 교사나 학생은 이 책에서 소개하는 많은 토의·토론 방법 중에 간단한 것부터 실시해 보기를 권장한다.

또한 집단의 규모가 작을수록 토의·토론에 학생들을 적극적으로 참여시킬 수 있는데, 소집단 규모를 몇 명으로 할지를 결정하는 데에는 다음을 참고하기 바란다. 다만 일곱 명이 넘어가면 소집단의 특성을 잃어버린다.

〈표 1-3-12〉 소집단의 규모

규모	특징
두 명	100% 참여가 보장되지만 짝을 잘못 만나면 전혀 활동이 되지 않을 위험이 있으므로 5분 이내의 간단한 활동에만 사용하는 것이 좋다.
세 명	두 명이 친해지고, 한 명이 소외되는 현상이 자주 발생하므로 권장하지 않는 규모이다. 그러나 DCS 모형처럼 세 명으로 구성해야 하는 활동에는 적합하다.
네 명	교실에서 활동하기 편리하므로 가장 많이 활용된다. 짝 활동을 병행할 수도 있다. 그러나 의사결정을 해야 할 때 2:2가 되는 경우가 있는 것이 약점이다.
다섯 명	교실 밖에서는 가장 적절한 규모이다. 홀수라서 의사결정에도 좋고, 충분히 다양해서 아이디어도 잘 나온다. 그러나 교실 안에서는 책걸상 배치가 불편한 것이 약점이다.
여섯 명	다소 많지만 그래도 소집단의 특성을 유지한다.

6. 평가

토의·토론을 평가하는 것은 쉽지 않지만 평가는 다음을 고려해서 하는 것이 좋다(정문성 외, 2008). 첫째, 거울식 평가이다. 우리가 매일 거울을 보듯 자주 평가해 보는 것이 좋다. 둘째, 확대경식 평가이다. 자세히 평가할 수 있도록 평가표를 만든다. 셋째, 망원경식 평가이다. 때로는 먼 발치에서 전체적인 교육과정 진행 속의 토의·토론 수업을 평가한다. 넷째, 광학렌즈식 평가이다. 렌즈의 종류에 따라 다르게 보이므로 다양한 관점에서 평가할 수 있도록 한다. 이선영(2012)은 토의·토론 평가를 진행하기 위해서 누가(평가의 주체), 무엇을(내용), 어떻게(방법)에 대한 의사결정이 이루어져야 하며, 이를 위해 〈표 1-3-13〉과 같은 논의사항이 필요하다고 하였다. 아울러 [그림 1-3-5]와 같이 토의·토론의 목표가 무엇이냐에 따

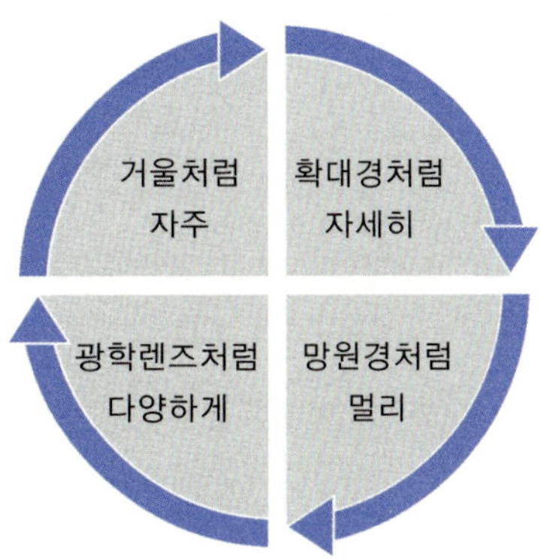

[그림 1-3-4] 평가 원리

라 평가 패러다임도 고려해야 한다고 하였다. 즉 평가의 방향이나 기준이 달라야 한다는 것이다.

〈표 1-3-13〉 토의·토론 평가의 논의 사항

논의사항	내용
누가(평가의 주체)	전문가/ 비전문가
무엇을(평가의 내용)	입증 책임의 유·무
	엄격한 양적 증거 중심/ 창의적 쟁점 중심
	논증 중심/ 표현 중심
	개별 토론자 중심/ 토론 팀 중심
어떻게(평가의 방법)	정해진 기준에 따라/ 평가단의 협의에 따라
	결과적 평가/ 과정적 평가 총체적 평가/ 분석적 평가

출처: 이선영, 2012, 토론평가 패러다임 분석에 따른 토론 평가의 방향 고찰. 국어교육학연구 44, 453-481, p. 466.에서 편집

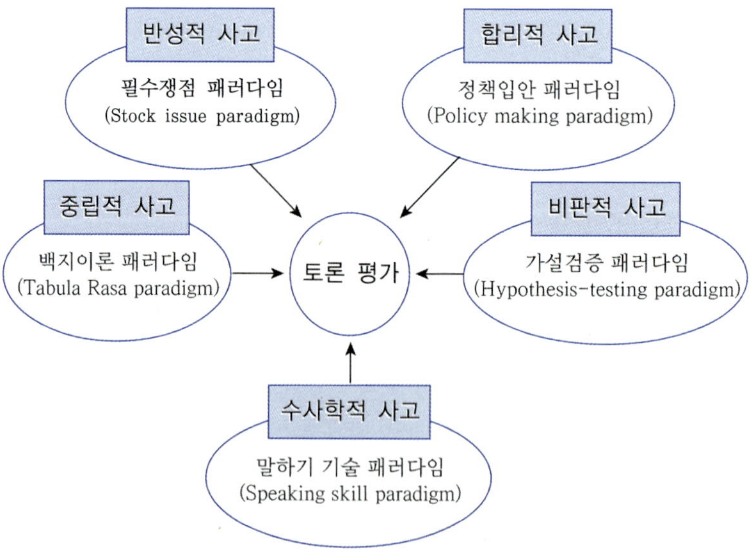

[그림 1-3-5] 토론 평가 패러다임에 따른 토론 목표의 중점 사고 유형

출처: 이선영, 2012, 토론평가 패러다임 분석에 따른 토론 평가의 방향 고찰. 국어교육학연구 44, 453-481, p. 471.

토의·토론에 대한 평가는 두 가지로 나누어 생각할 수 있다. 하나는 토의·토론 수업 과정에 대한 평가이다. 토의·토론 수업의 목적을 잘 달성하도록 수업과정이 잘 진행되었는지를 평가한다. 〈표 1-3-14〉는 이러한 평가의 예라고 볼 수 있다. 또한 〈표 1-3-15〉는 토의·토론자 개인에 대한 평가의 예이다. 이러한 평가표는 교사가 생각하는 토의·토론의 목적에 맞게 만들면 된다(김지현·전은주, 2012).

〈표 1-3-14〉 토의·토론 평가표

전체적 진행에 대한 평가	상	중	하
■ 주제가 적합했는가? ■ 주제가 정확하게 제시되었는가? ■ 용어들이 정확하게 정의되었는가? ■ 토론자들이 적극적으로 참여하였는가? ■ 흥미로웠는가? ■ 중요한 문제들이 다 토론되었는가? ■ 시간을 투자할 가치가 있었는가?			
사회자에 대한 평가	**상**	**중**	**하**
■ 참여를 극대화하도록 유도하였는가? ■ 우왕좌왕하지 않고 토의·토론을 잘 끌고 갔는가? ■ 공평하게 진행하였는가? ■ 시간관리를 잘 하였는가? ■ 중립을 지켰는가? ■ 중요한 요점들을 필요시 요약하였는가? ■ 독단적이지 않고 공평했는가? ■ 주제에서 벗어나지 않도록 통제를 하였는가?			
토의·토론자들에 대한 평가	**상**	**중**	**하**
■ 정확하고 알아듣기 쉬운 목소리였는가? ■ 생각을 잘 정리하고 발표했는가? ■ 잘 경청하였는가? ■ 토론의 규칙을 잘 지켰는가? ■ 감정에 치우치지 않았는가? ■ 상대에 대한 예의를 지켰는가? ■ 창의성을 발휘했는가? ■ 정직했는가?			

〈표 1-3-15〉 토의·토론자 평가표

태도	상	중	하
■ 자세가 바른가? ■ 시선 처리가 좋은가? ■ 말의 속도, 성량, 어조가 적절한가? ■ 듣는 사람의 관심을 끄는가?			
내용	**상**	**중**	**하**
■ 어휘 선택이 적절한가? ■ 생각한 것을 제대로 표현하였는가? ■ 어법이 적절한가? ■ 주장이 분명한가? ■ 주장에 필요한 적절한 정보를 제시하는가? ■ 논리적인가? ■ 창의적인가? ■ 중심내용과 주변내용을 구별하는가? ■ 끝맺음이 분명한가?			

다른 하나는 토의·토론 대회에서의 평가이다. 미국을 비롯한 서구에서는 찬반대립토론 대회가 많이 열린다. 이러한 대회는 분명한 승패를 가리기 때문에 엄격한 점수제를 도입하고 있다. 〈표 1-3-16〉은 이러한 점수의 기준을 만든 예이다. 토의·토론의 목적 또는 수업의 목적에 따라 평가 기준은 달라질 수 있다.

〈표 1-3-16〉 평가 영역의 예

평가 영역	배점	평가 내용
분석력 (analysis)	20	■ 주제를 정확하게 이해했다. ■ 웅변이 아니라 토의·토론을 했다. ■ 주요 쟁점에 초점을 맞추었다.
조직력 (organization)	20	■ 논의를 쉽게 전개해나갔다. ■ 일관적이고 유창했다. ■ 사례를 잘 소개하고 결론 도출에 이용했다.
논리력과 증거력 (evidence and logic)	20	■ 논리적으로 주장했다. ■ 충분한 사실적 증거 사례를 제시했다.
토론 기술 (debate skill)	20	■ 적절한 대답을 했다. ■ 언어 선택이 뛰어났다. ■ 발표하는 기술이 뛰어났다. ■ 유미, 진지함 등을 적절히 사용했다. ■ 적절한 질문을 구사했다.
행동 (style)	20	■ 사람들의 주의력을 끌었다. ■ 적절한 몸짓 언어를 사용했다. ■ 자신의 생각을 잘 전달하고, 자연스럽다. ■ 시선처리를 잘하고, 목소리의 크기와 속도가 적절했다.
비판 (refutation)	20	■ 비판만 하지 않고 창의적 대안도 제시했다. ■ 상대의 주장을 잘 비판하고, 자신의 주장을 잘 방어했다.
총점	120	

출처: Manitoba Speech and Debate Association(http://www.sjr.mb.ca/Debate/judgegd.htm)

제 4 장

토의·토론에서의 질문법

최근 수업문화가 학생중심으로 바뀌면서 질문의 역할이 매우 중요해졌다. 특히 2015, 2022 개정 교육과정과 OECD DeSeCo, OECD 2030에서 역량과 자기주도성을 강조하면서 학생 스스로 답을 찾아가기 위한 교사의 안내와 격려의 역할을 하는 핵심질문과 부가질문의 중요성이 더욱 커졌다. 정혜승 외(2016)는 수업에서 질문이 중시되어야 할 이유를 일곱 가지 측면에서 주장하였다. 첫째, 학생은 질문의 대상이 아니라 질문하는 존재로 보아야 한다. 수업이 지식의 전달이 아니라 학생들이 자기주도적으로 참여하는 문화라면 질문은 지식에 접근하기 위한 중요한 도구가 되어야 한다. 둘째, 유비쿼터스 시대에 교실에 모여서만 학습하는 것이 아니라 시공간을 초월한 수업이라면 더욱 질문이 유용하다. 셋째, 많은 연구들은 질문이 학생들의 학업성취와 자신감에 깊은 관계가 있음을 보여준다. 넷째, 질문은 창의성 등 고급사고력을 신장시키는 데에 결정적 역할을 한다. 다섯째, 협력적 의사소통의 시대에 질문의 역할은 더욱 중요하다. 여섯째, 2015 개정 교육과정은 단원을 관통하는 핵심질문을 해결해나가는 과정으로 구성되었다. 일곱째, 교과서는 질문 중심으로 개선되고 있다.

그렇다면 좋은 질문의 조건은 무엇인가? 정혜승 외(2016)는 두 가지로 요약하였다.

첫째, 답은 열려있되, 의도가 쉽게 이해되는 명쾌한 질문이다. 정답이 있는 것이 아니라 정답을 찾아가는 과정으로서의 수업을 영위하기 위해서는 답은 열려있어야 한다. 그렇다고 애매한 질문이 되어서는 안 된다. 질문의 의도를 파악하기 위해 시간을 낭비해서는 안 된다는 뜻이다. 머리가 뜨겁다고 깊게 생각 하는 것이 아니다. 답을 찾기 위해 무엇을 해야 하는지가 분명해야 수업의 방향과 방법이 결정되고 그만큼 알찬 열매를 맺을 수 있다.

둘째, 학습 후에도 오래 남아있는 핵심 질문(essential question)이어야 한다(McTighe & Wiggins, 2013). 지식이 끊임없이 창출되고 사회가 혁신되는 상황에서는 영속적 이해를 위한 학습이 아니라 지속적으로 의문을 가질 수 있게 하는 학습이 더 교육적이고 가치롭다.

토의·토론 수업이 효과를 거두기 위해서는 이처럼 좋은 질문이 필요하다. 좋은 질문은 학생들의 생각을 자극하고, 몰입하게 만든다.

질문에는 형식에 따라 여러 가지 종류가 있다. 고급 사고 질문과 저급 사고 질문으로 나누기도 하고, 산출 질문(결론이나 결과), 과정 질문(목적에 이르는 수단이나 단계), 의견 질문(판단, 평가, 선호, 견해)으로 나누기도 한다. 폐쇄적 질문과 개방적 질문, 기억 질문(교사·반응·재반응)과 탐구질문, 그리고 우연적 질문과 의도적 질문 등으로 나누기도 한다(정문성 외, 2008).

여기서는 일반적인 사고 과정에 따른 다양한 질문의 종류와 사례가 있음을 보여주기 위해 코스타(Costa, 1990)의 주장을 소개한다. 우리의 사고과정은 네 가지 요소(cluster)로 구성되어 있다. 첫째는 입력(input)으로 장·단기 기억장치로부터 필요한 데이터를 가져오는 과정이다. 둘째는 처리 과정(process)으로 입력된 데이터를 관계 지어서 의미화한다. 셋째는 출력(output)으로 새로운 상황에 관련시켜 적용한다. 넷째는 초인지(meta-cognition)로 앞의 세 가지 활동을 점검한다. [그림 1-4-1]은 이러한 사고 과정을 잘 보여준다. 외부로부터 자극이 들어오면 이러한 네 가지 사고과정이 진행된다.

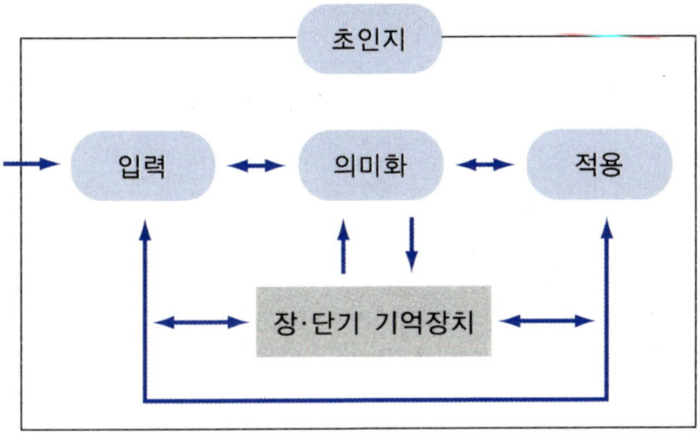

[그림 1-4-1] 사고의 과정

출처: Costa, A. L.(1990). Teacher Behaviors that promote discussion. In W. Wilen (Ed), Teaching and learning through discussion: the theory, Research and Practice of the Discussion Method. Springfield: Charles C Thomas Pub., p. 52.

코스타는 네 가지 사고과정에서 할 수 있는 질문들을 잘 구별하여 제시하였다. 단계별로 학생들의 사고를 자극하는 질문의 사례를 들어 소개한다.

1. 입력(input)에서의 질문
2. 처리 과정(process)에서의 질문
3. 출력(output)에서의 질문
4. 초인지(meta cognition)에서의 질문

1. 입력(input)에서의 질문

사실과 관련된 자료는 두 가지 원천에서 온다. 하나는 우리의 감각이다. 우리가 보고, 듣고, 맛보고, 만져보고, 냄새를 맡으면서 얻는다. 이때 필요한 질문들은 다음과 같다(Costa, 1990).

- 책상 위에 무엇이 있습니까? (시각: seeing)
- 이것은 무슨 소리입니까? (청각: listening)
- 만져 보니 무엇입니까? (촉각: touching)
- 무슨 냄새입니까? (후각: smelling)
- 무슨 맛이 납니까? (미각: tasting)
- 무엇이 변합니까? (관찰: observing)

다른 하나는 우리의 장·단기 기억장치로부터 필요한 데이터를 가져오는 것이다. 학생들로 하여금 기억으로부터 필요한 사실, 개념, 법칙, 느낌, 경험 등을 끌어내는 질문으로 다음과 같은 것들이다(Costa, 1990).

- 환경보전을 위해 우리가 할 수 있는 것을 열거할 수 있습니까? (열거: listing)
- 이 그림을 보이는 대로 묘사할 수 있습니까? (표현: describing)
- 색의 삼원색은 빨강, 파랑, 또 무엇입니까? (완성: completing)
- 이 둘 중에서 암수를 구별할 수 있습니까? (구별: identifying)
- 준법에 관한 명언을 말할 수 있습니까? (인용: reciting)
- 이 그림에는 돈이 얼마가 있습니까? (계산: counting)
- 한국전쟁은 언제 일어났습니까? (기억: recalling)
- 이 물고기의 이름은 무엇입니까? (이름: naming)
- 삼각형을 정의할 수 있습니까? (정의: defining)

2. 처리 과정(process)에서의 질문

이 과정에서는 가져온 사실과 관련된 자료를 의미화(meaning)한다. 즉 인과관계를 만들거나 종합, 분석, 요약, 비교, 대조, 분류 등을 한다. 이러한 과정에서 사용되는 질문들은 다음과 같다(Costa, 1990).

- 도형들이 다음과 같이 변한다면 그 다음 도형의 모양은 무엇입니까? (유추: making analogies)
- 이 물건들을 먹을 수 있는 것과 먹을 수 없는 것으로 묶을 수 있습니까? (묶기: grouping)
- 다음 그림들을 장르에 따라 어떻게 분류할 수 있습니까? (분류: classifying)
- 이것을 증명하기 위해 어떻게 실험하면 되겠습니까? (실험: experimenting)
- 1차 세계 대전이 일어난 원인은 무엇입니까? (인과관계: stating causality)
- 다음 물건들을 네 가지로 범주화할 수 있습니까? (범주화: categorizing)
- 이 피라미드와 저 피라미드는 어느 것이 더 큽니까? (비교: comparing)
- 다음 중 동물의 먹이와 관계 있는 것은 무엇입니까? (관련짓기: relating)
- 겨울에 잎이 떨어지는 현상을 설명할 수 있습니까? (설명: explaning)
- 다음 표를 분석하면 어떤 점을 찾을 수 있습니까? (분석: analyzing)
- 이 다섯 개를 단계별로 열거할 수 있습니까? (계열화: sequencing)
- 이들 중에 포유류를 찾아낼 수 있습니까? (분별: distinguishing)
- 세 주장을 한 마디로 종합할 수 있습니까? (종합: synthesizing)
- 윗글을 세 문장으로 요약할 수 있습니까? (요약: summarizing)
- 이 블록을 어떻게 높이 쌓을 수 있습니까? (조직: organizing)
- 결과를 그림으로 그릴 수 있습니까? (상징화: symbolizing)
- 다른 대안으로 대체할 수 있습니까? (대체: substituting)
- 이 두 연필은 무엇이 다릅니까? (대조: contrasting)
- 필요 없는 것은 무엇입니까? (제거하기: eliminating)
- 무엇을 더 보탤 수 있습니까? (더하기: adding)

3. 출력(output)에서의 질문

여기서의 질문은 학생들로 하여금 그들이 의미화를 통하여 개발한 개념이나 원리를 새로운 상황에 적용하도록 하는 것이다. 이러한 질문은 학생들이 창의적이고 가설적으로 상상력을 발휘하여 가치판단도 하고, 사실판단도 해서 의사결정을 하도록 돕는다. 이때 필요한 질문들은 다음과 같다(Costa, 1990).

- 식량생산이 줄면 모든 나라에서 나타나는 공통적 현상은 무엇입니까?
  (일반화: generalizing)
- 수요공급 법칙을 사용하여 가격을 계산할 수 있습니까?
  (원리적용: applying a principle)
- 된장의 냄새를 서구인들도 싫어하지 않게 하려면 어떻게 해야 합니까?
  (창조: creating)
- 다음 그림 다음에 어떤 일이 일어날지 상상할 수 있습니까?
  (상상: imaging)
- 자신이 꿈꾸고 있는 주택의 모형을 만들 수 있습니까?
  (모형 만들기: model building)
- 민물고기를 바닷물에 넣으면 어떻게 될 것 같습니까? (가설: hypothesizing)
- 그래프와 같은 추세라면 석유값은 어떻게 되겠습니까? (예측: predicting)
- 이 둘 중에 어떤 대안에 높은 점수를 줄 수 있습니까? (평가: evaluating)
- 체육대회에서 우승을 하기 위한 계획은 무엇입니까? (계획: planning)
- 이 방법을 선택하면 2050년엔 어떻게 될까요? (심사숙고: speculating)
- 이 실험에서 분자운동이 어떻게 될 것 같습니까? (추론: infering)
- 어떻게 하기로 결정했습니까? (의사결정: decision making)
- 움직이는 장난감을 설계할 수 있습니까? (설계: design)
- 이 중에 가장 도덕적 대안은 무엇입니까? (판단: judge)
- 내일 날씨는 어떨 것 같습니까? (예상: forecasting)

4. 초인지(meta cognition)에서의 질문

생각을 생각하는 초인지에서는 토의·토론에 관한 전반적인 사항을 검토하는 질문들을 할 수 있다. 이 질문들은 토의·토론에서의 질문이 아니라 토의·토론을 하기 전, 하는 도중, 그리고 하고 난 후에 학생들이 스스로 해 볼 질문들이다. 이때 필요한 질문들은 다음과 같다(Costa, 1990).

- 토의·토론을 위해 미리 전략 계획을 짜 보았습니까? (계획: planning)
- 토의·토론 수업 일지를 기록했습니까? (일지 쓰기: journal keeping)
- 토의·토론에 사용할 질문들을 미리 만들어 보았습니까?
  (질문 만들기: question generating)
- 동료들끼리 칭찬과 격려하는 시간을 가졌습니까?
  (신뢰 구축: taking credit)
- 토의·토론 기술을 명명하고 이해를 했습니까?
  (기술 명명: labeling students' discussion skills)
- 다양한 평가표를 활용해 평가해 보았습니까?
  (평가: differentiated evaluation)
- 역할놀이나 시뮬레이션을 해 보았습니까?
  (역할놀이와 시뮬레이션: role playing and simulation)
- 우리의 사고과정을 되새겨 보았습니까?
  (사고과정 반성: displayed thinking)
- 토의·토론 기술을 분석하였습니까?
  (기술 분석: analyzing others whose skills are admired)

제 5 장

토의·토론에서 나타나는 논리적 오류

토의·토론을 잘하기 위해서는 다른 사람의 주장에서 오류를 발견할 뿐만 아니라 자신도 그런 오류를 범하지 않도록 해야 한다. 토의·토론이 끝나면 교사는 이러한 오류들을 정리해서 지적해주어 학생들이 자신들의 토의·토론 내용을 잘 반성할 수 있도록 지도해주어야 한다.

상대의 주장에 반박하는 방법은 두 가지이다. 하나는 직접 반박으로 상대 주장의 근거가 옳지 않음을 직접 지적한다. 이때는 근거, 즉 대전제나 소전제가 틀렸음을 보여주거나 근거는 옳으나 추론과정이 틀렸음을 보여준다. 다른 하나는 간접 반박으로 근거는 인정하되 그랬을 경우 나타날 옳지 않을 가능성을 비판한다. 이때는 상대방의 전제와 결론이 일치하지 않음을 보여주거나 잘못된 개별 사례를 제시하면서 반박한다. 이러한 과정에서 쉽게 범하는 오류들의 예는 다음과 같다(토론교육연구소, 2003; Schopenhauer, 2007).

(1) 주장의 내용보다 분위기를 이용한다

가장 쉽게 발견되는 오류는 목소리를 높이는 것이다. 흔히 '목소리 큰 사람이 이긴다.'라는 말은 이 때문에 나왔다. 목소리를 높여서 주장하거나 매우 화가 난 듯이 주장하면 정말 저 사람이 자신만만하거나 분명한 근거를 가지고 있기 때문이라고 오해할 수 있다. 그러나 목소리가 크고 흥분하면 오히려 실수를 하는 경우가 더욱 많다. 빈 수레가 요란한 법이다. 또는 별것도 아닌 주장을 매우 심오한 것처럼 정색을 하면서 말하는 경우도 마찬가지이다.

(2) 감정에 호소한다

동정심을 자극해서 자신의 부족한 논리를 보충하는 경우가 많다. '무상급식 재원은 어떻게 마련할 것인가?'에 대해 '아이들이 떳떳하게 급식받는 게 더 중요하다.'라고 대답하는 경우가 해당된다. 또한 윤리적인 측면에 호소할 때도 많다. 윤리와 객관적 사실이나 법률적 판단이 다를 경우도 많기 때문이다. 대개 자신이 불리할 때 사용하는 방법이다. 상대가 감정에 호소하면 이미 사용할 카드는 다 사용했다고 보면 된다. 즉 승부는 기울었다.

(3) 반대 주장의 근거를 찾을 수 없으므로 옳다고 한다

즉 찬성 아니면 반대가 아니라 제3의 주장도 있다. '도 아니면 모'라는 말이 있는데, '개', '걸', '윷'도 있다. 즉 다른 대안도 많이 있을 수 있다. 이 방법을 이용하는 궤변자들은 일단 대안을 찬성과 반대로 줄여놓고, 상대를 압박한다. 즉 대안을 둘로 줄이려고 시도할 때 반박해야 한다. 그러지 않으면 상대의 전략에 넘어가기 쉽다.

(4) 인신공격을 한다

그 사람이 주장했으므로 틀렸다는 논리도 오류이다. 토의·토론은 '사람'이 아니라 '주장'에 대해 하는 것이다. 대개 우리는 주장 그 자체보다는 그 사람의 배경이나 의도에 관심을 많이 가진다. 대개는 일치하지만 성급하게 판단했다가 오히려 카운터펀치를 맞을 수도 있다.

(5) 다수가 그렇게 생각하므로 그것이 옳다고 주장한다

다수가 진리가 아니기 때문이다. 흔히 '이런 제도를 가진 나라는 지구상에 거의 없다'라는 증거를 자주 든다. 그러나 이것도 옳은 주장은 아니다. 반대로 여러 나라에서 하고 있으므로 우리도 하자는 주장도 마찬가지이다. 참고는 될 수 있으나 그 자체가 옳은 것은 아니다. 즉 여러 나라가 하고 있는 것이 증거가 아니라 그 결과가 모두 좋더라가 증거가 되어야 한다.

(6) 논리가 아니라 이해관계에 호소한다

상대 주장이 타당하지만 그것이 상대에게 손해를 끼치거나 공동의 이익에 해가 될 것이기 때문에 반대하는 경우도 오류이다. 공동의 이익에 해가 되더라도 잘못된 것은 잘못된 것이다. 예를 들어 어떤 은행에서 실수로 모든 고객에게 10,000원을 송금했다고 하자. 이것은 실수였으므로 모든 고객은 은행에 다시 돌려주어야 한다는 주장은 맞다. 그러나 그럴 경우, 그 많은 고객들이 이를 위해 번거롭게 은행에 가서 다시 돌려주어야 한다면 기분도 나쁘지만 시간 낭비이고, 이는 공공의 이익에 반한다고 주장할 수 있다.

(7) 권위에 의존한다

일반인이 존경하는 전문가를 인용하든가, 사람들이 잘 모르는 사람을 마치 유명한 사람인 것처럼 해서 인용하는 경우도 있다. 사람들은 자신의 무식이 드러날까 감히 비판하지 못하는 경우가 많다. 또한 보편적 편견 역시 권위의 역할을 한다. 사람들은 누구나 알고 있는 사실을 따르고 싶어 하기 때문이다. 보편적 편견의 대표적 예는 갈릴레이가 지동설을 주장했을 때 그 당시 대부분의 사람들이 믿고 있었던 천동설이다. 우리가 알고 있는 관습이나 풍습 중에도 잘못된 것이 많은데, 그것은 사실 폐습이라고 보아야 한다. 즉 많은 사람이 따르고 있다 하더라도 미풍양속과 폐습은 구분해야 한다.

(8) 순환논법을 사용한다

먼저 증명되어야 할 주장을 기정사실화하여 전제로 사용하는 경우가 있다. 이럴 때는 그 전제에 대한 증명을 먼저 요구해야 한다. 만약 은근슬쩍 넘어가서 타이밍을 놓치면 그 이후의 논리적 모순을 발견할 수 없으므로 당하는 수가 많다. 예를 들어 "그는 정직하다. 그러므로 그는 거짓말을 하지 않는다."는 전제와 결론이 서로 의존하고 있어서 논증의 형식은 갖추고 있으나 논증이 되지 않는다. 또, 경제학자가 물가가 오를 것이라고 하자, 사람들이 사재기를 했다고 하자. 왜 물가가 오를 것이라고 예상하는가에 대해 그 경제학자가 "사람들이 사재기를 하는 것을 봐라." 했다면 이 역시 순환논법에 빠진 꼴이다. 순환논법을 비판하기 위해서는 전제의 결론을 듣기 전에 전제에 대한 검증을 먼저 요구해야 된다.

(9) 허위적 인과관계를 주장한다

단순히 시간상의 전후관계나 우연한 연결을 마치 원인과 결과의 관계로 간주하는 경우가 있다. '까마귀 날자 배 떨어진다'라는 속담이 이런 경우이다. 징크스(jinx)도 대표적인 예이다. '제목이 길면 흥행에 실패한다.'라는 영화계의 징크스다. 실제 그런 경우가 많았는데, 그것은 우연이라고 볼 수 있다. 그러나 '행복은 성적순이 아니잖아요'가 흥행에 성공하면서 이런 속설도 사라졌다.

(10) 비유를 사용하여 취약한 논리나 증거를 은폐한다

특히 비유를 사용하는 것을 유의해야 한다. 자신에게 유리한 비유를 찾다 보면 주장과는 상관없거나 취약한 비유를 선택하는 경우가 많기 때문이다. 예를 들면 신앙심이 깊은 것을 '광신자'라고 하거나 스님을 '땡초'라고 함으로써 그 다음 주장을 자신에게 유리하게 엮어나가는 경우가 있다. 또 주장과는 별로 관계가 없지만 멋있는 비유를 사용하여 혼란을 줄 때도 있다. 관객이 폭소를 터뜨리면 마치 그 비유가 옳은 것처럼 느껴지기 때문이다. 비유는 매우 위험한 전략인데, 상대가 모르고 넘어가면 효과적이지만 비유의 허점을 지적한다면 오히려 걸정다를 맞을 수 있다.

(11) 불합리한 반대주장을 함께 제시해 양자택일하게 한다

둘 다 불합리한 주장을 제시하면서 양자택일을 하게 할 때가 있다. 즉 어느 쪽을 선택해도 낭패에 빠진다. 이때는 그 질문이 잘못되었다고 지적해야 하지만 질문에 대답을 해야 된다는 강박관념 때문에 당황할 때가 많다. "위독한 어머니에게 달려가야 할 것인가, 조국 독립을 위해 기차를 타야 할 것인가?"를 묻는다면 어떻게 대답할 것인가? 이때는 그 질문이 잘못되었다고 말하거나, 그 당시의 상황을 고려해 조건부 대답을 해야 할 것이다. 그러나 이런 질문을 받으면 당황해서 어느 한쪽을 대답하게 되고, 그러면 상대는 선택한 답이 얼마나 잘못되었는지에 대해 공격해 올 것이다. 물론 질문을 한 쪽은 각각 다른 논리를 준비하였을 것이다.

(12) 상대방 주장을 최대한 넓게 또는 좁게 해석한다

상대방 주장을 넓게 해석해 과장하고, 자신의 의견은 좁게 제한하여 방어하는 경우가 있다. 또 반대로 상대방 주장을 좁게 해석해서 축소하고, 자신의 의견은 확대해서 타당성을 확보하기도 한다. 이처럼 축소와 과장을 확인해야 한다.

(13) 상대방의 상대적 주장을 절대적 주장으로 바꾸어 해석한다

일부 영역에 대해서만 주장한 것을 마치 모든 영역에 다 적용된다고 주장한 것처럼 해석해서 오류를 지적하는 경우가 있다. 반대의 경우도 마찬가지이다. 즉 나의 주장을 상대가 변형시키는지를 잘 감시해야 한다.

(14) 틀린 증거를 빌미 삼아 정당한 주장까지도 비판한다

주장은 옳지만 실수로 증거를 잘못 선택한 경우, 그 증거를 집중적으로 공격하는 수가 있다. 잘못된 사례를 들었으므로 그 주장도 틀렸다고 주장하는 것이다. 물론 상대가 실수한 것이지만 그렇다고 그 주장이 틀린 것은 아니다. 이때는 잘못된 사례를 사수할 것이 아니라 빨리 실수를 인정하고, 다른 사례를 제시해야 한다. 또 그 실수를 마치 그 주장도 틀린 것처럼 공격하는 상대의 비열함도 반박해야 할 것이다.

(15) 질문을 퍼부으면서 자기에게 유리한 결론을 이끌어낸다

자신의 주장을 하기보다는 상대에게 질문을 퍼부어 실수를 유도하는 전략을 사용하는지를 살펴보아야 한다. 논리의 대결보다는 상대의 실수를 유도하는 것은 바람직한 토의·토론이 아니다. 이때는 대답할 것은 대답하되, 대답할 필요가 없는 것은 대답하지 않으면 된다. 오히려 논제와 관계없는 질문으로 쟁점을 회피하고 있다고 역공을 가해야 한다. 특히 당장 지금 증명할 수 없는 것을 증명하라고 윽박지르고, 증명하지 못하므로 상대 주장은 틀렸다고 하는 경우도 당황하지 말고, 오히려 그 의도에 대해 역공을 해야 한다. 이때는 비슷한 방식으로 상대에게 증명을 요구하면서 상대의 의도가 드러나게 해서 부끄럽게 만들면 된다.

(16) 쟁점을 바꾸거나 회피한다

자신의 주장에 문제가 있을 때 쟁점을 바꾸거나 회피하는지 살펴본다. 흔히 접촉사고 현장에서 누가 잘못했는지를 따지다가 엉뚱하게 말하는 태도를 가지고 싸우는 경우처럼 쟁점을 벗어나는 경우가 이에 해당된다. 이때는 상대가 쟁점을 회피하고 있음을 지적하면 된다.

(17) 상대의 주장이 무슨 뜻인지 모르겠다고 주장한다

의도적으로 상대의 유리한 주장을 이해하지 못하겠다고 무시하는 경우가 있다. 이는 반박하기 힘들기 때문에 의도적으로 회피하는 것이다. 또는 반박할 가치가 없는 주장이라고 일축하기도 한다. 이러한 의도가 보이면 누가 보더라도 알 수 있게 더 쉽게 다시 설명해 준다.

(18) 이론상으로는 맞지만 실제는 틀린다고 한다

상대의 주장을 반박하기 힘들므로 현실적으로는 적용될 수 없다고 주장하는 것이다. 논리적 토론이라면 실천 여부를 다룰 필요가 없다. 이것도 일종의 쟁점 회피라고 볼 수 있다.

(19) 복합질문을 사용한다

한 주장에 두 가지 상반되는 주장을 포함시켜 항상 한 주장은 받아들일 수밖에 없게 만든다. 예를 들어 "착한 철수가 돈을 훔쳤다."의 경우, 철수는 착하다는 것과 철수가 돈을 훔쳤다는 것의 두 가지 정보가 들어 있다. 철수가 돈을 훔쳤다는 것만 인정하고, 철수가 착하다는 것을 인정할 수 없다고 하더라도 돈을 훔쳤다는 사실에 집중하다 보면 전자의 주장을 나도 모르게 인정하는 셈이 되어 버린다. 상반된 정보가 함께 들어 있는지 주의 깊게 따져보아야 한다.

(20) 과잉 일반화를 한다

자주 볼 수 있는 경우이다. 한두 가지의 사실을 일반적인 것으로 간주해버리는 것이다. A회사 직원 한 사람이 성질이 급하다고, A회사 사람들은 모두 성질이 급하다고 하는 것과 같다. 특히 한두 가지의 사례가 전형적일 때 이런 방법은 매우 효과적이기 때문에 조심해야 한다.

(21) 자연주의의 오류를 범한다

이것은 사실과 가치를 혼동하는 경우에 생긴다. 현재 이루어지고 있기 때문에 옳다는 것이다. 예를 들어 인도에는 남편이 죽으면 아내를 같이 생매장하는 풍습이 있었다. 만약 지금도 인도의 모든 사람들이 그렇게 한다면 그것은 옳다고 결론 내릴 것이다. 즉 사실에 근거해서 가치를 결론 내리는 경우에 해당된다. 현재 이루어지고 있는 것이 모두 옳다면 우리는 언제나 천국에 살고 있는 셈이 된다.

(22) 고정관념을 이용한다

고정관념(stereotype)이란 특정 집단에 대한 고정된 생각이다. 고정관념은 잘못된 태도가 아니다. 원래 그 집단의 특성이 나타났기 때문에 생긴 것이다. 그러나 시간이 지나서 그 집단의 모든 구성원이 그렇지 않다는 증거가 나타났음에도 원래의 생각을 바꾸지 않으려는 것이 편견이며 그것이 잘못된 것이다. 고정관념은 대부분의 사람이 공통적으로 가진 것이므로 이를 이용하여 은근슬쩍 넘어가는 것을 말한다.

제 2 부

토의·토론 수업의 실천편

제 6 장

모둠 세우기

토의·토론 수업은 구성원의 상호작용을 극대화하여 교육 효과를 얻으려는 것이므로 적절한 규모의 소모둠을 구성하는 것이 효율적이다. 이때 아이스 브레이킹을 통해 자유로운 소통의 분위기를 조성하는 것이 우선이다. 또한 짧은 시간이지만 구성원이 각자를 소개하고, 서로에 대한 이해와 배려의 기회를 갖는 것이 이후의 활동에 큰 영향을 미친다. 개인의 입장에서도 다른 사람에게 자신을 소개하고 소개받으면서 배우는 것도 많다. 좀 더 객관적으로 자신을 볼 수 있는 기회도 되고, 사람들이 다양한 기질, 능력, 정서를 가지고 있다는 사실도 깨닫는다. 그래야 자신의 의견을 주장도 하지만 동시에 타인의 의견에 경청도 하고, 다양한 관점에서 현상을 보는 시각도 키울 수 있다. 3부에서는 토의·토론을 위한 모둠의 형성 초기에 필요한 유익한 방법들을 소개한다. 그리고 모둠 활동을 할 때 반드시 모둠원 모두에게 지위와 역할을 부여해서 역할리더십을 갖게 해야 모둠 활동이 잘 진행된다.

"가까운 곳에 가려면 혼자 가고, 멀리 가려면 함께 가라."

모둠의 역할부여 사례

이끎이: 모둠의 리더이다.
기록이: 모둠 활동할 때 주로 기록하는 일을 담당한다.
부름이: 심부름하는 일을 담당한다.
칭찬이: 동료를 격려하는 일을 한다.

1. 기질과 성격(TCI)
2. 다가오는 것들(things to come)
3. 다중지능(multi intelligence)
4. 말풍선 넣기
5. 비빔밥
6. 사물 염탐
7. 생활사
8. 스눕(snoop)
9. 인사이드 아웃(inside out)
10. 조하리의 창(Johari's Windows)
11. 진진가(TTF)
12. 창문 만들기
13. 코비 모형

1. 기질과 성격(TCI)

1) 목적과 특징

기질(氣質; temperament)이란 타고난 성품을 말하는 것으로 생물학적으로 저마다의 서로 다른 반응 양식을 이르는 말이다. 서구에서 전통적으로 내려오는 대표적 기질론은 히포크라테스(Hippocrates)나 갈레노스(Galenos) 등이 혈액, 점액, 황담즙, 흑담즙의 네 가지 체액량에 따라 분류한 다혈질, 점액질, 담즙질, 우울질의 네 가지 체질로 설명한다. 동양에서는 유교와 한의학에서 구분한 소음인, 태음인, 소양인, 태양인으로 구분하는 이제마의 사상체질론이 유명하다.

서양의 기질론	
다혈질	감정적, 사교적, 명랑함, 정이 많음
점액질	정적, 인내심, 완고함
담즙질	불같은 성격, 참을성 없음
우울질	우울, 인내심, 주관적, 보수적임

동양의 기질론	
소음인	하체발달, 내성적이고 소극적임
태음인	하체발달, 변화 싫어하고 보수적임
소양인	상체발달, 외향적이고 출세지향적임
태양인	상체발달, 반항적이고 적극적임

[그림 2-6-1] 서양과 동양의 기질론

그동안 많이 연구되었던 '성격'은 매우 불안정해서 정형화하기 힘들다는 비판을 받는다. 이에 성격의 기초가 되는 기질이 다시 조명을 받고 있다. 기질은 타고난 것으로 잘 변하지 않기 때문에 한 개인의 성격을 더 잘 대변해주기 때문이다. 따라서 기질을 바꾸기보다는 기질에 적합한 교육방법이 필요하다는 의견이 우세하다. 기질은 개인의 감정과 행동반응에 영향을 미치는데 특히 변화나 스트레스가 야기될 때 더욱 잘 나타난다. 그러므로 자신과 타인의 기질이 무엇인지 확인하고, 서로 이해하며 그 기질을 바람직한 방향으로 활용하는 태도를 갖는 활동이 필요하다. 클로닝거(Cloninger)의 기질-성격 검사(TCI: Temperament and Character Inventory)를 활용한 토의·토론 방법을 알아보자.

클로닝거(Cloninger)는 기질을 네 개의 요소로 분류한다. 첫째, 위험회피 요소가 높으면 조심성이 있고 안전한데 새로운 도전을 하지 않는 기질을 갖는다. 반면에 위험회피 요소가 낮으면 사교적이고 새로운 도전을 하지만 위험에 잘 빠진다. 둘째, 지속성 요소가 높으면 자기 일에 책임감이 있지만 지나친 완벽주의에 빠진다. 반면에 지속성 요소가 낮으면 창조적이기는 하지만 허술한 곳이 많아서 주변의 도움이 많이 필요한 약점을 갖는다. 셋째, 보상 의존 요소가 높으면 주위 사람과 사이좋게 지내지만 자기주장을 못하는 경향이 있다. 반면에 보상 의존 요소가 낮으면 솔직하고 심지는 굳지만 고집불통인 경우가 많다. 넷째, 새로움 추구 요소가 높으면 탐색적이고 활동적이나 차분하지 못하다. 반면에 새로움 추구 요소가 낮으면 차분하기는 하나 일에 참여하기를 꺼린다.

4대 기질 요소	높고 낮음	장점	단점
위험 회피 (harm avoidance)	⇧	조심성, 안전	새로운 도전 안 함
	⇩	사교적, 새로운 도전	위험
지속성 (persistence)	⇧	자기 일은 책임짐	완벽주의자
	⇩	창조적	주변 도움이 필요
보상 의존 (reward dependence)	⇧	사이좋게 지냄	자기주장 못함
	⇩	솔직함, 심지가 굳음	고집불통
새로움 추구 (novelty seeking)	⇧	활동적, 탐색적	차분하지 못함
	⇩	차분함	참여하지 않음

[그림 2-6-2] 클로닝거(Cloninger)의 TCI이론

2) 방법

(1) 4대 기질 요소 유인물 제시하기

부름이에게 안내문을 가져가서 모둠원에게 나누어 주게 한다. [그림 2-6-2]와 같은 4대 기질 요소에 대해 설명을 하고, 서로 이해했는지 확인한다. 그리고 네 가지 기질에 대해 차례로 자신을 소개하는데 가능하면 자신의 행동 습관이나 경험을 장점과 단점으로 나누어 표현하기를 권장한다.

(2) 위험 회피 요소에 대해 소개하기

자유롭게 순서를 정해서 각각 위험 회피 요소에 대해 자신의 습관 등의 예를 들어 가며 자신을 소개한다. 예를 들면 "저는 위험 회피 기질이 낮아서 횡단보도를 건널 때도 조심성 없이 건너다 차에 치일 뻔한 적도 있어요."라고 말할 수 있다.

(3) 지속성 요소에 대해 소개하기

"저는 지속성이 높은가 봐요. 사람들이 너무 완벽주의자라고 놀릴 때가 많아요. 그렇지만 일은 완벽하게 하니까 좋아들 해요."와 같이 소개할 수 있다.

(4) 보상 의존 요소에 대해 소개하기

"저는 보상에 관심이 없어요. 눈치 보지 않고 제 의견을 솔직하게 말하는 편이지요. 고집이 세다는 말을 듣기는 해요."와 같이 표현할 수 있다.

(5) 새로움 추구 요소에 대해 소개하기

"저는 신상품을 너무 좋아해요. '얼리 어댑터'라는 별명이 있지요. 충동구매해서 후회할 때도 많지만 새로운 변화를 잘 따라가는 거니까 괜찮은 것 같아요."라고 소개할 수 있다.

(6) 공통점과 차이점을 확인하고 상호 협력하는 분위기 만들기

이상의 활동을 하고 나면 구성원끼리 기질의 공통점도 발견하고, 차이점도 알게 된다. 모둠원으로서 서로 깊이 있는 이해가 되므로 팀 활동에 큰 보탬이 될 수 있다. 공감도 해주고, 다양한 기질과 성격을 서로 인정하고 배려하게 되므로 서로 부족한 부분을 채워줄 수 있는 분위기를 만들면서 마무리한다.

3) 의미와 응용

이 방법은 모둠활동을 오래 지속해야 할 때 초기에 사용하면 좋다. 자신을 소개하면서 자신의 기질에 대한 이해를 하면서 진행하므로 다른 사람의 기질도 존중하는 태도를 갖게 된다.

또 다른 재미있는 방법으로 클로닝거(Cloninger)는 키우기 힘든 아이의 5기질의 유형을 재미있게 표현하고 있다. 참여자가 부모나 교사라면 자녀 또는 반 학생들 중에 다섯 가지 기질 유형에 해당되는 학생을 분류해서 기질에 맞는 생활지도 방식을 토의·토론해 보는 것도 좋은 방법이다. 여러분 자신은 혹시 어느 동물에 가까운가?

유형	기질 요소	특징
원숭이	NS⇧ P⇩	새로운 것은 좋아하나 지속성이 없어 산만하고 부산하다.
얼룩말	NS⇧ RD⇩	새로운 것은 좋아하나 보상에는 관심이 없어 호기심은 많으나 까칠하고 고집불통이어서 말을 안 듣는다.
거북이	NS⇩ P⇩	새로운 것에 관심 없고 지속성이 없어 좀처럼 움직이려 하지 않는다.
강아지	NS⇧ RD⇧	새로운 것을 좋아하나 보상에 관심이 많아 온순하고 말을 잘 듣는다.
꽃사슴	HA⇧	위험을 회피하는 경향이 많아서 예민하고 겁이 많다.

[그림 2-6-3] 기질 유형

2. 다가오는 것들(Things to come)

1) 목적과 특징

'다가오는 것들'은 2016년 베를린 영화제에서 은곰상(감독상)을 수상한 미아 한센 러브(Mia Hamsen-Love) 감독의 영화이다. 다큐멘터리처럼 느껴질 정도로 평범한 프랑스 고등학교 철학 교사 이자벨 위페르의 연기도 탁월했지만 살아가면서 누구나 던지는 보편적 질문들에 철학적으로 답하면서 살아가는 보통 사람들의 모습을 담담하게 표현하였다. 그러므로 관객은 주인공이 바로 나일 수 있다는 생각에 더욱 공감하게 된다. 주인공이 철학 교사인 만큼 수업, 남편의 외도, 모친의 죽음 등 다가오는 것들을 철학적 사유로 담담히 처리하면서 꿋꿋이 자신의 행복을 추구하는 모습은 환경에 구애받지 않는 긍정적 삶의 모델을 보여준다.

우리는 살아가면서 나에게 다가오는 것들이 수없이 많다. 어쩔 수 없이 다가오는 것들, 우연히 다가오는 것들, 단기적으로 또는 장기적으로 다가오는 것들… 이렇게 사람마다 다가오는 것들의 특성이나 그것을 처리하는 사람들의 특성에 따라 서로 다른 삶을 살아간다. 그러나 보편적으로 다가오는 것도 있다. 결혼하고, 자녀를 낳고, 양육하고, 그 과정에서 아이에게 일어나는 일들, 나의 가정생활과 직장생활에서의 변화, 부모님과의 사별, 가족의 해체 등. 오늘 하루만 해도 작은 것이지만 수없이 많은 다가오는 것들이 있다. 그것들을 처리하는 것이 삶이다. 인생 전체를 놓고 보아도 굵직하게 내 삶을 전체적으로 흔드는 다가오는 것들도 마찬가지이다.

이 활동은 나 개인에게 다가오는 것을 적어보고 이를 어떻게 처리할지를 토의해보는 활동이다. 어떤 것은 개인적인 문제이지만 어떤 것들은 사회적인 고민이기 때문에 모둠 토의를 통해 자신의 삶을 재정립해보고 삶의 방향을 세워보는 데에도 도움이 된다. 좀 더 넓게는 학교생활, 직장생활, 국가 전체에서 구체적으로 다가오는 것을 주제로 토의해도 유용하다.

2) 방법

(1) 다가오는 것들 세 가지 예측하기

학습지를 각자 가지고 주어진 주제에 대해 다가오는 것들 세 가지를 예측해서 적는다. 예를 들어 처음으로 이성 친구가 생기게 되었다면 그것 자체도 다가오는 것이지만 이로 인하여 다가올 부모님의 허락을 받는 것, 나의 생활 방식의 변화, 우정(또는 사랑)의 지속 등으로 예측할 수 있다. 또는 회사의 구조조정이 시작되었다면 수입으로 인한 경제적 위기, 어색한 동료 간의 관계, 퇴사 또는 이직의 고려 등일 수가 있다.

(2) 다가오는 것들의 영향력과 계획 작성해보기

세 가지 다가오는 것들을 적었으면 각각이 내 삶에 주는 의미는 무엇인지 써보고 끼칠 영향력의 정도를 표시해본다. 영향력은 부정적일 수도 있고 긍정적일 수도 있다. 세 가지의 상대적 수치를 표시하면 된다. 다음에는 이에 대한 나의 대처, 즉 계획을 간단하게 한 줄로 적어본다.

(3) 돌아가며 발표하고 토의하기

모둠원들 각자 돌아가면서 자신에게 다가오는 것들 세 가지와 각각의 영향력과 의미, 계획을 발표한다. 이 과정에서 질문과 응답, 그리고 공감과 조언을 해줄 수도 있다.

다가오는 것들	영향력과 계획						
1.	충격파	-3	-2	-1	+1	+2	+3
	의미						
	계획						
2.	충격파	-3	-2	-1	+1	+2	+3
	의미						
	계획						
3.	충격파	-3	-2	-1	+1	+2	+3
	의미						
	계획						

[그림 2-6-4] 다가오는 것들

3) 의미 및 응용

가수 김태원은 "긴장하면 지고, 설레면 이긴다."라는 명언을 했다. 오랜 무대 생활에서 익힌 체험이다. 준비를 많이 했다면 무대가 반가울 것이고, 호응하고 감동하는 청중을 만나고 싶은 마음에 설렐 것이다. 그러나 준비가 부족하다면 무대에 서는 것조차 두렵고, 실수와 실패를 할까 봐 긴장할 것이다. 다가오는 것들의 활동은 특정 주제에 관하여 다가올 것이 무엇인지 예측하는 능력과 이에 준비하여 해결하는 능력을 길러주는 활동이다. 주제가 추상적이고 거시적이든 구체적이고 미시적이든 모둠 토의 활동은 개인의 상상력과 해결력을 넘어 생각과 활동을 넓고 깊게 하는 데 도움이 되는 활동이다. 미래 사회와 관련된 사회 문제를 가지고 해도 좋다. 예를 들어 고령화 사회를 주제로 삼을 수도 있다. 고령화 사회가 되었을 때 다가올 일들을 상상하고 대안을 생각하는 활동을 할 수도 있다.

3. 다중지능(multi intelligence)

1) 목적과 특징

가드너(Gardner, 2011)의 다중지능이론은 지능에 대한 고정관념을 바꾸어 버린 획기적 업적이다. 합리적 이성이 지배하던 모더니즘 시대에 높은 지능(IQ)은 지식인의 전유물이었다. 그러나 다양한 인간의 능력을 요구하는 포스트모더니즘 시대가 되면서 언어와 수리 능력 중심의 기존의 지능(IQ) 이외의 다양한 능력이 요구되었다. 이에 감성지능(EQ: Emotional Quotient), 사회지능(SQ: Social Quotient) 등이 제기되기도 했으나 결국에는 다중지능이론으로 수렴, 체계화되었다고 할 수 있다. 가드너는 지능이 단일한 영역이 아니라 다양한 상징체계를 다루는 서로 구별되는 별개의 다수의 능력으로 구성된다고 보았다. 첫째, 모든 사람은 여덟 가지의 지능을 어느 정도는 모두 가지고 있다. 둘째, 각각의 지능을 어느 수준까지 개발시킬 수 있다. 셋째, 여덟 가지 지능은 여러 가지 복잡한 방식으로 함께 작용한다. 즉 차별적으로 특정 지능만 가지고 있지 않다. 넷째, 각 지능 내에서도 다양한 방법으로 향상된다. 글을 못 쓰지만 말을 잘 할 수는 있다. 그리고 이러한 별개의 지능이 서로 작용하여 능력을 구성한다고 보았다(Gardner, 2011).

한편 다중지능이론은 지능과 재능을 혼동하고 있고, 과학적으로 측정하기 힘들다는 비판도 받는다. 그러나 인간의 능력을 좀 잘 설명할 수 있고 다양한 능력을 계발할 수 있다는 점에서 선진국을 중심으로 널리 활용되고 있다. 〈표 2-6-1〉은 다중지능과 신목표분류의 이원목표분류로 활용되는 사례이다. 각 셀은 수업 또는 프로젝트의 주제가 될 수 있다.

〈표 2-6-1〉 다중지능과 신목표분류 이원분류표(한복)

구분	지식	이해	적용	분석	평가	창조
언어	조상들이 입었던 옷의 목록 만들기	조상들이 입었던 옷들에 대해 설명 쓰기	우리나라가 사계절이 없었다면 조상들의 의생활이 어떻게 변했을지 상상하여 쓰기	각각의 옷감이 왜 그 계절에 적합한지에 대해 설명하기	한복의 개선점과 발전 방향에 대해 주장하는 글 쓰기	조상들의 의생활의 슬기를 외국인에게 소개하는 편지 쓰기
논리수학	의복의 변화과정 연대표 만들기	여름한복에 쓰인 옷감, 재료, 겨울한복에 쓰인 옷감, 재료를 칸으로 분류하기	여름한복과 겨울한복의 섬유 혼용률(%) 조사하기	실을 얻는 단계부터 한복이 완성되기까지 과정을 플로차트로 정리하기	여자 한복 저고리와 치마의 길이 비율, 남자 한복과 비교하기	한복을 일 년에 얼마나 입는지 조사하여 그래프로 나타내 보고서 만들기
공간	한복을 입고 고전무용을 하는 장면 보기	계절에 따른 조상들의 의복 모습을 그림 그리기	베틀, 물레를 직접 사용하는 동영상 보기	모시, 삼베, 무명, 비단의 짜임새를 돋보기로 확대해서 관찰한 후 그리기	한복의 불편한 점을 개량한 한복을 디자인해 보기	전통적 아름다움을 살린 한복 디자인 해보기
신체운동	한복 입는 순서에 맞게 입어보기	모시, 삼베, 무명, 비단을 직접 입으로 불어 공기 통하는 정도 살펴보기	각기 다른 옷감을 만져보고 그 느낌을 동작과 표정으로 표현하기	옷감을 짜는 모습을 흉내 내어 나타내 보기	계절별 조상들의 의생활이라는 주제로 패션쇼 해보기	다양한 옷감을 사용해 직접 작은(평면) 한복 만들기
음악	절대음감 놀이하기 (여름모시 삼베, 겨울 무명비단)	조상들이 입었던 옷의 종류를 가사로 하여 노래 짓기	길쌈할 때, 베틀 짤 때 불렀던 민요 감상하기	옷감을 제작하는 과정을 랩으로 만들기	우리 조상들의 의생활에서 느낄 수 있는 슬기를 주제로 노래 짓기	한복을 광고하는 광고음악 만들기

구분	지식	이해	적용	분석	평가	창조
대인관계	가위바위보 게임으로 인형에 한복 하나씩 먼저 다 입히기	여름철과 겨울철 의복의 종류에 대해 친구에게 설명하기	조상들의 의생활에 관해 모둠별 역할극하기	한복의 좋은 점과 불편한 점에 대해 여러 사람 인터뷰하기	조상들의 의생활에 관한 다양한 퀴즈를 만들어 친구와 교대로 풀기	한복을 홍보하는 텔레비전 광고를 모둠별로 만들기
자기이해	옷의 기능에 대해 말해 보기	자신이 왜 한복을 자주 입지 않는지 설명하기	자신이 문익점이었다고 상상해서 이야기하기	자신이 한복 디자인을 한다면 어떤 한복을 만들 것인지 써보기	현대의 생활과 조상들의 의생활을 비교하는 차트 만들기	한복 광고를 제작하여 인터넷 게시판에 올리기
자연이해	한복의 원료 알아보기	자연의 원료로 한복만드는방법 설명하기	자연의 원료로 만들어진 옷을찾아보기	한복의 원료를 종류별로 분류하기	다양한 한복의 원료의 특징을 설명하기	천연 염색해 보기

보통 성공한 사람은 여덟 개의 다중지능 중에 세 개 정도가 뛰어나고, 이들이 서로 융합되어 능력을 발휘하는 것으로 알려져 있다(EBS, 2009). 그러므로 기존의 언어와 수리 능력에만 집중할 것이 아니라 다른 영역의 지능도 계발하도록 지도하여 개인의 다양한 잠재력을 발휘하도록 자극할 필요가 있다. 이에 토의·토론의 과정에도 다중지능을 적용하면 서로 다양한 자극을 주고, 다양한 지능을 계발하는 기회가 될 수 있다.

2) 방법

(1) 다중지능 검사하기

다중지능 검사지를 제공한다. 열 개 문항을 읽고, 여덟 개 다중지능에 해당되는 것을 복수 선택하여 왼쪽 칸에 표시하고, 그중 가장 동의하는 것 한 개를 오른쪽 칸에 표시한다. 복수 선택한 왼쪽 것을 여덟 개 지능별로 합산하여 꺾은선그래프를 그리고 단일 선택한 오른쪽 것을 최종 합산하여 막대그래프를 그린다.

(2) 자신의 다중지성 발표하기

꺾은선그래프는 자신의 다중지능의 약점을, 막대그래프는 강점을 찾는 데 적용하는데, 이를 해석해서 자신의 다중지능을 발표한다.

(3) 모둠원의 다중지능 공감하기

발표를 듣고, 공감하거나 조언해준다. 주로 강점을 인정하고 격려해준다. 특히 모둠원의 강점인 다중지능을 어떻게 활용하면 좋을지 아이디어를 제공하는 데에 초점을 둔다.

3) 의미와 응용

소크라테스(Socrates)가 "너 자신을 알라!"라고 했고, 알렉산더(Alexander)도 "자신을 지배하는 자가 세계를 지배한다."라고 한 것은 자신을 알고 이해하는 것이 얼마나 어려운 것인지, 또한 스스로를 통제하는 것이 얼마나 어렵고 위대한 일인지를 강조한 것이다. 위인들에게 훌륭한 스승이 존재한 것은 스스로 잠재력을 찾아내고 증명해 보이는 것이 흔치 않은 일임을 역설적으로 설명해준다. 교육을 '잠재력을 이끌어 내는 것'으로 해석하는 것도 이 때문이다. '교사가 학생의 능력을 평가해내지 못하면 그 능력은 없는 것'이라는 것도 마찬가지 이유에서이다. 사람의 능력을 발휘하는 것은 우선 자신을 아는 것에서부터 시작된다. 다중지능 토의·토론은 자신이 가진 다양한 잠재력을 스스로, 또 동료들이 함께 찾아내는 중요한 경험을 하게 한다. 아울러 토의·토론을 통해 그 다중지능을 어떻게 활용할 것인지의 조언도 받게 된다.

다중지능 토의·토론을 할 때는 자신의 지능을 끌어내어 소개하는 것에 그치지 않고 최소한 세 가지 이상의 다중지능을 어떻게 융합하고, 조화할 것인지에 대해서까지 논의하기를 권장한다.

구분	언어	논리 수학	시각 공간	음악 리듬	신체 운동	자연 이해	대인 관계	개인 이해
1. 여가를 보낼 때	✔ 독서와 글쓰기 ✔	논리 게임	그림감상, 그리기	감상이나 연주	춤이나 운동	정원, 애완동물	친구나 가족과	✔ 혼자만의 시간
2. 기억 할 때	✔ 글이나 말로 ✔	논리적으로	✔ 그림으로	리듬이나 노래	✔ 몸동작으로	자연적 유추	친구와 함께	개인경험과 관련
3. 고장 났을 때	✔ 매뉴얼 읽기	✔ 작동원리 확인	그림설명 찾기	✔ 고치면서 노래함	도구로 고침	부분마다 시험	다른 사람과	내 힘으로 고침
4. 팀활동 역할담당	글쓰기	통계작성	차트 만들기	음악 넣기	✔ 몸짓 넣기 ✔	자연주제 선택	✔ 협동 주도	✔ 맡은 일만
5. 갈등이 생겼을 때	✔ 설득 ✔	진각 세움	해결책 그림	✔ 조화를 찾음	활동으로	권제 집김	✔ 중재함	혼자 해결함
6. 보드게임에서 말을 움직일 때	✔ 혼잣말을 함	결과 예측함	결과를 그려봄	리듬을 살림	몸을 많이 움직임	✔ 먹이사슬 생각 ✔	✔ 타인 동기 분석	옳은 방법으로
7. 게임할 때	말을 많이 함	가능성 계산	그림의 예상	✔ 음악을 들음 ✔	활동 위주	밖에서 함	타인과 게임	✔ 혼자 게임
8. 포트폴리오 더 보탤 때	✔ 에세이	수학이나 논리	그림, 그래픽	✔ 음악 추가	비디오 추가	생물과 작업한 것	타인과 활동	✔ 개인일지
9. 선물할 때	✔ 책이나 잡지	게임이나 퍼즐	미술 도구	✔ 음악 티켓 ✔	운동기구	동식물	파티 열어줌	✔ 다이어리
10. 자유 시간에	✔ 독서와 글쓰기	퀴즈 풀이	그리거나 만들기	✔ 음악감상, 연주	손으로 만들기	자연을 즐김	친구와 활동	✔ 혼자 즐김
강제 선택	3	0	0	3	1	1	0	2
자유 선택	6	1	1	7	2	1	3	6

[그림 2-6-5] 다중지능 검사지

출처: Kagan & Kagan, 1998, Multiple intelligence. CA: Kagan Cooperative Learning. p. 183.

10								
9								
8								
7								
6								
5								
4								
3								
2								
1								
	언어	논리 수학	시각 공간	음악	신체 운동	자연 이해	대인 관계	개인 이해

[그림 2-6-6] 다중지능 그래프

4. 말풍선 넣기

1) 목적과 특징

미디어(media)는 의사소통에서 송신자와 수신자 사이를 연결하는 정보 전달 수단을 말한다. 문자가 발달하기 전에는 주로 이미지로 의사소통을 했다. 그러다가 문자가 발명되면서 의사소통의 혁명이 일어났다. 많은 이들이 활발한 의사소통을 할 수 있게 되었다. 인쇄술이 발달하면서 대량 출판도 가능해졌다. 그러나 다른 한편으로는 생각을 문자로 번역해서 송신해야 하고, 번역해서 수신해야 하므로 정확한 의사소통을 하는 데에 장애가 있었던 것도 사실이다. 반면에 이미지는 문자보다는 훨씬 직접적이고 쉽게 이해된다. 정보통신기술이 발달하면서 이모티콘처럼 이미지가 더 활발하게 유통되고 있는 이유도 이 때문이다. 특히 인터넷이 그 기반을 제공하고 있는데, 일종의 플랫폼 역할을 충실히 하고 있다.

전통적 미디어가 신문, 라디오, TV, 전화 등이라면 유기체 미디어(organic media)로 불리는 오늘날 미디어는 SNS, 인터넷 서비스를 들 수 있다. 유기체 미디어라고 불리는 이유는 복합매체로서 스스로 진화하는 네트워크에 기반해 있기 때문이다. 과거에 미디어는 송신자가 수신자에게 전달하면 끝이었지만 지금은 오히려 시작이라고 볼 수 있다. 네트워크로 끊임없이 관련자들과 연결되고 상호작용하는 살아있는 유기체 같은 모습을 보인다. 유기체로 살아있으므로 시간과 공간에 구애받지 않고 누구나 접근할 수 있다. 예를 들어 과거에는 만화를 보고 싶으면 만화방에 가거나 대여해야 했지만 오늘날 웹툰의 형식으로 보급되는 만화는 언제 어디서든지 볼 수 있다. 동영상 서비스가 확대되고, 누구나 쉽게 동영상을 만들 수 있는 사회에서 전통적인 만화는 쇠퇴할 것으로 예측했다. 그러나 오히려 웹툰이라는 형태로 그 시장이 더욱 확대되고 있다. 이미지에 대한 인간의 향수와 내가 보는 속도를 조절할 수 있는 통제감, 손쉬운 접근성, 동영상보다는 청소년의 상상력을 더욱 자극하는 특성으로 웹툰은 제2의 전성기를 맞고 있다.

이러한 청소년의 특성을 잘 활용하는 방법이 말풍선 넣기 활동이다. 특히 인물이 많이 그려진 고전 명화 감상에 적합하다. 명화에 대한 이해와 작가와의 대화를 유도하고, 지루할 수 있는 감상 수업을 재미있고 능동적으로 할 수 있다.

2) 방법

(1) 명화를 선택하기

명화 중에서 인물이 많이 그려진 것을 선택한다. 명화가 그려진 시대적 배경과 작가의 정보도 충분히 설명한다. 왜냐하면 그림과 관련된 그 당시 문화를 이해해야 그림을 이해하기 쉽기 때문이다. 또한 작가가 이 외에도 어떤 그림을 그렸는지에 대한 정보와 화풍도 설명해준다. 예를 들어 김홍도의 씨름을 선택했다면 김홍도가 조선 시대 일반인의 생활 풍속을 그렸다는 정보를 알고 있으면 훨씬 그림을 이해하기 쉽다.

(2) 명화에 있는 상황을 이해하기

명화에 나타난 상황을 먼저 이해한다. 예를 들어 김홍도의 씨름이라면 장이 열리고, 한쪽에서 사람들이 모여 씨름판이 벌어졌음을 알 수 있다. 그런 상황을 이해해야 각 인물의 특징을 살펴볼 수 있다. 예를 들어 김홍도의 씨름에서는 엿을 파는 장사꾼도 있고, 장에 놀러 와서 완전히 앉아서 편하게 구경하는 사람도 있고, 지나가다가 구경하는 사람도 있다.

(3) 명화에 나타난 인물 표정 보기

모여있는 사람이 몇 명인지, 옷 입은 것으로 보아서 신분은 어떠한지, 무엇을 하다가 씨름판에 왔는지 등을 추측할 수 있다. 다음으로는 표정을 본다. 표정을 비교하면서 보면 더욱 재밌다.

(4) 작가와 대화하면서 말풍선 넣기

미술 작품을 볼 때 흔히 작가와 대화를 한다고 한다. 작가와 감상자는 서로 다른 시대에 존재하나 작품을 통해 감상자는 혼자 생각으로 작가와 대화를 주고받을 수 있다. 예를 들어 김홍도의 씨름에 참여한 사람들의 표정을 보면서 작가에게 물어볼 수 있다. "작가님은 왜 이 사람을 여기에 이런 모습으로 그렸고, 어떤 생각을 표현하셨나요?" 이렇게 한 사람 한 사람 작가와 대화하면서 말풍선을 넣어보는 것이다. 개인적으로 할 수 있지만 모둠원이 서로 의논하면서 이 작업을 하면 더욱 풍부한 상상력을 경험할 수 있다. 또한 더 적절한 말풍선을 작성할 수 있다. 다른 모둠에서 만든 말풍선 작품을 비교해서 보면 더욱 의미가 있는 감상 활동이 될 수 있다.

[그림 2-6-7] 김홍도의 씨름 말풍선 넣기

3) 의미 및 응용

이 활동의 또 다른 의미는 제3의 눈을 갖게 한다는 것이다. 이 활동을 한 사람은 미술관에서 그림을 감상할 때, 특히 인물이 많이 있는 경우 자기도 모르게 인물의 표정을 자세히 살필 것이다. 그리고 곧바로 작가와의 대화를 시도할 것이다. 그림을 더 깊게 이해하고 나 자신이 그림에 참여하여 감상을 할 수 있다. 특히 이 결과물을 포트폴리오로 모으면 다양한 감상을 또다시 감상하는 효과도 누릴 수 있다.

5. 비빔밥

1) 목적과 특징

비빔밥은 1800년대 말엽 시의전서(是議全書)에 등장하는 전통음식이다. 식기가 제대로 갖추어지지 않은 곳에서 제사를 드릴 때 여러 가지 음식을 조상에 올리는 전통에 따라 제사에 쓰고 남은 여러 가지 제물을 밥에 고루 섞어 비벼 먹었던 것에서 유래한다. 음식의 보관 문제로 비빔밥에 들어갈 고기, 나물들은 삶아서 무친 것이나 데쳐서 볶은 것, 소금에 절였다 볶은 것을 사용하였다(이성우, 1985). 비빔밥 토의·토론은 비빔밥의 특성을 살려서 만든 활동이다. 여러 가지 서로 다른 구성요소를 섞어서 조화를 이루면 맛있는 음식이 된다. 마찬가지로 서로 다른 사람들이 서로 조화를 이루어 팀워크를 만드는 것이다. 구성원은 각각 밥, 나물, 계란, 소고기, 고추장 등의 역할이 되어 함께 비빔밥을 만든다.

비빔밥은 모임의 시작이나 끝에 사용하는 것이 좋다. 시작할 때는 아이스 브레이킹의 목적으로 사용한다. 온몸을 움직이면서 자연스러운 스킨십이 일어나고, 술래가 정해지면 자기소개를 하고, 다음 게임의 시작을 선언하는 활동을 반복하면서 자연스럽게 모둠의 일원으로 녹아들어간다. 모임의 끝에 사용할 때는 모둠을 통해 얻은 것을 표현하는 기회로 사용한다. 돌아가면서 가졌던 모둠 활동에 대한 소감을 표현할 기회가 주어지게 되고, 모임의 의미를 스스로 확인하면서 자연스럽게 마무리할 수 있다.

2) 방법

(1) 원으로 앉기

비빔밥은 여러 개의 구성요소가 필요하기 때문에 최소한 열 명 이상이 모였을 때 하는 것이 자연스럽다. 모두 둥글게 원을 그려 자리에 앉는다.

(2) 비빔밥의 구성요소를 다섯 개 정도 정하기

사회자는 앉은 순서대로 구성원을 비빔밥의 소재 약 다섯 가지, 예를 들어 각각 밥, 나물, 계란, 소고기, 고추장, 다시 밥, 나물 … 의 방식으로 정한다. 구성원은 자신이 어떤 소재인지 알아야 한다.

(3) 한 사람이 발표하기

한 사람을 불러내어 세우고 발표를 시킨다. 그리고 그 사람의 의자를 치운다. 시작하는 모임이면 자신을 소개하고, 이번 모임에서 무엇을 기대하는지 등을 말하게 한다. 끝내는 모임이면 모임에서 무엇을 배우고 느꼈는지 등을 말하게 한다.

(4) 비빔밥의 요소 중 하나를 외치기

발표를 한 사람은 약속한 비빔밥의 구성요소 다섯 개 중 하나를 외친다. 예를 들어 "밥!" 하면 '밥'에 해당되는 사람들은 자리에서 일어나서 다른 자리로 옮겨야 한다. 만약 발표자(술래)가 "밥과 고추장!" 하면 '밥'과 '고추장'에 해당되는 사람은 모두 다른 자리로 옮겨 앉아야 한다. 만약 "비빔밥!" 하면 모든 사람이 다 옮겨 앉아야 한다.

(5) 반복하여 진행하기

의자를 하나 치웠기 때문에 항상 한 자리가 모자란다. 그러므로 한 사람은 앉을 자리가 없으므로 술래가 된다. 그 술래는 자신을 소개하고 소감을 말한다. 그리고 또다시 비빔밥의 구성요소를 말하고 게임은 반복된다.

(6) 마무리하기

모두 소개할 기회를 다 갖게 되면 교사가 마무리 정리를 한다. 구성원이 너무 많고 시간의 제한이 있으면 반드시 다 술래가 될 기회를 줄 필요 없이 적당한 선에서 끝을 낼 수 있다.

3) 의미와 응용

비빔밥 토의·토론 방법은 온몸을 움직이는 특성이 있는 게임이며 술래가 된 사람이 자신을 소개하거나 자신의 소감을 전체 앞에서 발표할 기회가 주어지기 때문에 모임의 시작과 끝에 주로 활용한다. 비빔밥을 구성하는 요소는 매우 이질적이다. 이러한 이질적인 것이 조화를 이루어 맛있는 요리가 되는 특성은 모든 모임의 좋은 비유가 될 수 있다. 이질적인 사람들이 모여서 잘 조화를 이루면 맛있는 모임이 되는 것이다. 비빔밥 토의·토론은 맛있는 요리가 되었음을 스스로 증명하는 활동이라고 할 수 있다.

경쟁적으로 몸을 움직이는 활동이기 때문에 안전사고에 주의해야 한다. 그러므로 의자가 밀리거나 넘어지거나 부서지지 않게 빈 간격을 최대한 좁혀서 배치할 필요가 있고, 사전에 주의를 줄 필요도 있다. 만약 술래가 또 걸리면 한 번 더 발표할 기회를 주어도 된다. 두 번 걸린 것도 참여자들이 재미있어하며 미처 못한 이야기를 할 수 있는 기회도 되고, 게임이 공정하고 자연스럽게 진행되도록 하는 의미도 있다.

6. 사물 염탐

1) 목적과 특징

사물 염탐 토의·토론은 "화재로 집이 불타거나 집이 무너지기 직전 가지고 나올 사물을 다섯 가지만 챙긴다면?"이라는 주제로 토의·토론을 하는 활동이다. 우리는 우리의 마음을 몸짓을 통해 사물에 적용한다. 그래서 사물에는 나의 마음이 담기게 되고, 그 사물은 의미 있는 대상이 된다. 사물은 자아의 표현이자 일부가 된다. 인간의 삶에서 사물은 도구적 기능과 상징적 기능을 가지고 있다. 마스코트를 지니면서 마음의 안정을 얻는 것은 도구적 기능이고 승용차로 신분을, 상장 등으로 성공을, 유니폼으로 소속감을, 결혼반지로 인생을 회고하는 것은 상징적 기능이다. 아이들은 성장하면서 장난감 등 사물을 통제함으로써 자아정체성을 키워나간다. 2세에서 7세까지 대부분의 아이들이 수건 같은 부드러운 물건에 집착하는 이행대상(transitional object)을 가지는 것이 좋은 예이다. 어머니가 없을 때 대신 접촉을 유지할 수 있고, 자기 맘대로 권력의 욕망을 발산하고, 생명이 있다고 믿고 대화를 나누기도 한다.

멘젤과 만(Menzel & Mann)은 30개국 평균 가정 소유물 전체를 집 앞에 쌓아놓고 찍은 사진 작품을 전시하기도 했다.

출처: Menzel, P., & Mann, C. C. (1994). Material world: a global family portrait. Univ of California Press.

나이가 들수록 사물의 의미는 더 깊어진다. 젊은이는 많은 것을 구입하고 싶어 하지만 노인들은 새로운 물건을 구입하는 것을 싫어한다. 새로 장만할 물건이 과거의 물건, 즉 의미가 있는 물건을 쫓아내는 것이 두렵기 때문이다. 그 물건은 삶의 일부이기 때문이다. 고인의 물건을 함께 매장하는 풍습도 이 때문이다. 어린이나 노인이나 삶에서 사물은 중요한 역할을 하고, 그 의미는 개인마다 다르다. 그러므로 각자의 삶에서 의미 있는 사물들은 무엇이며 왜 의미 있는지를 생각해보는 기회를 갖는 것은 자신의 모습을 자신의 사물을 통해 새롭게 인식하는 좋은 기회가 된다. 아울러 다른 사람의 삶의 의미를 이해하고 배우는 기회도 된다. 사물에 대한 바람직한 태도도 갖게 된다.

2) 방법

(1) 집이 무너지기 직전 5분 안에 가지고 나올 물건 다섯 개 선택하기

교사는 학습지를 주고 자기 집이 무너지기 전에 가지고 나올 다섯 개의 물건을 적게 한다. 그리고 이유를 적게 한다.

(2) 자신이 선택한 물건과 이유를 설명하기

사회자는 앉은 순서대로 개인이 가지고 나온 물건과 이유를 설명하게 한다. 다른 사람들은 궁금하거나 이해되지 않는 것은 질문할 수 있다.

(3) 각자 느낀 점 나누기

모두 설명이 끝난 후 이 활동을 한 결과 느낀 점을 돌아가며 말하게 한다. 특히 이때는 사물이 우리에게 어떤 의미를 주는지에 초점을 맞추어 토의하게 한다.

3) 의미와 응용

잃어버리기 싫은 사물

순서	사물	이유
1		
2		
3		
4		
5		

[그림 2-6-8] 사물심리 활동지

사물 염탐 토의·토론은 여러 가지 방법으로 응용이 가능하다. 중요한 것은 사물이 개인에게 또는 관련된 사람에게 어떤 의미를 갖게 하는지 토의·토론하는 것이다. 특히나 산업이 발달하면서 우리가 사용하는 사물의 양은 폭발적으로 늘어났다. 예전엔 칼 하나로 100가지 일을 하는 사회에 살았지만 지금은 칼 100개가 필요한 사회가 된 것이다. 셜록홈스는 사건 현장에 있는 사물, 즉 증거물의 의미를 찾아 사건을 해결하기도 한다. 둘란(Doolan)과 모리스(Morris)는 4년간 사랑하면서 사용한 물건들을 사진으로 찍어 책을 출판하기도 했다. 적어도 그 둘에게는 그 물건들이 사랑의 잔재이면서 의미이면서 삶 그 자체이기도 하다. 사물은 부와 행복과도 관계가 깊다. 유다 샤흐는 "행복은 원하는 것을 가진 것이 아니라 가진 것이 원하는 것이다."라고 하였다. 즉 소중하게 생각하는 것이라고 하였다. 행복의 공식처럼 소유가 많아지거나 바람이 적으면 행복도 커진다.

$$행복 = \frac{소유}{바람}$$

사물 염탐이라는 방법도 재미있다. 15분 동안 빈방의 사물을 관찰하고, 그곳에 사는 사람의 심리를 추측해 보는 것이다. 사물에는 그 사람의 삶이 배어있기 때문이다.

7. 생활사

1) 목적과 특징

생활사 연구방법이 있다. 개인이나 집단이 자신들의 삶의 경험을 스스로 해석하는 연구이다. 비슷한 것으로 생애사 연구가 있다. 생애사 연구는 사회화 과정을 주요 단계별로 보여주는 연구를 말한다(김경동·이온죽·김여진, 2009). 반면에 생활사를 활용한 토의·토론은 개인이 성장하면서 중요하거나 의미 있는 사건을 중심으로 표현하고 이를 나누는 것을 말한다. 생애사 토의·토론은 자신의 생애사를 간단하게 그래프로 그리고, 이를 토대로 생애사에서 나타난 사건들과 의미를 나누어 자신의 삶을 되돌아보고, 서로의 삶을 이해하는 활동이다. 여러 학자들이 생애사를 보는 관점을 제시하였는데 누구나 쉽게 이해하고 재미있는 관점은 우지시마의 주관과 객관의 관점이다. 삶은 주관과 객관이라는 두 가지 관점으로 정리될 수 있다는 것이다.

〈표 2-6-2〉 우지시마의 생애관

단계	관점	특 성
영아기	주관	누워있는 자기가 세상의 중심이라고 생각한다. 누워서 울면 주변에서 알아서 다 해준다.
유아기	객관	기어 다니기 시작하면 객관적 세계가 존재함을 의식한다. 장난감을 가지려면 장애물을 건너 거기까지 가야 한다.
아동기	주관	이기주의자가 된다. 자기 것을 지키고, 남의 것을 빼앗으려 한다. 미운 다섯 살 때부터 시작된다.
취학기	객관	유치원에 가면서부터 자신이 1/n에 불과하다는 것을 알고, 객관적 지식을 배우기 시작한다.
사춘기	주관	나는 어디서 태어났는지, 왜 살아야 하는지, 무엇을 해야 할지 고민하면서 정체성을 형성해 나간다.
취직	객관	취업을 하면서 주관은 사라지고, 직장인으로 지위에 따른 역할을 하면서 살아간다.
결혼	완전 객관	결혼을 하면 남아있던 조금의 주관마저 사라진다. 직장에서는 지위, 가정에서도 아내, 남편, 부모로 살아간다.
황혼	주관	자녀들을 출가시키고 나면 다시 나의 삶은 무엇이었는지 되물어보고, 다시 사춘기가 된다.

이러한 생애사를 활용

해서 상황에 맞게 토의·토론으로 활용하면 된다. 예를 들어 가족과 관련된 주제의 토의·토론이라면 '우리 가족의 변천사를 그려보자'로 활동할 수 있고, 학교생활이라면 '나의 학교생활 변천사를 그려보자'로 활동할 수도 있다. 먼저 개인마다 생활사 그래프를 그려서 그것을 보여주면서 활동을 하게 하는 것이 좋다. 생활사 그래프는 [그림 2-6-9]처럼 중요한 순간의 사건을 삽화 등으로 그려서 할 수도 있고, 그냥 단순하게 높고 낮음의 부침만 그려서 말로 발표하는 방식을 위주로 할 수도 있다. 참여자에게는 가로축과 세로축의 설명만 해 주면 된다. 주제나 참여자의 특성에 따라 추상적으로 또는 매우 구체적으로 표현하게 하면 된다.

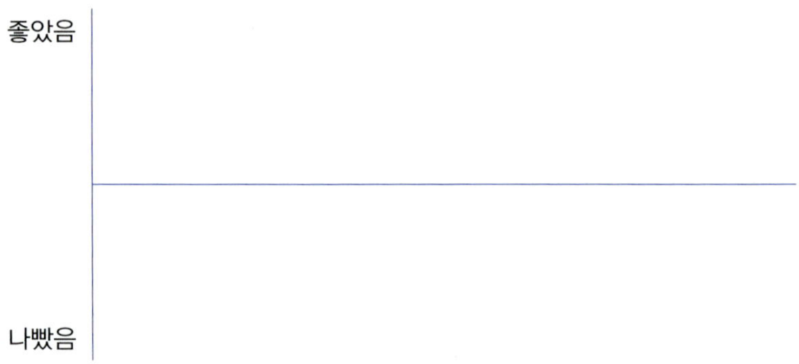

[그림 2-6-9] 생활사 그래프

2) 방법

(1) 생활사 그래프 그리기

생활사 그래프 활동지를 주고 주제를 설명한 뒤 자신의 생활사를 그림으로 표현하게 한다.

(2) 자신의 생활사를 설명하기

사회자는 앉은 순서대로 각자의 생활사를 그림을 보여주면서 설명하게 한다. 다른 사람들은 궁금하거나 이해되지 않는 것은 질문할 수 있다.

(3) 소감을 나누기

모두 설명이 끝난 후 이 활동을 한 결과 느낀 점을 돌아가며 말하게 한다. 특히 이때는 본인이나 다른 사람이나 긍정적으로 생애를 평가하고 앞으로 어떻게 살아갈지를 소망하는 방향으로 마무리한다.

3) 의미와 응용

자신의 삶을 생활사적으로 돌아보는 것은 귀한 기회이다. 그리고 그것을 혼자 생각해보는 것과 그림으로 표현해보는 것, 그리고 다른 사람에게 말해보는 것은 전혀 다른 경험이다. 느낌이나 생각을 가시적인 것으로 또는 말로 표현하기 위해서는 나름의 생각 필터를 거쳐야 하는데, 이때 많은 생각이 일어나면서 정련화되어 의미화되고 가치화된다. 아울러 다른 사람에게 말하고 피드백을 받으면서 또 다른 반성을 하면서 자신의 삶을 좀 더 객관적으로 바라볼 수 있다.

생활사는 주제에 따라 다양한 그림으로 나타날 것이다. 긍정적으로 나타나기도 하고, 부정적으로 나타나기도 한다. 다른 사람들의 생활사를 들어보면서 타산지석으로 배우는 것도 많고, 공감할 때도 많다. 내 이야기가 모두의 이야기가 될 수도 있다. 심도 있는 주제로 토의·토론 자체를 핵심활동으로 할 때도 있지만 모둠을 시작할 때 가벼운 주제로 다루는 것이 좋다. 일단 모둠원 각자의 사생활을 드러내는 것이라 좀 더 소속감을 다지는 데 도움이 된다.

8. 스눕(snoop)

1) 목적과 특징

개인의 성격을 구분하여 활용하려는 노력은 많았다. 다양한 종류의 성격검사도구가 개발되었다. 고슬링(Gosling, 2008)은 인간의 성격을 개방성, 성실성, 외향성, 동조성, 신경성의 다섯 가지로 구분하였다. 그리고 많은 사람을 대상으로 검사도구를 통해 평균적인 점수를 계산해내었다. 〈표 2-6-3〉은 간단한 성격검사이다(Gosling, 2008). 이 방식으로 내 점수를 계산해 보면 평균적인 사람들과 비교해서 내가 얼마나 개방적이고, 성실하고, 외향적이며, 동조적이며, 신경성이 있는지 알 수 있다.

〈표 2-6-3〉 성격 검사와 계산 방법

	구 분	완전 부정 1	다소 부정 2	약간 부정 3	중립 4	약간 동의 5	다소 동의 6	매우 동의 7
1	나는 외향적이며 열정적이다							
2	나는 비판적이며 화를 잘 낸다							
3	나는 믿을 만하며 자기 관리를 잘 한다							
4	나는 불안하며 쉽게 우울해진다							
5	나는 새로운 경험에 개방적이며 복잡하다							
6	나는 수줍어하며 과묵하다							
7	나는 동정심이 많으며 마음이 따듯하다							
8	나는 계획성이 없으며 부주의하다							
9	나는 침착하며 감정적으로 안정되어 있다							
10	나는 보수적이며, 창의성이 없다							

	계산방법	점수
개방성	8 - ⑩ + ⑤	
성실성	8 - ⑧ + ③	
외향성	8 - ⑥ + ①	
동조성	8 - ② + ⑦	
신경성	8 - ⑨ + ④	

일반평균	여성	남성
개방성	10.8	10.7
성실성	11.0	10.4
외향성	9.1	8.5
동조성	10.6	10.1
신경성	6.7	5.7

점수	개방성	성실성	외향성	동조성	신경성
	5대 성격유형 프로필				

[그림 3-6-10] 성격 그래프

2) 방법

(1) 성격검사하기

〈표 2-6-3〉의 검사지를 나누어 주고 성격검사를 한다. 설명되어 있는 대로 점수를 계산해서 적어 넣는다. 문항에는 역문항이 있기 때문에 계산할 때 +, −를 잘 고려해서 합산한다. 또한 점수로 그래프를 그려본다.

(2) 자신의 검사결과 설명하기

사회자는 앉은 순서대로 각자의 검사결과를 다른 사람들에게 설명하게 한다. 다른 사람들은 발표자의 성격검사 결과에 대해 궁금하거나 이해되지 않는 것은 질문할 수 있다.

(3) 공감하기

모두 설명이 끝난 후 활동한 결과 느낀 점을 돌아가며 말한다. 이때 자신의 성격을 어떻게 고쳐나갈지 다짐을 하면서 마무리한다.

3) 의미와 응용

다양한 성격검사가 있지만 고슬링이 개발한 간단한 검사도구로 다섯 가지 영역의 성격을 확인하고 다른 사람의 평균과 비교함으로써 자신의 위치를 알 수 있다. 아울러 이를 동료들에게 발표하게 함으로써 자신의 성격을 객관적으로 볼 수 있는 기회를 가진다. 성격은 좋고 나쁨의 우열을 가리는 것이 아니라 다름을 확인하는 것이고, 나의 성격을 잘 이해해서 활용하는 것이 중요함을 인식하게 하는 것이 좋다.

9. 인사이드 아웃(inside out)

1) 목적과 특징

인사이드 아웃(inside out)은 개인의 마음에 있는 다섯 가지 감정, 기쁨이, 슬픔이, 버럭이, 소심이, 까칠이가 모습을 드러내고 활약하는 이야기이다. 이 이야기의 주제는 이 다섯 가지 감정이 모두 소중하며, 각자의 역할이 있으므로 적절한 조화가 좋은 성격을 만들어간다는 것이다. 예를 들어 항상 기쁨이가 우리의 감정을 지배했으면 좋겠지만 친구가 슬픈 일을 당했다면 함께 슬픔을 나누어야 하고, 이때는 슬픔이가 중요한 역할을 한다. 그래야 진정성 있는 위로가 될 것이다. 동시에 너무 슬퍼하지 않도록 긍정적 마음을 갖도록 기쁨이도 조금의 활동이 필요하다. 이처럼 적절한 상황에 적절한 감정이 주인공이 되어야 정상적인 삶을 살 수 있다. 그런데 우리의 삶은 다섯 가지 감정이 복합적으로 작용해야 되는 상황이 대부분이다. 즉 우리는 일상적으로 복합감정으로 살아간다. 이러한 원리를 활용하면 훌륭한 인성교육을 할 수 있다.

영화 인사이드 아웃(2015)

2) 방법

(1) 평소의 자신의 감정 상태를 꺾은선그래프로 표시하기

상황은 수업목적이나 참여자의 특성에 맞추어 적절히 제시할 수 있다. [그림 2-6-11]의 경우에는 평소의 감정과 수업할 때의 감정을 제시하였으므로 그 상황에서 자신의 감정을 꺾은선으로 표시해 본다. 점수가 높을수록 그 감정이 많이 활성화된 것이다. 자신의 감정을 또 다른 자신이 객관적으로 평가해 보는 경험을 갖는 것이다.

(2) 자신의 감정 상태를 설명하기

다른 사람에게 자신의 감정을 그래프를 보여주면서 설명한다. 자신의 감정을 또 다른 자신이 평가해보고, 이를 발표해보는 것은 매우 중요한 경험이다. 이때 구성원들은 공감하기도 하고, 다른 의견을 제시하기도 한다.

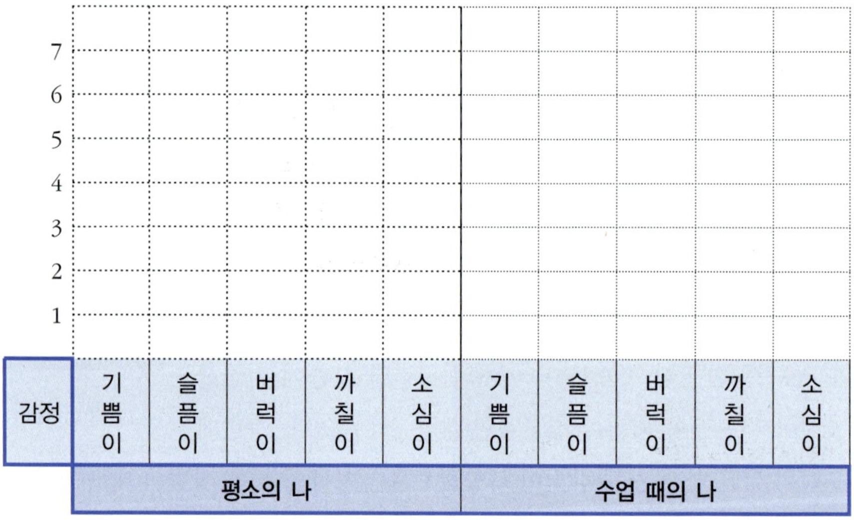

[그림 2-6-11] 다섯 가지 감정 그래프

3) 의미와 응용

자신의 감정을 또 다른 자신이 표현할 수 있다는 것은 매우 중요한 경험이다. 특히 감정 통제가 힘든 어린 나이에 이런 경험을 한다는 것은 매우 의미 있는 활동이다. 감정의 통제는 먼저 자신의 감정을 객관적으로 볼 수 있는 것에서 출발하기 때문이다. 이 방법의 좋은 점은 이미 영화를 통해 내 맘속에 있는 감정들의 모습이 구체적으로 드러났기 때문에 훨씬 쉽게 이 방법에 접근할 수 있다는 점이다. 또한 다양한 상황들을 얼마든지 제시할 수 있기 때문에 응용할 수 있는 범위가 넓다.

인사이드 아웃 2(2024)에서는 불안이, 부럽이, 당황이, 따분이의 네 가지 캐릭터가 추가되었다. 이를 추가로 활용하면 더 다양하고 섬세한 감정을 표현할 수 있다.

영화 인사이드 아웃 2(2024)

10. 조하리의 창(Johari's Windows)

1) 목적과 특징

조하리의 창은 조셉(Joseph)과 해리(Harry)가 인간의 의사소통유형을 자신과 타인의 인지 여부에 따라 네 가지 영역으로 나눈 것인데 이를 개발한 두 심리학자의 이름을 딴 것이다(Joseph & Harry, 1955). 열린 영역(open area)은 나도 알고 타인도 아는 개방형 의사소통, 숨겨진 영역(hidden area)은 나는 알고 타인은 모르는 신중형 의사소통, 보이지 않는 영역(blind area)은 타인은 아는데 나는 모르는 주장형 의사소통, 미지의 영역(unknown area)은 나도 모르고 타인도 모르는 고립형 의사소통을 의미한다. [그림 2-6-12]처럼 네 개 창의 크기를 조절하는 두 축은 자기 노출(self-disclosure)과 피드백(feedback)인데 자기를 노출할수록, 피드백을 잘 받을수록 열린 영역이 확대되어 의사소통을 잘하게 된다는 주장이다. 조하리의 창은 오래전에 개발되었지만 여전히 인간관계를 개선하는 데 많이 활용되는 도구이다.

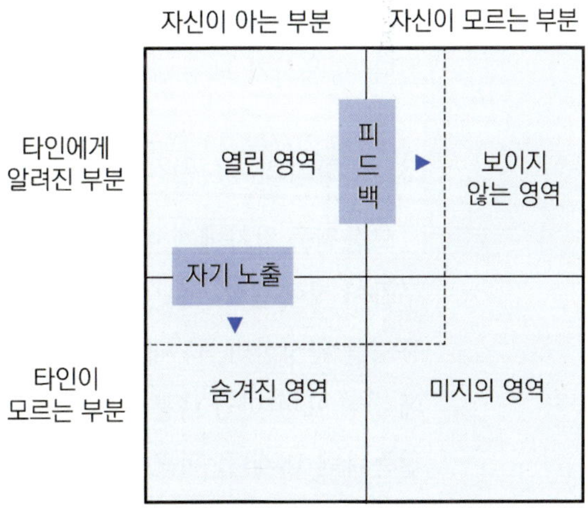

[그림 2-6-12] 조하리의 창

2) 방법

(1) '조하리의 창' 학습지 설명하기

구성원에게 포스트잇(모둠원 수만큼)과 조하리의 창 학습지를 나누어준다. 포스트잇의 윗부분에 자기 이름을 모두 적어 모둠원에게 한 장씩 나누어 준다. 모둠원은 자기 모둠원들의 이름이 적힌 포스트잇을 모두 가지게 된다. 조하리의 창 학습지에는 57개의 느낌을 표현한 어휘가 있다. 원래는 여섯 개를 선택하라고 되어 있으나 학습자의 수준에 따라 개수나 어휘 선택은 조정할 수 있다.

(2) 나의 특성 여섯 개와 타인의 특성 여섯 개 적기

각자 57개의 형용사 중 자신을 가장 잘 표현한다고 생각하는 여섯 개의 표현을 포스트잇 한 장에 적어 책상 밑에 붙여 놓는다. 즉 다른 모둠원들이 볼 수 없게 한다. 그리고 모둠원의 이름이 적힌 포스트잇에 그에게 적합한 여섯 개의 형용사를 적는다. 평소에 잘 모르거나 처음 만난 사람이라면 첫인상을 적어도 된다. 형용사가 모두 긍정적이기 때문에 서로 상처 받는 일은 없다.

(3) 조하리의 창 완성하기

모둠원들 각자에게 여섯 개의 표현이 적힌 포스트잇을 돌려준다. 각자는 친구들이 적어준 포스트잇 표현과 자신이 미리 적어둔 포스트잇을 비교하여 활동지를 완성한다. 즉 내가 생각하는 나의 여섯 개 표현과 타인이 생각하는 나에 관한 표현(만약 나를 제외한 모둠원이 세 명이라면 그리고 중복을 고려하지 않는다면 18개)을 비교하여 네 개의 창문에 표현을 적어 넣는다. 다만 미지의 공간은 생략한다. 왜냐하면 가장 많은 표현이 여기에 해당되며 아직은 나와 관계없는 말 그대로 미지의 영역이기 때문이다.

조하리(Johari)의 창(Window): 당신은 어떤 사람인가요?　　6개 선택

능력 있다, 잘 받아준다, 잘 적응한다, 대담하다, 용감하다, 차분하다, 배려한다, 쾌활하다, 영리하다, 복잡하다, 자신 있다, 분명하다, 위엄 있다, 공감한다, 활동적이다, 외향적이다, 친근하다, 잘 준다, 행복하다, 도움이 된다, 이상주의적이다, 독립적이다, 기발하다, 똑똑하다, 내성적이다, 친절하다, 아는 것이 많다, 타당하다, 다정하다, 성숙하다, 겸손하다, 잘 긴장한다, 재빠르다, 조직적이다, 참을성이 있다, 강하다, 스스로 자랑스럽다, 조용하다, 생각이 많다, 따뜻하다, 잘 반응한다, 느긋하다, 탐구적이다, 합리적이다, 정서적이다, 부끄럼이 많다, 스스로 잘한다, 동정을 잘 한다, 고집 있다, 믿음이 간다, 종교적이다, 지혜롭다, 재치 있다

	자신은 안다	자신은 모른다
타인은 안다	열린 창(open)	보이지 않는 창(blind)
타인은 모른다	숨겨진 창(hidden)	미지의 창(unknown)

(4) 돌아가며 발표하기

각자 자신의 창문을 소개하는 시간을 갖는다. 내가 보는 나와 다른 사람이 보는 나를 비교하는 것은 매우 흥미롭다. 삶은 자신을 알아가는 과정이기도 하다. 이 활동은 자신이 주인공이기 때문에 모두가 즐거워한다. 특히 다른 사람이 나를 어떻게 보는지에 대해 관심이 많으므로 재미있어하는 활동이고 유익하다고 한다. 자신을 돌아보는 계기가 되기 때문이다.

3) 의미 및 응용

조하리의 창은 심리와 의사소통유형에 관한 도구이기 때문에 학습자들이 흥미로워하는 활동이다. 삶은 자기를 알아가는 과정이기도 하고, 다른 사람을 알아가는 과정이기도 하다. 그러나 의외로 내가 아는 나와 다른 사람이 아는 나는 매우 다를 수 있다. 오히려 이 과정을 통해 자신을 좀 더 잘 알 수 있는 기회가 된다. 아울러 다른 사람과 소통하는 능력을 기르는 계기가 될 수도 있다. 사람들은 무엇보다 다른 사람들이 나를 어떻게 보는지에 대해 무척 관심이 많다. 또한 자신의 창문을 소개하면서 개인적인 삶의 일면을 털어놓기도 하고 서로 공감해주기도 하면서 토의가 길어지기도 한다.

주의할 점은 자기가 생각하는 표현을 적을 때는 다른 사람들이 볼 수 없도록 안내해야 한다는 점이다. 다른 사람이 보면 안 되는 것이기도 하지만 몰래 나의 모습을 적는 재미도 있어 한다. 모두가 돌아가면서 자신이 주인공이 되어보는 경험이기 때문에 집중도도 높다. 특히 모두 긍정적 표현이기 때문에 활동이 끝나고 자신에 대해 만족해하는 모습을 볼 수 있다.

11. 진진가(TTF)

1) 목적과 특징

진진가(true-true-false)는 특정 주제를 놓고 참된 진술 두 개, 거짓 진술 한 개를 제시하고 거짓 진술을 찾아내는 게임으로 토의·토론하는 방법이다. 보통 처음 만난 사람들이 서로 자기를 소개할 때 아이스 브레이킹을 하면서 이 활동을 하는 경우가 많다. 또는 주제에 맞는 진술과 틀린 진술을 가리는 활동을 하면서 자연스럽게 학습에 들어가는 동기유발로 사용한다. 이렇게 하는 이유는 세 가지이다. 첫째는 그 사람이나 주제에 대해 관심을 갖게 하고 정확한 지식을 확인하고 획득하는 것이다. 둘째는 흥미 없는 학습을 진실과 거짓을 찾아내는 게임적 요소를 통해 동기 유발하는 것이다. 셋째는 진실과 거짓을 구별하는 과정, 그 증거를 추측하는 과정에서 고급사고를 활용할 기회를 가지는 것이다.

2) 방법

(1) 자신에 대한 소개 또는 주제에 대해 참과 거짓 진술 적기

모둠원 각자 백지에 참 진술과 거짓 진술을 적는다. 보통 참은 두 개, 거짓은 한 개를 적는다. 경우에 따라 세 개, 한 개를 적어도 된다.

(2) 진술들을 소개하기

사회자는 특정 한 사람을 지명하여 준비한 진술을 발표하게 한다.

(3) 진술에 대한 질문에 답하고 정답을 발표하기

사회자가 주도하여 세 개의 진술 중에 무엇이 참이고, 거짓인지 돌아가며 의견을 말하게 한다. 이때 임의로 거짓을 찾는 것이 아니라 참과 거짓인 이유를 말하도록 유도한다. 모두 의견을 다 말했으면 진술을 제시한 사람이 정답을 발표한다.

3) 의미와 응용

거짓 진술은 가능한 한 개만 하는 것이 좋다. 왜냐하면 사람을 소개하든, 학습을 하든 참 지식을 얻는 것이 목적이기 때문이다. 진위를 가리는 활동을 통해 사람들은 자신의 추론에 대한 검증을 하는 기회를 갖기도 하고, 자신이 선입견을 가졌다는 사실을 깨닫기도 한다. 사람을 판단하거나 진리에 접근할 때 신중한 태도를 갖게 하는 기능도 있다. 이와 유사한 방법으로 소수결(小數決) 게임도 있다(Shinobu, 2014). 한 개의 진술에 관한 토의·토론할 시간을 주고 전체 투표에서 다수가 아닌 소수가 된 팀이 이기는 것이다. 최대한 다수의 여론을 만들고 본인은 반대로 투표해야 승산이 있다. 치열한 눈치작전과 반전이 있는 흥미로운 게임이다.

12. 창문 만들기

1) 목적과 특징

케이건(Kagan, 1994)이 만든 이 방법은 모둠 구성원의 개성과 공통점을 파악하는 데 주로 사용된다. 특히 모둠 세우기에 매우 적합한 방법이다. 예를 들어 모둠의 이름을 정할 때, 구성원들은 가장 좋아하는 음식을 서로 적거나 가장 좋아하는 스포츠를 적는 등의 활동을 하면, 구성원들이 어떤 음식, 어떤 스포츠를 싫어하고 좋아하는지를 알 수 있다. 즉 차이를 이해하고 공통점을 찾아 이것을 중심으로 모둠 이름을 만들 수 있다. 그러면 모둠의 정체성이 잘 드러나고 구성원의 단합을 쉽게 이끌어 낼 수 있다.

이 방법은 의사결정할 때도 효과적이다. 예를 들어 소풍을 어디로 갈 것인지를 결정한다고 하자. 그러면 각자 가고 싶은 장소를 적고, 그 이유를 설명한다. 그러면 네 명 모두가 공통적으로 가고 싶은 장소들이 나올 것이다. 이를 중간 창에 적고 이것을 중심으로 토의·토론을 해서 모둠이 가고 싶은 최종 장소를 결정할 수 있다.

2) 방법

(1) 창문 활동지 제시하기

네 명으로 한 모둠을 만든다. 만약 수가 맞지 않아 세 명, 다섯 명이 되어도 상관없다. [그림 2-6-13]과 같은 창문 학습지를 모둠별로 한 장씩 나누어준다.

(2) 네 가지 공통점이 나올 때까지 돌아가며 질문하기

교사는 이끎이부터 오른쪽으로 돌아가면서 모둠 구성원의 공통점을 찾는 질문을 하도록 한다. 예를 들어 이끎이가 "케이크 좋아하는 사람?" 하고 질문했을 때 만약 질문자를 포함해서 세 사람이 손을 들었다면, 기록이가 ③ 칸에 '케이크'를 적는다. 이런 방식으로 ④ 칸에 세 가지 공통점을 적을 때까지 진행한

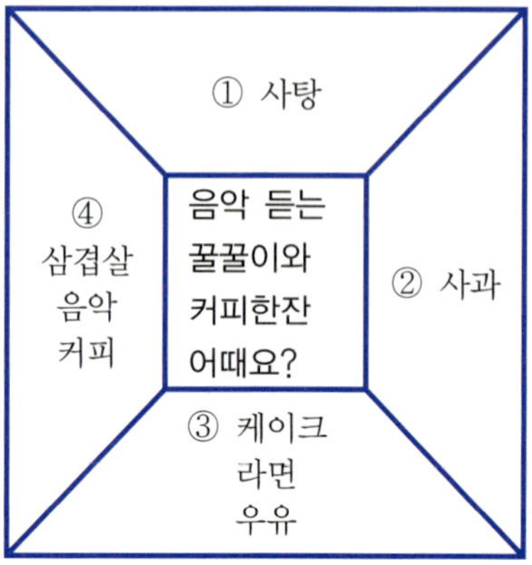

[그림 2-6-13] 창문 만들기 사례

다. 즉 공통점이 세 가지 나올 때까지 진행한다. 질문은 구성원이 돌아가면서 차례로 하게 한다.

(3) 공통점을 중심으로 모둠명을 정하기

세 가지 공통점이 나왔으면 그것을 이용해서 모둠명을 정한다. [그림 2-6-13]은 ①에 사탕, ②에 사과, ③에 케이크, 라면, 우유, ④에 삼겹살, 음악, 커피가 기록되었다. 그래서 이 모둠은 모둠명을 '음악 듣는 꿀꿀이와 커피한잔 어때요?'로 정했다.

(4) 모둠명을 발표하기

교사는 각 모둠의 이끎이에게 모둠명을 발표하게 한다. 이때 자신들의 공통점 세 가지는 이러이러하며, 그래서 모둠명은 이렇게 지었다는 방식으로 발표하도록 한다.

3) 의미와 응용

처음 모둠을 세울 때 주로 사용하므로 역할을 정한 다음, 역할을 충분히 활용하는 것이 좋다. 이때 창문 학습지를 학생들 스스로 그리게 하는 것이 좋다. 즉 백지를 주고, 기록이가 중간에 네모를 그리게 하고, 이끎이가 각 꼭짓점을 그리게 한다. 다음으로 칭찬이가 칸에 ①, ②, ③, ④ 번호를 적게 해서 역할도 확인하고, 모두가 참여해서 만들도록 하면 더 효과가 좋다.

보통 모둠 이름을 1조, 2조 등으로 하거나 모둠에게 일임하는 경우가 많은데, 그러면 유행어나 모둠과는 별로 관계없는 팀 이름을 정하는 경우가 많다. 이 방법을 사용하면 모둠 구성원들이 질문을 통해서 서로가 어떤 공통점과 차이점을 가지고 있는지 알게 되는 기회를 갖는다. 그리고 공통점을 중심으로 모둠 이름을 만들게 되므로 모둠의 특성이 잘 드러나고, 모둠에 대한 정체감을 가질 수 있다.

13. 코비 모형

1) 목적과 특징

스티븐 코비(Stephen Covey)의 『성공하는 사람들의 7가지 습관』 중 '소중한 것을 먼저 하라.'에서 제시한 중요한 일과 긴급한 일의 2×2 매트릭스가 있다. [그림 2-6-14]에서 보듯 우리가 살면서 중요한 일을 먼저 하지 않고, 긴급한 일을 먼저 하는 우를 범하고 있음을 이 매트릭스가 잘 보여주었다. 그 이유는 우리를 유혹하는 가장 무서운 무기 '내일'이 있기 때문이다. 착한 사람들의 마을이 있었다. 마귀들이 아무리 유혹해도 안 넘어가자 대책 회의에서 묘안을 찾아내었다. 마귀들은 마을 사람들의 귀에 속삭이듯 말했다. "내일 하면 돼요."

'오늘 고생이 내일 행복을 가져온다.'라는 좌우명을 가진 사람은 절대 행복을 경험하지 못할 것이다. 왜냐하면 내일은 영원히 만나지 못하기 때문이다. 식후 20분 산책을 하면 만병이 사라진다는 것을 알고 있지만 식사 후 산책하는 사람은 많지 않다. 소파에 잠깐 앉아 "TV를 보면서 좀 쉬었다가 걷지 뭐." 하다가 "내일부터 하지 뭐" 하면서 그 시간을 합리화시켜버리는 것이 우리의 모습이다. 이를 극복하는 손쉬운 방법은 글로 적어보는 것이다. 즉 코비의 중요한 일과 급한 일의 매트릭스를 내 손으로 만들어보면 습관을 바꿀 수 있다.

[그림 2-6-14]를 보면 중요한 일과 급한 일을 처리하는 방식에 따라 네 가지 유형의 사람으로 나누어진다.

첫째, '1유형-미루는 사람'은 긴급함에 중독된 사람이다. 항상 미루다가 다급하게 밤새거나 쫓기듯이 스트레스를 받으면서 일한다. 그러고는 미리 해둘 걸 하고 후회한다.

둘째, '2유형-순서를 정해 일하는 사람'은 모든 일에 계획을 세워서 살아간다. 삶에 목적이 있고, 목적을 위한 목표들이 있으며 그 분량과 시간을 정한 것이 계획이다. 계획을 세운다는 것은 원칙과 판단기준이 있다는 뜻이다. 그러므로 중요한 일과 급한 일을 계산해서 계획하고 실천한다.

셋째, '3유형-무조건 '그래!' 하는 사람'은 급하기는 하지만 중요하지 않은 일을 하는 스타일이다. 쓸데없는 일에 참견한다거나 주변 사람들의 눈치를 보기 때문에 정작 일의 경중을 잘 못 가린다. 판단기준이나 원칙이 없는 경우가 많다. 남들 뒤치다꺼리만 하는 경우이다.

넷째, '4유형-게으른 사람'은 무절제한 생활을 한다. 중요하지도 급하지도 않다. 판단기준이 없기 때문이다. 빈둥거리는 삶을 산다.

구분	급한 일	덜 급한 일
중요한 일	1유형-미루는 사람 – 시험이 벌써 내일 – 앗 지각이다	2유형-순서를 정해 일하는 사람 – 규칙적 운동 – 계획에 따른 과제 수행
덜 중요한 일	3유형-무조건 '그래' 하는 사람 – 쓸데없는 참견 – 주변 사람들 눈치 보기	4유형-게으른 사람 – 끝없는 TV시청 – 길거리 배회

[그림 2-6-14] 코비의 시간 보내는 방식

코비(Cover)는 사람들은 대부분 네 가지 시간을 보내는 방식을 경험하면서 산다고 했다. 가장 바람직한 것은 순서를 정해 일하는 사람이 되는 것일 뿐이다. 이 모형으로 토의·토론을 통해 좋은 습관을 형성해보자.

2) 방법

(1) 코비 매트릭스의 네 가지 유형 이해하기

코비(Cover) 매트릭스에서 분류한 네 가지 유형의 일하는 방식을 이해하는 활동을 먼저 한다. 이때 각 유형마다 돌아가면서 하나의 사례를 말하도록 하면 좋다. 만약 적절한 사례가 아니라면 잘못 이해한 것이므로 서로 교정해주면서 구성원이 네 가지 유형을 정확하게 이해하도록 한다.

(2) 네 가지 유형의 경험 나누기

각자가 네 가지 유형에 해당되는 자신의 경험을 빈칸에 적어본다. 다 적었으면 돌아가면서 자신의 사례를 발표한다.

(3) 잘못된 유형에서 빠져나올 수 있는 대안을 나누기

각자 1유형에서 벗어나는 대안, 3유형에서 벗어나는 대안, 4유형에서 벗어나는 대안을 자신의 경험에 비추어 돌아가며 발표한다. 1유형에서 벗어나는 대표적인 방법은 중요한 일을 먼저 함으로써 미루는 것을 줄이는 것이다. 3유형에서 벗어나는 대표적인 방법은 "안 돼!"라고 말하는 용기를 갖는 것이다. 4유형에서 벗어나는 대표적인 방법은 휴식을 생산을 위한 동력으로 사용하는 것이다.

3) 의미 및 응용

코비(Cover)가 사용한 2×2 매트릭스는 나의 나쁜 습관을 고치는 출발점이 될 수 있다. 이 모형은 개인적으로 혼자 활동해 볼 수도 있으나 팀으로 하면 훨씬 더 도움이 된다. 왜냐하면 나와 비슷한 경험이나 고민을 한 사람을 통해서 공감도 하고 격려도 얻기 때문이다. 때로는 문제를 해결할 수 있는 기발한 노하우도 배울 수 있고, 성공사례를 통해 자신감을 얻을 수도 있다.

제 7 장

아이디어 개발

아이디어는 느닷없이 나오지 않는다. 광고인 황보현은 합리적 사고의 궁극에서 창의성이 나온다고 했다. 개인의 머릿속에서 여러 경험과 생각들이 상호작용하면서 불꽃이 튀듯 나오게 된다. 또는 의지를 가지고 계획적으로 아이디어를 만들기도 한다. 일본의 한 발명가는 매년 하나의 주제를 정해놓고 매일 자기 전에 그 주제의 아이디어를 만들어 일기에 적고야 잠을 잔다고 했다. 예를 들면 '컵'을 주제로 정했다면 매일 새로운 컵이 일기장에서 탄생하는 것이다. 어떤 방법이든 수많은 변수를 부딪치게 해서 많은 불꽃을 튀게 하는 것이 아이디어를 탄생시키는 데 유리하다. 그러면 그중에 괜찮은 아이디어가 있을 확률이 높기 때문이다. 불꽃놀이는 아름답고, 화려하며, 재미있지만 매우 위험하다. 생각도 마찬가지이다. 그러므로 안전하고 계획된 보호막이 있어야 한다. 그래야 의도적이지만 새롭고 유익하고 목적 있는 아이디어를 얻을 수 있다. 이러한 방법들은 많이 개발되어 있다. 이 중에 토의·토론 수업에 활용할 수 있는 방법들을 소개한다.

아무것도 아니라고 생각한 사람이 아무도 생각하지 못한 일을 해내기도 한다.

– 이미테이션 게임 –

14. 결부법(synectics)
15. 기회의 원(circle of opportunity)
16. 나인 윈도(9 windows)
17. 둘 가고 둘 남기
18. 디즈니 창의성 전략(DCS)
19. 라디오 극장(radio theater)
20. 라운드 로빈(round robin)
21. 만다라트(mandal-art)
22. 모둠 문장 만들기(team sentences)
23. 반전법(reversal)
24. 월드 카페(world cafe)
25. 브레인 라이팅(brain writing)
26. 브레인스토밍(brainstorming)
27. 속성열거법(attribute listing)
28. 스캠퍼(SCAMPER)
29. 용감하게 질문하기(BRAVELY-Q)
30. 육색생각모자(6 hats)
31. 텍스트 질문으로 읽기(Q-TARC)

14. 결부법(synectics)

1) 목적과 특징

결부법은 개인이나 집단의 창의성을 증진시키기 위해 고든(Gordon, 1961)이 만들었다. 그는 창의성에 대한 전통적인 생각에 도전하는 네 가지 전제를 설정하였다(Joyce, Weil, & Emily, 2004. pp. 162-163에서 재인용).

첫째, 창의성은 특별히 경험하는 것이 아니라 우리 삶의 일부분이다. 우리 삶은 사회적 삶이다. 즉 많은 사람들이 서로 관계를 맺으면서 살아간다. 그러므로 이러한 사회적 관계 속에서 창의적 표현도 나오고, 창의적 통찰력도 생기며, 창의적 경험과 창의적 문제해결 능력도 길러진다. 창의성은 특정한 사람이나 특정한 영역에서만 발생하는 것이 아니라 우리의 일상생활에서 발견된다.

둘째, 창의적 과정은 신비한 것이 아니며 구체적으로 묘사될 수 있는 것이다. 그러므로 누구나 적절한 과정을 거쳐 창의성을 발휘할 수 있다. 창의성은 천재들만이 가지고 태어난 것이 아니며 보통 사람도 얼마든지 훈련되고 신장될 수 있는 능력이다.

셋째, 창의적 발명은 과학·기술, 문학, 예술 등 모든 영역에서 유사한 지적 과정을 가지고 있다. 보통 창의성은 예술에 국한된 것으로 생각한다. 그러나 과학에서의 생산적 사고도 예술의 창의적 사고와 매우 강한 연결관계를 가지고 있다.

넷째, 창의성은 개인의 전유물이 아니다. 집단도 창의성을 발휘할 수 있다. 개인과 집단의 창의적 사고과정은 매우 유사하다. 개인과 집단은 같은 유형(fashion)으로 아이디어를 생산해낸다.

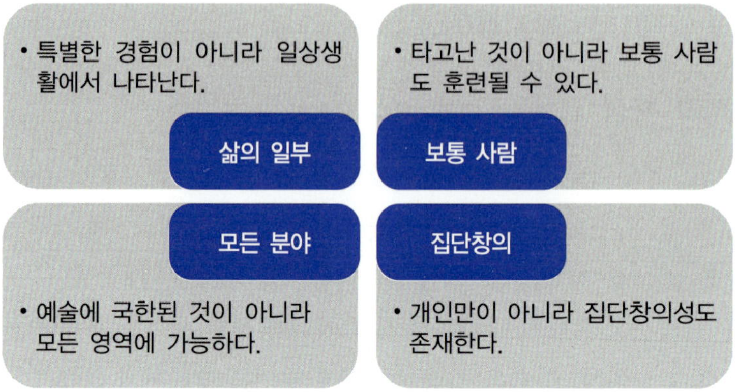

[그림 2-7-1] 고든의 창의성에 대한 네 가지 전제

고든은 이러한 전제 아래 창의성을 길러주는 결부법을 제안하였다. 그리고 이 결부법 과정 역시 세 가지의 전제에서 가능하다고 하였다(Joyce, Weil, & Emily, 2004. p. 163에서 재인용).

첫째, 창의적 과정을 의식하면서 구체적 방법을 제공할 때 개인과 집단의 창의성은 신장될 수 있다.

둘째, 창의성 개발은 지적인 것보다는 감성적인 것이 더 중요하며, 합리적인 것보다는 비합리적인 것이 더 중요하다. 왜냐하면 그렇게 해야 새로운 아이디어가 나타날 가능성이 많기 때문이다.

셋째, 감성과 비합리성을 건설적으로 사용함으로써 개인과 집단으로 하여금 그들의 창의성을 신장시킬 수 있다. 이러한 비합리성은 의식적으로 통제되고 이해될 수 있어야 한다. 이러한 통제는 은유(metaphor)와 유추(analogy)의 사용으로 가능하다.

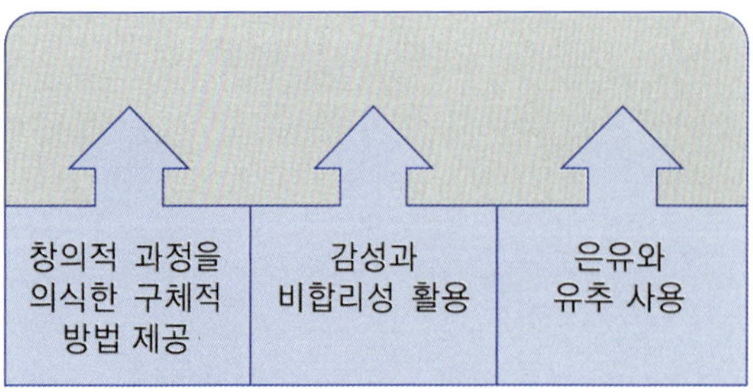

[그림 2-7-2] 결부법의 전제

창의성은 은유적 활동을 통해 의식적 과정이 된다. 은유는 한 대상을 다른 대상으로 대체함으로써 덜 친숙한 것에서

친숙한 것으로, 또는 친숙한 것에서 새로운 아이디어를 만들어내는 창의적 사고를 촉진한다. 예를 들어 학생들로 하여금 인간 신체의 시스템을 교통 시스템으로 비유해서 생각해 보라고 한다면 학생들은 자신의 지식에서 출발하여 새로운 상황을 적용해봄으로써 상상력과 창의력을 발휘해야만 할 것이다. 이 과정에서 세 가지 유추(analogy) 방법이 나타난다(Joyce, Weil, & Emily, 2004. pp. 163-165에서 재인용).

(1) 개인적 유추(personal analogy)

개인적 유추는 '의인화된 유추'로 학생들로 하여금 유추하고자 하는 대상을 곧 자기 자신으로 간주하고 유추하게 한다. '자전거'를 예로 들어 보자. 자신이 자전거의 입장이 되어 느껴보고, 상상해보게 한다. 그러면 다른 사람이 자전거를 보는 것과 자전거 자신이 자신을 보는 것과는 적지 않은 차이가 난다. 그 부분에서 창의성이 발휘되는 것이다. 자전거를 어떻게 만들면 튼튼하고 성능 좋은 자전거가 될 수 있을지를 자전거의 입장에서 상상해 본다. 그러면 많은 아이디어들이 나오게 된다. 고든은 개인적 유추로서 '내가 엔진이 되어보는 사례'를 통해 네 가지 수준을 다음과 같이 표현하였다. 이때 단계가 높을수록, 즉 자신을 더 멀리 버릴수록 창의성은 증가된다고 하였다.

단계	내용
4단계	무생물체인 상태에서 감정이입이 된 단계 (엔진이 걸렸는데 누가 운전해주지?)
3단계	생물체인 상태에서 감정이입이 된 단계 (네가 웃으면 나도 웃게 돼!)
2단계	감정을 느끼는 단계(나는 강력함을 느껴!)
1단계	사실 그대로를 표현하는 단계(뜨거움이 느껴져!)

[그림 2-7-3] 유추의 네 가지 수준

(2) 직접적 유추(direct analogy)

문제해결을 위해 단순히 상황이나 조건을 바꾸어보는 것이다. 예를 들어 나무를 갉아 먹는 벌레가 나무속에 튜브를 만들면서 살아가는 모습을 보고, 해저터널을 생각한 것도 직접적 유추에 해당된다. 완두콩 껍질을 벗겨 먹는 것에서 힌트를 얻은 EOE(easy open end)(캔 따개 없이 쉽게 캔을 열 수 있는 장치)도 여기에 해당된다.

(3) 응축된 갈등(compressed conflict)

서로 모순되는 듯 보이는 두 개념을 합쳐보는 것이다. 이러한 응축된 갈등을 만들어보는 것은 한 주제에 대해 폭넓은 통찰력을 제공한다. 두 개의 다른 틀을 하나의 틀로 묶을 수 있는 것은 쉬운 일이 아니다. 이 역시 두 틀이 멀수록 정신적 유연성은 더 커진다.

2) 방법

결부법(synectics)은 두 가지 방법을 사용할 수 있다. 하나는 '친숙한 것을 낯설게 만들기'이고 다른 하나는 '낯선 것을 친숙하게 만들기'이다(김영채, 2007; 이동원, 2011; Joyce, Weil, & Emily, 2004).

친숙한 것을 낯설게 만들기
(syntax for creative something new)

(1) 문제 상황 제시하기

토의·토론 주제를 제시한다. 예를 들어 '머피의 법칙'이 정말 맞는 것인지 그것은 증명되지 않은 것인지를 주제로 정한다. 그리고 머피의 법칙을 증명한 유명한 실험을 상황으로 제시한다.

머피(Murphy)의 법칙과 실험

머피의 법칙이란 '잘될 수도 있고, 잘못될 수도 있는 일은 반드시 잘못된다.'라는 법칙이다. 토스트는 하필이면 버터 바른 쪽이 바닥에 떨어진다는 것이다. 혹자는 '선택적 기억', 즉 좋지 않은 기억들이 오래가기 때문에 그렇게 생각한다고 주장한다. 영국 BBC 방송에서 실제로 버터 바른 토스트를 공중에 던지는 실험을 했다. 그 결과 확률의 차이가 없다는 결론이 나왔다. 그런데도 왜 사람들은 머피의 법칙을 믿을까?

출처: 정재승(2003). 과학 콘서트. 서울: 동아시아

(2) 직접적 유추하기

사회자가 직접 유추 대상으로 무엇을 할지 의견을 묻는다. 모둠원은 '버터 바른 토스트', '바닥' 등의 의견을 낸다.

(3) 개인적 유추하기

유추 대상 중에 하나를 선택해서 좀 더 구체적으로 탐색한다. 각자가 '버터 바른 토스트'가 되어 본다면 과연 버터 바른 쪽이 바닥에 떨어질지, 반대쪽이 떨어질지 의견을 말해 보라고 한다. 모둠원은 버터 바른 토스트의 시각에서 여러 가지 근거로 결과를 예측할 것이다.

(4) 응축된 갈등 만들기

사회자는 모둠원에게 '버터 바른 토스트'와 관련된 응축된 갈등 상황을 말해

보라고 한다. '버터 바른 토스트를 천정으로 던지면 어떻게 될까?', '버터 바른 토스트를 벽에다 던지면 어떻게 될까?' 등의 의견을 낼 것이다. 토스트가 천정으로 던져지거나 벽으로 던져질 일은 없지만 응축된 갈등은 이런 모순되고 극단적인 상황을 상상해 봄으로써 보통 때는 전혀 생각할 수 없었던 아이디어를 발견할 수 있다. 각자가 토스트가 된 입장에서 천정에 던져진다면 중력의 힘과 던져지는 힘을 동시에 받을 것이고, 벽으로 던져진다면 던져지는 힘과 바닥으로 떨어지려는 중력의 힘을 동시에 받게 되는 상황을 상상해 본다.

(5) 최초의 과제 재검토하기

사회자는 다시 최초의 과제로 돌아가서 마지막 유추를 하게 한다. 즉 다시 바닥에 떨어지는 토스트가 되어 보게 한다. 학생들은 대부분의 토스트가 바로 놓인 상태에서 식탁에서 바닥으로 떨어지므로 내가 토스트의 입장이라면 높이가 낮기 때문에 한 바퀴 회전하기도 전에 바닥에 떨어질 것이라는 예상을 할 수 있다. 즉 충분히 높은 위치라면 토스트가 어느 방향으로 떨어질지는 거의 50% 확률이지만 식탁이나 사람의 키를 고려할 때 버터 바른 쪽이 바닥에 떨어질 가능성이 높다는 것을 훨씬 쉽게 이해할 수 있다. 그리고 이러한 경험이 많기 때문에, 즉 '선택적 기억' 때문에 머피의 법칙을 믿게 되는 것이다.

낯선 것을 친숙하게 만들기 (syntax for making the strange familiar)

(1) 문제 상황 제시하기

토의·토론 주제를 제시한다. 예를 들어 정부의 다문화가정 자녀교육에 대한 지원이 많아서 오히려 역차별이 일어나고 있으며 다문화가정 자녀교육에 대한 지원을 줄여야 된다는 주장에 대해 토의·토론을 하기로 했다고 하자. 다문화 학생들은 특정 지역에 주로 살고 있고, 일반 학생들이 다문화학생과 학교

생활을 해보는 기회가 거의 없기 때문에 이런 정책이 낯설다. 따라서 관심이 없을 수도 있다. 그러나 다문화는 앞으로 중요한 사회문제가 될 수 있기 때문에 이런 주제를 다루어서 학생들의 다문화 감수성을 키워야 한다.

(2) 직접적 유추하기

교사는 '송유관' 그림을 보여 주면서 설명을 한다. 석유를 생산해서 대도시로 보내는 송유관을 생각하게 한다. 그런데 아무리 송유관을 잘 만들어도 중간 이음새 부분에 누수현상은 발생할 수밖에 없을 것이다. 송유관에 운송되는 석유가 학생들이라고 생각하고, 각 이음새가 유치원에서 초등학교, 초등학교에서 중학교, 중학교에서 고등학교, 고등학교에서 대학교를 연결하는 지점이라고 상상해 보게 한다.

(3) 개인적 유추하기

사회자는 모둠원에게 각자가 다양한 송유관을 상상해서 유추해 보게 하고, 송유관의 이음새에서 누수되는 학생들이 어떤 학생일까 생각해 보게 한다.

(4) 유추를 비교하기

모둠의 사회자는 모둠원들에게 각자가 생각하는 송유관의 모습과 누수되는 학생들이 누굴까 발표하게 한다. 가정형편이 어려워 공부만 할 수 없는 학생, 장애를 가진 학생, 한국어가 서툰 다문화 학생 등 다양한 의견들이 나온다.

(5) 차이점을 설명하기

사회자는 모둠원에게 각자의 송유관에 어떤 문제가 있어서 누수가 생기며, 그런 학생들이 탈락하는지 이유를 설명하게 한다. 모두가 발표한 뒤 서로 각자의 이유에 대해 수긍도 하고, 비판도 하며, 수정 조언도 해 준다.

(6) 탐색하기

사회자는 모둠원에게 송유관에 어떤 문제가 있어서 그런 학생들이 탈락하게 되는지를 발표하게 한다. 그리고 누수된 석유가 많을수록, 누수된 석유를 수거해서 다시 가공해야 하는 비용이 많아지고, 소비할 수 있는 석유량은 줄어들게 됨을 인식하게 된다.

(7) 유추를 도출하기

사회자는 가장 잘 설명한 모둠의 석유송유관과 다문화학생 지원정책의 유추가 적절한지 따져보게 한다. 그래서 다문화 정책에서 나중에 지불할 사회적 비용의 크기를 생각하면 지금 비용이 들더라도 누수현상을 막아야 한다는 주장이 석유 송유관의 유추로 설득력이 있는지 확인한다. 동시에 이 유추의 단점도 확인해 본다. 더 좋은 유추가 있는지도 의견을 물어본다.

3) 의미와 응용

결부법은 집단도 적절한 절차를 거치면 창의성을 발휘할 수 있다는 전제를 가지고 있다. 개인이 결부법을 사용해도 되지만 집단구성원이 함께 하는 것이 훨씬 아이디어도 풍부하고, 지체됨이 없이 수업을 진행할 수 있다. 개인의 경우는 중간에 생각이 막히면 전진할 수 없지만 모둠이 모여서 토의·토론 형태로 하면 다양한 의견들이 쏟아지므로 의외로 진행이 빠르게 된다. 또한 한 모둠원의 의견이 다른 모둠원에게 지적 또는 정서적 자극을 주기 때문에 아이디어가 쉽게 생성되는 효과도 있다.

이 방법은 정확한 절차가 중요하다. 물론 제시된 모든 절차를 다 해야 하는 것은 아니다. 주제에 따라, 상황에 따라 절차를 간단하게 줄일 수도 있다. 그러나 가능하면 모든 절차를 밟는 것이 좋다. 왜냐하면 학생들의 생각을 체계적으로 창의성 모드로 만들어주기 때문이다. '소에게 물을 먹일 수는 없지만 물가에 데려갈 수는 있다.'라는 말처럼 적어도 교사는 학생들이 창의성을 발휘할 수 있도록 물가에는 데려가야 한다. 물가에 데려가는 것이 바로 절차를 준수하는 것이다.

15. 기회의 원(circle of opportunity)

1) 목적과 특징

창의적 활동은 도박에 가깝다. 도박에는 임의성이 수반되므로 운이 좋으면 엄청난 상금을 타지만 아니면 엄청난 손해를 본다. 노력한 만큼 결과를 얻을 수 없다. 하지만 엄청난 상금이 사람을 유혹하는 것처럼 창의적 아이디어는 매우 매력적인 것에 틀림없다. 도박과 다른 것은 우리가 운을 통제하는 것은 불가능하지만 이것을 잘 이용하여 창의적 아이디어를 얻을 수 있는 유리한 상황을 만들 수 있다는 점이다. 즉 임의성을 이용함으로써 문제 해결을 위한 아이디어 생성을 촉진할 수 있다.

미캘코(Michalko, 1991)는 이러한 임의성을 이용해서 문제의 속성들을 선택하고, 선택된 속성들을 결합하여 자유 연상함으로써 아이디어를 얻는 기회의 원 기법을 개발했다. 시계의 개념을 이용해서 문제와 관련된 12개의 속성을 적어놓고 임의로 그 속성을 연결시켜서 창의적 아이디어를 만들어내는 방법이다. 연결시키는 방법은 먼저 한 개의 주사위를 던져서 1에서 6까지 숫자에 해당되는 속성을 선택하고, 그 다음에는 두 개의 주사위를 동시에 던져 합한 수 2에서 12까지 숫자에 해당되는 속성을 선택한다. 그 두 개의 속성을 연결시켜 새로운 아이디어를 만들어낸다. 예를 들어 한 항공사는 창립 이벤트를 하기로 하고, 마케팅팀이 모여서 기회의 원으로 이벤트를 창안했다. 선택된 속성은 '여행'과 '초록색'이었다. 이를 활용하여 특정 기간에 자신의 항공사를 이용한 승객 중에 초록색 눈동자를 가진 사람에게 사은품으로 여행권을 상품으로 주는 이벤트를 실시해서 큰 호응을 받았다.

2) 방법

(1) 시계가 그려진 활동지에 12개 주제의 속성 적기

만약 운동회 행사를 어떤 것으로 구성할지 의논을 한다고 하자. 모둠별로 벽시계 같은 그림이 그려진 활동지를 하나씩 제공한다. '운동회' 하면 떠오르는 것들을 브레인스토밍으로 만들어내고, 12개를 선택해서 시간별로 적어본다. 예를 들어 만국기, 계주, 줄다리기, 김밥, 응원도구, 장기자랑, 음악, 상품, 운동복, 청군백군, 페이스페인팅, 잡상인 등 12개를 적었다.

(2) 주사위를 던져 두 개의 단어 선택하기

한 개의 주사위를 던져서 나오는 번호의 속성을 정하고, 다음으로 두 개의 주사위를 던져서 합한 번호의 속성을 정한다. 두 개의 주사위를 던지는 이유는 속성이 12개이기 때문이다. 예를 들어 처음엔 3번 줄다리기가 선정되었고, 두 개의 주사위를 던져 8번 상품이 선정되었다.

(3) 두 속성을 연결하여 아이디어 만들기

두 개의 속성을 연결하여 새로운 운동회 활동을 의논해서 만들어 본다. 예를 들어 줄다리기와 상품의 경우, 줄다리기 줄에 다양한 상품을 매달아서 1분 동안 줄다리기를 해서 중앙선을 넘어온 상품을 각 팀이 갖기로 하는 새로운 줄다리기 게임을 만들 수 있다.

3) 의미 및 응용

주제와 관련된 속성을 임의로 연결시켜서 새로운 아이디어를 만들어내면 뜻밖에도 재미있고 유익한 창의적인 아이디어를 만들어낼 수 있다. 이 방법은 모든 영역에서 다 사용할 수 있고 좀 더 확장하여 활용할 수도 있다. 예를 들어 서류 가방을 개선하는 문제가 있다고 하자. 12개의 서류 가방 관련 아이디어 또는 속성을 열거하고, 주사위를 이용해 두 개의 단어를 정한다. 만약 '안전'과 '재료'가 나왔다고 하자. 그러면 안전과 재료와 관련된 자유연상을 좀 더 진행하여 '다른 사람이 가방을 만지면 경보음이 작동'하게 디자인할 수 있다. '노트북 컴퓨터'와 '수납공간'이 나왔다면 '노트북 컴퓨터를 휴대할 때 사용하도록 덧대기로 수납공간을 구획하고, 컴퓨터를 휴대하지 않을 때는 이 덧대기를 제거하여 공간을 확보'하는 디자인을 할 수 있다.

기회의 원 기법은 다양한 문제에서 적용될 수 있고 뜻밖의 아이디어를 얻을 수 있다. 개인이 사용할 수도 있지만 방법이 재미있어서 여러 명이 집단으로 아이디어를 낼 때 활용하면 더욱 효과적이다.

16. 나인 윈도(9 windows)

1) 목적과 특징

나인 윈도는 시간(과거, 현재, 미래)과 체계(상위시스템, 중간시스템, 하위시스템)의 차원을 통해 아이디어를 개발하는 방법이다(Silverstein, Samuel, & DeCarlo, 2012). 예를 들어 홍길동 교사가 자신이 맡은 중학교 2학년 1반의 학급경영을 새롭게 해 보기로 했다고 하자. 그러면 작년의 2학년 1반은 어떤 반이었을까를 알아본다. 그리고 내년의 2학년 1반은 어떤 반으로 경영될까를 상상해 본다. 또한 상위시스템으로 우리 학교경영은 어떻게 되고 있는지 생각해 본다. 그리고 자신이 맡은 2학년 1반의 하위 조직은 어떻게 구성할 것인가를 생각해 볼 수 있다. 나인 윈도의 특징은 다음과 같다.

첫째, 시간의 차원(past, current, future)을 통해 과거의 확인과 미래의 상상을 통해 정확한 현재의 상황을 파악한다. 현재의 상황에 집착하는 것보다 오늘의 현재가 있게 한 과거를 분석하고, 미래의 방향을 알면 보다 정확한 현재의 문제점과 현실적 대안을 찾아낼 수 있다.

둘째, 체계의 차원(supersystem, system, subsystem)을 통해 현재의 위치를 정확하게 파악한다. 숲을 알아야 나무를 정확히 진단할 수 있다. 전체 속에서 현재의 위치를 아는 것은 정확한 문제진단과 해결책을 강구하는 데 큰 도움을 얻을 수 있다.

셋째, 직면한 현재의 문제를 다루지만 이를 둘러싼 시간과 체계의 차원을 모두 검토함으로써 정확한 문제진단과 해결책을 만들어내는 통찰력을 길러 준다.

2) 방법

(1) 아홉 개의 창문 활동지 제시하기

시간과 체계의 두 차원으로 아홉 개의 창문이 있는 [그림 2-7-4]와 같은 활동지를 개인에게 나누어준다. 그리고 모둠용으로 한 장 더 나누어준다. 예를 들어 다국적 기업이 한국의 대형 할인마트 시장 조사를 해서 진출 전략을 세우는 것을 주제로 삼았다고 하자.

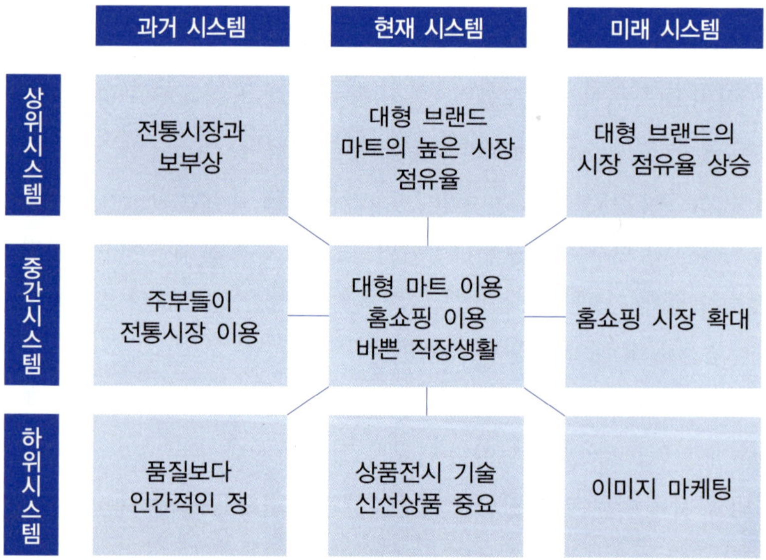

[그림 2-7-4] 나인 윈도 학습지(대형 할인 마트의 한국 진출 전략 사례)

(2) 중앙 창문 채우기

우선 중앙 창문에 현재 상태를 적는다. 이때는 모든 구성원이 토의·토론을 통해 동일한 내용을 적어야 한다. 구성원들이 동일한 문제에서 출발해야 하기 때문이다. [그림 2-7-4]처럼 현재 한국 소비자는 대형 할인마트를 많이 이용하며, 홈쇼핑도 많이 이용하는데, 이는 바쁜 직장생활 때문에 직접 쇼핑할 시간이 부족하기 때문이라고 분석하였다.

(3) 현재의 상위 시스템과 하위 시스템 채우기

이번에는 위·아래, 즉 상위 시스템과 하위 시스템을 토의·토론으로 채운다. 상위 시스템에서 이미 유명 브랜드의 대형 할인 마트가 한국 시장을 점유하고 있어 새롭게 진출하기는 힘들다고 판단했다. 하위 시스템에서는 대형 할인 마트들이 포화상태이기 때문에 마트 내의 전시전략과 상품의 신선도 유지에 사활을 걸고 있다고 판단했다.

(4) 과거와 미래 창문 채우기

이제 토의·토론을 통해 좌우, 과거와 미래의 창문을 채운다. 과거에는 대부분 가정주부였던 여성들이 전통시장에서 쇼핑을 했지만 미래에는 맞벌이 부부도 많고 바쁜 직장생활과 발달한 물류 때문에 홈쇼핑이 증가할 것으로 파악하였다.

(5) 남아있는 구석의 네 개 창문 채우기

나머지 네 개의 창문을 채우기 위해 토의·토론을 한다. 과거에는 전통시장과 보부상들이 시장을 점유했지만 미래에는 대형 브랜드 할인 마트의 점유율이 더욱 높아질 것으로 예상했다. 또한 과거에는 품질보다 단골 등 인간적인 정이 중요했지만 현재는 합리적 소비, 미래에는 이미지 마케팅이 매우 중요해질 것으로 예상했다.

(6) 아홉 개의 창문을 검토하기

아홉 개의 창문을 다 채웠으면 이를 수정 보완하는 토의·토론을 한다.

(7) 해결방안 만들기

아홉 개의 창문을 완성한 후 어떤 전략으로 한국에 진출할지 아이디어를 구체화시킨다. 이 모둠은 바쁜 직장생활을 하는 한국인, 대부분 스마트폰을 사용하는 한국인, 홈쇼핑에 익숙한 한국인, 우수한 물류배달시스템이 있는 한국 상황을 고려하여 지하철 스크린에 상품을 이미지로 전시하여 스마트폰을 이용해 이를 주문하면 신속 배달하는 새로운 시스템으로 진출하는 전략을 제안하였다(참고: www.youtube.com/watch?v=nJVoYsBym88).

3) 의미와 응용

나인 윈도는 시간과 체계의 두 축으로 구성된다. 그러나 체계의 경우는 주제에 따라 유연하게 구성할 수도 있다. 시간은 보편적 분석기준이 될 수 있지만 체계는 다른 기준으로 대체할 수도 있고, 확대 해석하여 사용할 수도 있다. 예를 들어 나의 수학성적을 어떻게 하면 올릴 수 있을지를 생각한다고 해 보자. 과거 나의 수학공부를 분석해보고, 그것이 현재의 수학성적에 어떤 영향을 미치고 있는지를 확인하고, 미래에 내가 바라는 수학공부와 성적을 상상해 본다. 다음으로 체계차원에서는 상위 시스템으로는 다른 과목을 포함한 모든 공부방법을 검토해 볼 수 있다. 그리고 하위 시스템으로는 수학에서 분야별로 공부방법과 성적을 살펴볼 수 있다. 또는 체계차원을 다르게 해석해서 공부시간으로 한다면 전체 공부시간에서 수학공부가 차지하는 비중을 검토해 볼 수 있다. 또한 수학공부시간에서 어떻게 시간을 배분하는지를 검토해 볼 수 있다.

17. 둘 가고 둘 남기

1) 목적 및 특징

이 활동은 케이건(Kagan, 1994)이 개발한 것으로 매우 역동적이면서도 효율적인 토의·토론 수업이다. 몇 명을 가게 하고 남게 할지는 교사가 판단한다. 일단 개인적으로 과제를 하고, 모둠이 함께 결과를 정리하고, 다른 모둠의 정보를 수집해서 자기 모둠의 결과물을 완성한다. 이 과정을 통해 개인, 소집단, 대집단의 학습 경험을 얻게 된다. 결국은 비슷한 학습 결과를 얻는다.

또한 두 사람은 다른 모둠에 가서 정보를 얻는 과정에서 흥미를 얻고, 듣는 훈련도 하게 된다. 또 움직이면서 학습을 하므로 역동적인 수업이 된다. 모둠에 남은 학생들도 다른 모둠에서 온 학생들에게 자기 모둠의 학습 결과를 설명하는 두 번의 기회를 갖는데 이것 역시 고급사고력을 사용하고, 발표하는 연습의 효과를 갖는다. 동시다발적으로 학생들이 모두 발표하고, 듣는 훈련을 하는 셈이다.

전통적인 모둠 학습에서는 각 모둠이 과제를 완수하고 전체 앞에서 발표하는 형식이 보편적이지만 이 방법은 항상 소집단 속에서 발표와 경청이 이루어지므로 매우 자연스러운 상호작용이 일어나고, 자유로운 사고가 가능하다는 점에서 훨씬 의미가 깊다.

2) 방법

(1) 개인별 과제를 완수하기

개인별로 과제를 완수하게 한다. 예를 들어 '자장가' 가사를 모둠별로 여섯 개 만드는 과제가 주어졌다고 하자. 그러면 우선 개인적으로 생각나는 것을 적어 보게 한다.

(2) 모둠별로 의견 모으기

개인들이 한 과제를 발굴하고 토의·토론을 통해 모으고 정리해서 1차 모둠 과제 여섯 개 문장을 완성하도록 지도한다.

(3) 시계방향으로 두 사람 가고 두 사람 남기

교사는 모둠 구성원의 역할을 정하든가 또는 번호를 부여해서 두 사람은 이웃 모둠으로 파견하고, 나머지 두 사람은 그대로 남게 한다. 파견된 두 사람은 다른 모둠이 과제를 어떻게 했는지 정보를 얻어오는 임무를 갖고 있다. 남아있는 두 사람은 다른 모둠에서 온 두 사람에게 자신의 모둠이 한 과제를 설명해 주는 역할을 한다.

(4) 같은 방향으로 한 번 더 같은 활동하기

적당한 시간이 되면 교사는 같은 방향으로 한 번 더 움직여서 같은 활동을 하게 한다. 또 다른 모둠을 방문하는 것이다. 대개 두 모둠 정도만 방문하면 충분하다.

(5) 자신의 모둠으로 돌아와 과제를 완성하기

역시 시간이 되면 자기 모둠으로 돌아와서 가져온 정보를 보태어 자기 모둠의 과제를 완성한다. 그런 다음에 교사에게 제출한다. 그러면 거의 모든 모둠의 과제 수행 결과는 비슷해진다. 다음은 2017년 애틀랜타에서 열린 재미한국학교협의회(NAKS) 교수법 강연 때 실습한 한글학교 교사들이 20분 활동으로 만든 자장가이다. 개인이 이렇게 만들 수는 없다. 협동과 토의·토론의 위력을 잘 보여준다.

자장자장 우리아기 잘도잔다 우리아기
꼬꼬닭아 우지마라 멍멍이도 우지마라
우리가족 희망둥이 이나라의 소망둥이
재주많아 재간둥이 복을불러 복둥이
반짝반짝 지혜둥이 똘망똘망 똑똑이
이리봐도 사랑둥이 저리봐도 예쁜둥이
부모에게 기쁨둥이 이웃에게 웃음둥이
자라자라 제발자라 자라자라 나도자자
꼬꼬닭아 우지마라 멍멍이도 우지마라
나라에는 충성둥이 부모에게 효자둥이
동네방네 귀염둥이 일가친척 화목동이
편식말고 고루먹어 면역증강 굳센체력
뭘먹어도 날씬하네 잔병없이 튼튼백세
둥글둥글 우리아기 이딜가나 사랑받아
학급반장 전교회장 인기투표 항상일등
내가봐도 너무예뻐 우윳빛깔 우리아기
어딜가나 시선집중 광채후광 눈이부셔
학교에선 올일등급 스카이는 따논당상
철떡같이 수석합격 니인생은 승승장구

자동차도 조용조용 이웃집도 살금살금
알람소리 울지마라 세탁기야 돌지마라
가정에선 사랑둥이 학교에선 성실둥이
경제에는 절약둥이 생활에선 감사둥이
아빠에겐 애교둥이 엄마에겐 소망둥이
누나에겐 친절둥이 동생에겐 배려둥이
할머니껜 귀염둥이 할버지껜 재간둥이
친구에겐 믿음둥이 이웃에겐 나눔둥이
놀때에는 재치둥이 밥먹을땐 튼튼둥이
공부할땐 지혜둥이 운동할땐 날쌘둥이
얼른자야 예뻐진다 빨리자야 키가큰다
앞집개도 짖지마라 뒷집개도 짖지마라
오물조물 예쁜입에 아무거나 먹어보렴
넉다보면 다맛있네 잘먹어야 무병장수
새나라에 어린이는 조기취침 조기기상
볼일볼때 참지마렴 잠이오면 바로자렴
울지말고 웃어보자 땡깡말고 말루하자
부모얼굴 먹칠하면 세상천하 불효자식
이쯤되면 잘때됐다 나도이제 잠좀자자

[그림 2-7-5] 둘 가고 둘 남기 사례(자장가 가사 만들기)

3) 의미와 응용

만약 두 사람을 보내고, 두 사람이 남는다면 역할을 분명히 해 줄 필요가 있다. 예를 들어 두 사람을 보낸다면 한 사람은 질문을, 다른 한 사람은 메모를 담당하게 할 수도 있다. 또 두 사람이 남는다면 한 사람은 다른 모둠에서 오는 두 사람을 환영하는 역할을, 나머지 한 사람은 자기 모둠의 과제를 설명하는 역할을 부여할 수 있다. 또 다음 움직임에서는 서로 역할을 바꿀 수도 있다.

두 사람을 보낼지, 세 사람을 보낼지는 크게 중요하지 않다. 어쨌든 정보를 얻기 위해 보내는 사람과 방문한 다른 모둠 학생들에게 정보를 줄 사람만 있으면 된다. 좀 더 수업을 진지하고 재미있게 하려면 두 사람을 파견하고 맞이할 때 교사의 지시에 맞추어 서로 인사하는 시간을 갖게 하면 좋다. 자칫 자율에 맡겨두면 수업 시간이 매우 소란스러워질 가능성이 있다. 필요에 따라서는 세 모둠, 네 모둠 계속 돌아가면서 할 수 있으나 경험에 의하면 대개 두 개의 모둠만 다녀보면 거의 같은 내용이기 때문에 새로운 정보를 얻을 수 없고, 학생들이 식상해서 지루해할 수도 있으므로 두 모둠만 하는 것이 바람직하다.

모둠별 보고서를 받고 수업을 끝낼 수도 있고, 시간이 되면 모둠별 결과를 간단하게 발표해서 학생들이 모두 비슷한 결론을 내렸다는 것을 알려줄 필요가 있다. 즉 인간의 이성과 감성이 보편적이라는 사실을 확인하면 토의·토론이 매우 의미 있는 방법이라는 것을 확신하게 된다.

18. 디즈니 창의성 전략(DCS)

1) 목적과 특징

디즈니 창의성 전략은 디즈니(Disney)가 환상적인 이야기를 실제로 실현해 간 것에 영감을 받아 딜츠(Dilts, 1994)가 제안한 방법이다. 다소 황당한 토의·토론 방식이지만 학생들의 상상력을 길러주고, 현실감 및 정교성을 길러주는 교육용으로 아주 좋은 수업 방법이다. 구성원에게 세 가지 역할이 주어진다.

몽상이(dreamer)는 이상적인 세계를 상상하고, 상상으로 가능한 모든 것을 제안하면 된다. 몽상이라는 역할을 부여하였으므로 부끄럽거나 꺼릴 것이 없다. 마음껏 아이디어를 만들도록 격려한다.

현실이(realist)는 몽상이의 아이디어를 현실화시키기 위한 방안을 만들어내어야 한다. 마치 윗사람이 이 계획을 실천하라고 명령을 내렸다고 생각해야 한다. 반드시 실천해야 한다고 생각하고 아이디어를 내어야 한다.

비판이(critic)는 현실이의 방안을 비판한다. 문제점과 어려운 점, 불가능한 점 등을 찾아낸다. 자신의 역할이 비판이므로 마음껏 비판해도 된다.

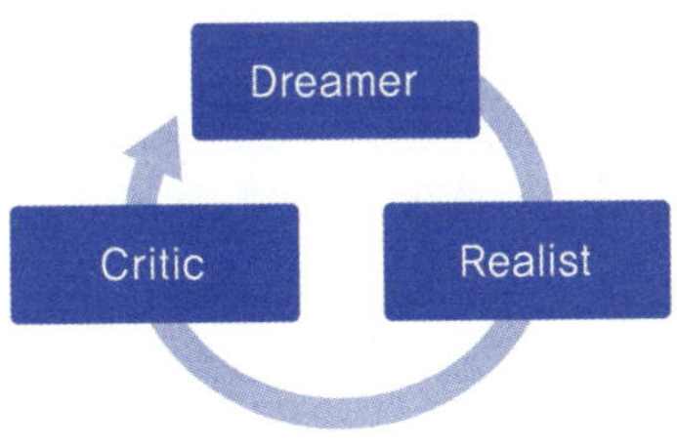

[그림 2-7-6] DCS(디즈니 창의성 전략)

2) 방법

(1) 세 가지 역할 정하기

교사는 과제를 제시하고, 몽상이(dreamer), 현실이(realist), 비판이(critic), 세 역할을 정하도록 한다. 그리고 나머지 한 명은 기록이로 한다. 만약 모둠이 다섯 명이나 여섯 명이면 기록이만 빼고 각 역할을 두 명이 맡을 수도 있다.

(2) 몽상이, 현실이, 비판이의 순서대로 자기의 의견 말하기

과제를 해결하기 위해 제일 먼저 몽상이가 자신의 역할에 따라 꿈같은 상상을 말한다. 예를 들어 동물캐릭터를 만드는 것이 과제였는데 몽상이는 아이들이 제일 싫어하는 생쥐로 만들자는 엉뚱한 주장을 할 수 있다. 현실이는 생쥐의 뾰족한 귀, 코, 꼬리 끝을 동그랗게하고 손과 발에 장갑과 신발을 그려서 징그러운 부분을 제거하였다. 이에 비판이는 이건 쥐가 아니라고 비판한다. 이에 세 사람은 꼬리의 끝만 원래대로 하기로 하여 미키마우스를 탄생시켰다. 두 명이 한 역할을 맡았을 때는 차례대로 말하게 한다. 기록이는 이들의 발표를 요점만 기록한다.

(3) 모둠의 결론을 정리하여 보고하기

꿈같은 이야기, 현실적인 수정, 상세한 비판 등의 결과, 최종 정리된 결론을 보고한다. 이때 그동안의 토의·토론 기록도 첨부하여 제출한다.

3) 의미와 응용

이 방법은 어려운 절차가 있는 것은 아니다. 세 가지 역할을 맡은 사람이 순서대로 자신의 의견을 개진하면서 문제를 해결하는 것이다. 따라서 교사는 세 가지 역할을 맡은 사람들이 최선을 다해 자신의 역할을 감당하도록 지도해야 한다. 교사는 이 세 가지 절차가 충분히 이루어지도록 일정한 시간을 정해 주고, 교사의 지시와 함께 세 가지 절차가 시작되고, 끝나도록 주도한다. 즉 몽상이가 마음껏 몽상하도록 충분히 시간을 주고, 비판이와 현실이도 마찬가지로 충분한 시간을 주어 생각하도록 만들어야 한다. 그러지 않으면 뻔한 결론이 나올 가능성이 많다. 또한 몽상이, 현실이, 비판이 고깔모자를 만들어 쓰고 하면 자신의 역할 의식이 강화되어 더욱 효과가 크다.

19. 라디오 극장(radio theater)

1) 목적과 특징

라디오 극장은 과거 라디오의 중요한 프로그램 중 하나였던 라디오 드라마를 응용한 활동이다. 막연하게 어떤 주제를 주고 창작하는 활동은 너무 많이 열려있어서 다양한 결과물이 나올 수는 있지만 합의하고 결정할 것이 많아서 너무 많은 시간이 걸린다. 창작은 글쓰기 방법도 있겠지만 이 또한 많은 시간이 걸리고, 여러 사람이 함께하는 모둠 글쓰기는 쉽지가 않다. 그러나 라디오 드라마처럼 성우가 연기하는 이야기는 비교적 간단하게 창작할 수 있다. 게다가 구체적 내용 요소를 하나 제시해주면 더 빨리 활동을 할 수 있다. 그래서 라디오 드라마는 네 개의 주요 장면으로 이루어진 이야기를 상정하고, 하나의 장면을 제공한다. 그러면 나머지 세 장면을 보태어 기승전결로 창작하게 안내한다. 라디오 극장은 참여자들이 한 장면을 보고 앞뒤로 세 개의 장면을 더 만들어 이야기를 꾸미되, 배역을 맡아 성우가 되어 라디오 극장을 만들어 연기로 보고하는 활동이다.

우선은 주어진 장면을 보고 기승전결을 각각의 주요 장면으로 상상하고, 주어진 장면을 기승전결 중 어떤 것으로 할지 결정한다. 그런 다음 함께 이야기를 꾸민다. 이때 이야기는 기승전결로 구성되고, 반전이 있어야 하고, 교훈을 담아야 한다는 조건을 주는 것이 좋다. 그래야 이야기를 꾸미는 동안 이 세 가지를 의식하면서 창작하기 때문에 의미 있는 이야기, 흥미로운 이야기, 감동적인 이야기가 될 수 있다. 반대로 많은 시간과 노력을 투자해서 무의미한 이야기가 만들어진다면 그러한 시간과 노력 역시 무의미하게 생각될 것이다. 다음은 기승전결의 동화의 사례이다. 이 중 하나의 장면을 주고, 이야기를 창작하면 다양한 이야기가 만들어질 수 있을 것이다.

	네 명의 친구가 목화 사업을 시작했다. 창고에서 목화를 생쥐로부터 지키기 위해 고양이를 구매하고, 고양이 다리 하나씩을 각자가 책임지기로 했다.
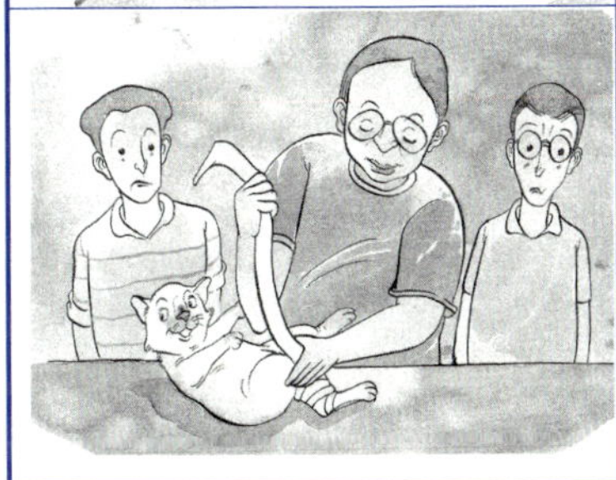	어느 날 고양이가 뒷다리 하나를 다쳐서 그 다리를 맡은 한 친구가 치료하고 붕대를 감아 주었다.
	고양이는 난롯가에서 잠을 자다 붕대에 불이 붙었다. 고양이는 그것도 모른 채 목화창고로 갔다가 목화에 불이 붙어 망하고 말았다.
	나머지 세 친구는 붕대를 감은 다리 책임자인 친구에게 손해배상을 청구했다. 그러나 판사는 불붙은 붕대다리를 창고로 데리고 간 나머지 세 다리가 책임이라고 하여 오히려 세 친구가 나머지 한 친구에게 손해를 보상하라고 판결했다.

[그림 2-7-7] 라디오 극장 사례

출처: UNESCO(1997). ACEID 5회 국제회의자료.

2) 방법

(1) 활동 안내하고, 하나의 장면 제시하기

모둠별 하나의 장면을 A4용지로 제공받고, 나머지 세 장면을 작성할 백지 세 장을 제공받는다. 모둠원은 받은 장면을 해석하고, 나머지 백지 세 장에 간단한 그림으로 기승전결 네 장의 줄거리를 설계한다. 이때 제공받은 장면은 기승전결 중 어디에 배치해도 관계없다.

(2) 구체적 시나리오 만들기

모둠원은 토의·토론을 통해 역할을 정하고, 대사가 포함된 시나리오를 만든다. 이때 반전과 교훈이 들어가도록 격려한다.

(3) 연기를 통해 발표한다

시나리오대로 연기를 통해 라디오 극장을 발표한다.

3) 의미 및 응용

이 방법은 반드시 한 장의 장면만 제공해야 하는 것은 아니다. 시간 또는 대상의 특성을 고려해서 두 개를 제공할 수도 있고, 세 개를 제공할 수도 있다. 많이 제공할수록 활동 시간을 줄일 수 있다. 또한 단순히 창작으로 끝내지 않아도 된다. 예를 들어 역사수업을 할 때 중요한 역사적 사건을 네 개의 계기로 나누어 활동하면 역사지식을 얻는 데도 효과가 크고, 직접 역사를 구성해보는 경험을 통해 역사적 사고력도 키울 수 있다. 또한 어떤 사회문제를 가지고 문제 확인, 배경, 과정, 결과와 교훈 등으로 이 활동을 할 수도 있다. 이를 통해 사회문제를 합리적으로 분석할 수 있는 경험을 줄 수 있다.

20. 라운드 로빈(round robin)

1) 목적과 특징

라운드 로빈(round robin)은 전체 집단의 의견을 소집단을 활용해서 모으는 토의·토론 방법이다. 원래 17세기 프랑스에서 항의의 표시 또는 청원서에 서명의 순서를 감추기 위해 원형으로 서명한 성명서에서 유래한다. 즉 누가 먼저인지 또는 지도자인지를 숨기기 위해서이다. 우리나라에서는 사발통문이라고 한다. 사발을 엎어서 그린 원을 중심으로 참가자의 이름을 둘러가며 적은 통문, 즉 여러 사람에게 알리는 고지문이라는 뜻이다. 그러나 최근에는 주로 운동경기에서 모두 다 한 번씩 시합을 하는 풀 리그(full league) 방식을 지칭하는 용어로 더 많이 사용된다.

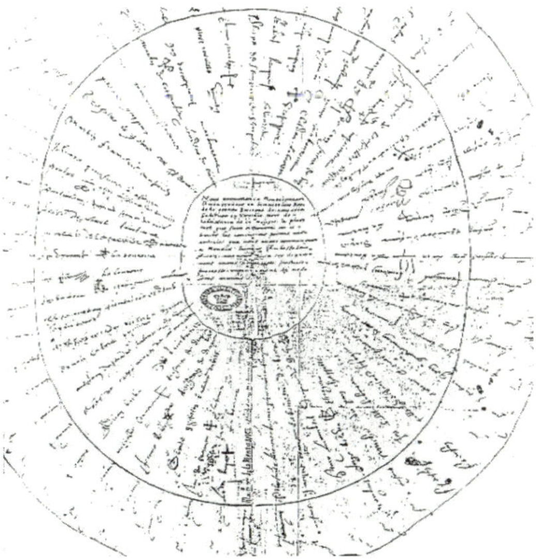

[그림 2-7-8] 라운드 로빈의 사례
가운데 청원의 내용이 있고, 주변에 서명이 돌아가며 있다.
출처: http://freepages.genealogy.rootsweb.ancestry.com/~truax/rndrobin.jpg

라운드 로빈 토의·토론은 모둠의 모든 구성원이 모둠 안에서 돌아가면서 의견을 내고, 그것을 전체 학급 안에서 모둠별로 돌아가면서 의견을 모아서 학급 전체 학생들을 최대한 이용하여 다양한 의견을 찾아내기 위한 목적으로 사용된다.

일단 모둠 구성원에게 발표할 차례가 주어지고, 모둠을 대표해서 발표할 기회도 주어지기 때문에 학생들이 수업에 집중할 수 있는 장점이 있다. 또한 의견이 없으면 통과할 수 있고, 의견이 많으면 모두 발표할 수 있기 때문에 부담도 없고, 능력 있는 학생들에게도 자유롭게 발표할 기회가 주어진다. 즉 그 학급의 모든 의견을 다 짜내는 효과를 얻을 수 있다.

라운드 로빈 토의·토론은 브레인스토밍(brain storming)과 유사한 면이 있다. 그러나 일단 의견을 백지에 적는다는 점과 모둠별 활동과 학급 전체 활동이 연계되어 있다는 점에서 다르다. 또한 의견을 전부 모은 다음, 이 의견들의 우선순위를 정하는 점도 다르다. 사실 의견을 모으는 동안에는 토의·토론이 일어나지 않는다. 토의·토론은 우선순위를 정할 때 주로 나타난다.

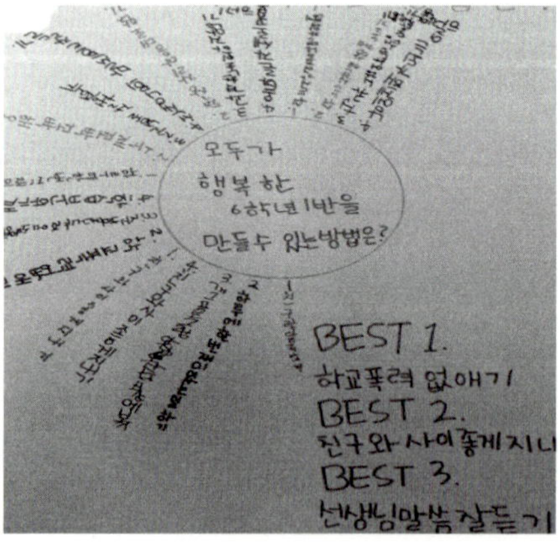

[그림 2-7-9] 라운드 로빈 수업 사례

2) 방법

(1) 모둠 내 발표할 순서와 모둠별 발표할 순서를 정하기

교사는 모둠 구성원들에게 번호를 부여하거나 역할을 부여하여 발표할 순서를 사전에 정한다. 또 모둠 역시 번호를 부여하거나 모둠 이름을 가나다순으로 하든지 해서 발표할 순서를 미리 정한다.

(2) 백지를 나누어 주고 수업 과제 제시하기

교사는 백지를 모둠별로 한 장씩 나누어준다. 그리고 제일 위쪽에 모둠 이름을 쓰게 한다. 다음으로 토의·토론 주제를 발표한다.

(3) 토의·토론 주제에 대해 모둠 내에서 순서대로 발표하기

만약 토의·토론 주제가 "이번 소풍에서 학급 놀이를 무엇으로 하면 좋을까?"라고 하자. 그러면 모둠 내에서 1번이 먼저 백지에 '1. 수건돌리기'라고 기록한다. 그리고 2번이 그 밑에 '2. 모자 뺏기'를 기록한다. 이런 식으로 계속 돌아가면서 의견을 기록한다. 만약 의견이 고갈되어 없으면 "통과!" 하고 외친다. 그러면 다음 번호 학생이 의견을 기록한다. 이렇게 해서 모둠 내 의견이 고갈될 때까지 계속 진행한다. 단 의견의 앞에는 제안한 사람의 고유 번호를 적어야 한다. 즉 네 명이 한 모둠이라면 모든 의견 앞에는 1, 2, 3, 4의 숫자만 있어야 한다. 다 끝나면 모둠 구성원은 토의·토론을 통해 우선순위를 정해 순서대로 의견을 정리한다. 백지의 빈 공간에 순서대로 다시 적어도 되고, 이미 적어 놓은 의견 뒤에 ①②③④⑤⑥…으로 순위를 표시해도 된다.

(4) 모둠 순서대로 돌아가며 발표하기

모둠 내 활동이 끝났으면, 다음에는 모둠별 발표를 학급 전체 앞에서 한다. 만약 모둠도 번호로 정해져 있다면 1조의 1번 학생이 먼저 발표한다. 이때 자기 모둠에서 정리해 둔 ①의 의견을 대표로 발표한다. 다음에는 2조의 1번 학생이 역시 자기 모둠에서 정리해 둔 ①번 의견을 대표로 발표한다. 이런 식으로 각 조의 1번 학생이 발표하는데, 만약 중복된 의견이 있으면 자기 모둠에서 정리해 둔 의견 중에 ②번 의견을 발표한다. 모든 조의 1번 학생이 발표를 다 했으면 그 다음에는 1조의 2번 학생이 발표한다. 이런 식으로 모둠별 발표를 하는데, 모둠 역시 의견이 고갈되면 해당 학생이 "통과"를 외친다. 그리고 다음 순서의 모둠이 계속한다. 학급 전체의 의견이 고갈될 때까지 계속된다. 이때 교사는 학생이 발표하는 의견을 칠판에 적는다.

(5) 학급의 의견을 정리하기

칠판에 적혀있는 의견은 모두 각 모둠에서 우선순위에 의해 발표된 것이므로 중요하거나 선호하는 의견의 순서라고 볼 수 있다. 그러므로 이번 소풍에서 사용할 활동은 만약 다섯 종류만 한다면 상위 다섯 개의 의견을 최종 활동으로 결정하면 될 것이다.

3) 의미와 응용

라운드 로빈에서는 의견이 없을 때 "통과!" 하면 그냥 넘어갈 수 있다. 수업에 관심이 없는 학생들은 생각하기 싫어서 "통과"를 남발할 수 있다. 그러므로 교사는 수업이 시작될 때 최대한 하나의 의견은 의무적으로 제시하도록 격려할 필요가 있다. 그리고 수업이 끝난 후 모둠별 기록지를 제출받아서 누가 의견을 많이 내고, 누가 의견을 적게 내는지 확인해서 사후 지도에 활용하도록 한다.

21. 만다라트(mandal-art)

1) 목적과 특징

만다라트는 일본의 디자이너 이마이즈미 히로아키가 개발한 발상기법으로 manda + la + art(목적 + 달성 + 기법)의 합성어이다. 이 개념은 아이디어가 나올 때에는 숫자를 한정하지 말고 계속 끄집어내야 한다는 점에서 출발한다. 인간의 사고는 일직선이 아니라 사방팔방, 거미줄 모양으로 퍼져나가는데 이러한 사고의 움직임을 그대로 따라 하는 생각의 도구가 바로 만다라트(mandal-art)다. 만다라트는 머릿속에 있는 아이디어와 기획의 힌트를 끌어내준다. 우리나라 학교 현장에서는 '연꽃기법'으로 알려져 있다.

만다라트를 토의·토론 수업에 활용할 때 나타나는 특징은 다음과 같다.

첫째, 아이디어의 확산과 수렴의 균형을 잡을 수 있다. 마인드맵은 아이디어가 끊임없이 확산된다. 그러나 만다라트는 아홉 개 칸으로 결정되어 있기 때문에 무한히 아이디어가 확산되지 않고, 아이디어이 서열에서 밀린 것은 제외되고, 정련화된 아이디어만 살아남는다. 즉 아이디어를 확산시키면서도 절제를 요구하는 균형을 잡는다. 이는 상상과 논리를 동시에 고려하게 한다.

둘째, 학생들의 일정한 순서와 절차로 창의의 영역까지 이끌어준다. 예를 들어 '내가 살고 싶은 집'을 만들어볼 때, 집을 구성하는 여덟 개의 요소를 먼저 정해야 할 것이다. 그중에 하나가 침실이라고 하면, 침실은 새로운 중심이 될 것이고, 여기에 또다시 여덟 개의 구성요소가 만들어진다. 이까지가 교사가 이끌어주는 절차이다. 이제 침실의 여덟 개 구성요소는 학생들의 창의성이 발휘될 때이다. 예를 들어 어떤 모둠에서는 침실의 구성 요소 중 하나인 '침대'를 독특하게 구상하였다. 투명 물침대로 그 안에는 금붕어가 살고 있는 재미있는 발상을 발표했다. 그 아이가 처음부터 금붕어가 살고 있는 투명한 물침대를 생각해내지는 못했을 것이다. 교사가 아이들을 침실의 침대까지 이끌어갔을 때 그 모둠의 아이들에게서 그런 아이디어가 나온 것이다.

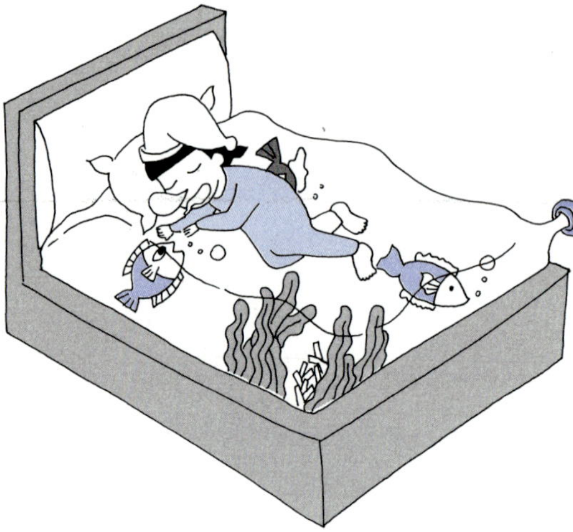

셋째, 만다라트는 체계적이다. 항상 중심에 기본 개념이 있고, 이를 둘러싼 동위개념들을 적어나가기 때문이다. 그러므로 학생들의 사고가 항상 중심에서 출발할 수 있게 해주며, 상위 개념을 적어 놓고 하기 때문에 개념의 상하가 헷갈려서 길을 잃는 일이 없다.

넷째, 만다라트는 모든 교과에서 다 활용할 수 있다. 만다라트는 모든 주제, 모든 교과에서 응용할 수 있는 보편성을 가졌다. 미술시간에 머그컵을 어떻게 만들지 설계하는 데에 사용할 수도 있고, 학급신문 만들기에서 신문을 구성하는 데에 사용할 수도 있으며, 동화를 창작할 때 어떤 요소들을 포함시키고 이야기를 전개할지 구상할 때도 사용할 수 있다.

다섯째, 학생들을 수업에 집중할 수 있게 해준다. 학생들은 빈칸이 주어졌을 때 본능적으로 이를 채우려는 노력을 하게 된다. 이것이 토의·토론 활동에 집중하게 한다. 또한 개인이 하기에는 빈칸을 메우는 것이 벅차고 시간이 많이 걸리지만 모둠별로 할 때 쉽게 이 칸이 채워진다. 또한 모든 학생이 최소한의 기여를 할 수 있는 장점도 있다. 즉 아이디어가 풍부한 학생은 여러 개의 빈칸을 채워 마음껏 자신의 능력을 발휘할 수 있고, 아이디어가 풍부하지 못한 학생도 한두 개의 칸을 채워서 모둠 활동에 기여할 가능성이 있다.

2) 방법

(1) 만다라트 활동지의 중앙에 주제를 적기

교사의 지시에 따라 주제를 정할 수도 있고, 아니면 모둠별로 주제를 스스로 만들어도 좋다. 만약 미술시간에 모둠별로 점토 머그컵을 만든다고 하자. 모둠 토의·토론을 통해 머그컵의 설계를 할 수 있다. 만다라트 학습지를 모둠에 나누어준다. 그리고 그 중심 칸에 '머그컵'이라고 적는다.

(2) 주변 여덟 칸에 중앙 주제의 하위 주제가 될 만한 것을 적어 넣기

모둠원들의 브레인스토밍으로 머그컵의 구성 요소를 적어나간다. 예를 들어 '손잡이', '색', '크기', '그림' 등이다. 만다라트 주변의 칸은 모두 여덟 개다. 이 칸을 모두 채운다. 요소가 여덟 개 이상 나왔다면 보다 외연이 넓은 것을 선택하고 나머지는 탈락시킨다. 여덟 개 전부 채웠으면 기본적인 구상은 된 것이다. 즉 구상의 출발점이 여덟 개나 등장한 셈이 된다.

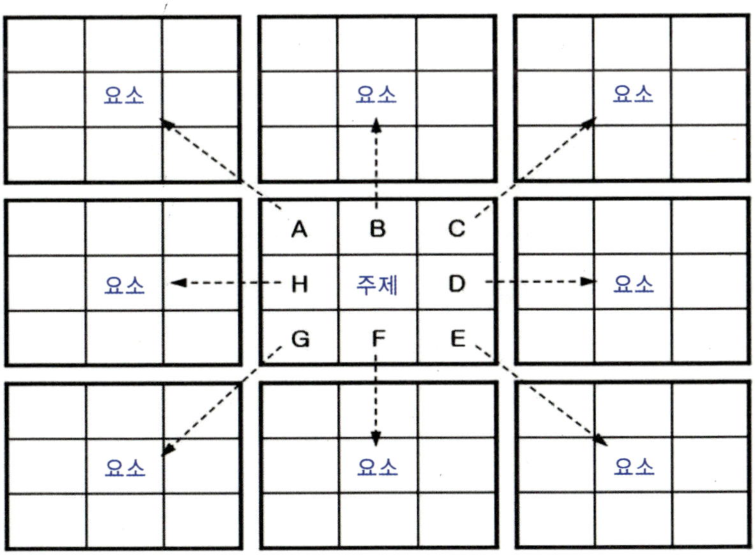

[그림 2-7-10] 만다라트

(3) 여덟 개 각각을 또 주변의 만다라트의 중심에 적어 넣기

여덟 개의 요소는 각각 하위 만다라트의 중심이 된다. 예를 들어 '손잡이'를 해당 방향에 있는 하위 만다라트 중심에 적는다. 중앙 칸 '손잡이'와 관련해서 다시 주변의 여덟 개의 칸을 채워나간다. 이를테면, '손가락이 두 개 들어간다', '인간공학적 설계', '아이들도 잡기 쉽다', '미끄럽지 않다' 등을 적어 나간다. 그리고 빈 공간에는 추가적인 아이디어도 자유롭게 적는다. 예를 들어 '미끄럽지 않다' 옆에 '표면을 울퉁불퉁하게 만든다' 등으로 아이디어를 적는다.

(4) 64개에 이르는 요소들에서 창의적 아이디어 만들기

머그컵에 대해 8×8=64개의 신상품 기획으로 연결되는 요소가 생겨난 셈이다. 모둠원들은 이 요소들에서 창의적인 아이디어를 발전시켜 새로운 개념의 머그컵을 만들어 모둠의 작품으로 제출한다.

3) 의미와 응용

만다라트는 반드시 학습지가 필요하다. 학습지는 단어를 적을 만큼 공간도 있도록 크게 만든다. 토의·토론으로 진행하는 만큼 학습지를 이용해서 시간을 조절할 수 있다. 주제 외에 모두 비워 놓는다면 그것을 다 채우는 데는 많은 시간이 걸린다. 그러므로 일부만 할 수 있도록 해도 된다. 즉 모둠별로 여덟 개 하위 주제를 모두 하지 말고, 그중에 두 개만 선택해서 하게 한다. 그러면 시간을 많이 절약할 수 있고, 모둠마다 선택한 하위 영역이 다양하므로 모둠별 발표를 하게 되면 자연스럽게 모든 영역을 다 다루는 결과를 얻는다.

1인1가구 문제증가	에너지	주택부족
재개발 문제	주택문제	전세값 폭등
주택밀집	집값 문제	주차장 부족

⬆

그 밖의 문제	주택문제	수질오염
도시 공동화	도시문제	교통문제
인구집중	빈부차	대기오염

➡

차량증가	매연	도로공사
연비문제	교통문제	교통사고
대중교통	고유가	보험사기

[그림 2-7-11] 도시문제 중에서 주택문제와 교통문제만 다룬 모둠 학습지

만다라트의 활용 영역은 무한하다. 다음은 만다라트를 이용해서 동화를 쓴 학생의 사례이다. 글감 '머리카락'을 중앙에 놓고, 생각을 확산시켜 구성 요소를 만든 다음 이를 글쓰기로 옮긴 것이다.

만다라트를 활용한 동화 쓰기 사례

알모와 몰모

정희영(김포외고 3학년)

웃긴 장면	귀여움	두피 모양	중간	처음	나중	드라이기	샴푸	빗질
공감	재미	대화	모공	출생	유아	바람	위기	뽑힘
준비	발상	모양	어린	늙은	두피	위기 관리	위기 극복	위기 예방
쓰러짐	뽑힘	끊어짐	재미	출생	위기	구해 주기	교육	존경
시체	사망	태움	사망	머리카락	감동	조언	감동	배움
변색	질병	사라짐	관점	모양	교훈	공감	보호	포옹
숲	머리 속	아기	털	뿌리	끝부분	세대 극복	우정	친절
기둥	관점	빗질	몸통	모양	색	도와주기	교훈	조심하기
태양열	소나기	비유	두피	굵기	길이	건강	배려	협동

머리카락이 하나둘 빠져 어느덧 첫째 머리카락, 알모는 또래 친구들을 다 떠나보내고 혼자가 되었어요. 주변은 온통 태어난 지 얼마 안 된 아기 머리카락들밖에 없었지요. 그러던 어느 날, 알모의 바로 옆자리에 비어있던 모공에서 막내 머리카락이 태어났어요! 가장 어린 머리카락이지요. 가늘고 키가 작은 막내 머리카락은 처음 만난 알모에게 말을 걸었어요.

"안녕하세요?"

"어… 음… 그래, 안녕!"

알모는 더듬거리며 대답했어요. 자기에게 말을 걸어온 머리카락은 정말 오랜만이었거든요. 게다가 이렇게 가까운 곳에 머리카락이 새로 태어난 것은 처음이었지요. 귀여운 머리카락을 보니까 자기도 모르게 한마디 했어요.

"너는 머리카락은 짧지만 여려서 다치기 쉽단다. 조심해야 해."

막내 머리카락은 말똥말똥한 눈망울로 알모를 쳐다봤어요.

"정말요? 저는 아직 잘 모르는 게 많아요……."

막내 머리카락은 궁금한 게 참 많았어요. 뜨거운 바람은 왜 부는 것인지? 가끔 하늘에서 물이 쏟아지는 것이 무엇인지? 독한 냄새와 함께 몸뚱이 색깔이 변하는 이유는 무엇인지? 또 큰 기둥 같은 것이 지나가면 머리카락들이 질서 정연하게 줄을 서는데 그것이 무엇인지도 궁금했지요. 막내 머리카락은 모르는 것은 알모에게 죄다 물어보았어요. 그래서 알모는 막내 머리카락에게 몰모라고 이름을 지어주었지요. 모르는 게 너무 많다는 뜻이지요. 몰모가 물어볼 때마다 알모는 하나하나 설명해 주었어요. 이 두 머리카락은 가장 늙고 가장 어렸지만 같이 있어서 즐거웠어요.

그런데 어느 날 갑자기 막내 머리카락에게 뜻밖의 일이 생겼어요. 머리 숲이 물청소를 한다네요!

"머리 숲 물청소는 말야, 머리를 감는다고들 하지."

알모는 걱정스러운 눈빛으로 말했어요. 왜냐하면 청소할 때마다 많은 머리카락들이 사라지고 말았거든요. 특히 어린 머리카락들은 두피를 잡는 법을 잘 몰라서 더욱 쉽게 떨어졌거든요. 많은 머리카락들이 슬퍼하고 두려워하는 시간이에요. 처음 겪는 막내 머리카락에게 가장 위험하고 무서운 일이었지요. 그런데 이를 어쩌나? 알모가 준비하는 방법을 알려주기도 전에 물청소는 시작되고 말았어요. 물방울이 점점 소나기처럼 많은 물줄기로 변하자 모든 머리카락들이 추욱 처져서 뽑혀 나갈 것 같았어요.

"막내야 두피를 꼭 움켜쥐고 절대 놓으면 안 돼!"

알모가 고래고래 소리쳤어요. 그런데 마지막으로 샴푸를 헹구는 물줄기가 쏟아지는데 미끌미끌한 샴푸 때문인지 막내 머리카락은 그만 두피를 잡은 손이 미끄러지고 말았어요.

"아아악!"

막내 머리카락이 비명을 질렀어요.

그때 알모는 있는 힘을 다해 굵은 꼬리로 몰모의 꼬리를 눌러서 꼬옥 붙잡았어요. 서로의 꼬리가 엉켜서 몰모는 겨우 살 수 있었어요. 십년감수한 몰모는 너무 무서워서 눈물이 찔끔 나왔어요. 시뻘게진 알모의 얼굴에는 송글송글 땀방울이 맺혔어요. 물청소가 끝나자 알모는 몰모에게 두피를 잡는 방법을 하루 종일 자세히 설명해 주었어요. 다시는 이런 일이 일어나지 않게끔 말이에요. 알모는 몰모를 잃고 싶지 않았거든요.

"두피를 붙잡을 땐 마음을 가다듬고 두 손으로 살짝 비틀어 꼬집으면서 말이지……."

"이렇게요? 아님 요렇게요?"

물청소의 위기에서 벗어나고 나서 알모와 몰모는 더욱 친해졌어요. 남을 챙길 줄 아는 알모는 정말 멋졌어요. 몰모는 목숨을 구해준 알모가 너무 고마웠어요.

그러던 어느 날, 알모는 갑자기 뜨거운 바람이 불어오고 있음을 느꼈어요. '윙~' 하는 진동소리가 점점 크게 들리기 시작했어요. 분명히 드라이기의 바람소리였지요. 순간 알모는 좋지 않은 느낌이 들었어요. 드라이기의 뜨거운 바람은 아기 머리카락들을 녹여버릴 수도 있었거든요. '몰모가 위험하다!'라는 생각이 들 때, 누군가가 외치는 소리가 들렸어요.(생략)

(출처: 정희영·김종남(2013), 첫째 머리카락 알모, 서울: 드림피그)

22. 모둠 문장 만들기(team sentences)

1) 목적과 특징

모둠 문장 만들기는 케이건(Kagan, 1994)의 협동학습구조 중 하나로 널리 알려져 있다. 이 활동의 목적은 모둠 구성원 어느 누구도 소외되지 않고, 힘을 합쳐서 모둠 과제를 완수하는 것에 있다. 이 방법은 일단 개인별로 과제를 완성해야, 즉 요구한 문장을 만들어야 그 다음 활동이 진행되기 때문에 토의·토론 과정에서 소외되는 사람이 없다. 또한 자신이 만든 문장이 적절한 위치를 찾아가서 전체 과제의 작품성을 높여주기 때문에 전체 속의 부분, 조직 속의 구성원의 의미를 느끼게 하는 활동이다. 아울러 자신의 문장이 어떤 위치에 들어가야 할지 의논하는 토의·토론 활동도 무척 활발해진다. 개인별로 만들어 낸 문장으로 토의·토론이 이루어지고, 자신이 만들어낸 문장이 있기 때문에 수업에 집중하는 동기를 마련해 준다.

모둠 문장 만들기는 모든 교과, 모든 과제에 다 사용할 수 있는 장점을 가지고 있다. 아래 방법의 설명에서 예를 든 것은 국어수업에서 동시 만들기지만, 사회수업에서 “환경오염을 막기 위해 우리가 할 수 있는 일 두 가지만 적어보자.”로 시작한다면 사회문제 해결을 위한 대안을 만드는 활동에 사용할 수도 있을 것이다. 간단한 토의·토론이기 때문에 쉽게 사용할 수 있다.

2) 방법

(1) 역할을 정하기

수업 주제에 맞게 역할을 정한다. 모둠 문장 만들기에서 가장 많이 사용하는 역할은 이끎이(사회자), 기록이(모둠 활동 기록자), 부름이(심부름하는 자), 칭찬이(모둠 구성원을 격려하는 칭찬하는 자)이다. 만약 다섯 명이면 칭찬이를 두 명으로 하면 되고, 여섯 명이면 부름이와 칭찬이를 각각 두 명씩 하면 된다.

(2) 포스트잇 나누어주기

교사는 부름이를 불러 개인이 만들어야 할 문장 수만큼의 포스트잇을 나누어준다. 만약 두 개의 문장을 만드는 것이라면 부름이는 모둠으로 돌아가 포스트잇을 두 장씩 나누어준다. 이때 칭찬이가 부름이를 칭찬해주게 하면 모둠 분위기가 활발해진다.

(3) 개인적으로 과제를 완성하기

수업 주제에 관해 교사가 개인별로 과제를 완수하도록 지시를 한다. 예를 들어 '봄'이라는 동시를 창작해보는 것이 목표라면 개인별로 '봄'을 표현하는 문장 두 개를 생각해 내어 포스트잇에 적게 한다.

(4) 모둠 과제로 완성하기

개인별로 모두 다 적게 했으면 이끎이가 사회자가 되어 토의·토론을 통해 여덟 개의 문장을 잘 순서화시켜 모둠의 동시 '봄'을 창작해 본다. 즉 모둠이 토의·토론을 통해서 '봄'이라는 시를 만들어 보는 것이다.

(5) 모둠 과제를 발표하기

각 모둠이 만든 과제를 스스로 체험해 본 것으로 그치려면 (4)의 단계에서 활동을 끝내도 된다. 만약 학급 전체가 나누고 싶다면 모둠별로 임의의 한 사람을 시켜 발표시켜도 된다. 또는 결과를 교사에게 제출하도록 해도 된다.

'사랑이란?' 주제의 모둠 문장 만들기 활동에서 나온 다양한 사랑!

1. 사랑은 파운데이션이다. 결점을 가려주니까.
2. 사랑은 일기예보이다. 예측하기 어렵고, 틀릴 때가 많으니까.
3. 사랑은 무지개이다. 화려하지만 금방 사라지므로.
4. 사랑은 아이스크림이다. 맛있긴 한데 금방 녹고 신경이 쓰이니까.

5. 사랑은 부익부 빈익빈이다. 있는 놈은 항상 있더라.
6. 사랑은 여의도 벚꽃이다. 화려하지만 끝은 추하다.
7. 사랑은 핸드폰이다. 늘 만지작거리며, 없으면 불안하고, 신경 쓰이고, 새 핸드폰에 관심을 갖는다.
8. 사랑은 물이다. 고체, 기체, 액체의 속성 다 가져서 다양하지만 아래로 흘러 사람을 낮아지게 한다.
9. 사랑은 명품이다. 갖고 싶지만 비싸다.
10. 사랑은 바닷물이다. 놀 때는 재미있는데 따갑고 씻기가 귀찮다.
11. 사랑은 기울어진 우산이다. 상대를 더 많이 씌워 주려 하니까.
12. 사랑은 버스다. 놓치면 다음 차 타면 된다.
13. 사랑은 택시다. 내가 원하는 대로 가지만 돈이 많이 든다.
14. 사랑은 내 얼굴이다. 답이 없다.

…

모둠 문장 만들기는 학생들의 창의적이고 무한한 상상의 아이디어를 끌어낸다.

3) 의미와 응용

이 방법은 먼저 개별 과제를 완수하여야 다음으로 진행이 된다. 특히 개별 과제를 할 때 구성원이 서로 의논하지 않도록 지도한다. 일단 개인적으로 주제에 대해 충분히 생각하는 경험을 갖기 위함이다. 그러지 않으면 잘하는 구성원이 대신 해주는 경우가 생긴다. 그렇게 되면 이 활동의 목적이 훼손될 수 있다. 비록 능력이 떨어지는 학생이 수준 낮은 대안을 제시한다 해도 무임승차보다는 낫기 때문이다. 물론 토의·토론을 할 때, 각자의 대안을 수정하는 것은 얼마든지 가능하다. 좀 더 좋은 모둠 동시를 만들기 위해서 토의·토론을 통해 얼마든지 수정할 수 있도록 해야 한다. 그러나 가능하면 주어진 대안을 가지고 만들도록 하는 것이 바람직하다. 자신이 만든 대안으로 토의·토론이 진행되어야 적극적인 참여태도가 생기기 때문이다.

23. 반전법(reversal)

1) 목적과 특징

반전법(reversal)은 가정(assumption)을 바꾸어 창의적 아이디어를 얻어내는 방법이다. 사회적 실재는 가정에 의해 구조화된다. 가정을 바꾸면 사회적 실재도 바뀐다. 반전법은 가정을 바꾸어 봄으로써 이를 통해 사회적 실재를 바꿀 수밖에 없는 상황을 만들어낸다. 이때 나오는 아이디어에서 적용 가능한 아이디어를 가려내는 방법이다.

이 방법의 이점은 다음과 같다.

첫째, 애매한 문제를 구체화시킬 수 있다. 왜냐하면 문제가 되는 주제의 가정을 살펴보기 때문에 그 가정에 기초한 문제를 보다 구체적으로 묘사할 수 있기 때문이다.

둘째, 익숙하고 평범한 사고방식으로부터 탈출시켜준다. 왜냐하면 가정을 뒤집어서 생각해 봐야 하기 때문에 익숙한 가정에서 벗어나 전혀 다른 생각을 하게 하기 때문이다.

셋째, 흥미롭다. 평소에 생각해보지 못한 영역에서 생각을 하게 하므로 신선한 사고의 경험을 체험한다.

2) 방법

(1) 주제를 제시하고, 기본 가정을 열거하기

주제를 제시하고 브레인 라이팅으로 기본 가정을 열거해 본다. 그리고 중요한 가정만 선정한다.

(2) 기본 가정을 반전시켜 보기

정해진 가정을 반대로 바꾸어 본다. 새로운 개념의 식당을 개업하는 주제를 예로 들어보자. 기존 식당의 기본 가정과 반전 가정은 다음과 같다.

기본 가정		반전 가정
○ 메뉴가 있다.	⇨	○ 메뉴가 없다.
○ 주방장이 요리를 한다.		○ 주방장이 요리를 하지 않는다.
○ 돈을 주고 음식을 사 먹는다.		○ 돈을 주고 음식을 사 먹지 않는다.

(3) 반전 가정을 전제로 새로운 대안을 제안하기

반전 가정을 근거로 새로운 대안으로 문제를 해결한다. 다음과 같이 가정을 수정하여 새로운 식당을 창업할 수 있다. 새로운 식당은 손님이 식재료를 가져와서 요리해서 먹는다. 식당은 쾌적한 전원 환경과 요리를 해 먹을 수 있는 주방을 빌려주고, 요리사는 손님이 요리하는 것을 도와준다. 즉 손님이 스스로 식재료를 가져와서 요리해 먹는 것을 도와주는 장소 대여 식당이다.

반전 가정		가정의 수정
○ 메뉴가 없다.	⇨	○ 손님이 메뉴를 가져온다.
○ 주방장이 요리를 하지 않는다.		○ 손님이 요리한다.
○ 돈을 주고 음식을 사 먹지 않는다.		○ 돈을 주고 장소를 산다.

3) 의미와 응용

우리는 대개 관습적 사고에 젖어서 살아간다. 문제가 발생해도 관습적 방법으로 해결하는 것이 보통이다. 그러나 때로는 기존의 사고로는 극복할 수 없는 문제에 부딪칠 수 있다. 이때는 창의적 사고를 해야 한다. 창의적 사고를 자극하는 방법은 다양하지만 가장 자극적인 방법 중의 하나가 반전법이다. 당연한 가정을 역으로 바꾸어 버리기 때문에 대부분은 불가능하거나 어이없는 상황이 되어서 '쓸데없는' 생각을 해보는 것 이외의 의미가 없는 경우가 대부분이다. 그러나 가끔은 정상과 비정상의 틈새에 숨어있는 보석 같은 해결책이 발견되기도 한다. 반전법은 이 보석을 찾는 과정으로 반전 가정의 방법을 사용하는 것이다. 그러므로 반드시 반전 가정에 충실한 대안이 아니라 기본 가정의 밖에서 가능한 현실적 대안을 만들어내는 데 집중하면 생각지도 못한 보석을 발견할 수 있다.

24. 월드 카페(world cafe)

1) 목적과 특징

월드 카페(world cafe)는 '주제에 대해 최소 12명에서 1,200명의 사람들이 함께 아이디어를 도출, 공유하는 대화 방법으로 4~5명 단위로 팀을 구성하여 대화를 시작하여 구성원들이 서로 교차하여 대화를 이어나감으로써 많은 사람들이 함께 대화하는 방법이다(Brown & Isaacs, 2001; 장경원, 2012). 기업, 비영리 단체, 공공 기관, 각종 사회 조직의 모임에서 흔히 볼 수 있는 활동이다. 집단사고를 통해 아이디어를 창출하고 공유하는 방법으로 1995년 Brown과 Isaacs이 고안하였다. 기존의 회의나 포럼 등에서는 강연자의 발표를 참가자들이 경청하고 질의 응답하는 방식이 많았다. 그러나 월드 카페는 참여자들이 하나 또는 여러 주제를 중심으로 소모둠에 참여하여 대화를 통해 아이디어를 개발하거나 공유한다. 그런 다음에 호스트를 제외한 나머지 모둠원은 자유롭게 자신이 원하는 주제를 다루는 소모둠에 참여하여 의견을 주고받는 활동을 반복한다. 결국 그 회의실에 있는 전체가 함께 생산적인 아이디어를 얻고 공유하는 경영학에서 많이 활용되는 워크숍 방법이다. 월드 카페는 두 가지 전제가 있다. 첫째는 모든 개인은 지혜와 창의력을 이미 가지고 있으므로 함께 모여 대화하면 집단적 지혜를 모을 수 있다. 둘째는 활력 있는 대화는 이미 행동 단계에 있다. 즉 활기찬 대화는 바로 일하는 조직으로 이어진다는 것이다. 월드 카페의 기획에는 7가지 원칙이 있다. 첫째는 전술한 활동이 가능하도록 환경을 만든다. 둘째는 활동하기 편안한 공간을 구성한다. 셋째는 모두가 관심을 가지고 참여할 수 있는 주제를 제안한다. 넷째는 모두가 이 활동에 보탬이 되도록 격려한다. 다섯째는 다양한 관점을 교류하고 연결한다. 여섯째는 그림을 그리거나 그래픽을 사용하는 등 패턴 구상, 통찰력, 질문과 경청의 활동을 한다. 일곱째는 공동의 발견을 하고 공유한다. 이러한 원칙은 실제 활동 절차 과정에서 적용된다.

월드 카페는 기획하기도 쉽고, 규모에 크게 구애받지 않고, 절차도 어렵지 않고, 학생들이 참여하기도 수월하기 때문에 학교 수업에서도 교과에 관계없이 많이 활용한다.

2) 방법

여느 소모둠 활동처럼 네 명 정도로 한 모둠을 구성한다. 주제는 예를 들어, 노벨문학상을 받은 한강의 '소년이 온다' 독서 토의 · 토론을 한다고 하자. 전체 감상의견이라는 하나의 주제로 모든 모둠이 함께 토의 · 토론할 수도 있고, 소모둠별로 등장인물을 배당하여 소주제로 토의 · 토론할 수도 있다. 방법은 다음과 같다.

(1) 소 모둠마다 호스트를 정하고 주제에 따라 대화를 시작하기

각 모둠마다 호스트를 정한다. 교사가 정해주거나 모둠원이 서로 지목하여 정할 수 있다. 호스트는 주어진 주제로 토의 · 토론을 주도한다. 각 모둠마다 전지 또는 1/2전지 크기의 종이를 주어 그림을 그리거나 낙서하면서 편하게 아이디어를 표현하는 방법을 권유한다. 그림은 의사소통하는 것에 도움이 되고 생각을 자극하는 장점이 있다. 이 활동지는 일종의 토의 · 토론 기록지의 역할을 하고, 나중에 발표할 때 활용한다.

(2) 자신이 원하는 모둠 찾아가 활동하기

소 모둠 활동 시간이 끝나면 호스트를 제외한 모든 구성원은 각자 가고 싶은 다른 모둠으로 이동하여 앉는다. 각 모둠의 호스트는 새로운 사람들을 환영하며 기존의 자기 모둠이 만든 아이디어를 간단하게 설명해준다. 새로운 구성원은 여기에 아이디어를 추가하거나 다른 생각이 있으면 토의 · 토론을 이어간다.

(3) 또 다른 모둠을 찾아가 활동하기

교사가 주어진 시간이 다 되었다는 신호를 주면 역시 호스트를 제외한 다른 구성원은 또 다른 모둠을 찾아가 앉는다. 시간이나 상황에 따라 이러한 절차를 반복한다.

(4) 원래 모둠으로 돌아가기

교사가 원래 모둠으로 돌아가라는 지시를 받으면 학생들은 원래 모둠에 돌아가고, 호스트는 돌아온 모둠원에게 원래 만들었던 아이디어가 다른 구성원들의 참여로 어떻게 바뀌었고 발전되었는지 설명해준다. 소 모둠 구성원들은 다시 한번 토의 · 토론을 통해 이를 잘 정리하여 발표할 수 있는 수준으로 마무리한다.

(5) 발표하기

각 모둠은 발표의 시간을 갖는다. 시간이나 공간에 따라 구두로 발표할 수도 있고, 벽에 전지를 붙여서 갤러리 워크처럼 발표할 수도 있다. 또는 과제로 별도 제출받고, 교사가 다음 시간에 정리해서 발표할 수도 있다.

3) 의미와 응용

월드 카페는 작게는 십수 명, 공간이 넓다면 많게는 천 명이 넘는 참여자도 할 수 있는 간단하고 유용한 워크숍 방식이다. 무엇보다 참여자는 편하게 자신의 의견을 표현할 수 있고, 그림을 그리거나 그래프를 그리면서 다양한 방식으로 자기 생각을 펼칠 수 있다. 또한 자신이 좋아하거나 잘 아는, 그래서 참여하고픈 주제를 찾아가서 참여하므로 자신의 전문성을 발휘하고, 학습 동기가 높아질 수 있다.

월드 카페에 비슷한 활동으로 둘 남고 둘 가기가 있다. 이는 학급 전체가 하나의 주제를 다루고, 이동하는 방향과 모둠이 정해져 있는 반면에, 월드 카페는 주제 선정이나 다른 모둠으로의 이동이 자유롭다. 그러므로 학생을 통제하는데 다소 어려움이 있을 수 있다. 인원수도 차이가 날 수 있으므로 각 모둠마다 한두 석의 자리는 더 배치하는 것이 좋다. 학생들이 선호하거나 꺼리는 주제가 있으면 새로운 구성원의 수가 달라질 수 있기 때문이다. 학생들에게 자유를 많이 주는 만큼 토의 · 토론이 엉뚱한 방향으로 가지 않도록 교사의 통제가 필요하다.

25. 브레인 라이팅(brain writing)

1) 목적과 특징

브레인 라이팅은 독일 프랑크푸르트의 바텔레 연구소(Battelle Institute)에서 개발된 기법이다. 이 방법은 참가자 전원이 소외되지 않고 시작부터 끝까지 토의·토론에 참여하게 하는 데에 가장 큰 목적이 있다. 아울러 브레인 스토밍과 비슷한 방법 같지만 많은 점에서 다른 특징과 장점을 가지고 있다.

첫째, 참가자들의 아이디어를 포스트잇에 기록한다는 점이다. 말을 할 때의 아이디어와 그것을 기록할 때의 아이디어는 수준이 다르다. 즉 기록하기 위해서는 좀 더 생각을 하게 되고, 정련화시킨다. 그냥 내뱉는 것과는 차원이 다르다. 말이 안 되면 적을 수 없기 때문이다. 그러므로 아이디어의 수준이 높아진다.

둘째, 모든 참가자가 의무적으로 자신에게 주어진 포스트잇의 장 수만큼 아이디어를 적어야 한다. 따라서 개인이 독립적으로 생각하여 자신의 아이디어를 발표하게 되고, 자연스럽게 토의·토론에 참여하게 된다.

셋째, 언제든지 자신의 아이디어를 수정할 수 있으므로 편안한 가운데 토의·토론에 참여할 수 있다.

넷째, 토의·토론을 하는 가운데에 자신의 아이디어를 적은 포스트잇이 움직이게 되므로 토의·토론에 집중하게 된다. 즉 토의·토론에의 참여도가 높아진다.

다섯째, 적어놓은 아이디어들을 계속 보게 되므로 그 아이디어가 다시 지적 자극이 되어 또 다른 아이디어를 생산하는 촉진제 역할을 한다. 궁극적으로는 매우 좋은 아이디어들이 생산된다.

여섯째, 토의·토론이 어려운 것은 추상적인 개념을 듣고, 생각하고 동시에 말도 해야 하는 과정이기 때문이다. 그러므로 때로는 말을 하다가 원래 말하려고 했던 생각을 잊어버려 당황하기도 한다. 그러나 이 방법은 아이디어를 포스트잇에 적어 놓고 하므로 잊어버릴 염려가 없다. 그러므로 정확하게 사고를 진행시킬 수 있고, 토의·토론을 할 수가 있다. 즉 추상적 사고를 구체적 사고처럼 하는 효과를 갖는다.

일곱째, 시간에 구애받지 않는다. 토의·토론 수업의 가장 큰 어려움은 시간이 많이 걸리고, 시간을 통제하기 어렵다는 점이다. 그러나 이 방법은 토의·토론을 중단하더라도 하던 과정이 그대로 남아 있기 때문에 다음에 다시 그 상태에서 토의·토론을 계속할 수 있다. 또는 쉬는 시간이나 그 외 시간에 토의·토론을 다 해서 제출하라고 해도 구체물이 있으므로 학생들이 계속 활동을 할 수가 있다. 전통적인 토의·토론은 기록이 되지 않지만 이 방법은 활동 그 자체가 일종의 기록을 계속하고 있는 역할을 한다.

여덟째, 활동한 결과를 그대로 복사하면 포트폴리오가 된다. 즉 학생들의 토의·토론 기록이 되는 것이다. 이것은 학생들을 위해서나 교사를 위해서 과정평가, 학생평가의 좋은 자료가 된다.

아홉째, 브레인스토밍에서 볼 수 있는 토의·토론을 지배하는 개인들의 영향을 줄일 수 있다. 즉 아이디어를 독점하지 못하게 한다. 이것은 많은 학생들이 토의·토론에 참여할 수 있게 하는 요인이 된다.

열째, 브레인스토밍처럼 미성숙된 결과와는 달리 매우 성숙되고 완성된 아이디어의 결과를 얻는다.

2) 방법

(1) B4 용지와 포스트잇을 나누어주기

B4 용지는 한 모둠에 한 장만 나누어 준다. 포스트잇은 1인당 5매 정도가 좋은데, 부름이 등 심부름하는 역할 구성원을 불러 나누어 주게 하는 것이 좋다.

(2) 주제를 제시하기

교사는 토의·토론 주제를 말해 준다. 이때 이 주제에 대한 배경 설명을 해주되, 모든 학생들이 동일하게 이해하도록 주의한다. 여러 번 강조했지만 주제에 대한 이해가 서로 다르면 토의·토론이 겉돌기 때문이다. 이를 위해 학생들의 질문과 교사의 응답 시간도 갖는다.

(3) 개인적인 의견을 포스트잇에 적기

토의·토론을 하기 전에 개인적 의견을 포스트잇 한 장에 하나씩 적게 한다. 만약 다섯 개를 나누어주었으면 개인이 다섯 개의 의견을 적게 한다. 예를 들어 네 명이 한 모둠이라면 20개의 의견이 나오는 것이다.

(4) 학생이 적은 포스트잇들을 B4에 임의로 붙여 놓고 같은 종류로 분류하기

교사는 학생들이 적은 포스트잇을 B4 용지에 우선 아무렇게나 붙이게 한다. 그리고 토의·토론을 통해 4~5개의 하위 주제로 분류하게 한다. 가능하면 중복되거나 빠지지 않고 전체를 아우르는 하위 주제가 되노록 한나.

(5) 분류된 포스트잇을 대표할 만한 상위 제목을 적어서 위에 붙이기

학생들이 토의·토론을 하고 있는 동안 교사는 각 모둠이 가지고 있는 포스트잇 색과 다른 색을 4~5장씩 나누어준다. 이것은 하위 주제를 적는 데 사용하는데, B4를 가로로 놓고, 분류해 놓은 포스트잇의 상단에 붙이면 된다.

(6) 소집단별로 발표하기

과제가 완성되었으면 모둠별로 임의의 모둠원을 지적하여 나와 발표할 기회를 준다. 발표하는 방식은 "우리 모둠은 학교학습, 생활지도, 경제적 어려움, 학부모 관계 등 네 가지로 분류하였으며 각각 다음과 같은 의견이 있었습니다."라는 방식으로 하게 한다.

학교학습	생활지도	경제적 어려움	학부모 관계
한국어 미흡	의사소통 안 됨	가난한 경우 많음	부모 나이차이 많음
전반적 학력저하	피부색으로 편견 가진 또래	직장생활로 돌봄기능 상실	가정 폭력
알림장, 숙제 이해 못 함	한국 문화 적응 못 함		의사소통 힘듦
일일이 지도하기 벅참	매운 음식 잘 못 먹음		연락이 잘 안 됨
	정체성 혼란		
	자신감이 없음		

[그림 2-7-12] '다문화 학생 지도의 어려움'을 주제로 한 교사들의 브레인 라이팅 사례

3) 의미와 응용

브레인 라이팅에서 가장 중요한 것은 모든 개인이 주어진 개수의 아이디어를 적도록 하는 것이다. 토의·토론 이전에 개인의 창의적 아이디어를 최대한 만들어내고, 다음으로 토의·토론에서 또 다른 집단 사고의 아이디어를 만들어내는 이중적 효과를 노리기 위함이다. 특히 학생들이 개인적 아이디어를 내어놓아야 토의·토론에 참여하는 적극적인 태도를 가지게 된다. 또한 그것으로 토의·토론이 활발하게 진행되는 것이다. 그러나 모든 학생이 주어진 아이디어를 다 적을 때까지 기다리면 너무 시간이 많이 낭비될 수 있으므로 적당한 시간이 지난 후에는 미처 적지 못한 포스트잇도 B4 용지에 붙여서 진행하게 한다. 그러면서 새로운 아이디어가 떠올랐을 때 적으면 된다.

시간이 모자라서 토의·토론을 중단해야 할 때는 B4 용지에 붙여져 있는 상태를 그대로 유지한 채로 다음 시간이나 쉬는 시간에 마무리를 해서 제출하도

록 한다. 교사가 어떤 학생이 어떤 아이디어를 내었는지 알고 싶을 때는 네 명 각자가 사용할 포스트잇 색을 다르게 지정해 주어도 된다. 그러면 제출된 B4 용지를 보고 어떤 학생이 어떤 아이디어를 내었는지 교사가 파악할 수 있다.

그리고 각 학생이 적은 아이디어는 토의·토론 과정에서 얼마든지 수정과 교정을 할 수 있다는 점도 강조하여 자유스럽게 토의·토론을 하는 것이 좋다.

브레인 라이팅은 다양한 방법으로 응용할 수 있다. [그림 2-7-13]은 브레인 라이팅의 변형으로 '브레인 라이팅 6-3-5'라는 방법이다. 여섯 명으로 구성된 모둠이 있다고 하자. 그림과 같은 활동지를 여섯 개 준비한다. 주어진 문제에 대해 각자가 해결안 세 개를 5분 동안 적는다. 그런 후 활동지를 오른쪽 사람에게 전달하고, 이를 받아든 모둠원은 5분 동안 생각해서 둘째 줄에 자신의 아이디어를 적는다. 이때 더 좋다고 생각되는 아이디어가 없다면 앞사람이 적은 것을 그대로 적는다. 이런 방식으로 여섯 명이 모두 활동지를 채우면 108개의 아이디어가 만들어진다.

해결해야 할 문제			
모둠원	아이디어 1	아이디어 2	아이디어 3
1			
2			
3			
4			
5			
6			

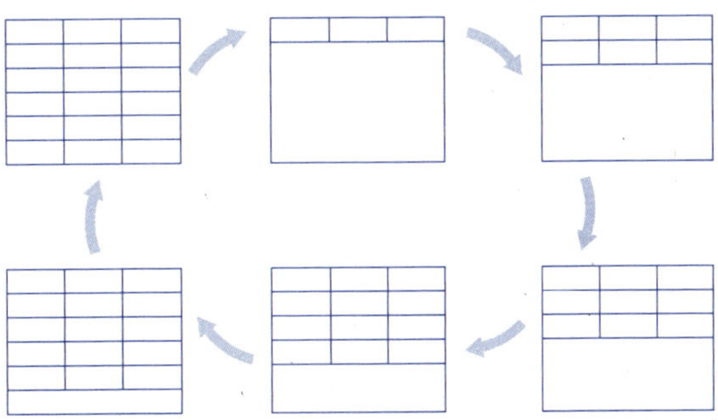

[그림 2-7-13] 브레인 라이팅(brain writing 6-3-5)

26. 브레인스토밍(brainstorming)

1) 목적과 특징

브레인스토밍은 오즈본(Osborn, 1941)이 광고의 아이디어를 내기 위해 고안한 방식이다. 아이디어의 발상과 평가를 철저히 분리하여 아이디어의 수준과 관계없이 자유롭게 가능한 한 많은 아이디어를 생성시키려는 목적을 가지고 있다. 자유롭고 편안하고 우호적인 분위기에서 지적 흥분 상태를 만든다. 그런 환경에서 아이디어의 연쇄반응을 이끌어 내어 제멋대로 아이디어를 발표한다. 결국은 다양하고 창의적인 아이디어를 얻게 된다.

이를 위해 다음과 같은 네 가지 원칙을 지킨다.

- ◉ 비판금지: 어떤 제안에 대해서도 평가를 해서는 안 된다.
- ◉ 자유분방: 엉뚱하거나 비현실적인 아이디어라 할지라도 모두 환영한다.
- ◉ 수량추구: 아이디어는 많으면 많을수록 좋다.
- ◉ 결합개선: 타인의 아이디어에 편승하여 새로운 아이디어로 발전시키는 것을 환영한다.

[그림 2-7-14] 브레인스토밍의 4대원칙

브레인스토밍은 문제의 원인을 찾거나, 해결책을 찾을 때, 논의할 주제를 찾을 때, 계획을 세울 때, 개선 방안을 세울 때 등 거의 모든 목적에 다 유용하게 사용할 수 있다. 또한 다른 토의·토론 속에서 하나의 작은 방법으로도 사용할 수 있다.

브레인스토밍은 참여자의 능력이나 특성에 관계없이 적극적 참여를 유도할 수 있고, 매우 우호적인 분위기에서 토의·토론을 할 수 있다. 또한 비합리적이라고 하더라도 참신한 아이디어를 발굴할 수 있고, 모든 가능한 생각들을 다 고려할 수 있다. 아울러 발표력 부족한 학생의 의견도 끌어낼 수 있다.

2) 방법

(1) 집단을 구성하고 각 집단의 리더와 기록자를 정하기

집단 규모는 마이크 없이 서로 말하고 들을 수 있을 정도면 상관없다. 가능하면 20명을 넘지 않는 것이 좋다. 그러므로 한 학급에서 두 개 팀을 나누어 하는 것이 좋다.

(2) 모두가 보이는 곳에 화이트보드 또는 전지를 붙이기

집단 규모가 적을 때는 B4 용지의 크기를 사용해도 무방하다. 중요한 것은 모두에게 보여야 한다는 것이다.

(3) 주제와 함께 기본 원칙을 알려주기

주제를 발표하고, 토의·토론할 때의 기본 원칙, 즉 비판금지, 자유분방, 수량추구, 결합개신의 4대원칙을 잘 설명해준다.

(4) 구성원들의 아이디어가 나오면 기록자는 모두가 볼 수 있도록 적기

이때 교사 또는 사회자가 학생들의 아이디어를 촉진하도록 자극시키는 멘트를 하는 것이 좋다.

(5) 아이디어를 분류하고, 최종 아이디어를 결정한 후 다음 활동하기

토의·토론의 목적에 따라 아이디어를 분류하고, 최종 아이디어를 결정한다. 예를 들어 토의·토론 주제를 결정하는 것이라면 아이디어를 분류하여 버릴 것은 버리고, 몇 개의 주된 주제를 선정한 후 어떤 주제를 선택할 것인지를 결정해야 할 것이다. 또는 문제해결을 위한 목적이라면 대안들을 분류하여 정리한다.

3) 의미와 응용

브레인스토밍은 매우 다양한 목적에 사용하므로 목적에 맞게 절차를 융통성 있게 전개할 수 있다. 다양한 변형들도 많은데 예를 들면, 역할스토밍(role-storming)은 밴건디와 파이퍼(VanGundy & Pfeiffer, 2004)가 제안한 방식으로 급진적이고 어리석기까지 한 다양한 의견을 얻기 위해 아예 역할을 부여하여 좀 더 적극적으로 새로운 아이디어를 얻기도 한다. 역할은 주제에 따라 교사가 마음대로 부여하면 된다. 특히 브레인스토밍은 그 자체로도 훌륭한 토의·토론 수업이지만 다른 수업을 전개하기 위해 동기부여 등 부분적으로 사용되는 경우도 많다.

27. 속성열거법(attribute listing)

1) 목적과 특징

1930년대부터 사용된 속성열거법(attribute listing)은 제품의 속성들을 여러 개로 나누어 각 속성에 따른 다양한 선택지를 열거하고, 선택지들을 창의적으로 연결하면 새로운 제품이 탄생하는 원리를 활용한 것이다. 창의적 제품이나 대안을 만들 때 유용한데, 특히 모둠을 활용한 토의·토론을 하면 효과가 배가된다. 왜냐하면 다양한 속성들을 찾아내고, 찾아낸 것에서 다양한 선택지를 고를 때, 한 사람보다는 여러 사람의 경험을 공유하는 것이 훨씬 유리하기 때문이다.

예를 들어 새로운 전구를 만든다고 하자. 전구의 속성으로 전원의 공급, 전구의 모양, 폴대의 재질, 전구의 크기, 조명의 밝기, 사용할 위치 등을 열거할 수 있다. 속성의 선택지로는 전원 공급에서 태양열, 전기, 배터리, 가스 등이 있고, 폴대의 재질은 나무, 세라믹, 알루미늄 등, 전구의 크기는 대, 중, 소가 있다. 이러한 선택지 중의 하나를 선택하면 이 세상에서 하나밖에 없는 전구가 만들어진다.

전원 공급	전구 모양	폴대 재질	전구 크기	조명 밝기	사용 위치
태양열	대	나무	대	매우 밝음	바닥 고정
전기	중	세라믹	중	보통 밝음	이동 가능
배터리	소	알루미늄	소	조절 가능	집게 고정
…	…	…	…	…	…

[그림 2-7-15] 속성열거법(전구 사례)

2) 방법

(1) 주제와 관련된 속성을 열거하기

모둠별 주제를 정하고, 브레인 라이팅으로 관련 속성을 열거한다. 주제의 특성이나 주어진 시간 등을 고려해서 속성의 수는 조절할 수 있지만 대개 6~8개 정도가 적절하다.

(2) 각 속성에 가능한 선택지들을 적기

선택지는 많을수록 좋다. 여기서 일차로 창의성이 발휘된다. 나중에 선택할지 여부를 고려하지 말고 무조건 많이 열거하는 것이 좋다. 왜냐하면 다른 속성의 선택지와의 관계에서 의외의 새로운 아이디어의 자극이 생길 수 있기 때문이다. 즉 선택지가 많아지면 가능한 조합이 기하급수적으로 늘어난다.

(3) 선택지들을 선택해서 가로로 연결하기

반드시 하나만 택해야 하는 것은 아니다. 동시에 복수의 선택지를 택해도 된다. 선택 과정에서 새로운 선택지가 생각나고 필요하면 선택지를 늘려도 된다.

(4) 최종 아이디어 제품을 그림으로 표현한다

선택지를 모두 연결해서 제품을 결정한다. 처음엔 선택지를 연결하고, 더 좋은 아이디어를 첨가해서 최종 디자인을 완성한다. 디자인할 때는 그림으로 표현하는 것이 좋다. 글로만 하는 것보다 그림과 함께하는 것이 제품을 더 잘 표현할 수 있다. [그림 2-7-16]은 어느 모둠에서 창안한 미래 교실에 사용될 태블릿 책상과 손잡이가 없는 자기부상 우산이다.

3) 의미와 응용

속성열거법은 신제품을 개발할 때 많이 사용하는 방법이다. 제품의 속성은 정해져있고, 선택지도 속성 안에서 정해지므로 울타리가 쳐져있는 상태에서 마음껏 상상의 나래를 펼 수 있다는 점에서 안전한 창의적 사고 방법이다. 다만 창의적 사고를 보장하기 위해 가격이라든가, 현실적으로 제조 가능한 것인지는 고려할 필요가 없음을 상기시켜 주는 것이 좋다. 왜냐하면 우리 모둠은 디자인 팀이므로 어떻게 만들지는 생산 팀이 할 것이고, 얼마에 판매할지, 누구에게 팔지 등은 마케팅 팀에서 할 것이기 때문이다. 그러므로 창의적인 제품을 만들면 된다. 예를 들어 '구두'의 경우, 굽 높이 조절 가능, 버튼 하나로 구두 색 변신 가능, 칩 내장 교통카드 가능 등의 제품도 가능하다. '가방'의 경우 음성인식 잠금 기능, 히팅 기능, 수납공간 변경 가능 등의 제품도 가능하다. '연필'의 경우, 커피 심 또는 녹차 심으로 색연필 기능, 투명한 유리소재 등의 제품도 가능하다. '가발'의 경우, 직모, 곱슬모, 염색 등의 기능도 가능하다. 이러한 아이디어는 속성열거법의 무궁무진한 아이디어 창출기능 때문에 가능한 것이다.

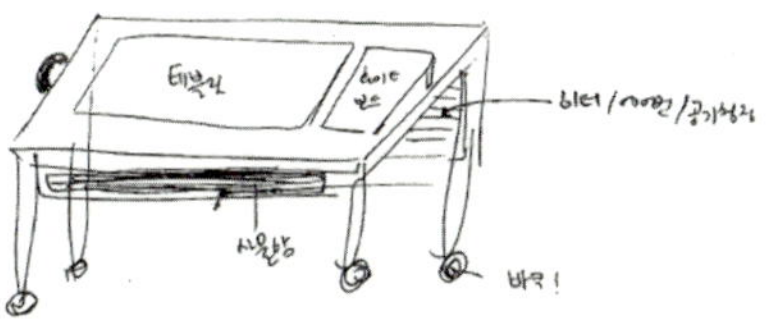

개인 히터와 에어컨이 되는
태블릿 책상

손잡이가 필요 없는 우산

[그림 2-7-16] 속성열거법으로 만든 신제품

28. 스캠퍼(SCAMPER)

1) 목적과 특징

스캠퍼는 창의성을 개발하는 방법으로 미리 문제해결의 착안점을 정해 놓고 그에 따라 다각적인 사고를 해 봄으로써 아이디어를 얻는 방법이다. 우리는 해결해야 할 문제에 직면하면 직관적으로 언뜻 해결 아이디어가 떠오르는 경우가 있다. 생활하면서 부딪치는 사소한 문제들은 대부분 그때 떠오르는 방법으로 해결한다. 그러나 복잡하고 어렵고, 매우 중요한 문제는 심각하게 생각하고, 때로는 다른 사람들과 의논을 해서 결정을 하고, 실천하여 문제를 해결한다.

스캠퍼는 이러한 우리의 사고와 생활방식에서 착안한 것이다. 즉 문제에 직면했을 때 직관적으로 떠오르는 아이디어를 기본으로 하고, 여기에서부터 문제해결과정을 출발하려는 것이다. 스캠퍼(SCAMPER)라고 이름을 붙인 것은 이 과정이 일곱 개의 질문에 핵심을 두고 있는데, 그 영어의 첫 자를 딴 것이다. 스캠퍼 기법을 토의·토론에 활용하면 혼자서 하는 것보다 훨씬 풍부하고 정확한 아이디어를 얻게 되고, 이를 토대로 훌륭한 문제해결을 할 수 있다.

스캠퍼는 오즈본(Osbone)의 아이디어를 에벌(Eberle)이 재구성한 7단계 아이디어 촉진 발문법이 핵심을 이룬다. 이 기법은 기존의 제품을 개선하거나 신제품을 만들어 낼 때 주로 경영학에서 사용한 것이지만 교육에서도 모든 주제에 다 응용할 수 있는 수업 방법이다. 특히 여러 사람이 함께 이 기법을 사용하면 더 다양한 아이디어가 나오고 기대 이상의 좋은 해결책을 만들어 낼 수 있다.

스캠퍼의 핵심인 일곱 가지 질문이란 다음과 같다.

첫째는 대치하기(substitute)이다. 문제에 직면했을 때 생각난 아이디어를 '다른 것으로 바꾼다면?' 하는 질문을 한다. '다른 누구?', '다른 무엇?', '다른 성분?', '다른 재료?', '다른 에너지?', '다른 장소?', '다른 음성?' 등의 질문을 하고 이에 대한 대답을 해 보는 것이다. 야외 소풍을 계획했는데 그 기간에 비가 온다는 일기예보가 나왔을 때, 소풍 장소를 실내 놀이동산으로 대치한다면 이는 다른 장소로 대치한 경우이다. 축구팀에서 수비수 한 명이 부상을 당해서 더 이상 시합을 할 수 없는 문제에 직면하면 감독은 누구를 대신 넣어야 할지 고민하게 될 것이다. 이는 사람을 대치하는 경우이다.

둘째는 결합하기(combine)이다. 문제에 직면했을 때 생각난 아이디어가 반드시 하나는 아닐 것이다. 예를 들어 'A로 해볼까?', 'B로 해볼까?' 하는 생각이 들 수 있을 것이다. 그러므로 이 두 아이디어를 결합해 보면 어떨까 하는 질문이다. 또는 하나의 아이디어라 하더라도 이것을 다른 무엇과 결합해 볼 수 있을 것이다. '이를 혼합하면?', '단원을 조합하면?', '목적을 합하면?', '아이디어를 조합시키면?' 등의 질문을 하고 이에 대한 대답을 해 본다. 기발한 아이디어를 활용한 옷들이 많은데, 안과 겉을 뒤집어 입을 수 있는 옷도 있고, 탈부착 겉옷이 있는 수영복도 있다. 이들은 결합의 아이디어를 활용한 것이다.

셋째는 적용하기(adapt)이다. 문제에 직면했을 때 생각난 아이디어를 여기저기에 적용해 보는 것이다. 예를 들면 이 아이디어를 '각색하면?', '이것과 비슷한 것은?', '과거의 것과 비슷한 것은?', '베낄 수 있는 것은?', '내가 흉내 낼 수 있는 사람은?' 등의 질문을 하고 이에 대답하면서 아이디어를 개선해 본다. 개그맨들이 인기인들을 흉내 내거나 패러디하는 것 등이 대표적 사례이다. 특히 최근 패러디는 원본보다 더 인기가 있는 경우도 있다. 선거 때마다 각 후보자들은 히트곡의 노래나 동영상에 자신들의 선거구호를 넣어 노래를 부르거나 동영상을 보여주는데 이 역시 적용의 아이디어라고 볼 수 있다.

넷째는 수정-확대-축소하기(modify-magnify-minify)이다. 첫 아이디어를 대치하는 것이 아니라 수정해 보는 것이다. 좀 더 확대해 보기도 하고, 좀 더 줄여 보기도 한다. 이 아이디어를 '확대시키면?', '빼면?', '변형시키면?', '의미, 색깔, 소리, 향기, 형태 등을 바꾸면?', '빈도를 높이면?', '더 강하게 하면?', '더 길면?', '생략하면?', '간소화하면?', '분리하면?', '작게(가볍게, 쉽게, 짧게) 하면?'

등의 질문을 하고 이에 대답하면서 아이디어를 수정해 본다. 축소한 예로 대형 컴퓨터를 개인이 사용할 수 있도록 축소한 퍼스널 컴퓨터나 사람이 가지고 다닐 수 있도록 작게 만든 휴대전화는 인류의 문화를 바꾸어 놓은 대표적 아이디어이다. 뿐만 아니라 개인을 위한 모든 축소품들, 이어폰, 소형 라디오, 접는 우산 등 끝없는 아이디어들이 우리의 삶에 구현되고 있다. 반대로 확대한 예는 고릴라를 거대한 괴물 캐릭터로 바꾼 킹콩 같은 영화가 대표적이다. 걸리버의 경우는 축소와 확대가 동시에 적용된 예로 볼 수 있다.

다섯째는 다른 용도로 사용하기(put to other use)이다. 어떤 아이디어는 원래 목적에 부합할 뿐만 아니라 다른 용도로도 훌륭하게 기능할 수 있다. 어떤 경우에는 엉뚱한 용도에 더 적합하여 원래보다 다른 용도의 대안으로 사용되기도 한다. 그러므로 모양, 무게 또는 형태 등으로 보아 '다른 용도는?', '궤도를 수정하면?', '맥락을 바꾸면?' 등의 질문을 하고 이에 대답을 해 본다.

여섯째는 제거하기(eliminate)이다. 문제에 직면했을 때 떠오른 아이디어의 일부를 제거해 보는 것이다. 대리석으로 조각을 만들 때, 필요 없는 부분을 얼마나 잘 제거하였는지가 작품을 결정하는 것과 같은 개념이다. 그러므로 '이것을 없애 버리면?', '부품 수를 줄이면?', '압축시키면?', '낮추면?', '더 가볍게 하면?', '없어도 할 수 있는 것은?' 등의 질문을 하고 이에 물건을 개선해 본다. 제거하기의 예는 여름에 입는 나시나 슬리퍼 등을 들 수 있다.

일곱째는 재배치하기(rearrange-reverse)이다. 집 안의 가구를 새것으로 바꾸지 않고 재배치하는 것만으로 전혀 다른 분위기를 만들 수 있는 것과 같다. 아이디어의 내용에서 전후를 바꾸든지, 좌우를 바꾸든지, 시간차를 두든지 등 여러 가지 방법으로 재배치가 가능하다. 그러므로 '거꾸로 하면?', '반대로 하면?', '역할을 바꾸면?', '위치를 바꾸면?', '다르게 계열화시키면?', '원인과 결과를 바꾸어 보면?' 등의 질문을 하고 이에 대답하면서 아이디어를 개선해 본다. 예를 들어 지도의 위·아래를 바꾸어 보면 전혀 다른 세계지도의 느낌을 받을 수 있다.

2) 방법

(1) 주제가 있는 활동지 제공

스캠퍼 활동지를 나누어준다. 그리고 모둠용으로 한 장 더 나누어준다. 다음은 가장 기본적인 활동지 형태이다. 맨 위에 문제를 받고 생각난 해결안을 적는 칸을 둔다. 다음으로 일곱 가지 질문과 대답하는 칸을 두고, 마지막에는 처음 해결안을 수정한 최종안을 적는 칸을 둔다. 비고는 혹시 필요한 메모가 있을 때, 보충 설명이 필요할 때 사용한다. 이것 역시 자신이 보는 것이므로 메모하는 방식으로 하면 된다.

SCAMPER	아이디어	비고
해결안		
S(대치하기)		
C(결합하기)		
A(적용하기)		
M(수정-확대-축소하기)		
P(다른 용도로 사용하기)		
E(제거하기)		
R(재배치하기)		
수정안		

[그림 2-7-17] 스캠퍼 활동지

<table>
<tr><th colspan="2">SCAMPER</th><th>아이디어</th><th>비고</th></tr>
<tr><td colspan="2">해결안</td><td></td><td></td></tr>
<tr><td rowspan="3">S(대치하기)</td><td>사람</td><td></td><td rowspan="3"></td></tr>
<tr><td>재료</td><td></td></tr>
<tr><td>장소</td><td></td></tr>
<tr><td colspan="4">이하 생략</td></tr>
</table>

[그림 2-7-18] 스캠퍼 학습지의 변형

주제에 따라 또는 수업의 내용에 따라 어떤 질문 항목은 좀 더 세분화해서 진행할 수도 있고, 어떤 질문은 전혀 필요 없을 때 생략할 수도 있다. 예를 들어 대치하기의 경우 좀 더 세분화해서 대치할 것을 질문할 수 있다. '사람을 대치한다면 누가 좋을까?', '재료를 대치한다면 무엇이 좋을까?', '장소를 대치한다면 어디가 좋을까?'를 따로 물어볼 수도 있다. 이때는 학습지를 이 방식에 맞게 [그림 2-7-18]처럼 바꿀 수도 있다.

(2) 스캠퍼 기법 설명해 주기

스캠퍼의 일곱 가지 질문이 어떻게 사고하는 것인지 잘 이해할 수 있도록 예를 들어 설명해준다. 일곱 가지의 질문을 잘 이해해야 개념이 일치하지 않아 생기는 시간낭비를 줄일 수 있다.

(3) 일곱 가지 질문 이해하기

일곱 개 질문을 정확하게 이해하도록 훈련시킨다. 모둠별로 이끎이를 시작으로 해서 오른쪽으로 돌아가면서 각 질문의 사례를 하나씩 발표하도록 한다. 모둠원이 제시한 사례가 적절치 않은 경우, 즉 나머지 모둠원들이 아니라고 할 경우에는 다시 다른 사례제시를 요구하거나 모둠원 누구라도 대신 사례를 말할 수 있게 한다. 즉 반드시 정답 사례를 말하도록 강요할 필요는 없고, 중요한 것은 모둠원 모두가 정확하게 일곱 개의 질문을 이해하는 것이다. 이런 식으로 일곱 개의 질문의 사례를 모두 발표시키면 학생들이 정확하게 일곱 가지 질문을 이해하게 된다.

(4) 개인별 주제에 맞게 일곱 가지 질문에 대답하기

제시된 주제에 맞는 일곱 개의 질문에 답하는 방식으로 아이디어를 적어보게 한다. 아이디어가 생각나지 않는 경우에는 비워두어도 좋으나 가능하면 다 채워 넣도록 격려한다. 반드시 개인 활동을 먼저 해서 자신의 의견을 가지고 있어야 다음의 토의·토론이 활발하게 진행되기 때문에 이 단계는 매우 중요하다.

(5) 모둠 활동지를 완성하기

우선 돌아가며 말하기로 모둠원 전체가 자신의 아이디어를 발표한다. 발표하는 방식은 첫째로 생각난 해결안을 말하고, 이를 대치하기, 결합하기, 적용하기, 수정-확대-축소하기, 다른 용도로 사용하기, 제거하기, 재배치하기의 방법으로 개선한 내용을 말한다. 그리고 최종 결론으로 처음의 해결안을 수정한 마지막 해결안을 발표한다. 모둠원들은 발표에 대해 좀 더 좋은 해결안이 되기 위해 일곱 개의 질문에 대한 더 좋은 아이디어가 있으면 말하고, 발표한 개인은 더 좋은 안이 있으면 이를 수정하여 보완한다.

(6) 모둠별 발표하기

모둠별 결과를 발표한다. 시간이 없을 경우, 게시물로 대신할 수도 있다

3) 의미와 응용

스캠퍼는 모둠별로 진행하지 않고, 전체 학생을 대상으로 교사가 이끌어갈 수도 있다. 그러나 모둠별로 할 때 좋은 점은 여러 학생들의 참여기회가 그만큼 많아지는 것도 있지만 더 중요한 것은 신선한 아이디어가 더 많이 나올 수 있다는 점이다. 전체 학생을 대상으로 질문을 했을 때 두 가지 문제점이 있다. 하나는 많은 학생들 앞에서 발표해야 하기 때문에 지적 모험을 하지 않는다는 점이다. 즉 비교적 무난한 아이디어를 내려고 한다. 왜냐하면 너무 엉뚱한 아이디어를 내어 성공할 수도 있지만 반대로 학생들의 비난을 받을 수도 있기 때문이다. 그러므로 신선한 아이디어가 잘 나오지 않게 된다. 또 다른 하나는 어떤 학생이 먼저 아이디어를 발표했을 때 대부분의 학생은 그 아이디어에 영향을 받게 되어 순수하고 신선한 아이디어가 나올 수 있는 기회가 차단된다는 점

이다. 그러나 소모둠별로 하면 각각 독립적으로 첫 아이디어가 다양하게 나올 수 있다. 모둠별로 결과를 발표할 때 서로 다른 다양한 아이디어가 나온 중요한 이유 중의 하나도 바로 첫출발의 아이디어가 달랐기 때문인 경우가 많다. 그러므로 창의력 수업과 관련해서는 가능하면 소모둠별로 토의·토론을 진행하는 것이 장점이 많다.

29. 용감하게 질문하기(BRAVELY-Q)

1) 목적과 특징

BRAVELY-Q는 수업에 적용하기 위해 정혜승(2016)이 개발한 질문법 중의 하나이다. 'BRAVELY'라는 영어 단어를 조합하여 질문하기를 주저하거나 잘 하지 않는 우리나라의 교실문화를 개선하려는 의도로 만든 '용감하게 질문하기' 모형이라고 할 수 있다. 핵심 질문을 중심으로 주제에 관한 모든 요소를 응집성 있게 구성해서 진행해야 한다. 질문에 대해 참여자가 대답해 가면서 학습을 하거나 아이디어를 낼 뿐만 아니라 스스로 또 다른 질문을 생성하도록 요구하는 특징을 가지고 있다. 질문을 한다는 것은 그만큼 학습 동기나 문제해결의 동기를 가진다는 것이고, 스스로 만든 질문이야말로 생각을 자극하고 고급사고를 사용하게 하는 출발점이다. 이 모형은 국어과 수업을 위해 만든 것으로 독서 토의·토론에 적합한 모형이다.

2) 방법

(1) 주제와 관련된 생각 떠올리기(B: 떠올리기)

브레인스토밍으로 주제와 관련되어 떠오르는 생각들을 돌아가며 말하게 한다. 예를 들어 '교통통신의 발달, 정보화는 삶을 어떻게 변화시키고 있는가?'를 핵심질문으로 한다면 '교통·통신의 발달, 정보화에 따라 세상이 어떻게 변화되고 있는지를 말해보자'로 시작할 수 있다. 또한 독서 토의·토론에 활용한다면 책을 읽으면서 떠오른 생각, 이미지, 유사한 자신의 경험 등을 특별한 형식 없이 돌아가며 말하게 한다.

단계	주요 활동	질문의 예
B brainstorm	- 나의 경험 떠올리기 - 제목과 저자에 대해 생각하기 - 질문의 의도와 의미 생각하기	- 이 그림과 비슷한 표정을 지은 적이 있는가? - 제목의 의미는 무엇인가? - 이 질문을 왜 하는가?
R read	- 제목의 의미와 관련지어 읽기 - 저자의 의도 파악하기 - 질문을 만들며 읽기	- 이 제목을 붙인 이유는 무엇인가? - 저자가 이 글을 쓴 이유는 무엇인가? - 이 부분이 글 속에서 하는 역할은 무엇인가?
A analysis	- 글의 내용과 형식 이해하기 - 저자 의도와 목적 파악하기 - 생성한 질문에 대한 답 찾기	- 이 글의 중심 내용은 무엇인가? - 저자의 의도가 어느 부분에 표현되어 있는가? - 내가 만든 질문에 대한 답이 어디에 있는가?
V value	- 글과 저자 평가하기 - 자신의 생각과 비교하기 - 찾은 답 평가하기	- 이 글에 나타난 저자의 주장은 타당한가? - 저자와 나의 생각은 어떤 점에서 같고 다른가? - 내가 찾은 답은 적절한가?
E extend	- 문제에 대한 대안 찾기 - 다른 상황에 적용하기 - 일반화 가능성 높이기	- 독자로서 이 글의 문제를 어떻게 수정할 것인가? - 다른 상황에서도 이와 같은 방법을 적용할 수 있는가? - 글에 제시된 방안에서 변경(추가)할 내용이 있는가?
L link	- 글과 글 연결하기 - 글과 독자(나) 연결하기 - 글과 세계 연결하기	- 두 글의 공통점은 무엇인가? - 이 글의 메시지와 내 삶은 어떤 관련이 있는가? - 이 글에 등장하는 인물과 비슷한 사람이 있는가?
Y your turn	- 핵심 질문을 중심으로 학습 내용 정리하기 - 핵심 질문에 대해 새로운 텍스트 생산하기 - 질문 생성하기	- 단원에서 무엇을 학습하였는가? - 이 질문과 관련하여 내 생각은 어떠한가? - 이 문제와 관련하여 더 알고 싶은 내용은 무엇인가?

[그림 2-7-19] 독서 토의·토론에서 단계별 활용 사례

(2) 주제에 관한 사실 확인하기(R: 읽기)

주제에 관련된 사실을 확인한다. '철도가 처음 등장했을 때 사람들의 가치관에 어떤 변화가 나타났는지 자료를 분석해보자'로 시작할 수 있다. 또한 독서 토의·토론에 활용한다면 책의 줄거리를 확인하고 무엇을 하위 주제로 삼을지 합의한다.

(3) 주제에 관해 분석하기(A: 분석하기)

주제가 정해지면 좀 더 정교한 토의·토론을 위해 하위 주제의 내용과 형식을 분석하고 파악한다. 이 과정이 중요한 것은 이후의 진행을 안내하는 역할을 하기 때문이다. 예를 들어 '전화가 처음 도입되었을 때의 모습을 역사 자료를 중심으로 분석해보자'로 시작할 수 있다. 또한 독서 토의·토론에 적용한다면 저자의 의도와 목적, 줄거리의 정확한 이해 등이 포함될 것이다. 이때는 많은 질문을 하고, 책에서 대답을 찾는 형식이 될 것이다.

(4) 주제와 관련된 대답들을 평가하기(V: 평가하기)

질문에 대한 대답들을 평가해 본다. 예를 들어 '시간의 흐름에 따라 전화가 어떻게 발전되어 왔는지 각 시대를 상징할 수 있는 전화기를 활용하여 스토리텔링해 보자'로 시작할 수 있다. 또한 독서 토의·토론에 적용한다면 저자의 생각을 평가하고, 참여자들의 대답들과 자신의 대답들을 성찰해 보고 문제점도 지적해 본다.

(5) 논의된 생각들을 다른 상황에 적용하기(E: 적용하기)

주제와 관련되어 나온 아이디어들이 유용한 것인지 확인하기 위해 다른 상황에 적용하면 어떤 결과들이 예상되는지 논의해본다. 예를 들어 'KTX의 도입으로 생활공간과 생태환경은 어떻게 변화되었는지 브레인 라이팅으로 생각해 보고 칠판에 붙여서 정리해보자'로 시작할 수 있다. 또한 독서 토의·토론에 적용한다면 관점이나 상황을 바꾼다면 어떤 결과가 예상되는지를 토의·토론해 볼 수 있을 것이다.

(6) 아이디어를 서로 연결하기(L: 연결하기)

주제와 관련된 아이디어들을 서로 연결해 본다. 이때는 공통점과 차이점을 비교해 보기도 하고, 아이디어들을 자신의 삶과도 연결해 본다. 예를 들어 '근대 문물 도입 초반에 새 문물은 당시 사람들에게 문명의 이기와 침략의 수탈 도구 중 어떤 것으로 인식되었는지 자료를 바탕으로 파악하고 종합적으로 자신의 입장을 말해보자'로 시작할 수 있다.

(7) 아이디어를 정리해서 자기 것으로 만들기(Y: 내 것으로 만들기)

핵심질문으로 돌아가서 이제까지 대답한 것들을 정리하여 결론을 내린다. 그리고 마지막으로 새로운 질문을 만들어 던져본다.

3) 의미와 응용

이 방법은 질문의 절차를 정교화해서 핵심질문으로 시작하여 결론을 자기의 것으로 마무리 짓고, 나아가 새로운 질문을 던져보는 것으로 질문의 중요성을 확인한다. 전반기에는 체계적으로 질문의 분석을 통해서 사고를 체계화하고, 후반기에는 창의적 사고를 유발하는 질문을 하고 다시 결론적으로는 수렴적 사고를 활용하여 정리하는 완결된 체계를 가지고 진행한다.

30. 육색생각모자(6 hats)

1) 목적과 특징

에드워드 드 보노(Edward de Bono, 1999)가 개발한 6색 모자(6 hats)는 사고의 틀인 동시에 생각 가지(lateral thinking)를 펼쳐나가는 토의·토론 수업이다. 그는 이 방법이 사람들의 행동을 자아로부터 분리시킨다고 말한다. 즉 자신의 생각을 고집하는 것이 아니라 다양한 방향으로 생각을 해 보게 한다는 것이다. 그러므로 특정 색깔의 모자를 쓰게 되면 원래 자기의 생각과는 다른 생각을 할 수도 있다. 또한 같은 색깔의 모자를 쓰면 비슷한 생각을 하게 되는데, 이 또한 유익한 경험이 된다. 아울러 6색의 생각 모자를 쓰고 발표를 함으로써 생각의 스펙트럼(spectrum)도 경험하게 된다.

2) 방법

(1) 여섯 개의 색깔 생각 모자 만들기

〈표 2-7-1〉 6색 생각 모자

하얀 모자(information)	중립적이고 객관적인 사고로 학생들에게 주어진 문제 상황과 정보, 사실 등을 확인하도록 한다.
빨간 모자(feelings)	직관에 의한 감정이나 느낌으로 주어진 문제 상황에 대한 자신의 감정, 떠오르는 느낌을 말하도록 한다.
노란 모자(strengths)	밝고 긍정적인 생각으로 주어진 문제 상황에서 장점, 강점, 좋은 점을 말하도록 한다.
까만 모자(weakness)	부정적이고 비판적인 생각으로 학생들에게 주어진 문제 상황에서 단점, 약점, 나쁜 점을 말하도록 한다.
녹색 모자(new ideas)	새롭고, 창의적이고, 대안을 말하도록 한다.
파란 모자 (thinking about thinking)	메타 인지적 사고로 침착하고 냉정하게 다른 색깔 모자에서 나온 이야기를 정리, 평가한다.

빨간색(적색), 흰색(백색), 검은색(흑색), 노란색(황색), 초록색(녹색), 파란색(청색)의 모자를 만든다. 모자를 만들면서 각 색깔 생각 모자가 어떤 성격의 모자인지 가르쳐주면서 만든다. 이렇게 해야 각 모자의 특징을 정확히 이해한다.

(2) 주제에 대해 색깔에 따른 생각을 발표하기

주제를 제시하면 모둠원에게 흰색 모자를 쓰게 하고, 돌아가면서 발표를 하게 한다. 사회자는 흰색의 특성에 맞는 내용을 발표하는지 신경을 써야 한다. 즉 모자의 특징과 다른 내용의 발표가 되지 않도록 한다.

(3) 여섯 가지 색깔 생각 모자를 모두 사용하여 발표하기

주제의 성격에 맞게 어떤 순서로 모자를 사용할지 미리 정해 두어야 한다. 마지막에는 항상 파란색 모자를 사용하여 토의·토론을 평가하도록 한다.

3) 의미와 응용

모자를 사용할 때는 반드시 모두 같은 모자를 쓰고 활동을 해야 한다. 가능하면 교사의 지시에 따라 일제히 모자를 쓰고 벗도록 하는 것이 좋다. 모둠별로 자율을 주면 다소 혼란이 생길 수 있다. 그러나 학생들이 이 활동에 익숙하면 자율적으로 해도 된다.

6색 생각 모자는 생활지도에도 도입할 수 있었습니다. 예를 들면 쉬는 시간에 아이들에게 화장실 사용실태(하얀 모자사고)를 조사하게 합니다. 다음에는 화장실 사용실태에 대한 생각이나 느낀 점(빨강 모자사고)을 말하게 합니다. 질서나 예절을 지켰을 때의 좋은 점(노랑 모자사고)과 규칙위반이나 예절을 지키지 않았을 때의 문제점이나 나쁜 점(검은 모자사고)을 알아보고, 어떻게 그 문제를 해결할 것인가에 대한 멋진 아이디어(녹색 모자사고)를 학생들 스스로 도출하게 합니다. 마지막으로 질서 생활 준수나 올바른 예절 생활에 대한 결론(파랑 모자)을 요약하게 함으로써 학생들 스스로 실태나 현상을 파악하고 그 문제점과 구체적인 해결책을 찾아보고 스스로 행동을 개선하려는 적극적인 자세의 생활지도가 효과가 있었지요.

어느 초등학교 교사의 글에서

출처: http://www.eduweekly.co.kr/news/cont.asp?kind=news3&num=3819

31. 텍스트 질문으로 읽기(Q-TARC)

1) 목적과 특징

Q-TARC는 텍스트를 깊이 이해하기 위해 정혜승(2016)이 개발한 질문법 중의 하나이다. Q-TARC에서 Q는 질문을 의미하고, T는 텍스트를, A는 저자를, R은 독자를, C는 맥락을 의미한다. 즉 저자의 텍스트를 독자가 맥락적으로 이해하는 과정을 질문으로 연결하면서 토의·토론하는 활동이다. 이 모형의 가장 큰 특징은 텍스트를 깊이 있게 이해하고 경험하는 것으로 T는 텍스트 자체에 대한 질문, A는 텍스트를 생산한 저자에 대한 질문, R은 독자 자신과 독자 공동체에 대한 질문, C는 독서에 영향을 미치는 맥락에 대한 질문이 있다.

요즈음 이미지 시대에 살고 있는 사람들은 점점 텍스트 읽기를 기피하는 경향이 있다. 그러나 텍스트를 읽으면서 우리는 많은 상상을 할 수 있다. 이미지는 보이는 그대로 받아들이기 쉽지만 텍스트는 내가 번역해서 받아들이기 때문에 많은 생각을 하게 되고, 창의적 수용이 가능하다. 텍스트를 통해 이러한 이점을 최대화하기 위해서는 전략적으로 읽고, 토의·토론할 필요가 있다. 우선 텍스트를 깊이 있게 이해하고 경험하는 것이 중요한데 이는 독자가 텍스트 자체는 물론이고 저자 및 맥락과 상호작용하면서 새롭게 의미를 구성하고 자신의 소통 의도에 맞게 텍스트를 사용하거나 새로운 텍스트를 생산하는 것을 의미한다. 그러므로 텍스트에 대한 전면적이고 심층적인 이해는 텍스트가 소통되는 데 관여하는 텍스트 자체, 독자, 저자, 그리고 이들을 둘러싼 미시적인 상황맥락과 거시적인 사회문화적 맥락 요인을 고루 고려할 때 가능하다(정혜승, 2016). 이를 위해 다음의 방법으로 질문을 하고 토의·토론을 한다.

첫째, 텍스트의 내용과 형식, 또는 관계에 대한 이해, 해석, 추론, 평가, 창의를 묻는 질문을 한다.

둘째, 텍스트를 생산한 저자에 대한 질문으로 목적, 개인적 특성, 작가적 특징 등에 대한 이해, 해석, 추론, 평가, 창의를 묻는 질문을 한다.

셋째, 독자 자신과 독자 공동체에 대한 질문으로 독자의 지식 수준, 개인적 특성, 독자로서의 특징 등에 대한 이해, 해석, 추론, 평가, 창의를 묻는 질문을 한다.

넷째, 독서에 영향을 미치는 맥락에 대한 질문으로 독서 상황에 직접적으로 개입하는 상황적(매체), 사회문화적, 상호 텍스트적 맥락에 대한 이해, 해석, 추론, 평가, 창의를 묻는 질문을 한다.

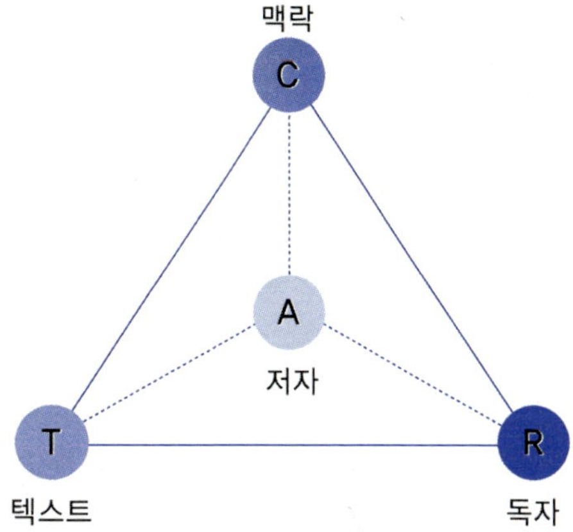

[그림 2-7-20] 텍스트 질문으로 읽기(Q-TARC)의 개념

2) 방법

1수준에서는 네 개 요소를 단독 질문할 수 있고, 2수준은 네 개 중 두 개 이상을 결합한 질문, 4수준은 네 개 요소 모두 결합한 질문을 만드는 수준이 된다. 여기서는 1수준만 소개한다.

(1) 텍스트에 관해 질문하기

주어진 텍스트를 읽고 내용을 확인하는 질문을 하면서 토의·토론을 시작한다. 예를 들면 '이 글의 중심 내용은 무엇인가요?', '이 글의 형식(표현)상의 특징은 무엇인가요?', '이 글의 형식(표현)은 내용을 드러내는 데 효과적인가요?' 등의 질문으로 시작할 수 있다.

(2) 저자에 관해 질문하기

주어진 텍스트를 읽고 저자에 관한 정보를 학습한다. 그리고 다음의 질문에 답을 하면서 토의·토론을 시작한다. '저자는 이 글을 쓸 만큼 전문성을 가지고 있나요?', '저자는 글쓰기에 어떤 특징을 가진 사람인가요?', '저자는 어떤 삶을 살아왔나요?' 등의 질문을 할 수 있다.

(3) 독자에 관해 질문하기

독자에 관한 질문을 하고 답을 해 보는 활동을 한다. 예를 들어 다음과 같은 질문을 할 수 있다. '이 글과 관련된 경험이나 지식을 가지고 있나요?', '독자로서 나는 어떤 취향을 가지고 있나요?', '나의 독서 방법이나 습관은 어떠한가요?' 등의 질문을 할 수 있다.

(4) 텍스트의 맥락에 관해 질문하기

텍스트의 맥락을 고려하면서 질문을 한다. 예를 들어 '이 글은 언제 쓰였나요?', '이 글은 어떤 매체를 통해 소통되었나요?', '이 글이 출판되고 읽힌 시대의 특징은 무엇인가요?' 등의 질문을 할 수 있다.

3) 의미와 응용

이 모형은 네 가지 수준으로 심화하여 전개할 수 있다. [그림 2-7-21]처럼 질문을 결합하여 수준 높은 토의·토론을 할 수 있다.

수준	질문 요소	질문 사례
2수준	TA	◦ 저자의 의도가 이 글에 어떻게 드러나 있나요? ◦ 이 글이 A라는 저자의 글인 것을 어떻게 알 수 있나요? ◦ 이 글을 통해 저자는 어떤 사람으로 보이기를 원하나요?
	TR	◦ 나는 이 글의 어떤 부분이 마음에 드나요? ◦ 어떤 독자가 이 글을 좋아할까요? 그 이유는 무엇인가요? ◦ 이 글을 읽기 전과 후 나에게 변화가 있나요?
	TC	◦ 이 글이 우리 사회(문화, 역사, 학문)에 어떤 변화를 초래하고 기여하였나요? ◦ 이 글이 쓰인 시대를 알 수 있는 표지는 무엇인가요? ◦ 이 글은 어떤 글의 영향을 받았나요? 혹은 어떤 글에 영향을 주었나요?
	AR	◦ 저자는 독자에게 어떤 메시지를 전달하기 위하여 이 글을 썼나요? ◦ 저자는 독자가 어떤 생각을 하면서 이 글을 읽기를 바랄까요?

수준	질문 요소	질문 사례
		◦ 다른 독자들은 이 저자에 대해 어떻게 생각하나요?
	AC	◦ 저자가 영향을 받은 다른 저자나 작품은 무엇인가요? ◦ 저자가 살던 시대 상황은 저자에게 어떤 영향을 미쳤나요? ◦ 저자는 어떤 목소리로 이 시대를 이야기하고 있나요?
	RC	◦ 이 글은 오래전에 쓰였습니다. 이 글을 쓸 당시의 독자가 읽을 때와 여러분이 읽을 때의 차이는 무엇일까요? ◦ 이 글과 비슷한 주제나 형식의 작품을 읽은 경험을 떠올려 봅시다. 이러한 주제나 형식의 작품이 여러분에게 주는 의미는 무엇인가요? ◦ 자신이 놓인 상황이나 처지가 읽을 글의 선택이나 읽기 방법 및 태도, 읽기 결과에 영향을 미치나요?
3 수준	TAR	◦ 저자가 어떤 독자를 위해 이 글을 썼는지를 알 수 있게 하는 글 속 증거는 무엇인가요? ◦ 내가 만약 저자라면 글의 어느 부분을, 왜, 어떻게 바꾸고 싶은가요? ◦ 저자가 생각하는 독자의 모습이 글 속에 어떻게(어떤 부분에) 나타나 있나요?
	TAC	◦ 이 글과 관련한 저자의 다른 글에는 어떤 것이 있나요? ◦ 저자가 이 글을 쓸 때에 영향을 받은 사람은 누구이며, 왜 영향을 받았나요? 저자가 그의 영향을 받았다는 것을 글 속 어느 부분을 통해 증명할 수 있나요? ◦ 저자의 이 글을 다른 매체로 발표한다면 글의 어느 부분이 어떻게 달라질까요?
	TRC	◦ 여러분은 이 글을 누구에게, 왜 소개하고 싶나요? ◦ 만약 이 글을 지금보다 어린 시절에 읽었거나 또는 20년 후에 읽는다면 글에 대한 감상과 평가가 달라질까요? 글의 어느 부분에서 왜 달라질까요? ◦ 이 글을 읽는 목적에 비추어 이 글은 유용한가요? 유용하다면 왜, 어느 부분에서인가요?
	ARC	◦ 여러분이 읽은 이 저자의 글들이 가지고 있는 공통점은 무엇인가요? ◦ 여러분이 사는 시대와 저자가 살았던 시대는 어떤 점에서 같고 다른가요? ◦ 저자가 독자와 공유한다고 생각하는(가정하는) 상황이나 맥락은 무엇인가요?
4 수준	TARC	◦ 저자가 이 글을 쓴 의도가 여러분의 삶 속에서 일어나고 있는 일과 어떤 연관이 있을까요? ◦ 저자가 시대적 상황을 해석하고 대처한 방식이 글에 어떻게 드러나 있으며, 독자로서 그에 대해 어떤 평가를 내릴 수 있나요? ◦ 저자가 이 글을 쓸 때에 살았던 시대와 우리가 이 글을 읽고 있는 지금의 시대는 다릅니다. 이 글이 고전으로 평가받으며 시공을 초월하여 독자들에게 읽히는 까닭은 무엇일까요?

[그림 2-7-21] 텍스트 질문으로 읽기(Q-TARC)의 수준

제 8 장

학습과 발표

토의·토론 수업은 토의·토론 능력을 기르기 위한 목적보다는 토의·토론을 활용해서 다른 교육적 효과를 달성하기 위한 의도가 크다. 토의·토론을 준비하면서 지식을 습득하고, 이해하며, 자신의 것으로 소화해서 표현하는 종합적 역량을 길러준다. 어떤 종류의 토의·토론을 활용하느냐에 따라 이러한 의도를 좀 더 집중적으로 실천할 수 있다. 이 장에서는 주로 발표력과 학습을 하는 데에 주력을 두는 토의·토론 방법을 소개한다.

"어리석은 사람은 똑같은 방법을 반복하면서 다른 결과가 나오기를 기대하는 사람이다."

- 아인슈타인 -

32. 가치수직선(value continuum)
33. 모둠 인터뷰(group interview)
34. 배심(panel)
35. 사다리(laddering)
36. 사모아(samoan circle)
37. 수레바퀴(wheel)
38. 시뮬레이션(simulation)
39. 신문활용교육(NIE)
40. 신호등(traffic light)
41. 어항(fish bowl)
42. 역할놀이(role play)
43. 영화 감상
44. 지그소(Jigsaw)
45. 질문연속체
46. 짝 토의·토론(havruta)
47. 타블로(tableau)
48. 플레이스 메이트(place mate)
49. 회전목마(carrousel)
50. KT 분석

32. 가치수직선(value continuum)

1) 목적과 특징

가치수직선은 학생들이 자기의 가치 판단 경험을 하고, 그것을 실천에 옮기는 훈련을 함으로써 자기 확신과 자존감을 높이기 위한 목적을 가지고 있다(추병완·김항인·정창우 역, 2006). 뿐만 아니라 사람들이 서로 다른 가치를 가지고 있다는 것을 인정하고 수용하는 태도도 기른다.

가능하면 자신의 가치에 대한 이유를 설명하게 함으로써 사고력과 발표력을 기르고, 다른 학생들은 그것을 이해하고, 수용해 주는 한편, 마음속으로 판단하는 경험도 갖게 한다. 이것은 자신의 가치관 형성에도 영향을 미치게 될 것이다.

2) 방법

(1) 의자를 두 줄로 놓고, 학생들을 반대쪽에 모으기

교실의 학생을 모두 일어나게 해서, 의자를 한쪽으로 몰아 한 줄로, 공간이 부족하면 두 줄로 교실 중앙을 바라보게 배치한다. 그리고 학생들은 반대쪽에 모두 모이게 한다. 바닥이 깨끗하면 앉아서 해도 된다. 이것이 더 효과적일 수 있다. 모두가 서 있으면 산만한 분위기가 되기 쉽다.

(2) 자유롭게 자신의 의사를 말하고 해당하는 의자에 앉기

교사는 의자를 놓아둔 앞쪽 교실 바닥에 의자와 나란히 긴 밧줄을 놓는다. 오른쪽으로 갈수록 찬성이고, 왼쪽으로 갈수록 반대이며, 중간은 중립의 위치라는 것을 설명해주고, 학생들이 자발적으로 주어진 주제에 대해 어떤 입장인지 중앙에 나와서 자신의 의견을 말하고, 해당되는 부분의 빈 의자에 앉도록 지시한다.

(3) 말을 하고 싶지 않은 학생들도 해당하는 의자에 앉기

학생들이 차례로 발표를 하고 자기가 원하는 위치의 의자에 앉는다. 어느 정도 하다 보면 학생들이 더 이상 자발적으로 나오지 않는 경우가 있는데, 이때는 발표를 하지 않고, 그냥 자신의 입장을 나타내는 위치에 앉도록 허락한다.

(4) 교사가 현 상태를 설명해 주고 정리하기

모든 학생이 다 자리에 앉았으면, 교사는 현 상태에 대해 학생들이 어떤 입장인지 정리해준다. 학생들이 발표했던 이유들을 다시 정리하면서 극단적 찬성에서부터 극단적 반대에 이르기까지 어떤 의견들이 있었는지, 그 이유는 무엇이었는지를 정리해주면 이 주제에 대한 학생들의 가치가 정리된다고 볼 수 있다.

3) 의미와 응용

자신의 가치를 드러내놓는다는 것은 어려운 일이다. 특히 그 이유를 많은 학생들 앞에서 발표한다는 것도 부담스럽다. 그러므로 교사는 가능한 한 이유를 발표하고 해당 위치에 앉으라고 격려하지만, 발표하기를 꺼리는 학생들에게는 너무 강요하지 않는 것이 좋다. 또 이미 다른 학생이 이유를 발표했고, 자신도 같은 이유라면 반복할 필요가 없기 때문이기도 하다. 이때는 그냥 해당 위치에 가서 앉도록 한다. 일단 이러한 활동에 참여하는 경험이 중요하다. 즉 나름대로 자신의 가치대로 실천을 한 것이기 때문이다.

학생들이 모두 자리에 앉으면 전체 학생이 어떤 가치에 몰려있는지가 드러날 것이다. 주제가 인류의 보편적 가치에 명백히 위배되는 것이 아니라면 소수의 가치를 선택한 학생들의 결정도 존중해주어야 한다. 그것은 우리 사회의 모습이기도 하기 때문이다. 즉 학생들 사이에 여론 재판이 되어 소수의 학생들이 비난받아서는 안 된다는 것이다. 만약 이런 일이 일어나면 비슷한 활동을 했을 때 서로 눈치만 보려고 할 것이다.

이 토의·토론은 모든 교과에서 다 할 수 있다. 어떤 문제든지 찬반이 있을 수 있고, 정답과 오답이 있을 수 있기 때문이다. 그러나 너무 정오가 명백한 주제보다는 가치가 내재되어 연속성(continuum)이 있는 주제를 택하도록 한다.

또한 [그림 2-8-1]과 같이 4분면으로 가치를 표현할 수도 있다. 즉 네 가지 가치가 나올 수가 있다. 상단좌측면에 스티커를 붙인 학생은 재미도 있고, 쉽다는 입장이고, 상단우측면 학생은 재미있지만 어렵다는 입장이다. 하단좌측면 학생은 쉽지만 재미없다고, 하단우측면 학생은 재미도 없고 어렵다는 입장이다. 이때 같은 입장에 있다 하더라도 좌표는 정도에 따라 달라질 수 있다. 즉 원점에 가까울 수도 있고, 축에 가까울 수도 있다. 그 좌표가 그 학생의 가치를 나타내는 것이다. 교실이 좁아서 활동하기가 불편할 때는 칠판에 그림을 그리고, 각 학생들이 자신이 가야 할 위치에 자기 이름이나 출석번호를 적어서 표현할 수도 있다. 또는 전지에 그림을 그리고 스티커를 붙일 수도 있다.

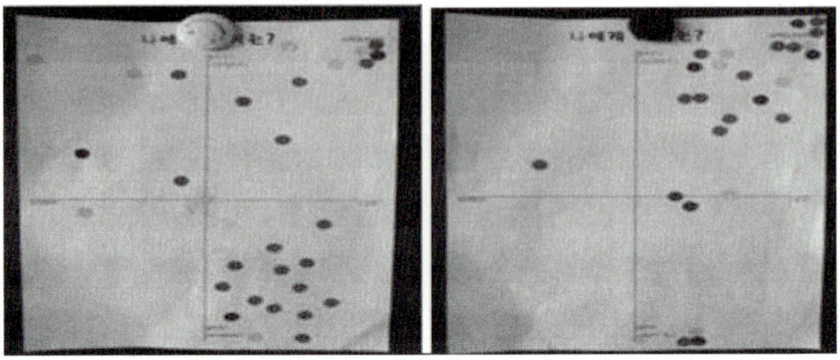

A반(영어가 쉽지만 수업은 싫다) B반(영어도 쉽고 수업도 재미있다)

[그림 2-8-1] 가치수직선의 변형
(X축: 어렵다-쉽다/ Y축: 재미없다-재미있다)

가치수직선을 이용한 토의·토론으로 학급분위기를 바꾼 사례를 살펴보자. 영어 전담인 김미선 선생님은 수업분위기가 좋은 A반과 수업분위기가 좋지 않은 B반에 가치수직선 토의·토론을 적용해 보았다. [그림 2-8-1]처럼 역시 A반은 영어가 쉽고, 영어 수업시간이 재미있다는 의견이 다수였다. 그러나 B반은 영어는 쉽지만 영어 수업시간은 싫다는 의견이 지배적이었다. B반이 영어 성적은 좋은데 왜 수업분위기가 나쁜지 확인되는 순간이었다. 교사는 이러한 결과를 학생들에게 공개하면서 그 원인을 전체 학급의 토의·토론으로 찾아내었다. 교사도 개선하려고 노력하고, 학생들도 노력해서 곧 수업분위기 좋은 반으로 탈바꿈하는 데 성공했다.

다소 어렵지만 유용한 가치수직선의 예를 하나 더 살펴보자. 그레곡(Gregorc, 2002)은 학습을 정보를 받아들이고 다루는 이중적 과정이라고 했다. 그는 마음(mind)과 뇌(brain)를 분리하여 뇌가 전화기라면 마음은 목소리와 메시지로 비유했다. 마음은 타고나는 것이므로 마음이 정보를 받고(receive) 다루는(order) 것은 사람마다 다르다. 정보를 받을 때 사람마다 '구체적인 정도'와 '추상적인 정도'가 다르다는 것이다. '구체적 사람'은 몸으로 살고, '추상적 사람'은 머리로 산다. 반면에 정보를 다룰 때는 체계적인 정도와 임의적인 정도가 다르다. '체계적인 사람'은 정보를 머릿속에 체계적으로 정리한다. 논리적이고 정확하다. A에서 E로 갈 때는 B, C, D를 거쳐서 간다. 그들은 망원경이지 만화경이 아니다. 그러나 '임의적인 사람'은 A에서 E로 바로 간다. 이유는 없다. 다른 사람은 이해하지 못하는 방법으로 자신만의 논리로 정보를 정리한다. 그레곡은 이를 [그림 2-8-2]와 같이 정리하였다. 학생들에게 어떤 학습스타일인지 표시하게 하고 토의·토론하는 것도 좋다.

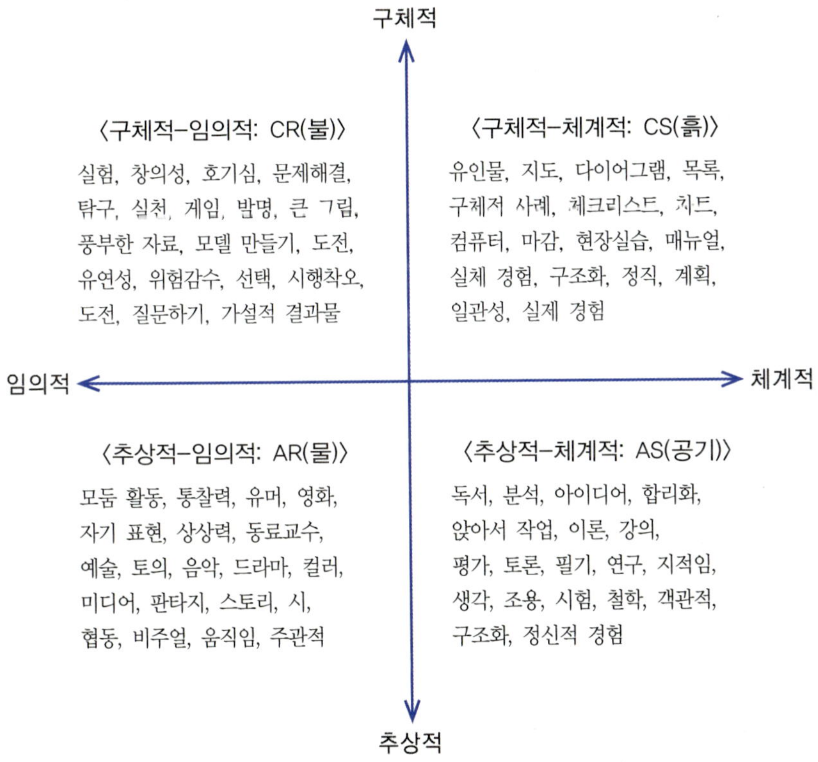

[그림 2-8-2] 그레곡(Gregorc)의 네 가지 학습유형

33. 모둠 인터뷰(group interview)

1) 목적과 특징

모둠 인터뷰는 케이건(Kagan, 1994) 협동학습 구조 중의 하나이다. 이 방법은 모둠 구성원 중의 한 사람에게 특정 인물의 역할을 맡기고, 나머지 모둠 구성원이 인터뷰를 한다. 예를 들어 세종대왕과의 인터뷰를 한다면, 한 학생을 세종대왕으로 세우고, 나머지 사람들이 질문을 한다. "왜 한글을 만들었습니까?", "한글을 만들 때 아이디어는 어디서 얻었습니까?", "반대하는 사람은 어떻게 하셨습니까?" 등 학생들이 궁금한 질문을 하고, 세종대왕 역할을 맡은 학생은 나름대로 세종대왕의 입장에서 대답을 한다. 다음에는 그 역할을 오른쪽 사람에게 넘긴다. 같은 방식으로 모두 세종대왕이 되어 본다.

이 방법은 학생들로 하여금 감정이입의 경험을 해 보게 할 뿐만 아니라 자신이 궁금했던 것을 자연스럽게 질문해 보게 함으로써 학습의 호기심과 탐구심을 자극하기 위한 목적을 갖고 있다. 우리는 무엇이 궁금한지 자신도 모를 때가 있다. 이 모둠 인터뷰는 숨어 있는 자신의 호기심을 발견하는 데에도 도움이 된다. 또 직접 역할을 해 보거나 질문을 하면서 좀 더 그 상황이나 인물의 입장에서 깊은 이해와 경험을 하게 된다.

2) 방법

(1) 인터뷰할 인물 선정하기

교사는 인터뷰할 인물을 정한다. 수업을 하다가 좀 더 학습효과를 높이기 위해 할 수도 있고, 학생들로 하여금 인터뷰하고 싶은 인물을 추천하거나 선택하게 할 수도 있다. 때로는 모둠별로 인터뷰할 인물을 다르게 할 수도 있다.

(2) 한 사람이 역할을 맡아 인터뷰에 응하기

인터뷰할 인물이 결정되면, 임의로 또는 자원하여 한 학생을 일으켜 세우고, 그 사람 이름이 적힌 목걸이를 걸어 준다. 목걸이 없이도 할 수 있겠지만 그래도 목걸이를 걸면 훨씬 실감을 느끼며 인터뷰를 할 수 있다.

(3) 돌아가면서 그 인물이 되어 인터뷰하기

웬만큼 인터뷰가 되었으면, 오른쪽 학생에게 목걸이를 넘겨주고, 같은 방식으로 인터뷰를 한다. 같은 활동이지만 인터뷰 인물의 대답이 다양하기 때문에 흥미 있는 활동이 된다.

(4) 느낀 점을 발표하기

활동이 다 끝났으면 인터뷰를 한 뒤 소감을 발표한다.

3) 의미와 응용

모둠 인터뷰는 한 인물을 정하여 학생들이 알고 싶은 질문을 하며, 재미있는 대답을 듣는 매우 흥미로운 활동이다. 비교적 자유로운 분위기는 좋지만 너무 장난으로 흐리지 않도록 지도하는 것이 바람직하다. 이를 위해서는 인물 목걸이를 꼭 사용하는 것이 좋다. 그래야 모둠별로 어떻게 진행되고 있는지 교사가 파악할 수 있다. 또한 학생들은 나름대로 공식적인 활동임을 의식한다. 또한 질문과 대답을 할 때는 존칭을 사용하도록 지도한다.

34. 배심(panel)

1) 목적과 특징

배심 토의·토론은 주제와 관련한 분야의 전문가나 권위자로 구성된 4~6명의 패널들이 모여, 청중 앞에서 토의·토론하는 방법이다. 이것을 수업에 사용할 때는 학생 중에서 4~6명의 패널을 정하고 이들에게 특정 주제에 대해 준비시켜 진행한다. 이때 다른 학생은 이들의 토의·토론을 지켜보게 되며 사회자의 재량으로 질문과 간단한 의견을 제시할 수 있으나 토의·토론에 참여하는 것은 제한되어 있다.

이 수업의 목적은 학생들이 패널들의 토의·토론 방법을 간접적으로 배우고 지식을 얻기 위함이다. 이 방법은 모든 학생들이 토의·토론을 할 수 있을 만큼 준비가 되어 있지 않고 주제가 매우 어려울 때 사용한다. 미리 공부를 해야 토의·토론을 할 수 있기 때문에 능력이 있거나 관심이 많은 학생으로 하여금 대신 토의·토론을 하게 하는 것이다. 패널들의 토의·토론하는 모습에서 학생들은 여러 가지 느낌을 갖게 된다. 자신도 할 수 있다는 자신감을 가질 수도 있고, 저렇게 표현하는 것이 좋고, 나쁘다는 것 등을 간접적으로 배운다.

또한 학생들이 너무 많아 통제하기 어려울 때도 유용하게 사용할 수 있다.

2) 방법

(1) 토론자단(panel)을 4~6명 정도 정해서 준비시키기

교사는 토의·토론 주제에 대해 4~6명 정도의 참여자를 결정한다. 학생들이 자발적으로 지원하는 경우도 좋고, 능력 있는 학생을 지명해도 좋다. 이들에게는 교사가 미리 자료 등을 준비해서 공부하게 하는 것이 바람직하다. 또한 토의·토론을 진행할 사회자도 정하고, 미리 사회 보는 방법을 훈련시킨다. 필요하면 교사가 사회자 역할을 해도 된다.

(2) 사회자의 운영에 따라 토의·토론을 진행하기

토의·토론은 전체 주제의 하위 주제별로 차례로 진행한다. 사회자는 하위 주제를 제시하면서 패널들의 토의·토론을 유도한다. 골고루 주장할 기회를 주도록 한다.

(3) 학생들의 질문과 의견 듣기

사회자는 각 하위 주제에 대해 패널들의 토의·토론이 어느 정도 마무리되었다고 생각할 때 청중인 학생들에게 질문이나 의견이 있으면 하라고 한다. 아무리 패널들이 공부를 많이 해서 충분한 토의·토론을 했다고 하더라도 미처 다루지 못한 의견도 있고, 잘못된 결론을 내릴 수도 있기 때문이다.

(4) 결정된 결과나 의미를 확인해주기

토의·토론이 모두 끝난 다음에는 토의·토론 결과와 그 의미에 대해 정리해 주는 시간을 갖는다. 아울러 토의·토론의 과정에 대해서도 조언을 해 준다.

3) 의미와 응용

이 방법은 준비된 패널들이 수준 있는 토의·토론을 보여주기를 기대한다. 즉 미리 주제를 알고 충분히 공부를 해 온 사람들이 토의·토론을 하기 때문에 이를 지켜보는 학생들이 많은 것을 배우도록 하는 목적이 크다. 따라서 학생들이 직접 참여하는 것은 아니지만 토의·토론 과정에 얼마나 집중을 하느냐가 이 수업의 성패를 가린다고 볼 수 있다. 이를 위해서는 사회자가 말미에 반드시 학생들의 질문이나 의견 발표 기회를 주도록 해서 토의·토론 수업에 참여시키도록 하는 것이 중요하다.

우리가 흔히 접하는 심포지엄(symposium), 포럼(forum), 세미나(seminar)도 토의·토론 수업 형태로 적용한다면 이 배심 토의·토론의 형태를 벗어나지

〈표 2-8-1〉 심포지엄·포럼·세미나의 차이

심포지엄 (symposium)	큰 학술규모로 여러 가지 주제에 대해 많은 전문가가 발표하고 지정 토론자가 토론한다.
포럼 (forum)	유명한 전문가를 초청해서 강연을 듣고 청중이나 토론자가 질의하고 응답한다.
세미나 (seminar)	작은 규모로 몇 명의 주제발표자가 발표하고 청중이나 토론자가 질의 응답한다.

않는다. 심포지엄은 비교적 큰 학술대회를 말하는데 여러 가지 주제에 대해 많은 전문가들이 발표하고, 지정 토론자들이 토론을 벌인다. 포럼은 아주 유명한 전문가를 초청해서 발표를 듣고, 청중들이 질문을 하거나 초청된 관련 전문가들이 대신 질문을 하는 형태를 말한다. 세미나는 비교적 작은 규모의 학술 모임으로 주로 몇 명의 주제발표자들이 공부해 온 것을 발제하고, 지정 토론자나 청중들이 질의나 토론 하는 것을 말한다. 이러한 세 가지 형태의 학술대회는 비교적 주제가 넓고 전문적이어서 이 형태를 초, 중, 고등학교 수업에 적용하기에는 적합하지 않고, 적용하더라도 형태는 배심 토의·토론 수업의 형태가 될 것이다. 어항(fish bowl) 토의·토론도 이 범주에 들어갈 수 있다.

35. 사다리(laddering)

1) 목적과 특징

거트먼(Gutman, 1982)이 개발한 사다리(laddering)는 심층 면접도구로 마케팅 영역에서 많이 사용된다. 예컨대 분석 대상의 속성, 사용결과, 개인의 가치가 어떻게 연결되어 있는가를 심층조사해서 상품을 개발하는 데 활용된다. 예를 들어 홈쇼핑의 속성은 높은 브랜드 상품을 다루며, 빠른 배송, 할인행사, 편리한 주문 등을 속성으로 한 마케팅이다. 고객은 홈쇼핑을 이용함으로써 품질보장, 편리함, 비용절감, 이벤트 혜택 등의 결과를 얻는다. 그리고 홈쇼핑을 통해 자신이 시대에 맞게 합리적으로 살고 있으며, 시간도 절약하고, 소비자로서 대우를 받고 있다는 자존감을 느낀다. 이처럼 '속성-결과-가치'로 연결되는 심층구조를 파악하는 데 laddering 기법이 사용된다. 속성, 결과, 가치를 오르락내리락 면접하면서 심층구조를 파악하는 모습이 사다리를 오르고 내리는 것과 비슷하다고 해서 '사다리(laddering)' 또는 'why method'라고도 한다.

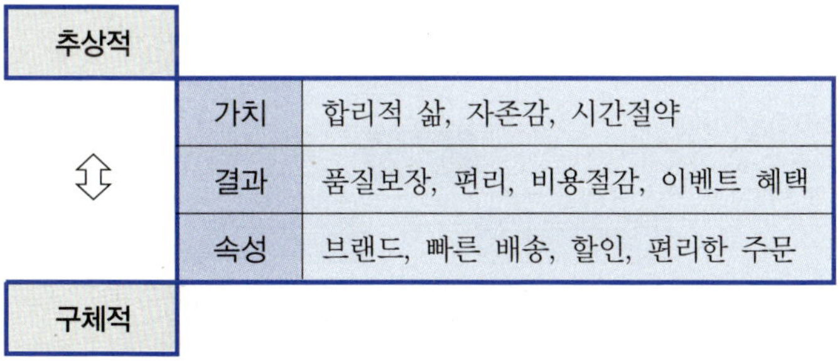

[그림 2-8-3] 홈쇼핑의 분석 사례

이러한 기법은 개념을 학습하는 데에도 유용하게 사용될 수 있다. 상위 개념과 하위 개념을 오르락내리락하면서 개념의 위계를 통해 개념의 의미를 정확하게 파악할 수 있다. 한 개념이 제시되면 그 개념이 포함하고 있는 하위 개념

일반적인(추상적인) 개념	범주를 포함하는 공간적 개념
	공간을 담는 방법
ladder up↑ ↓ladder down	모든 종류의 컨테이너
	작은 컨테이너
	음료수를 담는 그릇
특수한(구체적인) 개념	이 손안의 컵

[그림 2-8-4] 사다리(laddering) 개념 수업의 예

출처: http://www.mycoted.com/Laddering

들을 살펴본다(ladder down). 예를 들어 동물은 척추동물과 무척추동물로 나눌 수 있고, 척추동물은 포유류, 조류, 파충류, 양서류, 어류로 나눈다는 식으로 전개하면 이는 사다리를 내려가는 것이다. 반대로 동물과 식물을 포함하는 개념은 생물이라는 식으로 상위 개념을 모색하면서 사다리를 올라갈 수도 있다(ladder up). 주로 상위 개념을 찾아볼 때 교사는 "왜 그렇게 생각합니까?"라는 질문을 하게 되고, 하위 개념을 찾아볼 때는 "이 개념에 해당하는 사례는 무엇이 있습니까?"의 질문을 주로 하게 된다. 바로 하위 개념을 말하게 하는 것은 예습을 하지 않으면 대답하기 어려우므로 사례를 먼저 말하게 하고 그것을 대표하는 개념을 확인하는 방식이 좋다. 즉 "척추동물에는 어떤 것이 있을까요?" 질문을 하고 여러 동물들이 나오면 그것들을 포유류, 조류 등으로 묶어주는 방식이 될 것이다.

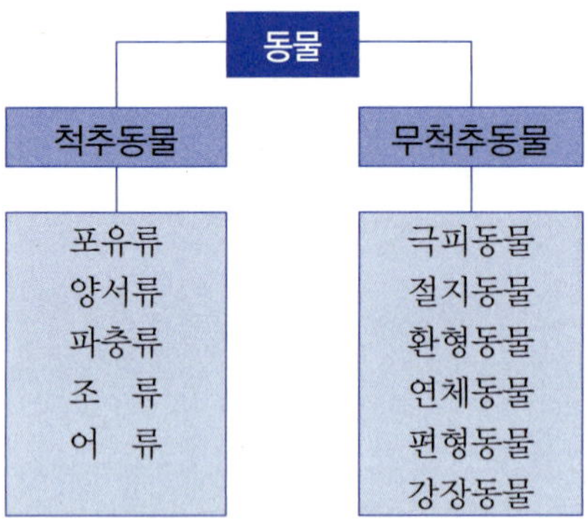

[그림 2-8-5] 동물의 분류

개념의 종류

- 등위(等位)개념: 동위(同位)개념이라고도 하는데, 동일한 위계상의 개념으로 '남자'와 '여자'는 등위개념이라고 할 수 있다.
- 상위(上位)개념: 다른 개념보다 큰 외연을 가진 개념으로 다른 개념을 포함한다. 남자와 여자의 상위개념은 사람이라고 할 수 있다.
- 하위(下位)개념: 다른 개념보다 범위가 좁아서 외연이 다른 개념에 포함되는 개념이다. 예를 들어 남자와 여자는 사람의 하위개념이라 볼 수 있다.
- 구체적(具體的) 개념: '섬'처럼 '사방이 물로 둘러싸인 땅'과 같이 오감으로 개념의 속성을 분명하게 분별할 수 있는 개념이다.
- 추상적(抽象的) 개념: 민주주의처럼 오감보다는 언어로 정의한 개념이다.
- 오(誤)개념: 개념의 결정적 속성이나 원형 자체를 잘못 알고 있는 것을 말한다.
- 상투적(常套的) 개념: 개념의 일부 속성을 과대하게 이해하여 그 개념의 전체로 오해하는 경우를 말한다.
- 공접개념(conjunctive concept): 그것을 구성하는 개념의 속성들이 '와(and)'로 연결되는 것으로 그 개념을 설명하는 여러 가지 속성을 모두 가지고 있어야 그 개념의 대상물이 될 수 있다. 예를 들면 '삼각형'이라는 개념은 '세 면으로 이루어짐' 그리고 '닫힌 모양'이어야 하는 것이다(Howard, 1989: 25).
- 이접개념(disjunctive concept): 개념의 속성이 여러 개이지만 '또는(or)'으로 연결되어 있어서, 그중 하나의 속성에 의해 설명될 수 있는 개념을 말한다. 예를 들어 '국민'이라는 개념은 '그 땅에서 태어난 경우', '외국에서 태어났을지라도 그 시민권을 가진 부모에게서 태어난 경우', '이민, 기타의 사유로 시민권을 획득한 경우' 중에서 어느 하나만 해당하더라도 가능하다.

출처: 정문성 외, 2008, 사회과교수학습법, 서울: 교육과학사

개념수업의 종류

- 원형모형: 그 개념의 대표적인 사례를 제시하면서 설명한다. 예를 들면 삼각형을 가르칠 때, 둔각 삼각형보다는 정삼각형을 사례로 들면서 수업한다.
- 속성모형: 그 개념의 설명에 꼭 필요한 결정적 속성(정의적 속성)과 부가적으로 설명하는 비결정적 속성(특징적 속성)을 열거하면서 수업한다.
- 상황모형: 그 개념이 사용된 사례를 통해 수업한다.

출처: 정문성 외, 2008, 사회과교수학습법, 서울: 교육과학사

개념이 없다면 쏟아지는 수많은 지식을 내 머릿속에 체계적으로 담을 수가 없다. 마치 컴퓨터의 폴더 같은 것이다. 폴더를 잘 정리해 놓으면 필요한 정보를 찾아가기 쉽다. 폴더에 위계가 있듯이 개념에도 위계가 있다. 사다리는 이 위계를 오르락내리락하면서 개념을 정확하게 이해하게 도와준다.

사다리는 개념뿐만 아니라 어떤 문제의 해결 대안을 찾을 때도 유용하다. 어떤 문제가 주제로 제시되면, 이 문제를 해결하기 위한 더 큰 문제가 무엇인지 물어볼 수 있다(사다리 오르기). 또 이 문제의 하위 문제들은 어떤 것이 있는지 물어볼 수 있다(사다리 내려가기). 이처럼 문제의 위계를 오르락내리락하다 보면 우리가 해결해야 될 문제가 구체적으로 무엇인지 분명해진다. 다음은 초등학교 수업에서 사다리를 이용한 문제해결수업의 사례이다.

초등학교 6학년: 3-2. 세계화와 우리 생활 (교사 김부연)

• 단원명 및 차시: 3-2. 세계화와 우리 생활

학습목표는 '세계화의 쟁점 사례(농산물 시장 개방)를 이해하고 대안을 찾을 수 있다.'이고 사전과제로 '농산물 시장 개방'에 대하여 조사해오게 했다. 모둠역할은 기록 1인과 모둠 내 발표순서만을 정하게 하고, 모둠별로 기록용 학습지를 배부하였다.

① 출발: 농산물 수입개방에 대한 개념을 사전 조사 내용을 바탕으로 모둠별로 돌아가며 발표하고 개념을 정리하고 시작.

② 사다리 오르기: 위쪽으로 화살표를 하고 "왜 했을까?"를 질문함.
예상 답변은『왜 했을까? → 1989년 우루과이 라운드 협상결과 → 우루과이라운드 협상은 왜 했을까? → 각 나라가 자국의 농산물을 보호하기 위한 정책을 펼쳤기 때문에, 관세가 높았기 때문에 → 왜 각 나라들이 관세를 높이는 것이 문제일까? → 서비스뿐만 아니라 농산물을 포함한 재화들의 무역을 활발히 하는 것에 방해가 되기 때문에』 정도로 생각했으나, 처음 답변부터 "세계화 시대 관세에 제한을 받지 않고 서비스 등 무역을 활발히 하기 위해서"라는 답변이 나옴. 그래서 "무역에 관세가 문제라면, 관세의 제한을 받지 않기 위해서 각 나라들이 무엇을 했을까?"라는 질문으로 출발지점으로 내려옴.

③ 사다리 내리기: 출발지점까지 도착한 후, "농산물 시장 개방을 해서 무슨 일이 있었지?"로 질문. "소비자는 값싸고 다양한 농산물을 구입할 수 있게 되었다, 질 좋은 생산물을 만들기 위하여 노력하게 된다"와 같은 찬성 입장의 의견을

발표한 모둠과, "값싼 농산물 때문에 생산자들은 손해를 볼 것이다, 농산물을 갈아엎어 버리는 농부들이 생겼다, 오랜 이동을 위해서 농약을 많이 사용한 농산물이 수입될 것이다."와 같은 반대 입장의 의견을 발표한 모둠으로 나누어져서, 구분하여 판서정리함.

④ 정리하기
일련의 활동을 통해 농산물 수입개방을 무조건 거부할 수도 무조건 찬성할 수도 없는 것임을 정리하고 "그럼 농산물 수입개방에 관한 대책은 무엇일까?"로 최종 질문하고 모둠별로 대안을 정해서 발표하게 함.

2) 방법

(1) 출발 개념 정의하기

교사가 가르치고자 하는 또는 토의·토론 수업에서 다룰 출발 개념을 정의한다. 직접 가르치고자 하는 개념일 수도 있고, 가르치고자 하는 개념에 접근하기 위해 보다 쉬운 하위 개념에서 출발할 수도 있다. 중요한 것은 눈에 보이는 쉬운 개념이어야 한다는 점이다. 예를 들어 교사가 손에 컵을 들고, "이것은 음료수를 담아 마시는 컵입니다." 하고 말하면서 시작할 수 있다.

(2) 사다리 오르기

교사는 "자 그럼, 이 컵을 사례로 하는 상위 개념은 무엇일까요?"라는 질문을 하면서 학생들이 사다리 오르기를 하도록 유도한다. 여러 대답이 나올 수 있겠는데 학생들의 의견을 잘 정리해서 정답에 가까운 대답이 나오면 그것으로 개념을 정의한다. 예를 들어 "음료수를 담는 그릇"이 나왔다면 그것을 상위 개념으로 하면 된다. 그리고 또 한 번 사다리 오르기를 한다.

(3) 사다리 내리기

두 번째의 사다리 오르기를 해서 그 결과 "물건을 담는 상자"의 개념이 나왔다고 하자. 그러면 이제 사다리 내리기를 한다. 즉 물건을 담는 상자에는 어떤 예가 있는지를 묻는다. 그러면 학생들은 박스, 병, 봉투, 가방 등 여러 가지를 열거할 것이다. 이때 교사가 "병의 예를 좀 더 들어 봅시다."라고 하면 학생들은 가스병, 잉크병, 소프트드링크병 등을 말할 것이다. 이때 다시 "소프트드링크병의 예를 들어 봅시다."라고 한다. 그러면 학생들은 "콜라병, 우유병, 생수병" 등을 말할 것이다.

(4) 수업을 정리하기

이처럼 사다리 오르기와 내리기를 반복하면서 목적으로 했던 개념으로 돌아간다. 학생들은 이처럼 상위 개념과 하위 개념을 경험하면서 지금 배우고자 하는 개념이 어떤 위치에 있는지를 알면서 더욱 개념을 분명하게 이해하게 된다. 아울러 이 개념과 연관된 다른 개념들도 배우게 된다.

다음은 사다리 토의·토론으로 '세계화'라는 개념을 이해하게 하는 수업의 사례이다. 단순히 세계화 개념을 설명하기보다는 사다리 방법을 통해 세계화와 관련된 상하좌우개념을 확인해보는 것이 마치 전체 지도를 알고 구체적 지역을 찾아가는 것처럼 이해가 쉽고 파지력이 크다.

초등학교 6학년: 3-2. 세계화와 우리 생활 (교사 김부연)

- 학습목표: 세계화의 의미를 이해하고 세계화의 긍정적 측면과 부정적 측면에 대하여 이해할 수 있다.
  ① 출발: '나는 인천에 있다.'라는 문장을 칠판에 적고 시작한다.
  ② 사다리 내리기: "'나는 인천에 있다'라는 문장에서 내가 있는 곳을 구체적으로 나타내볼까요?" 하고 차례로 내려오며 적는다.
  예: 부평구에 있다 → 삼산동에 있다 → 5단지에 있다 → 102호에 있다 → 내 방에 있다
  ③ 사다리 오르기: "그럼 다시 '나는 인천에 있다'라는 말에서 위로 올라가볼까요? 더 커지는 범위로 이야기해 보세요."라고 말하고 차례로 올라가며 적는다.
  예: 대한민국에 있다 → 아시아에 있다 → 지구에 있다 → 태양계에 있다 →

우주에 있다

④ 사다리 오르기와 내리기를 하면서 각 단계에서 같은 위치에 있는 것들은 무엇이 있을지에 대한 질문도 하여 나온 답변을 같이 판서한다.

예: "대한민국과 같은 위치에 있는 예는 무엇이 있을까?" 일본, 미국, 중국, 캐나다, 브라질 등

⑤ 정리하기

"나는 대한민국 인천 부평구 삼산동 5단지 102호 내 방에 있는데, 어떻게 미국에서 싸이가 인기 있다는 사실을 알 수 있을까?"라고 질문하여 국제사회 상호 간의 정보의 이동이 빠르고, 문화의 교류도 활발하다는 사실을 인식하게 한 후 세계화의 개념(국제 사회에서 상호 의존성이 증가함에 따라 세계가 하나의 체계로 나아가고 있는 현상) 설명으로 마무리한다.

3) 의미와 응용

사다리 토의·토론은 다소 어려운 수업이다. 사다리는 개념이나 문제의 위계를 정확하게 이해하고 있지 않으면 수업을 진행하기 어렵다. 예상되는 학생들의 대답을 알고 있을 정도로 개념이나 문제에 대해 충분히 익숙해져 있어야 한다. 학생들의 의견들에 대해 그것이 개념의 위계를 벗어나는지 아닌지를 잘 구분해 주어서 토의·토론을 유도해야 하기 때문이다. 그러므로 처음 이 방법을 사용한다면 아주 쉬운 개념으로 접근하는 것이 좋다. 또한 모둠별로 하기보다는 교사가 주도하는 학급 전체의 토의·토론 수업을 하는 것이 좋다. 이 방법이 익숙해졌을 때 모둠별로 하되, 사회자를 미리 잘 훈련시켜야 한다. 그리고 반드시 학습지를 제공해서 학생들이 길을 잃지 않도록 한다. 아울러 학습지를 검토함으로써 토의·토론에서 어떤 문제가 발생했는지 점검하고 지도해 줄 수 있다.

36. 사모아(samoan circle)

1) 목적과 특징

사모아(samoan circle)는 남태평양 원주민들이 부족의 문제를 해결하기 위해 지도자들이 모여서 토의·토론하는 방식에서 유래했다. 이 방식은 남태평양의 어떤 부족이 사용하였는데 정확한 이름을 몰라 임의로 사모아라는 용어로 굳어졌다. 어항 토의·토론과 비슷한 방식을 채택한다. 의자 네 개로 중앙에 원(inner circle)을 만들어 네 명의 토론자가 참여한다. 단 이들은 모두 다른 입장을 가져야 한다. 어항 토의·토론과 마찬가지로 특별히 사회자는 없다. 모두 동등한 자격으로 참여한다. 그리고 바깥 원(outer circle)에 있는 청중들은 아무 말도 해서는 안 된다. 다만 토론자들 중에 자신이 대신 참여하고 싶으면 조용히 그 사람 뒤에 서서 어깨를 살짝 두드린다. 그러면 그 토론자는 자리를 비워주어야 하고, 자신이 그 자리에 앉아서 참여한다. 즉 모든 청중들이 원하기만 하면 토의·토론에 참여할 수 있다.

전체적으로 어항 토의·토론과 비슷하지만 가장 큰 차이점은 네 명의 토론자들이 계속 바뀐다는 점이다. 즉 토론자가 제대로 하지 못할 때, 또는 청중이 자신이 더 잘 할 수 있다고 생각할 때, 또는 중요한 아이디어나 의견을 토론자가 말하지 못할 때 자신이 참여하여 의견을 말할 수 있다는 점이다. 즉 어항 토의·토론보다 더 개방적이고 적극적인 참여가 가능한 방식이다.

[그림 2-8-6] 사모아 토의·토론

2) 방법

(1) 네 개의 의자로 중앙 원을 만들고 토론자를 선정하기

중앙에 네 개의 의자를 배치하고, 토론자를 네 명 선정하여 앉게 한다. 나머지 사람들은 그 둘레에 앉게 한다.

(2) 참여를 원하는 청중이 있으면 토론자를 교체하기

토의·토론을 진행하다 청중 중에 참여를 원하는 사람이 기존 토론자 뒤에 서서 어깨를 두드리면 토론자는 자리를 비워 주고, 그 사람이 대신 앉아서 토의·토론에 참여한다. 이러한 과정은 무한히 반복될 수 있다. 즉 누구나 토의·토론에 참여할 수 있다.

(3) 시간이 되면 토의·토론을 중단하고 결과를 정리해주기

주어진 시간이 끝나면 토의·토론에서 나온 의견들은 교사가 정리해준다. 수업의 목적에 따라 그 결과를 다양하게 다른 활동으로 연결시켜 수업을 한다.

3) 의미와 응용

사모아 토의·토론은 부족에 해결해야 할 문제가 생겼을 때 하는 활동에서 유래한 것으로 서로 다른 의견을 가진 사람이 토론자가 되어야 한다. 그러므로 반드시 네 명으로 할 필요는 없다. 의견이 갈라지는 수만큼 하면 된다. 다만 사람들의 의견은 매우 다양하므로 가급적 네 명 정도는 해야 많은 사람들이 바꾸어가면서 토의·토론에 참여할 기회가 많아진다. 토론자가 바뀔 때, 학생들끼리 더 하겠다거나 그만두라거나 해서 다투는 일이 없도록 사모아 토의·토론이 유래한 취지를 잘 설명해주어야 한다.

37. 수레바퀴(wheel)

1) 목적과 특징

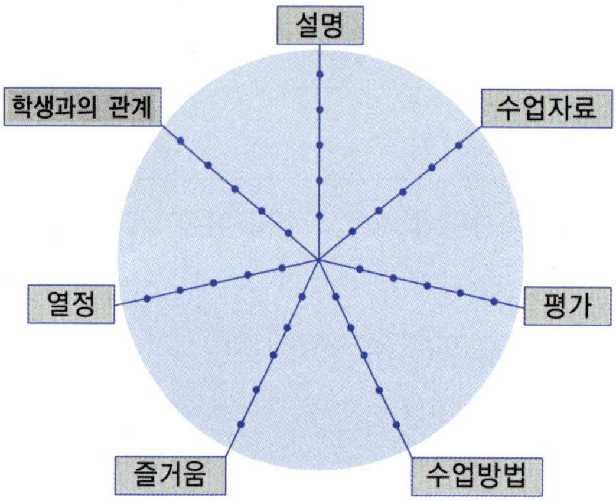

[그림 2-8-7] 수레바퀴 사례(강의 준비)

수레바퀴는 특정 주제에 관련하여 필요한 요소들을 점검하는 방법이다. [그림 2-8-7]의 사례처럼 강의를 할 때 강사에게 필요한 요소들로 바퀴를 만든다. 중심에서부터 밖으로 5점 척도를 만들고, 해당되는 요소의 준비도를 점으로 찍어서 연결하면 수레바퀴가 만들어진다. 수레바퀴는 크고, 둥글면 준비가 완벽한 것이다. 어떤 사람은 수레바퀴가 크고 둥글지만 어떤 사람은 둥글지만 작은 원일 수가 있다. 또 어떤 사람은 찌그러진 바퀴가 만들어질 수도 있다. 각자 바퀴를 만들고, 안으로 찌그러진 부분은 다른 사람으로부터 조언을 듣고, 자신의 강점은 다른 사람에게 노하우를 가르쳐주면서 서로 도움을 받는 방법이다.

이 방법의 장점은 어떤 주제도 다룰 수 있다는 점이다. 예컨대 우리 회사의 문제점을 발견할 때도 좋고, 어떤 제품을 평가할 때도 좋다. 중요한 것은 특정 주제와 관련된 주요 요소를 잘 빠뜨리지 않고 잘 구성하는 것이다. 그리고 그 개수는 제안이 없으므로 많이 구성하면 튼튼한 바퀴가 될 것이다.

2) 방법

(1) 수레바퀴의 요소 정하기

토의·토론으로 주제와 관련된 요소가 무엇인지 브레인스토밍으로 열거하고 중요도순으로 적정한 개수를 정한다. 이때는 요소 간 중복이 없도록 한다. 요소의 개수는 자유롭게 한다. 예를 들면 [그림 2-8-7]처럼 강의 준비에 필요한 요소를 설명, 수업자료, 학생에 대한 피드백과 평가, 수업방법, 강의할 때의 즐거움, 강사의 열정, 학생과의 관계 등으로 구성할 수 있다.

(2) 각 요소의 가중치를 정하기

개인별로 자신의 상황을 고려하여 각 요소에 1점에서 5점까지 점을 찍고, 선으로 연결하여 수레바퀴를 완성한다. 5점으로 갈수록 좋은 것이다.

(3) 각자의 수레바퀴를 발표하기

사회자의 진행에 따라 각자 자신의 수레바퀴를 보여주면서 설명과 함께 발표한다. 이때는 왜 수레바퀴 모양이 이렇게 되었는지 자신의 장단점을 설명한다.

(4) 서로 조언을 해주기

모두 발표가 끝나면 5점으로 표시한 요소를 가진 사람이 자신의 노하우를 공개한다. 반대로 그 요소의 점수가 낮은 사람은 그 노하우를 어떻게 자신에게 적용할지 문답을 통해 구체적으로 도움을 받는다.

(5) 자신의 수정 계획을 발표하기

조언을 들은 다음 자신의 수레바퀴를 둥글고 크게 만들 수정 계획을 돌아가며 발표한다. 이를 위해 [그림 2-8-8]의 활동지를 사용하는 것이 좋다.

구분	진단	조언받은 것
강점		
약점		

[그림 2-8-8] 수레바퀴 진단 활동지

3) 의미와 응용

이 방법은 특정 개인이나 집단을 평가하고 점검하는 목적도 있지만 가장 유용한 것은 자신이나 자기 집단을 점검하는 데에 사용하는 것이다. 객관적으로 자신을 돌아보고, 다른 사람으로부터 조언을 듣고 개선의 방향을 찾는 데 도움을 많이 받을 수 있기 때문이다. 특히 같은 업종에 종사하는 사람들이 한 모둠이 되면 더욱 도움을 많이 받을 수 있다.

38. 시뮬레이션(simulation)

1) 목적과 특징

시뮬레이션은 모의학습으로 번역되는데 2차 대전 중 미국에서 장교 훈련 프로그램으로 처음 개발되었다. 이후 각종 사회과학 및 산업공학 분야 등에서 널리 확산되어 이용되고 있다(Megarry, 1989). 시뮬레이션은 학생에게 직접 경험을 통한 학습 활동이 불가능할 때 '고안된 경험(contrived experience)'을 제공함으로써 직접 경험한 이상의 효과를 거둘 수 있다는 점 때문에 매우 유용한 수업이다. 복잡한 상황을 단순화시켜 상황을 잘 이해할 수 있고, 흥미로울 뿐 아니라 간접 경험을 통해 사고와 행동을 연습할 수 있는 기회도 제공해준다(Shaver, 1991).

시뮬레이션은 세 가지 요소가 반드시 들어간다. 첫째는 학생들이 어떤 역할을 맡는다는 점이다. 즉 누구도 소외되거나 방관자가 될 수 없다. 둘째는 일련의 문제를 해결하는 의사결정 과정을 밟는다는 것이다. 그리고 그 결과가 즉각적으로 나타나 시행착오를 통해 학습한다. 그러므로 의사결정의 결과는 모두 본인에게 책임이 있다. 셋째는 반드시 규칙이 있으며 그것이 엄격하게 지켜진다는 것이다.

시뮬레이션에는 〈표 2-8-2〉와 같이 세 가지 유형이 있다(박건호, 1997). 시뮬레이션은 기존에 만들어진 것도 있고, 간단한 것은 만들어 사용해도 된다.

〈표 2-8-2〉 시뮬레이션의 종류

유형	내용
물리적 시뮬레이션 (physical simulation)	기계의 작동법, 과학실험 기구의 사용법 등
절차적 시뮬레이션 (procedural simulation)	자동차의 작업공정과 같이 일정한 절차에 의해 이루어지는 과정을 모의 상황으로 제공하는 형태
상황적 시뮬레이션 (situation simulation)	학생들에게 어떤 상황을 제공하고, 그 상황에 따라 취할 수 있는 문제 해결방법을 습득하도록 하는 형태

2) 방법

(1) 과제를 제시하고, 수업 방법 설명하기

토끼 나라 문화 규칙(집단1)	거북이 나라 문화 규칙(집단2)
1. 남자 한 명과 여자 한 명이 공동 추장이다. 2. 먹는 것에 관한 OX 대답이 나올 수 있는 질문을 한다. 3. 질문을 할 때는 합장 인사를 먼저 하고 상대의 왼쪽에서 해야 한다. 4. 질문은 이성에게만 할 수 있다. 5. 질문이 끝나면 끝말에 반드시 '숭늉'이라고 해야 한다. 6. 질문받은 사람은 맞으면 '숭늉', 틀리면 '커피'라고 한다. 7. 질문이 끝나면 서로 합장 인사로 헤어진다. 8. 이 과정이 틀리지 않고 끝나면 대답을 한 사람이 질문한 사람에게 쿠폰을 하나 주어야 한다. 9. 이 과정에서 먼저 틀린 사람이 쿠폰을 상대에게 주어야 한다.	1. 추장은 남자 한 명이다. 2. 과거에 관한 OX 대답이 나올 수 있는 질문을 한다. 3. 질문을 할 때는 먼저 오른손으로 '하이' 하고 인사한 뒤 해야 한다. 4. 질문은 동성에게만 할 수 있다. 5. 추장의 허락을 받으면 이성에게 질문할 수 있다. 허락은 추장의 오른손을 터치하면 된다. 추장은 항상 허락해 주어야 한다. 6. 질문받은 사람은 맞으면 말없이 엄지를 내보이고, 틀리면 어깨를 으쓱한다. 7. 질문이 끝나면 왼손으로 악수하고 헤어진다. 8. 이 과정이 틀리지 않고 끝나면 대답을 한 사람이 질문한 사람에게 쿠폰을 하나 주어야 한다. 9. 이 과정에서 먼저 틀린 사람이 쿠폰을 상대에게 주어야 한다.

[그림 2-8-9] 문화 시뮬레이션의 예

출처: 정문성, 2006, 협동학습의 이해와 실천, 서울: 교육과학사, p. 397.

우선 목표를 설명하고, 학생이 해야 할 역할, 규칙, 순서 등을 숙지시킨다. 또 보상 방법 등도 알려준다. 바람직한 다문화 태도를 갖도록 하는 수업을 예로 들어보자. 이것은 SPICE(Stanford Program on International and Cross-cultural Education, 1992)가 개발한 HeeLotia 프로그램을 응용한 것이다. 학급을 두 집단으로 나누어 서로 다른 교실에 배치한다. 이때는 두 집단이므로 보조교사가 필요하다. 그리고 각 문화가 지켜야 할 [그림 2-8-9]와 같은 규칙을 알려준다. 물론 학생들은 다른 교실의 문화 규칙은 모르는 상태이다. 이 수업은 상대 집단의 문화 규칙을 찾는 것이 목적이 된다(전봉식, 2001).

(2) 실제로 활동을 하기 전에 연습하기

실제로 활동을 하기 전에 연습을 해 본다. 예를 들어 거북이 나라의 경우, 생활양식을 설명해 주고 연습을 해 본다. 우선 추장 남자 한 명과 여자 한 명을 선출하여 책상 위에 올라가서 서 있게 한다. 모든 아동에게 쿠폰 열 개씩 준다. 먼저 질문한 학생이 무사히 활동을 마쳤을 때 상대 쿠폰 한 장을 얻는다. 그러나 둘 중 먼저 틀린 사람이 쿠폰을 주어야 한다. 익숙해지면 먼저 질문하는 것이 유리하므로 서로 질문하려고 경쟁하게 된다. 수업이 끝날 때까지 가장 쿠폰을 많이 모은 사람에게는 상품이 있음을 알려준다. 이렇게 해야 스파이가 있는데도 불구하고 활발한 활동을 한다.

(3) 활동하기

먼저 세 명을 스파이 1번, 2번, 3번으로 선발한다. 1번을 다른 교실로 보내고, 곧 다른 교실에서 스파이 1번이 오면 교사는 호각을 불어 시작을 알린다. 교사가 호각을 불면 2분 동안 활동하는데, 스파이들은 그냥 관찰해도 되고, 활동에 참여해도 된다. 그러나 그 나라의 생활양식을 어기면 그 자리에서 추방된다. 단 그 나라 사람이 스파이에게 먼저 말을 걸 수는 없다. 2분이 지나면 교사가 호각을 불고 스파이는 자기 나라로 돌아가서 2분 동안 동료들에게 얻어온 정보를 알려준다. 다시 교사가 호각을 불면 기존 스파이와 다른 학생으로 구성된 두 번째 스파이를 교환하고, 두 번째 동일한 활동을 2분 동안 진행한다. 교사가 호각을 불면 다시 스파이는 돌아가서 정보를 알려준다.

(4) 마무리 모임하기

3번의 활동이 끝나면 스파이가 얻어온 정보를 정리해서 다른 교실의 문화 규칙을 정리한다. 양쪽으로 나누어진 학생들이 모두 모인다. 그리고 각 반 대표들이 그동안 찾아낸 다른 나라들의 문화 규칙을 발표한다. 이때 정확하게 맞히는 경우도 있고, 엉뚱한 문화 규칙을 찾아내기도 한다. 이번 활동을 통해 느끼게 된 점을 자유롭게 발표하게 한다. 예를 들면 다른 나라의 문화를 있는 그대로 이해하는 것이 매우 어렵다는 점, 그러나 그대로 이해하려고 노력하는 자세가 중요하다는 점, 다른 나라의 문화를 내 나라의 문화 잣대로 해석하려는 편견을 갖게 된다는 점 등을 깨닫게 하면 이 수업은 성공이다. 문화 규칙은 주제에 따라 얼마든지 바꿀 수 있고 가능하면 한 나라는 복잡하게 다른 나라는 간단하게 해야 문화적 편견이 더 많이 나타난다.

3) 의미와 응용

시뮬레이션은 학생들에게 맡겨진 부분이 많기 때문에 정교하게 만들지 않으면 많은 혼란을 초래할 수 있다. 또한 충분한 설명과 연습을 하지 않아도 마찬가지이다. 그러므로 사전 준비와 연습이 필수적이다. 기존에 만들어진 시뮬레이션이라 할지라도 각 현장의 상황에 맞게 다소 수정하여 사용하는 것이 좋다. 특히 처음 시도할 때는 복잡한 변수들을 단순화시켜 사용하는 것이 바람직하다.

시뮬레이션에서 토의·토론은 부분적으로 발생한다. 각자가 자신의 역할을 할 때는 토의·토론이 일어나지 않는다. 그러나 앞의 예에서 본 것처럼 집단이 함께 의사를 결정할 때 토의·토론이 일어나고, 활동이 모두 끝났을 때 그 경험으로 토의·토론이 일어난다. 이 과정에서 무엇을 얻게 되었는지를 나누는 토의·토론이 가장 중요하다.

도시와 농촌(경제 교육 모의 수업): 교실을 세 등분하고, 각각 대도시지역, 소도시 지역, 농촌지역으로 구분한다. 학습자를 네 명씩 소집단으로 나누고, 각 소집단에 학종이를 충분히 지급한다. 각 지역에는 도우미를 두 명씩 배치한다. 이 도우미들은 각 지역을 이동할 때 일정 액수의 교통비를 받는 역할, 일정 시간마다 거주비용을 받는 역할, 학습자들이 만들어 온 학을 구입하고 화폐를 지급하는 역할을 한다. 그리고 각 지역은 거주비와 학의 가격에 차이를 둔다. 즉 거주비와 학의 가격은 대도시, 소도시, 농어촌 지역 순으로 싸진다. 이러한 규칙에 따라 주어진 시간에 어느 소집단이 가장 많은 돈을 버는가 하는 것이 이 시뮬레이션 수업의 게임적 요소이다. 학습자는 이 시뮬레이션 수업을 통해서 도시와 농촌의 경제 활동을 이해하게 되며, 유통의 개념도 이해하게 된다. 또한 기업의 입지 조건 등도 이해하게 된다.

[그림 2-8-10] 경제 수업에서 사용한 시뮬레이션의 예

출처: 정문성, 2006, 협동학습의 이해와 실천, 서울: 교육과학사

39. 신문활용교육(NIE)

1) 목적과 특징

NIE(신문활용교육)는 1930년대 미국의 대표적 일간지인 '뉴욕타임스'가 신문을 교실에 배포하며 처음 시작되었다. 이후 신문사마다 크게 확산되었고, 1985년 우리나라에도 소개되어 중앙일보에서 1995년 처음으로 시작하였다. 이후 한국신문협회의 노력으로 오늘날 대부분의 신문사가 NIE를 하고 있다. 또한 제7차 교육과정 이후 NIE를 중요한 교수·학습 방법으로 강조하고 있다(정문성·구정화·성태모·김용순, 2007).

NIE는 미래 고객인 청소년에게 신문을 익숙하게 해서 독자를 늘리려는 의도에서 시작되었지만 신문을 많이 보게 하는 것은 교육적으로 매우 유익한 것이므로 교육계와 협력관계에 있다고 볼 수 있다. 특히 신문은 교과서의 지식이 적용된 살아있는 지식을 다룰 뿐 아니라 모든 교과가 다 활용할 수 있는 종합적 학습자료이다.

NIE는 신문을 교재 또는 보조교재로 활용해 지적 성장을 도모하고 학습효과를 높이기 위한 교육이다(두산백과대사전). 그러나 신문사 입장에서는 '신문을 가르치고, 신문으로 배우는 교육'으로 생각한다. 즉 신문의 제작과정(취재-기사작성-편집-조판-인쇄-가정배달)과 구성요소(기사, 사진, 시사만화, 광고)를 이해하도록 돕고, 다음으로 찾기, 이해하기, 평가하기, 창조하기 등의 활동을 통해 인지적, 정의적 교육 목표를 달성하고자 한다(이태종, 2006; Olson, 2002; Sanderson, 1999).

기존의 연구에 의하면 NIE는 학생들로 하여금 사회에 관심을 갖고, 사회를 이해하는 창문의 역할을 하며, 지식을 통합적으로 이해하게 하고, 배운 지식을 살아있는 현실에 적용하는 간접 체험을 갖게 하며, 흥미와 고급사고력을 길러주는 것으로 보고되고 있다(정문성·구정화, 2005; 정문성·구정화·박미영, 2004; 정문성·은지용·최상희·김양은, 2010). 주요한 NIE의 수업 방법은 [그림 2-8-11]과 같다.

찾기

- ☐ 육하원칙으로 정리하기
- ☐ 일어난 차례 알기
- ☐ 사실(fact)과 의견(opinion) 구분하기
- ☐ 수사법 찾기
- ☐ 귀화어, 차용어, 외래어 찾기
- ☐ 시사용어사전 만들기
- ☐ 축약어 사전 만들기
- ☐ 한자성어 찾기
- ☐ 제목과 기사 짝 맞추기(저학년)
- ☐ 제목이 뽑힌 문장 찾기

이해하기

- ☐ K-W-L(Know, Want to Know, Learned)
- ☐ 추론 레이어
- ☐ 원인과 결과 구분하기
- ☐ 줄거리 알아내기
- ☐ 주제 알아내기

창조하기

- ☐ 시제 바꾸기
- ☐ 시사퀴즈 만들기
- ☐ 후속 기사 쓰기
- ☐ 형식 바꾸기
- ☐ 기사의 양을 늘리거나 줄이기
- ☐ 기사의 주인공을 바꾸어 쓰기
- ☐ 가상 인터뷰기사 쓰기
- ☐ 패러디 기사 쓰기
- ☐ 제목을 완전한 문장으로 만들기
- ☐ 기사 제목 달기

평가하기

- ☐ 비교하며 읽기
- ☐ 추론하기
- ☐ 기사 비평하기
- ☐ 오늘의 뉴스, 이달의 뉴스, 올해의 뉴스 정하기
- ☐ 같은 내용을 다룬 두 신문의 제목 비교하기

[그림 2-8-11] NIE 활동

출처: 이태종, 2006, NIE 원론, 서울: 통키에서 재편집

NIE는 신문 내용의 풍부성만큼이나 다양한 토의·토론 수업 방법이 있다. 여기서는 쟁점에 대한 찬반기사를 활용한 수업방법을 소개한다.

2) 방법

(1) 찬반 양론 기사를 모둠에 나누어주기

교사는 찬반 양론이 함께 있는 기사를 두 명으로 구성된 모둠에 나누어준다. 이때 B4 용지 정도의 큰 종이 위에 이 두 기사를 복사하고, 빈 공간을 많이 남겨둔다.

(2) 신문 기사의 양측 주장의 대표자가 되어 보기

두 명의 학생은 일단 양측의 기사를 모두 읽는다. 그리고 왼쪽에 있는 학생은 왼쪽 기사에 있는 주장을 대변하는 사람이 된다. 그래서 그 기사를 다시 읽고, 빈 공간에 마인드맵으로 기사를 요약한다. 오른쪽에 있는 학생도 마찬가지이다.

(3) 자신의 입장을 주장하기

두 사람은 각각 자신이 요약한 것을 보면서 자신의 주장을 한다. 왼쪽에 있는 학생은 왼쪽 기사의 내용을, 오른쪽에 있는 학생은 오른쪽 기사 내용을 중심으로 주장한다. 두 사람이 작성한 마인드맵을 보면서 주장을 주고받는다.

(4) 토의·토론을 통해 결론을 내리기

기사에 있는 대로 양측의 주장을 해 본 두 사람은 자유롭게 토의·토론을 하여 결론을 내린다. 이때 합의가 되지 않으면 합의가 되지 않은 상태로 학습지를 제출한다.

3) 의미와 응용

NIE는 장점도 많지만 단점도 많은 수업 방법이다. 특히 시간이 많이 걸리고, 수업에 필요한 적절한 신문 자료를 찾기도 힘들며, 신문이 많은 쓰레기를 만들기 때문에 뒤처리를 호소하기도 한다. 또 사회와 국어의 특정 과목에만 너무 많이 활용되기도 한다(정문성 · 구정화 · 박미영, 2004).

토의 · 토론 수업에 활용하기 좋은 것은 여러 주장이 나누어져 있는 기사들이다. 대개 신문은 양측 또는 이해관계가 얽혀 있는 다양한 주장들을 함께 보여주기 때문에 토의 · 토론 자료의 보고라고 할 수 있다. 그러므로 평소에 스크랩을 많이 해 두어서 수업에 활용하면 좋다. 특히 저학년 학부모들이 가정에서 함께 활동하면 손쉽고 효과적인 가정학습이 된다(정문성, 2011; 정문성 외, 2013).

40. 신호등(traffic light)

1) 목적과 특징

신호등 토의·토론은 빨강, 노랑, 초록의 신호등 이미지를 이용해 참석자의 의견을 보여주고, 그 이유를 설명하게 하는 방법이다(송창석, 2001). 예를 들어 맛있는 김치찌개를 만들 때 넣을 수 있는 요리 재료가 주제라고 하자. 이때 사회자는 김치, 소금, 버섯, 계란, 참기름 등 수많은 요리 재료를 하나씩 발표하고, 학생들에게 넣어야 될지 여부를 물으면 학생들은 자신의 생각에 따라, 빨강, 노랑, 초록의 표지판을 들게 될 것이다. 이때 모두 초록색을 든다면 더 이상 토의·토론할 것 없이 넘어가면 되고, 만약 빨강이나 초록이 섞여 있다면 그중 한두 명을 지적하여 그 이유를 말하게 한다. 이런 절차를 밟아 나가면 김치찌개에 어떤 요리 재료를 넣어야 할지에 대한 심도 있는 토의·토론이 될 수 있다.

우리가 흔히 접하는 사회문제들, 예를 들어 “우측통행으로 바꾸어야 하나요?”, “담임교사 선택제를 실시해야 하나요?”, “교복을 입어야 하나요?” 등 쟁점이 많은 질문들을 연속해서 하면서 진행하면 사회문제에 대한 관심도 불러일으키고 학생들의 의견도 나눌 수 있다.

2) 방법

(1) 빨강, 노랑, 초록의 신호등 표지판을 나누어 주기

교사는 빨강, 노랑, 초록의 신호등 표지판을 세 개씩 모든 학생에게 나누어 준다. 가능하면 학생들이 서로 표지판을 들었을 때 볼 수 있게 원형으로 자리를 잡는 것이 좋다. 그리고 빨강은 반대, 노랑은 중립, 초록은 찬성의 뜻이며, 교사가 질문을 할 때 이 세 개의 표지판 중 하나를 들도록 한다.

(2) 학생들을 임의로 지적하여 그 이유를 설명하게 하기

교사는 신호등 색이 한결같이 나왔을 때는 반드시 설명할 필요는 없지만, 서로 다르게 나왔을 때는 세 가지 색에 대해 각각 임의의 학생을 지적하여 그 이유를 설명하게 한다. 이때 이유가 미흡하다고 하면 다른 이유나 보완할 수 있는 학생들을 추가로 지적하여 설명하게 한다. 각 입장에 대해 충분한 설명이 될 때까지 이 활동을 계속하면 된다.

(3) 다시 한 번 신호등을 들게 하여 이전과 달라진 점을 확인하기

학생들의 이유를 충분히 듣고 나서 다시 한번 똑같은 질문을 던진다. 그럼에도 불구하고 비슷한 응답이 나오면 그만큼 그 주제는 논쟁적인 것이며, 한쪽으로 기울면 학생들의 의견이 모인 것으로 정리한다.

3) 의미와 응용

신호등 토의·토론은 한 주제를 깊게 다루기보다는 여러 주제를 빨리 다룰 때 많이 사용된다. 또한 여러 대안들을 평가할 때 사용하기도 좋다. 교사는 가능하면 여러 학생들을 골고루 지명하여 발표시키도록 노력한다.

41. 어항(fish bowl)

1) 목적과 특징

[그림 2-8-12] 어항 토의·토론의 의자 배치

어항은 보통 여섯 명 전후의 소집단(inner circle)을 만들어 전체(out circle)가 보는 앞에서 토의·토론하는 방법이다(강순전, 2009, 2010). 크게 두 가지 방법을 사용하는데 하나는 여섯 개의 의자로 둥글게 앉아서 선택된 여섯 명이 하는 닫힌 방법(closed conversation)과 빈 의자를 한두 개 더 두어서 청중(outsider) 가운데 원하는 사람을 방문자(visitors)로 참여시키는 방법이 있다. 후자의 방법이 더 많이 사용된다. 청중들이 누구나 볼 수 있게 여섯 개의 의자를 한가운데에 원형으로 배치하는데, 이것을 어항(fish bowl)이라 한다. 마치 어항을 관찰하는 것 같다 하여 붙여진 이름이다. 어항에는 선택된 다섯 명의 사람이 앉고 남은 한 자리는 비워둔다. 청중(outsider)은 토의·토론을 보고 들을 수 있지만 말을 하거나 질문을 하거나 소리를 내어서는 안 된다. 그러나 참여하고 싶은 청중은 언제라도 빈 의자에 앉아 참여할 수 있다. 이때, 즉 여섯 개의 의자가 모두 차면 어항 내부의 토의·토론은 즉각 중지된다. 어항 내부의 임의의 토론자가 자의로 어항에서 나가면 다시 재개된다. 이런 식으로 청중들도 참여할 수 있어 개방된 토의·토론 방식이다.

2) 방법

(1) 어항을 만들고 토론자 선정하기

중앙에 여섯 개의 의자를 배치하고, 토론자를 다섯 명 선정하여 앉게 하고 나머지 한 자리는 비워둔다. 나머지는 어항에 최대한 가까이 둘러앉게 한다. 즉 다섯 명의 토론자가 하는 말들을 잘 듣기 위함이다. 반드시 여섯 개의 의자로 할 필요는 없고 교사가 상황에 따라 4~7명 정도까지는 유연하게 토론자를 참여시킬 수 있다.

(2) 빈자리에 방문자가 앉으면 중단하기

토의·토론을 진행하다 청중 중에 한 사람이 빈자리에 앉으면 참여하려는 의사로 알고, 토의·토론을 중단시킨다. 기존의 토론자 중 누군가가 자리를 비울 때까지 기다린다.

(3) 기존 토론자가 자리를 비우면 계속하기

기존의 토론자 중 한 사람이 자리를 비우면 토의·토론을 계속한다. 토의·토론은 시간을 미리 정해 두고, 그 시간이 되면 중단한다.

(4) 의견들을 종합해주기

어항 토의·토론에서 나온 의견들은 교사가 정리해준다. 수업 목적에 따라 그 결과를 다양하게 다른 활동으로 연결시켜 수업을 한다.

3) 의미와 응용

어항은 동시에 토의·토론할 수 없는 다수에게 공평한 발언 기회를 줌으로써 다양한 의견을 반영할 수 있다는 점과 청중들이 가까이서 보는 가운데 진행하기 때문에 토의·토론의 개방성을 보장한다는 장점이 있다. 반면에 특별한 진행 규칙이 없어서 참여자의 수준에 토의·토론의 질이 좌우된다는 점에서 그 효과를 예측할 수 없다는 단점도 있다.

어항은 다양한 방법으로 운영할 수 있다. 논제를 제기한 사람을 어항에 앉혀서 다른 토론자와 함께 토의·토론하기도 하고, 패널 토의에서 발표자들을 모두 어항에 앉혀서 계속할 수도 있다. 또는 규칙을 정해서 한 패널이 질문하면, 그 옆의 패널이 대답하고, 그 옆의 패널이 질문하면 또 그 옆의 패널이 대답하는 등 토의를 계속 이어가게 하는 방법도 있다. 때로는 어떤 논제에 대해 찬성의 입장을 보이는 사람들만 어항에 앉혀서 토의·토론을 하게 할 수도 있고, 상반된 입장을 가진 사람들을 섞어서 할 수도 있다. 중요한 것은 청중들이 보는 앞에서 소규모의 토론자들이 토의·토론한다는 점이다. 자신의 토의·토론을 청중들이 보고 있기 때문에 토론자들은 좀 더 긴장하고, 신중하게 생각하고 표현한다는 점에서 토의·토론의 질이 높아질 가능성이 많은데, 이러한 특징을 잘 활용할 수 있어야 한다.

42. 역할놀이(role play)

1) 목적과 특징

샤프텔(Shaftel) 부부가 개발한 역할놀이는 원래 정신질환자의 치료를 위한 심리극(psychodrama)으로 고안되었다. 그 후에 기업경영에 도입되어 관리자가 종업원의 입장을 이해한다거나 판매원이 고객의 심리상태를 파악하는 등의 인사관리나 노무관리 등의 여러 경영분야에서 이용되어 왔다(윤기옥 외, 2001).

역할놀이의 목적은 참여자와 관찰자가 실제적인 문제상황에 참여하여 문제를 해결하고 이해하도록 하는 것이다. 즉, 참여자와 관찰자가 역할놀이 과정을 통하여 (1) 감정(감정이입, 공감, 분노, 애성 등)을 탐색하고, (2) 가치와 태도를 이해하고, (3) 문제해결 기능 및 태도를 개발하는 등, (4) 교과목을 탐색하는 데 도움이 되는 인간행동의 생생한 예를 다양한 방식으로 접하도록 하는 것이다.

역할놀이의 특징은 여러 가지 행동패턴을 실제로 해본다는 점, 실제 문제 또는 잠재적 문제를 다루어본다는 점, 감정이입을 경험해본다는 점, 공동의 관심사를 공개적으로 다루어본다는 점, 어떤 상황에 대해 설명을 추구한다는 점, 자기표현을 시험해 본다는 점 등을 들 수 있다. 시뮬레이션 수업이 원리나 개념을 이해하고 기능을 익히며 문제해결력을 기르는 데 비해 역할놀이는 말 그대로 '역할'의 이해에 초점을 둔다는 점에서 차이가 있다.

2) 방법

(1) 문제 제기

교사는 이야기, 동영상, 사진, 신문 기사 등 문제가 명료화된 상황을 설명한다. 그리고 갈등 상황이 분명히 드러났을 때 설명을 중단한다. 그리고 "이 이야기는 어떻게 끝날 수 있을까?", "주인공의 문제는 무엇이고 이 주인공이 할 수 있는 것은 무엇인가?" 등의 질문을 한다.

(2) 실연자 선정하기

이야기에서 나타난 인물들의 역할을 맡을 학생을 선정한다. 각본이 없기 때문에 그 역할에 최선을 다할 학생이 필요한데, 그런 점에서 지원자를 받아 선정하는 것이 좋다.

(3) 사전준비하기

실연자가 선정되면 이야기의 상황과 역할의 순서 등을 구체적으로 추가설명한다. 소품이 필요하면 준비한다. 너무 지나치게 자세히 설명하지 않도록 한다.

(4) 관찰자 준비시키기

교사는 실연자 외에도 관찰자를 선정한다. 관찰자는 실연자를 주의 깊게 관찰하여 실연자가 나타내고자 하는 생각이 무엇인지 확인하는 역할을 한다. 아울러 필요하면 관찰자가 대신 역할을 해 볼 수도 있다.

(5) 실연하기

실연자(role players)들이 역할을 맡고, 주어진 상황에서 자연스럽게 연기하게 한다. 이때 연기를 멋들어지게 잘하는 것이 목적이 아님을 잘 이해시켜야 한다. 중요한 것은 그 역할에서 하고 싶은 말이 무엇이며, 어떤 행동을 하고 싶은지가 되어야 한다. 특히 이 단계에서는 보여주고자 하는 생각이 표현될 때까지만 연기한다.

(6) 토의·토론과 평가하기

첫 번째 실연에 대해 토의·토론과 평가가 이루어진다. 교사는 실연자에게 질문을 던지면서 토의·토론을 유도한다. "그 말을 했을 때 어떤 느낌이었는가?", "정말 하고 싶은 말이었는가?" 등의 질문을 한다. 또한 관찰자들에게도 비슷한 질문을 한다. "실연자가 무엇을 보여주고자 했는가?", "왜 그런 말과 행동을 했다고 생각하는가?" 등의 질문을 한다. 이러한 토의·토론을 통해 실연자의 분명한 생각을 드러내게 한다.

(7) 재실연하기

재실연하는 단계는 여러 차례 실시될 수 있다. 교사와 학생들은 역할을 새로운 방식으로 해석할 수 있으며, 누구든지 그 역할을 연기할 수 있다. 그때마다 실연과 토의·토론이 번갈아가며 시행된다.

(8) 경험교환 및 일반화하기

재실연과 토의·토론이 모두 끝나면 교사와 학생은 역할놀이를 통해 얻은 경험을 함께 나누고 일반화한다.

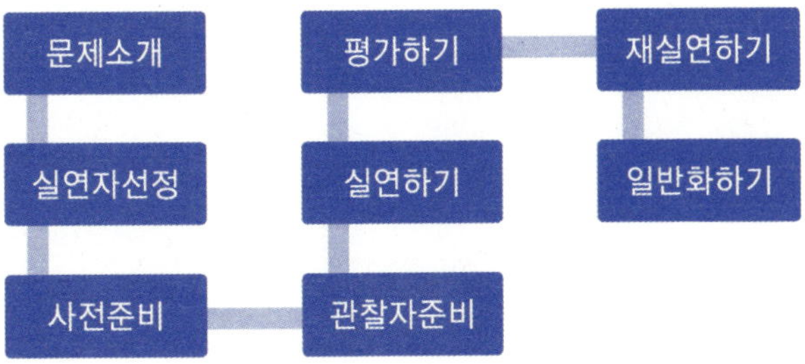

[그림 2-8-13] 역할놀이 절차

3) 의미와 응용

역할놀이에서 실연자를 선정할 때는 성인지향적이고 사회수용적인 학생은 배제하는 것이 좋다. 즉 어른의 말을 잘 따르거나 친사회적(prosocial) 성향을 가진 학생은 배제하라는 뜻이다. 그 이유는 이러한 학생들이 역할을 할 때는 어른들이 기대하는 말과 행동으로 문제를 너무 쉽게 해결해 버리기 때문이다. 즉 그들의 솔직한 목소리를 내지 못하기 때문에 토의·토론 수업이 싱겁게 끝나버릴 수가 있다. 어색하고 거칠더라도 솔직한 학생들의 표현이 나올 수 있도록 유도해야 한다.

또한 실연자의 적극적인 연기가 필요하다. 그것이 수업을 생기 있게 만든다. 그러므로 처음에 시작할 때는 적극적으로 연기를 할 수 있는 학생을 실연자로 선택하는 것이 좋다. 이들의 연기를 보고, 또 다른 학생들이 적극적으로 참여하게 된다. 그리고 토의·토론을 통해 이 문제를 참여자 모두가 함께 해결한다는 느낌을 갖도록 유도하는 것도 중요하다. 또한 교사가 답을 갖고 있지 않으며, 학생들과 함께 결론을 만들어나간다는 모습을 보이는 것도 중요하다.

43. 영화 감상

1) 목적과 특징

영화는 우리에게 매우 익숙한 대중 예술이다. 그동안 수많은 영화가 만들어졌고, 지금까지 만들어진 영화를 살아생전에 다 볼 수 없을 정도이다. 교육과 관련한 영화도 많다. 교육 그 자체를 주제로 한 영화도 있고, 교육적으로 활용할 영화도 많이 제작되었다. 영화를 보는 동안 즐기는 것도 의미 있는 일이지만 관람한 영화를 여러 사람이 함께 되새김하면서 토의·토론하는 것도 의미 있는 일이다. 미처 내가 발견하지 못했거나 느끼지 못한 부분을 기억해 낼 수도 있고, 공감할 수도 있으며 다시 의미 있게 깨달을 수 있기 때문이다. 영화가 다루는 주제나 특정 장면을 주제로 토의·토론을 할 수도 있다. 그러나 여기서는 영화 전체를 비판적으로 감상하면서 토의·토론하는 방법을 소개한다.

[그림 2-8-14]는 일반적인 영화의 구성을 그림으로 나타낸 것이다. 대개 영화는 3막 5장으로 구성된다. 1막은 발단단계인데 인물이 등장하고, 사건이 발생한다. 그리고 그 사건이 발단이 돼서 문제에 봉착하게 된다. 즉 해결해야 될 문제가 생기는 것이다.

2막은 전개와 위기단계로 구성된다. 전개단계는 문제가 심각해지면서 첫 위기에 도착하게 되고, 위기단계는 일단 첫 위기를 넘기지만 더 큰 위기가 닥치게 된다.

3막은 절정과 결말단계로 구성된다. 두 번째 위기를 해결한 것 같은데 반전으로 엄청난 위기를 직면하게 되는 절정단계가 있다. 다음으로 극적으로 위기를 해결하고 마무리되는 결말단계가 있다.

영화는 대체로 이렇게 구성된다. 그러므로 관람한 영화를 3막 5단계에 맞추어 장면이나 스토리를 함께 배치시키며 영화를 분석해 본다.

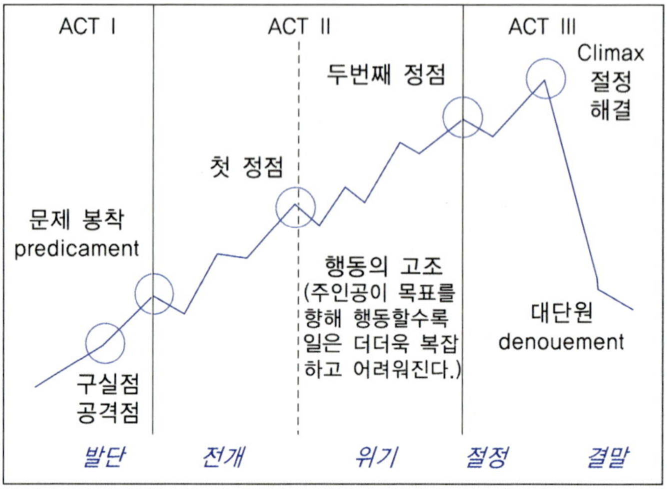

[그림 2-8-14] 영화의 구성

2) 방법

(1) 1막에 해당되는 내용 확인하기

사회자는 관람영화의 인물과 줄거리를 간단하게 읽어준다. 그리고 토의·토론으로, 1막에 해당되는 내용을 어디까지인지 정하고, 발생한 문제가 무엇인지 확인한다.

(2) 2막에 해당되는 내용 확인하기

2막에 해당되는 내용을 어디까지인지 정하고, 전개단계는 어떤 내용이며 첫 위기는 무엇이며 두 번째 위기는 무엇인지 확인한다.

(3) 3막에 해당되는 내용 확인하기

3막에 해당되는 내용을 어디까지인지 정하고, 가장 큰 위기가 무엇이며 어떻게 그것을 해결했는지, 그리고 마무리는 어떻게 됐는지 확인한다.

(4) 영화를 통해 얻게 된 교훈이나 느낌 나누기

영화를 보고 나서 얻게 된 교훈, 명대사, 마음의 느낌 등을 돌아가며 나눈다.

3) 의미와 응용

3막 5단계는 영화뿐만 아니라 연극이나 뮤지컬에도 적용된다. 예를 들어 장기 공연을 하고 있는 뮤지컬 '빨래'의 경우를 보자. 외국인 근로자인 솔롱고와 서점에서 직원으로 일하는 직장인 나영이가 힘들지만 희망을 가지고 열심히 살아가는 서울살이와 사랑을 보여주는 뮤지컬이다. 1막(발단)에서는 솔롱고와 나영이가 한 다세대 주택에서 만나면서 인물이 등장하고 각자의 문제가 드러난다. 2막(전개와 위기)에서는 임금 문제, 승진, 해고 등 직장 내 구체적 갈등들이 발생한다. 3막(절정과 결말)에서는 막다른 위기에 직면하는 문제의 절정에서 주제가 드러나고, 문제가 해결되면서 결말이 난다. 이 방법의 장점은 영화나 뮤지컬 등을 쉽고 체계적으로 이해하고 분석하는 데 도움을 준다는 점이다. 특히 함께 토의·토론을 하면서 혼자서는 발견하지 못한 메시지나 의미 등을 나눌 수 있다.

44. 지그소(Jigsaw)

1) 목적과 특징

아론손 외(Aronson et al., 1978)는 전통적인 경쟁 학습 구조의 교실 환경을 협동 학습 구조로 바꾸기 위해 다음과 같은 두 가지 방향을 정하였다(정문성, 2006). 첫째는 한 전문가(교사)와 다수의 청강자(학습자)로 되어 있는 전통적인 경쟁 학습 구조를 소모둠 협동 학습 구조로 바꾼다. 여기서 교사는 더 이상 학습 모둠의 주된 자료원(source)이 아니며 오히려 모둠 구성원들 서로가 주된 학습 자료원이 되게 한다. 그러므로 학습자는 교사의 시선을 끌기보다는 동료들에게 관심을 가지게 된다. 둘째로 어느 누구도 모둠 내 다른 동료의 도움 없이는 학습이 불가능하게 되어야 한다. 즉 모둠 내 각 개인은 전체 학습 내용의 일부분을 담당하고 있기 때문에 그 모둠의 모든 학습자는 주어진 학습 목표를 달성하기 위해서 협동하지 않을 수 없으며, 각 개인은 모둠 구성원의 성공에 결정적 기여를 할 수 있게 되어 있다. 이를 위해 만든 것이 과제 분담 학습 모형(Jigsaw)이다.

지그소는 지그소 퍼즐(Jigsaw puzzle)처럼 부분을 맞추어 전체 그림을 완성하는 모습을 가졌다고 하여 붙여진 이름이다. 과제를 배타적으로 분담하기 때문에 모든 구성원이 개별적 책무성을 가지게 되어 학습동기가 강화된다. 다른 동료들을 가르쳐야 하기 때문에 인지정교화 효과를 얻게 되며 동료에게 배워야 하기 때문에 경청하는 훈련효과도 있다.

지그소는 동료들의 설명을 듣고 수업이 끝나기 때문에 뒷마무리가 분명하지 못하다는 단점이 지적되었다. 이를 보완하기 위해 나온 것이 지그소 Ⅱ와, 지그소 Ⅲ이다. [그림 2-8-15]처럼 지그소 Ⅱ는 3단계 뒤에 평가를 통해서 학생들이 끝까지 수업에 참여하도록 유도한 것이고, 지그소 Ⅲ은 평가를 하기 전에 또 한 번의 소모둠 공부를 할 수 있는 기회를 준 것이 특징이다. 지그소는 케이건에 의해 다양한 방식의 변형들이 탄생하기도 하였다.

<table>
<tr><td rowspan="6">JIGSAWⅢ</td><td rowspan="3">JIGSAWⅡ*</td><td rowspan="3">JIGSAW</td><td>1단계</td><td>원래 모둠(Home Team):
과제분담 활동</td></tr>
<tr><td>2단계</td><td>전문가 모둠(Expert Team):
전문가 활동</td></tr>
<tr><td>3단계</td><td>원래 모둠(Home Team):
동료 교수 및 질문 응답</td></tr>
<tr><td colspan="2" rowspan="3"></td><td>4단계</td><td>일정 기간 경과</td></tr>
<tr><td>5단계</td><td>원래 모둠: 퀴즈대비 공부</td></tr>
<tr><td>6단계</td><td>퀴즈(STAD평가 방법 사용)</td></tr>
</table>

* 3단계가 끝나면 STAD평가로 퀴즈

[그림 2-8-15] JIGSAW, JIGSAWⅡ, JIGSAWⅢ모형의 차이

출처: Steinbrink, J. E. & Stahl, R. J., 1994, JigsawⅢ=JigsawⅡ + Cooperative Test Review: Aplications to the Social Studies Classroom In *Cooperative Learning in Social Studies: A Handbook for Teachers*, edited by R. J. Stahl, New York: Addison-Wesley Publishing Company, p. 134.

STAD(Student Teams-Achievement Division) 점수

협동학습모형 중 하나로 모둠의 협동을 유도하기 위해 향상점수제를 사용한다. 즉 수업 후 퀴즈를 봐서 모둠 구성원의 향상점수의 산술평균으로 모둠 점수를 계산한다. 각 구성원은 이전에 치른 퀴즈점수의 평균인 기본점수를 가지고 있다. 기본점수는 이전에 치른 여러 번의 퀴즈점수의 평균을 말한다. 이 기본점수에 대해서 이번 수업의 퀴즈점수가 어느 정도 향상되었는가에 따라 부여되는 점수가 각 개인의 향상점수이다. 그리고 소집단점수는 개인의 향상점수 총합을 소집단 구성원수로 나눈 것이다. 향상점수 기준은 교사가 정한다. 예를 들어 이전 점수보다 낮으면 0점, 1-5점 상승했으면 10점, 6점 이상 상승했으면 20점 등의 기준을 미리 정해 놓는 것이다. 이러한 점수체제는 모둠원 사이의 능력차가 아니라 자신의 노력 여부, 즉 과거 자기와의 경쟁으로 모둠원 스스로 노력할 뿐만 아니라 서로가 좋은 점수를 받을 수 있도록 돕게 된다(Slavin, 1988).

2) 방법

(1) 원래 모둠(home team) 과제를 제시하고, 과제를 분담하기

교사는 모집단이 해야 할 수업 과제를 제시하고, 몇 가지의 소주제가 질문의 형식으로 적혀있는 전문가 학습지(expert sheet)를 나누어준다. 소집단은 이 소주제들을 모둠 구성원 각자에게 하나씩 할당되게 하며, 각 주제를 맡은 구성원은 그 소주제에 한하여 전문가가 된다. 교사는 각 소주제를 맡은 사람들을 전체 학급에 소개하여 누가 어떤 주제를 선택했는지 서로 알게 한다. 왜냐하면 동일한 주제를 선택한 학생들이 따로 만나 전문가 활동을 해야 하기 때문이다. 이때 전문가 모임의 숫자가 너무 많지 않도록 한다. 예를 들어 학생수가 36명으로 네 명씩 아홉 개 소집단으로 구성되었다면 전문가가 모두 아홉 명이 나오게 된다. 이때에는 네 개의 소집단을 창문리그(창가에 앉은 모둠)로, 다섯 개의 소집단을 복도리그(복도 쪽에 앉은 모둠)로 나누어 전문가 집단을 네 명과 다섯 명씩 두 개로 구성하게 하여 전문가 활동을 하도록 하는 것이 좋다. 왜냐하면 아홉 명이 모여서는 제대로 활동을 할 수 없기 때문이다.

〈표 2-8-3〉 과제 분담과 전문가 학습지

〈전문가 모둠 1: 추위를 막는 온돌의 구조〉
1. 추위를 막는 온돌의 구조를 그리거나 사진을 붙여봅시다. 2. 온돌의 원리에 대하여 말하여 봅시다. 3. 온돌의 기능에 대하여 말하여 봅시다. 4. 그 밖에 조사한 온돌에 대한 여러 가지를 이야기해 봅시다.
〈전문가 모둠 2: 더위를 막는 한옥의 구조〉
1. 더위를 막는 한옥의 구조를 그리거나 사진을 붙여봅시다. 2. 한옥의 마루의 위치를 표시해 봅시다. 3. 대청마루의 기능에 대하여 말하여 봅시다. 4. 대청마루의 특징에 대하여 말하여 봅시다.

〈전문가 모둠 3: 지방에 따른 집의 모양〉
1. 남부 · 중부 · 북부 지방의 한옥 모양을 그리거나 사진을 붙여봅시다. 2. 지방에 따라 가옥의 모양이 어떻게 다른지 설명해 봅시다. 3. 그 이유는 무엇인지 정리해 봅시다.
〈전문가 모둠 4: 바닷가와 섬에 있는 집〉
1. 울릉도의 기후의 특징은 어떠한가요? 2. 울릉도의 전통가옥의 모양을 그리거나 사진을 붙여봅시다. 3. 울릉도 전통가옥의 특징과 이유를 말해봅시다. 4. 제주도의 기후의 특징은 어떠한가요? 5. 제주도의 전통가옥의 모양을 그리거나 사진을 붙여봅시다. 6. 제주도 전통가옥의 특징과 이유를 말해봅시다.

출처: 정문성, 2006, 협동학습의 이해와 실천, 서울: 교육과학사, p. 194.

(2) 전문가 모둠(expert team) 활동하기

각 모둠에서 동일한 주제를 맡은 전문가끼리 따로 모여 토의·토론을 통해 전문가 학습지를 완성한다. 전문가 활동은 주로 모집단에 가서 어떻게 이 내용을 전달해줄 것인지를 위주로 토의·토론한다. 이때 교사는 전문가 모둠에서 다루어야 할 학습의 요점과 범위를 안내해주는 자료도 제공하는 것이 좋다. 〈표 2-8-3〉은 과제분담지와 전문가 학습지가 통합된 경우이다. 즉 모집단에서 각각 자기의 과제를 선택하면, 이 네 가지 전문가 학습지를 잘라서 가져가면 된다.

(3) 원래 모둠으로 돌아와서 동료 교수하기

전문가 모둠의 활동이 끝났으면 다시 모집단으로 돌아와서 자신이 맡은 소주제를 동료들에게 가르쳐준다. 이때 다른 학생들은 그 주제에 대해서는 공부를 하지 않았기 때문에 전적으로 전문가의 도움을 받아야 할 처지이므로 열심히 듣게 된다. 이런 식으로 각자가 맡은 전문 소과제를 돌아가면서 가르쳐주면 활동이 끝난다.

3) 의미와 응용

지그소는 개인에게 무한 책임이 주어지는 구조이기 때문에 학생들의 능력에 따라 큰 변수가 발생할 가능성이 많다. 예를 들어 능력이 부족한 학생이 맡은 전문과제는 모집단에 돌아와서 동료들에게 학습한 내용을 제대로 전달하기가 힘들고, 동료 학생들도 답답해할 것이 틀림없다. 그러므로 이런 부분들을 고려해서 특히 능력이 떨어지는 학생들은 우수한 학생과 함께 짝을 지어주어 마치 한 사람처럼 진행하는 것이 좋다. 과제를 분담할 때에도 과제 수와 학생 수가 맞지 않으면 비슷한 방식으로 두 사람을 한 사람처럼 진행하면 된다.

지그소는 상당히 오랜 시간이 걸리는 수업이기 때문에 1차시 이내에 하기는 힘들다. 그러므로 1차시는 과제분담과 전문가활동을, 다음 2차시는 모집단에서 동료교수활동을 하는 것이 일반적이다. 또 지그소는 평가를 하지 않기 때문에 처음에는 학생들이 열심히 하지만 여러 번 하게 되면 집중력이 떨어지는 경향이 있고, 학습 효과도 없는 것으로 보고되고 있다. 그러므로 필요에 따라 지그소 Ⅱ나 지그소 Ⅲ를 사용하는 것이 바람직하다.

45. 질문연속체

1) 목적과 특징

OECD의 DeSeCo(Definition and Selection of Competencies) 프로젝트는 교육의 목적을 개인적, 사회적 성공으로 설정하고, 이를 위한 역량을 길러주는 것이 교육의 임무라고 했다. 이에 세계적인 교육의 흐름은 역량교육에 관심을 두었다. 이어 후속 연구인 OECD 2030 프로젝트에서는 교육의 목적이 개인적, 사회적 안녕(well-being)으로 바뀌었다. 그러나 지식, 기능, 가치·태도를 종합한 역량의 강조는 여전하였다. 이에 우리나라의 2015 개정, 2022 개정 교육과정에서도 역량은 강조되었다.

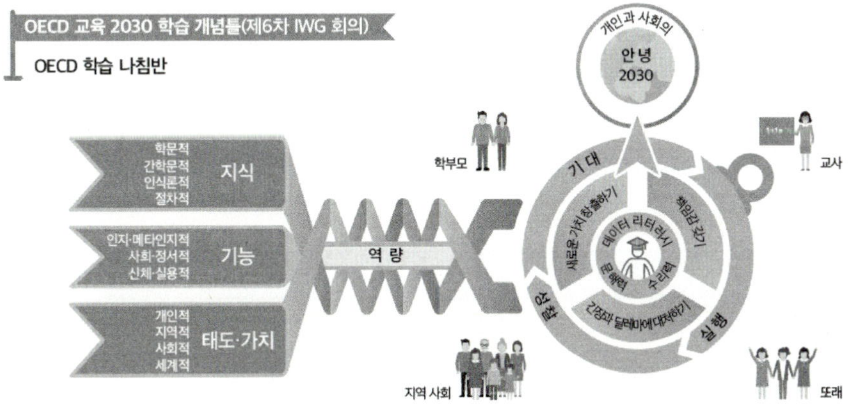

[그림 2-8-16] OECD 교육 2030 학습 나침반

출처: 교육부 공식 블로그

역량 중심교육이 강조되면서 과거의 문답법이 다시 소환되었다. 역량을 길러주기 위해서는 교사가 수업 시작부터 학생이 역량을 갖추었는지 질문부터 해야 한다. 왜냐하면 그 질문에 답을 할 수 있다면 역량을 얻은 것이기 때문이다. 교사가 핵심 질문을 먼저 던지고, 학생들이 이에 대답할 수 있도록 부가 질

문들을 계속 던져야 한다. 학생들은 그 부가 질문에 답하기 위해서 자료를 찾고, 이해하고, 연습해서 정답을 찾아가는 과정이 수업이 된다. 그래서 학습나침반 개념이 등장한다. 학부모, 교사, 지역 사회, 또래들은 주변에서 학생을 도와줄 뿐이며, 학생은 자기 주도성을 갖고 자기 책임하에 자신이 생각하는 삶의 목표 안녕(well-being)을 찾아가야 하기 때문이다. 즉 수업에서도 학생은 학습나침반을 들고 핵심 질문에 답을 하면서 학습 목표를 달성하기 위해 앞으로 나아간다. 그러므로 교사는 질문을 체계적으로 잘 던져야 학생이 목표를 달성할 수 있도록 효과적인 수업을 할 수 있다. 마찬가지로 학생들도 역량을 달성하기 위해서는 교사의 질문에 답을 잘해야 하지만 동시에 스스로도 질문을 던지고 답을 찾아내는 노력을 해야 한다. 그래서 문답법이 다시 소환된 것이다.

핵심 질문은 크기와 범위에 따라 총체적 질문과 한정적 질문으로 구분된다. 예를 들어 전자는 '전쟁의 원인은 무엇인가?', 후자는 '제1차 세계 대전의 원인은 무엇인가?'의 내용과 형식을 갖는다. 부가 질문은 동기를 유발하는 유인 질문, 정답을 유도하는 유도 질문, 탐구를 독려하는 안내 질문으로 구분되는데, 교사는 이러한 부가 질문들을 수업 곳곳에 적절하게 배치해야 한다.

부가 질문	목적	사례
유인 질문	동기유발	자신을 보호하기 위해 사람을 죽여도 되는가?
유도 질문	정답을 유도	형법 제21조는 무슨 내용인가?
안내 질문	탐구 독려	이 법이 이 사건의 무죄 근거가 되는가?

[그림 2-8-17] 부가 질문

핵심 질문과 부가 질문이 수업의 진행 과정에서 하는 질문이라면 질문 연속체(questioning sequences)는 학습 내용과 관련한 체계화된 질문이다(Marzano & Simms, 2017). 즉 학생들이 지식체계를 논리적으로 학습하도록 질문을 구조화한 것이다. 다음과 같이 내용의 세부 사항을 관련짓는 세부 사항 질문, 범주로 묶는 범주 질문, 범주를 더욱 정교화하여 다듬는 정교화 질문, 정교화에 대한 증거를 통해 이해했음을 확인하는 증거 질문으로 구성한다.

2) 방법

(1) 주제를 핵심 질문으로 바꾸어 보기

창의적 체험활동으로 국립민속박물관에서 동남아시아 문화를 체험하기로 했는데 관람 계획을 세우는 것이 토의·토론의 주제라고 하자. 이를 핵심 질문으로 바꾸어 본다. 이 핵심 질문에 답하는 질문들을 만들어보는 것이 주된 활동이 된다. 학습지는 [그림 2-8-18]에서 빈칸으로 제공하면 된다.

세부 사항 질문	➡	범주 질문	➡	정교화 질문	➡	증거 질문
- 그림에서 볼 수 있는 것은 무엇인가요? - 우리 주변을 둘러싸고 있는 모든 것을 무엇이라고 할까요? - 우리 주변에서 볼 수 있는 환경에는 어떤 것들이 있을까요?	➡	- 그중 자연 그대로의 환경은 어떤 것들이 있나요? - 그중 사람들이 만든 환경에는 어떤 것들이 있나요? - 자연환경의 특성은 무엇일까요? - 자연환경에는 무엇이 있을까요? - 인문환경의 특성은 무엇일까요? - 인문환경에는 무엇이 있을까요?	➡	- 산, 하천, 바다 등 땅의 모양은 자연환경인가요? 인문환경인가요? 왜 그러한가요? - 날씨에 영향을 주는 눈, 비, 바람, 기온은 자연환경인가요? 인문환경인가요? 왜 그러한가요? - 원래 평지였던 곳을 과수원으로 만들었다면 자연환경인가요? 인문환경인가요?	➡	- 우리 고장에서 볼 수 있는 자연환경에는 무엇이 있나요? - 우리 고장에서 볼 수 있는 인문환경에는 무엇이 있나요? - 구분한 사례에서 예외적인 경우는 무엇인가요? - 자신이 적용한 사례에 대해 생각이 다른 친구가 있나요? 다른 이유는 무엇인가요?

[그림 2-8-18] 질문 연속체

(2) 세부 사항 질문

국립민속박물관이 어디에 있는지, 얼마나 시간이 걸리는지, 어떻게 가는지, 동남아시아 민속과 관련하여 무엇을 전시하고 있는지, 박물관에서 제공하는 활동지는 있는지, 있다면 어떻게 구성되어 있는지 등 브레인스토밍하듯이 질문을 던져보게 한다. 질문을 쉽게 만드는 방법은 '주어+동사+5W1H' 형식으로 하면 된다.

(3) 범주 질문 확인하기

모인 질문들을 몇 가지 범주로 묶고 사소하거나 중복된 질문은 삭제하고 질문들을 범주화한다.

(4) 증거 질문 확인하기

범주화된 질문에 답하기 위해 어떠한 활동(증거)을 하면 되는지 다시 한번 확인하면 창의적 체험활동으로 국립민속박물관에 가서 해야 할 일이 계획으로 정리된다.

3) 의미 및 응용

질문 연속체는 역량 중심수업을 위해 교사들이 질문을 구성할 때 어려움을 겪자 이를 해결하기 위해 대안으로 제안된 것이다. 그러나 수업이 아니라도 문제를 분석하거나 대책을 세울 때 사용하면 좋다. 체계적 질문 연속체를 통해 정교하게 문제를 분석하거나 구체적 대안을 체계적으로 모색할 수 있다.

46. 짝 토의·토론(havruta)

1) 목적과 특징

유대인 교육은 학교가 아니라 가정교육이 유명하다. 약 2천 년 동안 유랑생활하면서 학교를 보내기가 힘들었으므로 가정에서 교육을 하다 보니 가정교육이 발달하였다. 당연히 가족 간 소규모 학습 노하우를 얻게 되었다. 최근 하브루타라는 이름으로 유대인의 공부법이 부각되기도 했지만 짝 토의·토론은 어느 나라에서나 이미 사용하고 있는 방법으로 새삼스러운 것은 아니다. 어릴 때 누구나 단짝 친구와 함께 시험 공부한 추억이 있을 것이다. 서로 문제를 내고 답해보기도 했고, 서로 공부한 내용을 읽어주기도 했다. 그러나 수업에서 구조화하여 사용하게 된 것은 1970년대 말 협동학습이 소개되면서부터이다.

짝을 이용하는 것은 간단하지만 구조적으로 잘만 이용하면 놀라운 효과를 얻을 수 있다. 일단 짝 토의·토론에서는 한 학급 절반의 학생이 발표할 기회를 갖게 된다. 나머지 절반의 학생들은 경청의 경험을 갖는다. 즉 모든 학생들이 토의·토론에 참여하는 것이다. 아울러 두 사람이 토의·토론을 하면 두 사람밖에 없으므로 대화처럼 매우 편하게 토의·토론을 할 수 있다. 쓸데없이 긴장할 필요가 없는 것이다.

특히 여기서 소개하는 방식은 간단하면서도 매우 수준 높은 사고력을 경험하게 한다. 일단 한 학생은 주어진 시간 동안 계속 자기 의견을 말해야 하기 때문에 고급사고력을 경험한다. 반대로 듣는 학생은 주의 깊게 들으면서 메모해야 한다. 나중에 발표를 해야 할지 모르기 때문에 짝이 한 말을 잘 듣고 정리해 두어야 한다. 두 사람의 활동이 끝나면 짝이 대신 발표를 해 주는데, 이때 짝은 매우 고급사고를 하게 된다. 즉 짝이 한 말을 자기 것으로 소화하여 표현해야 하기 때문이다. 또 짝이 대신 발표해주는 것을 들으면서 원래 의견을 말했던 학생은 자신이 말한 것이 "저렇게 이해되었구나", 또는 "나는 제대로 말을 못 했는데 짝이 저렇게 표현하니 그럴듯해 보이네" 등의 피드백 경험을 하게 된다.

〈표 2-8-4〉 짝 토의·토론의 사례(나무꾼과 선녀)

'나무꾼과 선녀' 동화가 아이들에게 줄 수 있는 잘못된 가치관을 찾는 수업에서 짝 토의·토론에서 찾아낸 생각들	
1. 나무꾼이 사냥꾼에게 거짓말을 했다. 2. 사냥꾼은 나쁜 사람으로 간주된다. 3. 사람보다 사슴이 중요하다. 4. 사슴이 말을 한다. 5. 사슴은 은혜를 자신의 것이 아닌 남의 것으로 갚는다. 6. 나무꾼이 목욕하는 것을 훔쳐본다. 7. 남의 옷을 숨긴다. 8. 선녀의 의견을 무시하고 강제로 결혼을 한다. 9. 선녀는 남편을 버리고 도망간다. 10. 나무꾼은 주체적 삶을 살지 못하고 사슴에게 의존한다. 11. 선녀도 남편을 속인다. 12. 노모를 버리고 하늘나라로 간다. 13. 팥죽을 흘리면서 먹는다. 14. 버릇없이 말 위에서 먹는다. 15. 노모의 좋은 의도가 오히려 불행을 가져온다.	16. 죽으면 닭이 되는가? 17. 죽어서도 닭이 되어 하늘을 쳐다보는 미련을 갖는다. 18. 나무꾼은 시키는 대로만 하는 바보다. 19. 나무꾼과 선녀는 사랑 없는 부부이다. 20. 노력보다는 우연이 강조된다. 21. 비현실적인 이야기다. 22. 사행심을 조장한다. 23. 착한 것만이 우선인가? 24. 이야기가 주장하는 주제가 없다. 25. 노모를 데려오라 하지 않고 보고 오라고만 한다. 26. 가정이 무시된다. 27. 불신을 조장한다. 28. 팥죽을 왜 식혀서 안 주었을까? 29. 팥죽을 흘리는 사소한 실 수가 나무꾼에게는 너무나 큰 운명을 결정한다. 30. 운전 중(말을 탄 상태에서) 식사한다.

출처: 정문성, 2006, 협동학습의 이해와 실천, 서울: 교육과학사, p. 43.

아울러 두 명으로 구성된 학생들의 아이디어를 전체 학급이 모으면 무한한 아이디어의 보고가 된다. 〈표 2-8-4〉는 그러한 예를 잘 보여주고 있다. 만약 교사가 전체에게 질문을 하고 한 명이 대답했을 때, 그 의견이 학생들 전체에게 영향을 주어 모든 학생의 처음 느낀 생각이 사장될 수 있다. 그러나 짝 토의·토론은 절반의 학생의견이 짝에게 이미 노출된 상태이므로 이렇게 다양한 아이디어가 세상에 남게 될 수 있는 것이다.

2) 방법

(1) 두 사람으로 짝 만들기

교사는 두 사람을 한 모둠으로 만든다. 이때 교사는 두 학생들에게 의미 있는 행동으로 모둠임을 확인시켜주는 것이 좋다. 즉 그냥 "두 사람이 한 모둠이 됩니다."라고 하는 것보다는 "자, 오른쪽 사람은 왼손을 듭니다. 왼쪽 사람은 오른손을 듭니다." "그리고, 두 손을 잡습니다. 자 이제 두 사람은 오늘만 한 모둠입니다."라고 하는 것이 좋다. 왜냐하면 학생들은 처음에는 영문을 모르고 따라 하다가 정말 한 모둠이 되고 만 것이기 때문이다. 이제 교사의 의도대로 토의·토론에 참여하게 되었다고 보면 된다.

(2) 짝에게 자신의 의견을 발표하기

교사는 주제를 제시하고, 왼쪽 학생이 자신의 의견을 오른쪽 학생에게 3분 동안 말하게 한다. 이때 오른쪽 학생은 아무 말도 하지 않고, 메모하면서 듣기만 해야 한다.

(3) 동료의 의견을 메모하면서 듣기

오른쪽 학생은 나중에 들은 이야기를 전체 앞에서 발표할지도 모르기 때문에 잘 들어야 한다고 주의를 준다.

(4) 동료 의견을 정리해서 발표하기

교사는 오른쪽 학생들에게 들은 이야기를 발표시킨다. 특히 발표하는 내용은 나의 의견이 아니므로 부담 없이 발표할 수 있음을 강조한다. 첫 번째 학생이 발표하면, 그 다음에는 중복되는 것 외에, 새로운 이야기들을 추가로 하게 한다. 이런 방식으로 새로운 아이디어들을 모아 나간다.

3) 의미와 응용

시간이 더 있다면 왼쪽 학생만 말할 기회를 줄 것이 아니라 똑같은 방법으로 오른쪽 학생에게도 발표할 기회를 줄 수 있다. 즉 방법에서 (2), (3)번의 절차를 반대로 한 번 더 하는 것이다.

짝 토의·토론은 어떤 주제도 소화할 수 있는 강력한 방법이다. 다음 그림으로 재미있는 이야기를 만들어보자. 이 기발한 동양화에는 작가가 숨겨 놓은 재미난 이야깃거리가 많이 있다. 한 명이 그림의 여러 단서를 근거로 어떤 상황인지 이야기를 하면 나머지 한 명이 이를 정리하여 발표하면 된다.

그림 속 여인은 버선 한 짝이 없는 것으로 보아서 넘어져 다친 것을 사내가 구해 준 듯하다. 하지만 사내의 눈매로 봐서 음흉한 꿍꿍이가 있어 보인다. 그런데 여인의 표정도 예사롭지 않다. 머리채 끝부분이 여우 꼬리 같다. 혹시 여인은 사람으로 둔갑한 구미호가 아닐까? 그러고 보니 나무 두 그루가 이루고 있는 모습이 사람의 생간의 모습과 흡사하다. 어색하게 휘어진 나뭇가지도 이상하다. 까마귀 한 마리는 나무 뒤쪽을 보고 있고, 다른 한 마리는 도망가듯 날아간다. 무언가 다른 존재가 숨어 있는 듯하다. 소나무 밑둥은 긁힌 자국도 보인다. 이 그림의 승자는 누구일까?

고은림 作 '虎貪狐事'

47. 타블로(tableau)

1) 목적과 특징

타블로는 연극에서 정지 동작을 의미하는데, 개인 또는 모둠에게 어떤 주제를 제시하고, 그 주제에 맞게 하나 또는 두세 개의 정지 장면을 신체로 표현하는 것이다. 즉 입체 사진이라고 이해하면 된다. 주어진 주제를 입체 사진으로 표현하는 것이다. 약간의 소품을 준비해도 되고, 한두 마디의 대사를 입혀도 된다. 예를 들어 3·1 만세 운동을 표현하라고 하면 사회자가 "시작!"이라는 구호와 함께 모둠원이 두 명은 두 손을 들고 만세를 부르는 장면, 또 한 명은 가슴 속에서 태극기를 꺼내는 장면, 또 한 명은 총에 맞아 쓰러지는 장면을 동시에 표현하는 것이다. 그리고 사회자가 한 사람씩 몸에 손을 대면 각자의 대사와 함께 자신의 표현을 연기로 보여준다. 마지막으로 "자동!" 하면 대사와 연기를 함께 보여준다. 그리고 이 타블로가 어떤 의미를 갖는지 설명하게 한다.

타블로의 목적은 주어진 주제를 대표하는 하나의 장면을 구상하고, 대사를 정하고, 연습을 한 다음, 여러 사람 앞에서 표현하는 과정을 통해 그 주제를 더욱 심도 있게 이해하는 경험을 갖게 하는 것이다. 이들의 정지 동작 표현을 보는 사람들도 그 의미를 함께 나누는 경험을 갖는다. 준비하는 과정에서 많은 토의·토론을 하게 되고, 온몸으로 표현한다는 점, 각자의 역할을 통해서 협동한다는 점 등에서 합리성, 예술성, 창의성을 발휘하는 경험을 한다.

2) 방법

(1) 표현할 정지 장면 구상하기

주제가 주어지면 모둠별로 주제를 대표할 한 장면을 논의한다. 그 장면은 주제를 표현하는 대표적 장면이어야 한다. 마치 신문 기사의 사진처럼 기사 내용의 의미를 대변할 장면이어야 한다.

(2) 역할과 대사를 정하기

정지 장면이 정해지면 필요한 소품을 준비하고, 각자가 어떤 역할을 맡을지 정하고, 필요한 대사도 구상한다. 그리고 연기할 순서도 정한다.

(3) 정지 장면 연기하기

모둠별로 전체 앞에 나와서 정지 장면을 발표한다. 사회자가 "시작!" 하면 동시에 정지 장면을 연기한다. 사회자가 임의로 한 사람씩 몸에 손을 대면, 그 사람은 자신의 짧은 연기와 대사를 한다. 모두 다 연기하고 나면 전체에게 순서를 맞추어보라고 한다.

(4) 정지 장면의 의미 공유하기

사회자가 "자동!"이라고 하면 이제는 대사를 포함한 입체적인 정지 장면을 연기한다. 그리고 대표자에게 정지 장면의 의미를 설명하게 한다. 그리고 전체에게 감상평과 의견을 말할 기회를 주고 마무리한다.

3) 의미와 응용

동영상이나 사진 등을 토의·토론에 활용하는 것은 상황을 이해하기 위함이다. 동영상이나 사진은 매우 구체적 상황을 보여주기 때문에 논점이 분명해지고, 참여자가 쉽게 주제를 공유하면서 이해하기 때문에 효율적인 토의·토론이 이루어질 수 있다. 직접 참여하는 연극을 활용하면 더욱 적극적인 토의·토론을 할 수 있다. 그러나 연극은 준비해야 할 것이 많고, 많은 시간이 걸린다. 그러나 타블로는 매우 간단하기 때문에 준비하는 시간도 짧고, 능력에 관계없이 쉽게 참여하여 연기할 수 있다. 그리고 자신이 연기까지 해야 하므로 적극적으로 토의·토론에 참여하게 된다. 그리고 이 경험은 평생 잊히지 않을 것이다.

48. 플레이스 메이트(place mate)

1) 목적과 특징

돌아가며 말하기를 좀 더 고급스럽게 응용한 것이 플레이스 메이트이다. 플레이스 메이트란 식탁에서 각자의 자리에 음식을 놓는 깔개를 말한다. 보통 네 명으로 모둠을 구성하여 토의·토론을 한다. 네 명이 식탁에서 식사를 하는 모습으로 토의·토론을 하는 것이다. [그림 2-8-19]와 같이 활동지도 네 명을 고려해서 만든다. 네 사람에게 동일한 참여기회를 주고, 모두의 의견을 모아서 최종 모둠 의견을 만드는 것이다.

활동지 위치에 앉은 모둠원은 자신의 공간에 자신의 의견을 적는다. 본인이 직접 적을 수도 있고, 기록을 남낭하는 모둠원이 요약해서 대신 적어줄 수도 있다. 네 명의 의견을 모두 적고, 이들을 종합해서 중앙의 공간에 모둠의 결론을 적는다. 각자의 의견이 다를 수도 있지만 다른 의견은 소수 의견으로 의미가 있으며, 공통적인 합의내용이 중앙의 공간에 적히는 것이다.

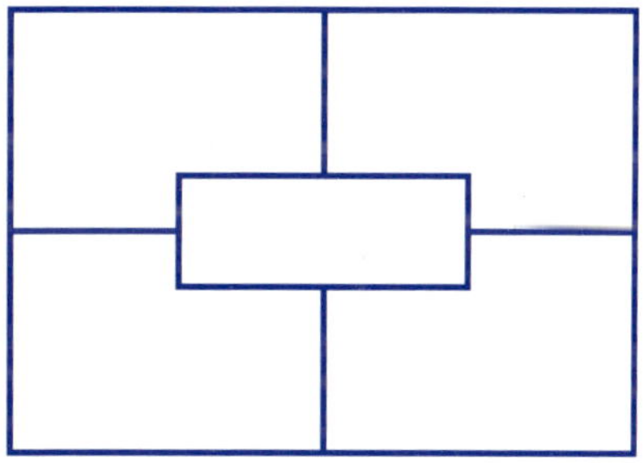

[그림 2-8-19] 플레이스 메이트(place mate)

2) 방법

(1) 주제에 대해 돌아가며 말하기

사회자는 순서를 정해서 주어진 주제에 대해 돌아가며 의견을 말하도록 한다.

(2) 각자의 의견을 활동지에 기록하기

모둠원은 자신의 생각을 자신의 공간에 메모하면서 순서대로 돌아가며 자신의 의견을 말한다. 이때 직접 메모할 수도 있지만, 기록이를 정해서 모둠원이 말한 의견을 요약해서 적도록 할 수도 있다. 이때는 의견을 말한 모둠원에게 의견을 확인해서 적는 것이 좋다.

(3) 모둠 전체의 의견을 요약하여 적기

모둠원의 의견을 모두 듣고, 각자의 공간에 요약하여 적은 다음, 공통의 의견과 합의된 의견을 중앙의 공간에 적는다. 그리고 전체 앞에서 발표한다.

3) 의미와 응용

모둠원이 발표하면 발표한 내용을 확인해서 기록이가 플레이스 메이트에 적는 방법이 주로 사용된다. 다른 사람의 의견을 적기 위해서는 경청을 잘 해야 되고, 이해가 안 되는 것은 질문과 확인을 통해서 이해되는데, 이러한 과정은 좀 더 정확한 발표와 적극적 경청을 자극한다. 활동지를 사용하는 것이 불편하면 포스트잇을 이용할 수 있다. 각자가 포스트잇에 자신의 의견을 메모해서 발표를 하고, 그 포스트잇을 자신의 활동지 공간에 붙여두면 훨씬 자연스럽게 토의·토론을 진행할 수 있다.

49. 회전목마(carrousel)

1) 목적과 특징

이 토의·토론 수업은 회전목마처럼 학생들이 계속 한 방향으로 돌아가면서 학생들의 생각을 보다 넓고, 깊게 생각하고 발표하는 경험을 제공하는 것을 목적으로 한다. 이 방법의 특징을 정리하면 다음과 같다(Ginnis, 2002).

첫째, 토의·토론의 참여를 극대화하기 위함이다. 항상 절반의 학생이 발표하고, 절반의 학생이 경청한다.

둘째, 빠른 시간 안에 말하고, 이해하는 능력을 기른다. 듣고, 이동하여 요약하고, 또 듣고, 이동하고, 요약하기 때문에 빨리 이해하고, 발표해야 한다.

셋째, 학생들은 임의의 학생을 만나 짧은 경청과 발표를 하기 때문에 여러 학생들을 만날 수 있다. 이러한 경험은 지적, 정서적 자극을 많이 받고 사회성을 기르는 데도 도움이 된다.

넷째, 다른 학생이 주장한 내용을 좀 더 깊이 있게 생각하고, 더 심화시켜야 하므로 사고력을 향상시킬 수 있다.

2) 방법

(1) 똑같은 인원수로 안과 밖의 두 개의 원 만들기

바깥쪽(outer) 원과 안쪽(inner) 원을 만들고 같은 수의 의자를 놓고, 두 사람이 마주 보며 앉도록 한다.

(2) 주제에 대해 안쪽에 있는 학생이 의견을 말하기

교사가 제시한 주제에 대해 안쪽 학생이 자신의 의견을 말한다. 이때는 주장과 함께 그 이유를 반드시 말하게 한다. 예를 들어 '유모차를 끌고 시위하는 것'에 대한 토의·토론을 한다고 하자. "나는 반대한다. 어린아이에게 너무 위험한 일이기 때문이다."라고 말할 수도 있고, "나는 찬성한다. 아기를 맡길 데가 없어서 그랬을 것이다."라고 할 수도 있다.

(3) 바깥쪽 학생은 자리를 옮겨 들었던 의견 말하기

바깥쪽 학생을 일어서게 한 다음, 한 칸씩 걸어가게 하다가 "그만!" 하고 말하면 그 자리에 앉아 새로운 짝을 만나게 한다. 그리고 이전에 만났던 안쪽 학생이 주장한 내용을 요약해서 말해주고, 지금 만난 안쪽 학생이 추가로 그 주장을 보완하도록 요구한다. 만약 "이전의 학생이 어린아이에게 너무 위험한 일이기 때문에 반대한다고 했습니다."라고 요약해 준다면, 그 말을 듣고, 안쪽에 앉은 학생은 그 주장을 보완할 수도 있고, 또 다른 이유를 보탤 수도 있다. 그러나 반대 의견을 말할 수는 없다. 즉 "또 다른 이유를 보태겠습니다. 어린아이는 판단을 할 수 없으므로 아무리 자기 아이라고 해도 마음대로 아이를 데리고 나올 수는 없다고 생각합니다."라고 말할 수 있을 것이다.

(4) 바깥쪽 학생은 한 번 더 자리를 옮겨 요약해서 말하기

똑같은 활동을 한 번 더 한다. 다만 바깥쪽 학생이 두 학생의 의견을 요약해 주는 점만 다르다. 바깥쪽 학생은 처음에 만났던 안쪽 학생의 입장을 계속 보완해서 자료를 수집하는 셈이 된다.

(5) 세 사람의 의견을 요약해서 발표시키기

바깥쪽 학생은 결국 세 사람의 의견을 들은 셈이다. 이 세 의견을 종합해서 정리하여 발표한다. 시간이 없으면 간단한 보고서를 제출해도 된다.

3) 의미와 응용

이 방법은 빠른 시간 안에 말하고, 이해하는 능력을 기르는 목적도 가지고 있다. 따라서 보통 두 사람이 만나는 시간은 3분으로 제한한다. 그러나 교사는 주제에 따라, 또는 학생들의 수준에 따라 시간을 조정할 수 있다. 이동하는 칸, 이동하는 횟수는 수업내용에 따라 얼마든지 조정할 수 있다. 다만 이동할 때 적어도 두 명 이상은 건너뛰는 것이 좋다. 바로 옆에서 하는 대화를 들을 수 있기 때문이다.

이 토의·토론은 개념을 정의하거나, 이유를 찾아내거나, 대안을 완성해가거나, 창의적인 물건을 만들거나, 좀 더 넓은 생각, 좀 더 깊은 생각을 하도록 유도하는 데 매우 유용하다. 학생들이 계속해서 회전하면서 활동을 하지만 교사는 수시로 격려의 말을 할 필요가 있다. 이동할 때 회전목마처럼 앉았다 일어났다 하면서 가게 하면 아이들이 게임처럼 즐거워한다.

50. KT 분석

1) 목적과 특징

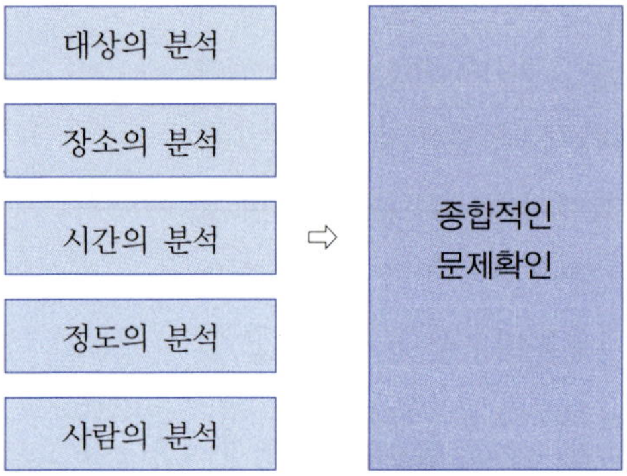

[그림 2-8-20] KT 분석 모형

이 모형은 케프너와 트레게(Kepner & Tregoe, 2013)가 『The Rational Manager: A Systematic Approach to Problem Solving and Decision-Making』(1965)에서 발표하였다. 그 이름을 따서 KT분석이라 한다. 최유현(2008)이 『공학기술과 팀워크』 책에서 주로 공학에 사용할 목적으로 소개하였지만 문제를 정확하게 확인하는 데에 사용한다면 어떤 주제에서도 적용이 가능한 모형이다.

이 모형의 강점은 '사실인 것(is)'과 '아닌 것(is not)'을 분명히 확인한다는 점이다. 어려움을 겪는 대부분의 경우는 문제해결의 첫 단계인 '문제가 무엇인지' 정확하게 확인하지 않아서 발생한다. 문제가 무엇인지 정확히 파악되면 이후의 과정은 쉽게 진행할 수 있다. 사실상 문제가 파악되면 이미 80%는 다 해결되었다고 해도 무방하다. 그러나 문제를 정확하게 진단하지 않으면 이후의 과정에서 많은 시행착오를 겪거나 엉뚱한 해결책이 만들어지기도 한다. 이 때문에 이 모형은 정확한 문제 확인에 초점을 둔다. 이를 위해 문제의 대상, 일어나는 장소, 일어나는 시간, 어느 정도가 문제인지, 문제를 일으키는 사람은 누구인지 다섯 영역에 대해 사실인 것(is)과 아닌 것(is not)을 분명히 구분하게 한다. 이를 종합하면 자연스럽게 문제가 정확하게 확인된다. 그러면 여기에 근거해 쉽게 문제해결의 근거가 만들어지고, 문제해결 대책이 나올 수 있다.

2) 방법

(1) 대상을 분석하기

어떤 행동이 문제인지를 확인해야 한다. 예를 들어 〈표 2-8-5〉에서처럼 어떤 행동이 '왕따 문제'에 관련된 것인지 사실인 것과 아닌 것을 구별한다. 예를 들어 이 모둠은 왕따 문제 행위를 여럿이, 의도적으로, 지속적으로 언어나 신체 폭력, 따돌림, 무시하기, 같이 안 앉기로 규정하였다. 그리고 일회성의 장난, 다툼, 규칙위반, 짜증, 과도한 표현, 그리고 공부 잘하는 아이가 스스로 혼자 있으려 하는 것 등은 유사한 행동이지만 왕따 문제가 아닌 것으로 규정하였다.

(2) 장소를 분석하기

문제가 어디서 발생하는지 확인해야 한다. 이 모둠은 왕따 행위가 SNS에서 많이 발생하며, 교실, 운동장, 계단, 학원, 급식실, 화장실 등에서 주로 발생한다고 보았다. 반면에 가정, 선생님 주변, 어른들이 있는 곳, 도서관에서는 발생하지 않는다고 보았다.

(3) 시간을 분석하기

문제가 발생하는 시간이 언제인지 분석할 필요가 있다. 이 모둠은 왕따 행위가 방과 후, 점심시간, 쉬는 시간, 심야(SNS), 전담교실 이동 시, 수업시간에도 모둠활동할 때 일어난다고 보았다. 반면에 교사 등 통제권이 있는 어른이 있을 때나 아침시간, 수업 중에는 일어나지 않는다고 보았다.

(4) 정도를 분석하기

어느 정도 범위를 문제로 할 것이냐를 결정해야 한다. 이 모둠은 욕설, 험담, 비방, 눈 흘김, 반복적 저평가, 갈취, 셔틀, 물건 숨기기, 무시, 구타, 외모 놀림,

비웃음, 투명인간 취급, 자살 시도나 전학을 가거나 치료를 받아야 할 정도를 왕따 행위라고 보았다. 반면에 스스로 혼자 있거나 이성문제나 학업성적 때문에 소외감을 느끼는 것은 왕따와는 거리가 있다고 판단하였다.

(5) 사람을 분석하기

문제의 당사자가 누구인지 분석할 필요가 있다. 이 모둠의 경우 가해자는 부정적인 의미에서 리더하는 아이, 과격한 성격, 조기성장으로 체격이 크거나 힘센 아이, 분노조절장애가 있는 아이, 스트레스를 많이 받는 아이 등으로 하였다. 피해자는 뚱뚱하고, 잘난 체하고, 완고하고, 식탐이 있고, 너무 잘났거나 못났거나 해서 눈에 띄거나, 욕심이 많거나, 지저분하고 냄새가 나거나, 자존감이 지나치게 낮거나, 지적을 많이 당하거나, 행동이 느리거나, 전체학급에 피해를 주는 아이를 규정하였다. 반면에 적극적 관점에서 평범하거나 눈치가 빠르거나 인기 있는 아이, 소극적 관점에서는 과묵하거나, 무관심하거나, 소극적이거나, 내성적이거나, 융통성이 없거나, 까칠한 아이는 왕따로 오해받을 수는 있으나 왕따를 시키거나 당하는 아이는 아니라고 판단하였다.

(6) 종합적으로 문제 확인하기

이상의 다섯 가지 영역에서 사실과 사실이 아닌 것을 구분하면 문제가 무엇인지 정확하게 드러난다. 왕따 문제의 경우 왕따인 행위가 규정되었으므로 그러한 행위만 주의하면 되고, 왕따가 일어나는 장소와 시간을 집중적으로 통제하면 된다. '정도'의 문제를 규정함으로써 과도한 통제를 막을 수 있고, 요주의 인물들을 사전 통제할 수 있다. 즉 구체적 문제해결 대안을 만들 수 있다.

〈표 2-8-5〉 KT 분석 사례(왕따)

구분	왕따인 것(is)	왕따 아닌 것(is not)
무엇 (what)	여럿이, 의도적, 지속적 언어 및 신체 폭력, 따돌림, 무시, 같이 안 앉기 등	일회성의 장난, 다툼, 규칙위반, 짜증, 과도한 표현, 공부 잘하는 아이가 스스로 혼자 있으려 하는 것 등
어디서 (where)	SNS, 교실, 운동장, 계단, 학원, 급식실, 화장실 등	가정, 선생님 주변, 도서관 등
언제 (when)	방과 후, 점심시간, 쉬는 시간, 심야(카톡 등), 수업시간에도 모둠 활동 때, 전담교실 이동 시(특히 어른 없을 때)	교사 등 통제권 있는 어른 있을 때, 아침시간, 수업 중 등
어느 정도 (to what extent)	욕설, 험담, 비방, 눈 흘김, 반복적 저평가, 갈취, 셔틀, 물건 숨기기, 무시, 구타, 외모 놀림, 비웃음, 투명인간 취급, 자살, 전학 및 치료를 요할 때	스스로 격리, 이성문제나 학업 성적 등의 이유일 때
누가 (who)	(가해) 부정적 리더십 있는, 과격한 성격, 조기성장으로 체격 크고 힘센, 분노조절장애 있는, 스트레스 많이 받는 (피해) 뚱뚱, 잘난 체, 완고, 식탐, 너무 잘났거나 못났거나, 욕심 많은, 지저분하고 냄새 나는, 자존감 낮은, 지적 잘 당하는, 행동 느린, 전체에 피해 주는	(적극적 관점) 눈치 빠른, 평범한, 인기 있는 (소극적 관점) 과묵한, 무관심, 소극적, 내성적, 융통성 없는, 까칠한

3) 의미와 응용

문제해결 과정에서 가장 많은 시간을 투자해야 하는 것이 문제의 확인이라고 볼 수 있다. 문제를 정확하게 확인하는 것은 생각보다 쉽지 않다. 그러나 여기서 많은 토의·토론을 거치면 공통분모가 만들어지고 합의된 문제 정의가 가능하다. 만약 개인이 이 작업을 한다면 동일한 문제라 하더라도 정확하게 진단하기가 어렵다. 또한 그것은 한 개인의 의견에 불과하기 때문에 그 다음의 과정을 전개하기도 어렵다. 즉 사회 문제는 여러 사람이 함께 의논해야 비교적 정확하게 파악할 수 있고, 합의하에 문제가 무엇인지 규정되어야 사회적으로 실효적인 해결책을 만들어 나갈 수 있다. 그런 의미에서 문제해결의 출발단계인 문제확인 과정은 시간이 걸리더라도 엄격하게 그 절차를 밟는 것이 바람직하다. KT분석은 문제인 것과 아닌 것을 정확하게 분리해서 정확한 문제를 확인하는 울타리를 만들어준다.

제 9 장

쟁점 분석

토의나 토론이 필요한 논제는 쟁점을 가지고 있다. 즉 충분히 토의나 토론을 통해서 따져봐야 할 점들이 있다는 것이다. 보편적 가치나 관습 또는 명백한 도덕적 문제는 지키면 될 일이지 따질 일이 아니다. 그러나 어떤 문제는 사실을 확인해 보고, 가치의 위계를 시간을 두고 다양한 관점에서 따져보아야 바람직하거나 정확한 판단을 할 수 있다. 이때는 사실이나 가치가 충돌하는 점들을 집중적으로 따져서 시시비비를 가려야 바람직한 대안을 만들어낼 수 있다. 또한 여러 대안이 제안되었을 때는 이들의 예상되는 장점과 단점, 강점과 약점, 실현 가능성 등을 예측해 보아야 할 때가 있다. 이때 필요한 것이 쟁점을 체계적이고 구체적으로 분석해서 따져 보는 것이다. 이 장에서는 이러한 쟁점 분석의 다양한 토의·토론 방법을 소개한다.

"당신의 주장에는 반대하지만, 당신이 주장할 수 있는 자유를 지키기 위해서는 목숨도 바치겠다."

- 볼테르 -

51. 가지치기(branch)
52. 가치 명료화(value clarification)
53. 가치 분석(value analysis)
54. 구름(cloud)
55. 도덕적 딜레마(moral dilemma)
56. 매트릭스 분석
57. 법리 모형(jurisprudential approach)
58. 생선뼈(fish bone)
59. 스와트(SWOT)
60. 왜·왜-어떻게·어떻게(why-why how-how)
61. 중요도·만족도 분석(IPA)
62. 카노 모형(Kano model)
63. 평가·토의·평가(EDS)
64. 프로-콘(pro-con) 협동학습

51. 가지치기(branch)

1) 목적과 특징

가지(branch) 모형은 교육을 위한 제약이론(TOCfE: Theory of Constraints for Education)에서 사용하는 세 가지 방법 중의 하나를 이용한 것이다. 제약이론(TOC: Theory of Constraints)은 골드라트(Goldratt)가 개발한 것으로 경영학에서 널리 사용되고 있다(Cox, Schleier & Goldratt, 2010). 이를 교육 분야에 적용하면서 TOCfE 운동이 시작되었다. TOCfE는 교육 현장이나 학교조직, 학생 개인 문제에서 핵심 문제점을 찾아 이를 혁신적인 방식으로 해결하는 새로운 교육이론이다(Knaw, 2006).

TOCfE 방법은 목적에 따라 세 가지로 나누어진다.

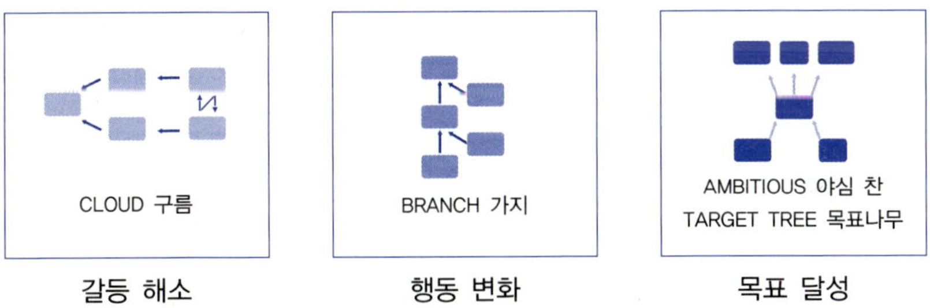

[그림 2-9-1] 세 가지 도구
출처: www.tocfekorea.org.

세 가지 도구를 좀 더 구체적으로 설명하면 다음과 같다(황중숙, 2008). 구름은 갈등상황을 이해하고, 윈-윈 해결책을 찾는 데 사용된다. 가지는 행동결과를 예상하고, 스스로 행동의 변화를 유도할 때 사용한다. 야심 찬 목표나무는 어려운 목표를 도달하도록 도와준다. 여기서는 가지를 이용한 토의·토론 수업을 소개한다.

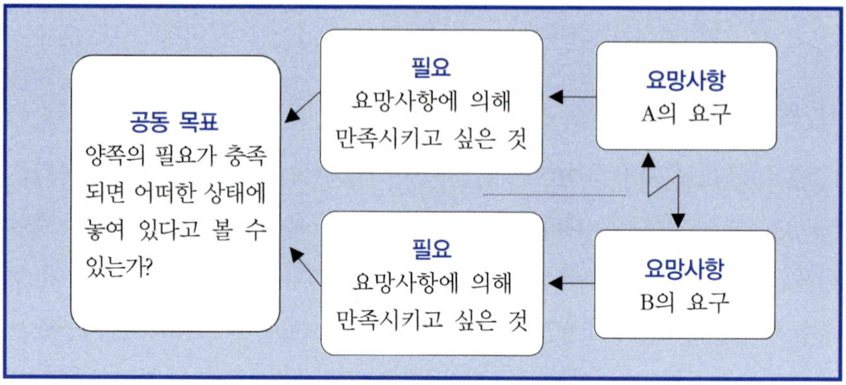

[그림 2-9-2] 세 가지 도구(구름)

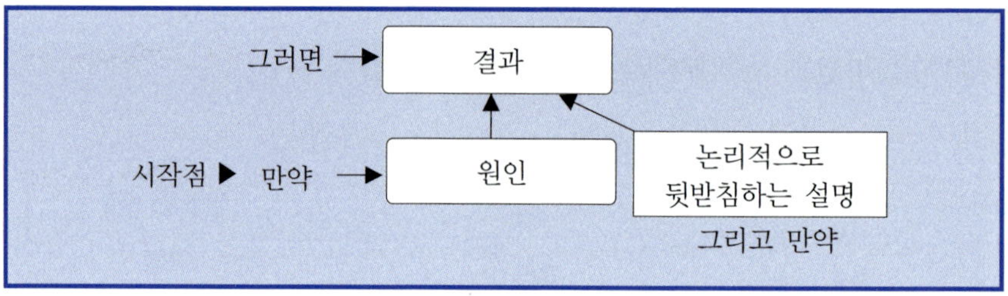

[그림 2-9-3] 세 가지 도구(가지)

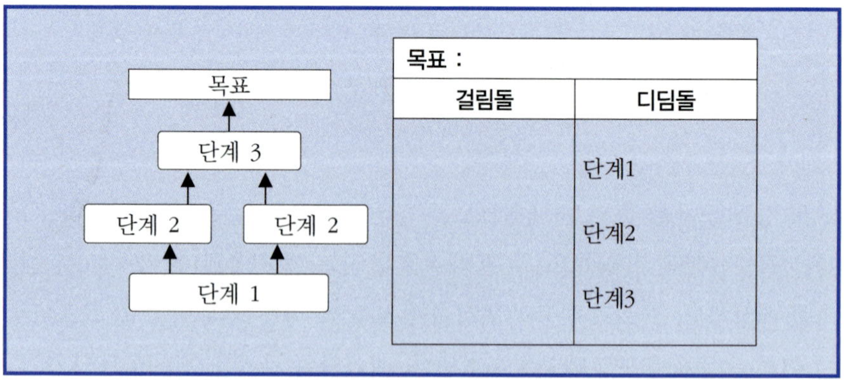

[그림 2-9-4] 세 가지 도구(목표나무)

가지는 TOCfE의 세 가지 도구 중 하나로 논리적인 인과관계 훈련을 하는 방법이다. 가지는 매우 다양하게 활용할 수 있다. [그림 2-9-5]는 창의 인성 교육의 한 방법으로 사용한 사례이다. 백지를 나누어준 뒤 반으로 접었다 편 다음, 왼쪽에는 부정적 가지, 오른쪽은 긍정적 가지를 만들도록 했다. 즉 자신의 나쁜 습관을 왼쪽 하단에 적고, 인과관계로 가지를 만들어 보라고 한 것이다. 그런 다음 그 나쁜 습관을 고쳤을 때의 자신을 상상해서 인과관계로 긍정적 가지를 만들어보라고 한 것이다. 원인에 따른 결과(if-then)를 찾아서 적어나갈 때는 창의력이 필요해진다. 상상을 해야 하기 때문이다. 자신의 생각을 손으로 직접 긍정적 가지를 만들어보면 나쁜 습관을 고칠 가능성이 훨씬 커진다. '적는 것' 그것이 실천의 시크릿이다. 즉 효과적인 인성교육이 된다.

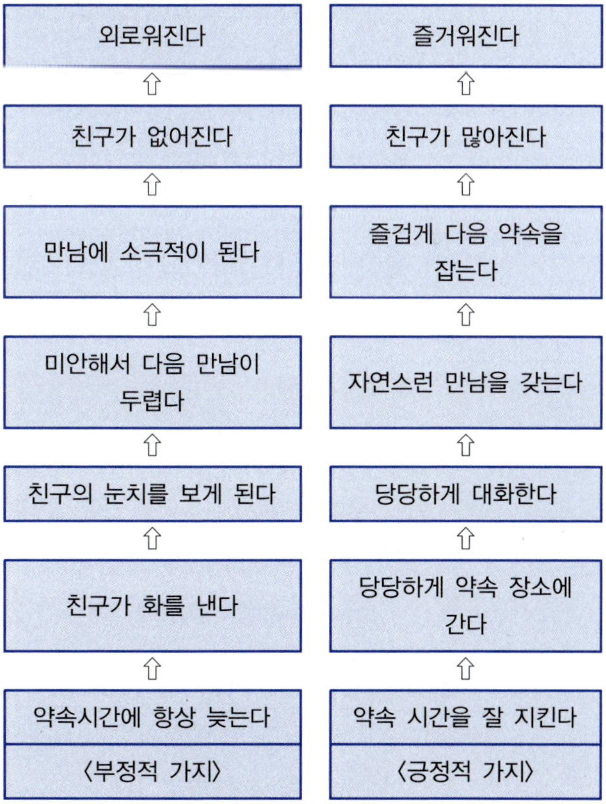

[그림 2-9-5] 나쁜 습관 고치기

2) 방법

가지는 개인 활동으로도 할 수 있고, 전체 학급을 대상으로 진행할 수도 있고, 소집단으로 할 수도 있다. 여기서는 소집단과 대집단으로 통합해서 하는 방법을 소개한다.

(1) 네 명으로 모둠 만들기

네 명으로 모둠을 만든 다음 역할을 부여하고, 부름이가 모둠원 수만큼 A4 용지를 가져가서 모둠원들에게 나누어주게 한다.

(2) 부정적 가지와 긍정적 가지 만들기

교사는 개인 활동으로 부정적 가지와 긍정적 가지를 만들도록 한다. 필요에 따라서는 하나의 가지를 만들어도 된다. 예를 들어 신라 통일에 대해 공부했다면 어떻게 통일이 가능했는지 가지치기를 할 수 있을 것이다.

(3) 돌아가며 설명하기와 동료의 조언 듣기

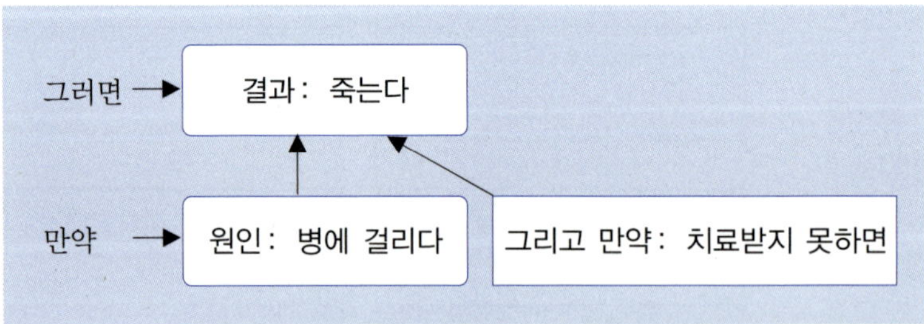

[그림 2-9-6] 가지치기(보조가지)

개인 활동이 끝났으면 오른쪽으로 돌아가며 자신의 가지를 간단하게 설명하도록 한다. 이때 동료들은 설명하는 동료의 가지에 비약은 없는지, 인과관계가 맞는지 등을 지적하고 대안을 말해주어서 좀 더 완성도를 높여준다. [그림 2-9-6]에서처럼 논리적으로 뒷받침하는 설명의 보조 가지를 만들어주는 것도 좋은 방법이다.

(4) 가장 잘 된 작품 선정하기

설명과 조언이 끝났으면 가장 잘 된 작품을 선정한다. 이를 결정하는 방법은 다수결 등 다양하게 있으나 가장 쉬운 방법은 교사의 하나 둘 셋 구령에 맞추어 한꺼번에 가장 잘 된 작품을 손가락으로 지적하는 방법이다.

(5) 발표하기

모둠별로 선정된 작품을 만든 학생이 나와서 자신의 가지를 발표하는 것으로 활동이 마무리된다.

3) 의미와 응용

가지를 많이 만드는 사람이 잘하는 것이라 격려해주면 좀 더 정교하게 상상해서 가지를 만들어간다. 일단 개인 활동을 할 때는 모둠원들과 의논을 하지 않게 한다. 개인이 깊이 생각할 수 있게 하기 위함이다. 앞에서 소개한 방법은 소집단과 대집단을 통합한 것으로 학습목표구조(경쟁학습, 협동학습, 개별학습)에서 보면 협동학습구조에 속한다. 만약 교사가 개인별로 가지를 만들도록 하고, 가장 잘한 사람에게 상을 준다면 경쟁학습이 될 것이다. 학생들은 다른 학생들은 잘 못하고, 자신의 것만 잘하기를 바라기 때문이다. 또한 그냥 각자가 만들어서 제출하라고 하면 개별학습이 될 것이다. 다른 학생들이 만드는 것에는 관심이 없기 때문이다. 그러나 앞에서 설명한 대로 하면 소집단의 모둠원들은 친구가 가지를 잘 만들기를 바라고, 또 서로 더 잘 만들 수 있도록 도와주고, 우리 모둠에서 제일 잘한 가지가 전체 학급에서도 가장 잘한 것이 되기를 바라게 되므로 집단끼리는 경쟁이지만 집단 내에서는 협동학습구조가 된다.

52. 가치 명료화(value clarification)

1) 목적과 특징

래스(Rath)는 학생들이 일상생활 속에서 가치를 실천하도록 돕는 방법으로 가치 명료화 수업을 할 것을 권고하였다. 이를 위해 가치 명료화 질문들도 개발하였는데, 크게 세 가지 활동, 일곱 가지 기준을 [그림 2-9-7]과 같이 제안하였다(Kirschenbaum, 2006).

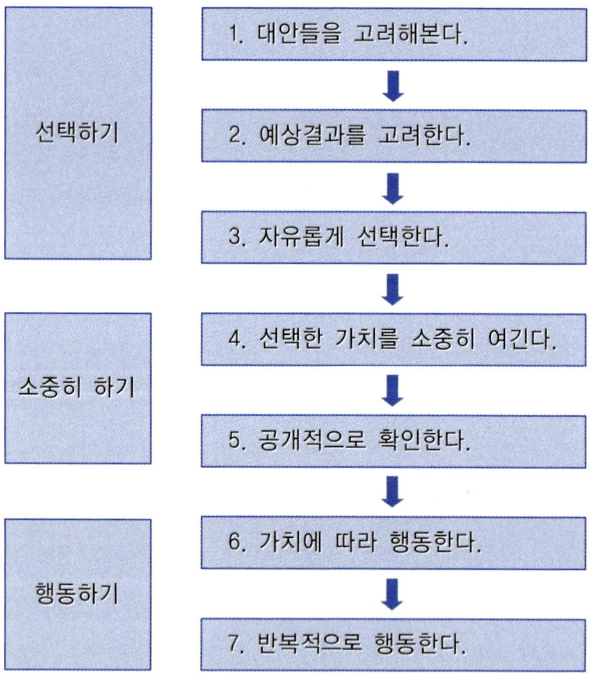

[그림 2-9-7] 가치 명료화 기준

첫째, 대안을 고려해 볼 때 가치 명료화 질문들은 "여러분은 여러 대안들을 충분히 고려해 보았는가?", "여러분과 다른 의견을 가진 사람들에게 어떻게 말하겠는가?", "차선의 대안은 무엇인가?" 등이다. 이를 통해 학생들이 여러 대안들을 신중히 고려하도록 자극한다.

둘째, 예상 결과를 고려하게 하는 가치 명료화 질문들은 “그 대안의 장단점은 무엇인가?”, “1년 후에도 동일한 대안을 선택할 것인가?”, “여러분이 그 대안을 선택하면 다른 사람들은 어떤 반응을 보일까?” 등이다.

셋째, 자유롭게 가치를 선택하는데, 다른 압력이 없어야 한다. 그러므로 “그 대안은 여러분이 원한 것인가?”, “그 결정이 최선이라고 생각하는가?” 등의 질문을 해서 선택에 대해 책임을 느끼게 한다.

넷째, 자신이 선택한 가치를 자랑하고 소중히 여기게 한다. 이를 위해 “이 대안이 여러분에게 얼마나 중요한가?”, “정말 이 대안처럼 되고 싶은가?”, “이 대안을 선택한 것이 자랑스러운가?” 등의 질문을 할 수 있다.

다섯째, 선택한 대안을 공개적으로 확인한다. “이 대안에 대해 누군가에게 말한 적이 있는가?”, “다른 사람들이 여러분이 선택한 대안을 알도록 하겠는가?”, “여러분의 선택을 여러 사람에게 공개할 의사가 있는가?” 등의 질문을 한다.

여섯째, 선택한 대안에 따라 행동한다. “여러분이 선택한 대안을 실천했는가?”, “그 대안을 실천하기 위해 처음 해야 할 일은 무엇인가?” 등의 질문을 할 수 있다.

일곱째, 선택한 대안과 관련하여 일관된 행동을 반복한다. “선택한 대안으로 생활하고 있는가?”, “앞으로도 계속 그 대안을 실천할 것인가?” 등의 질문을 할 수 있다. 위의 두 단계는 토의·토론 수업에서 질문하기는 힘들며, 그 다음 수업 시간에 하는 것이 현실적이다. 토의·토론 수업시간에는 5단계까지만 활용하는 것이 보통이다.

2) 방법

(1) 여러 대안 중에 하나를 선택하기

교사는 가치가 내재된 논쟁 문제에서 여러 대안을 제시해 준다. 그리고 학생들로 하여금 마음속으로 그 대안 중 하나를 선택하도록 한다.

(2) 대안이 가지고 올 결과를 예상했는지 질문하기

교사는 학생들에게 각자가 선택한 대안이 가지고 올 결과를 예상했는지 질문한다. 이때 한 학생을 지목하여 일으킨 다음 긍정적 결과와 부정적 결과를 다 예상했는지 추가로 물어본다. 학생이 대답하면, 구체적 예를 들어보게 한다. 다른 학생들에게 이 학생에게 질문할 것이 있으면 질문하도록 한다. 그런 다음 모든 학생에게 각자가 선택한 대안에 대해서도 똑같은 생각을 해보도록 한다. 그리고 대안을 바꿀 수 있으면 바꾸게 하고, 바꾼 학생들은 손을 들어보라고 한다.

(3) 자유롭게 선택했는지 확인하기

교사는 모든 학생들에게 지금 선택한 대안에 대해 자유롭게 선택했는지 확인 질문을 한다. 한 학생을 지목하여 일으킨 다음, 정말 자기 스스로 선택했는지 물어본다. 다른 사람을 의식하지 않았는지, 다른 사람들의 눈치를 보지 않았는지를 물어본다. 다른 학생들에게 이 학생에게 질문할 것이 있으면 질문하도록 한다. 그런 다음 모든 학생에게 각자가 선택한 대안에 대해서도 똑같은 생각을 해보도록 한다. 그리고 대안을 바꿀 수 있으면 바꾸게 하고, 바꾼 학생들은 손을 들어보라고 한다.

(4) 선택한 대안이 소중한지 확인하기

교사는 모든 학생들에게 자기가 선택한 가치가 소중한지 물어본다. 한 학생을 지목하여 일으킨 다음, 자신이 선택한 대안이 왜 소중한지 설명하게 한다. 다른 학생들에게 이 학생에게 질문할 것이 있으면 질문하도록 한다. 그런 다음 모든 학생에게 각자가 선택한 대안에 대해서도 똑같은 생각을 해보도록 한다. 그리고 대안을 바꿀 수 있으면 바꾸게 하고, 바꾼 학생들은 손을 들어보라고 한다.

(5) 선택한 대안을 공개적으로 확인하기

교사는 주어진 대안들을 하나씩 말하고, 그것을 선택한 학생들을 일어서게 한다. 그리고 임의의 학생에게 이 대안을 선택한 이유를 말하게 한다. 그리고 이 선택이 떳떳한지 물어본다. 다른 학생들에게 이 학생에게 질문할 것이 있으면 질문하도록 한다. 그런 다음 모든 학생에게 각자가 선택한 대안을 떳떳하게 공개할 수 있는지 생각하고 지금이라도 바꾸고 싶으면 그렇게 하라고 한다. 다음 대안을 말하고, 똑같은 방법으로 진행한다.

3) 의미와 응용

가치 명료화에 대한 논란은 많다. 가치 상대주의를 부추길 수 있기 때문이다. 그러므로 교사는 너무 지나친 가치 상대주의 상황이 나타나지 않도록 주의한다. 학생의 생각에 문제가 있다고 판단될 때에는 추가적인 질문을 계속 던져 학생이 자신의 생각을 스스로 바꾸도록 하는 것이 좋다.

이 토의·토론 수업은 교사가 사회를 보는 것이 좋다. 학생들의 반응이 매우 다양하기 때문에 순발력 있게 잘 대응해야 하기 때문이다. 학생들끼리 토의·토론을 맡기기에는 다소 불안한 면이 있다.

또한 토의·토론 과정 중에 학생들은 얼마든지 자신이 선택한 대안을 바꿀 수 있도록, 그것이 부끄러운 일이 아니라 스스로 좋은 대안을 모색한다는 분위기를 조성할 필요가 있다. 항상 생각을 바꾼 학생들에게 손을 들어보라고 해서 확인하도록 한다. 손을 드는 행위도 가치 명료화 과정이다.

53. 가치 분석(value analysis)

1) 목적과 특징

가치 분석은 개인이 특정한 가치를 선택할 때, 이유를 논리적으로 충분히 밝히고, 가능하다면 증거도 제시하도록 요청함으로써 합리적이고 정당한 가치관을 형성하도록 도우려는 방법이다(유병열, 2011; 정문성 외, 2008; Banks, 1990). 이와 유사한 방법으로 가치명료화가 있다. 가치 명료화가 선택한 가치를 명백하게 하는 데에 초점을 두고 있다면 가치 분석은 선택한 가치의 논리성을 밝히는 데 중점을 둔다는 점에서 차이가 있다(Kirschenbaum, 2006). 가치 분석은 가치명료화가 윤리적 상대주의에 빠질 우려가 있음을 비판하고 등장한 것에서 알 수 있듯이 사회적이고 객관적인 가치가 있음을 전제한다.

가치 분석은 가치의 논리성과 정당성을 충분히 변호할 것을 강조한다. 그렇게 하는 이유를 정리하면 다음과 같다. 이는 가치 분석의 전제와도 같은 것이다(차경수, 2000).

첫째, 선택하고자 하는 가치들이 서로 충돌할 때 그 문제를 인지적, 합리적 추론에 의해 어떤 가치가 더 바람직한지 증명한다면 가치 갈등 상황을 해결하고 바람직한 가치를 찾아낼 수 있다.

둘째, 가치의 우선순위는 상황에 따라 다를 수 있다. 그러므로 특정 상황에서의 가치들의 논리성과 정당성을 보여줌으로써 우선순위를 결정할 수 있다.

셋째, 자신이 어떤 가치를 선택했는지가 중요한 것이 아니라 왜 그 가치를 선택했는지 다른 사람들을 설득시킬 수 있어야 한다. 즉, 어떤 가치를 선택했을 때는 바람직한 가치 선택에 대한 분명한 근거와 이유를 제시할 수 있어야 한다는 것이다.

2) 방법

가치 분석 토의·토론의 방법은 여러 학자들이 주장했지만 가장 유명한 것은 뱅크스(Banks)의 9단계 모형이다. 그리고 이를 간단하게 줄인 차경수의 4단계 모형이 있다. 이를 사례를 들어 설명해 보자(차경수·모경환, 2008).

Banks의 모형	차경수 모형
• 1단계: 가치 문제에 대한 정의와 인지	• 1단계: 문제 제기
• 2단계: 가치 관련 행동 서술	
• 3단계: 서술된 행동 속에 들어 있는 가치 명명	• 2단계: 가치 문제 및 가치 갈등 확인
• 4단계: 서술된 행동 속에서 상충하는 가치 결정	
• 5단계: 가치의 원천에 관한 서술	
• 6단계: 대안적 가치 명명	• 3단계: 대안 검토와 결과 예측
• 7단계: 대안적 가치 선택 시 예측되는 결과 서술	
• 8단계: 선호하는 가치 공표	• 4단계: 가치의 선택과 행동
• 9단계: 가치 선택의 이유 제시 및 행동	

[그림 2-9-8] Banks와 차경수의 가치 분석 모형

> 학급에서 도난 사건이 일어났다. 운동장에서 체육수업을 마치고 돌아온 영철이는 교복에 넣어 두었던 10,000원이 없어진 것을 알았다. 영철이는 담임선생님께 이 사실을 말했다. 담임선생님은 체육수업 때 교실을 지켰던 철수에게 혹시 누군가가 교실에 들어온 적이 있느냐고 물었다. 철수는 난감했다. 사실은 친한 친구인 성수가 체육시간 중간에 교실에 물을 마시러 들어왔고, 영철이 자리 근처에서 무언가 꺼내는 것을 보았기 때문이다. 철수와 눈이 마주친 성수는 당황하듯 교실을 빠져나갔다. 지금 생각해 보니 성수가 돈을 훔친 것이 틀림없다는 생각이 들었다. 그러나 정확하게 돈을 꺼내는 것은 보지 못했기 때문에 확신할 수는 없었다. 담임선생님의 질문에 철수는 성수가 들어왔었다는 이야기를 해야 할지 말지 판단이 서지 않았다.

[그림 2-9-9] 가치 분석 사례 1

(1) 가치 문제에 대한 정의(관찰-분별)

상황을 정확하게 관찰하고, 어떤 가치문제가 충돌하는지 상황을 정의하는 단계이다. 이를 위해 교사는 "어떤 가치 갈등이 발생하였는가?" 등의 질문을 할 수 있다. [그림 2-9-9]에서는 이 상황을 관찰하고, 대립하는 가치를 분별해 내어야 한다. 우정과 정직 중 어느 것이 우선인지가 가치 갈등 상황임을 파악할 수 있다.

(2) 가치 관련 행동 서술(진술-분별)

어떤 가치가 갈등하고 있는지 파악되었다면, 이제는 행위자의 가치 행동을 간략하게 서술하는 것이다. 즉 철수는 담임선생님에게 "아무도 들어오지 않았다"고 말하든지 "성수가 들어왔고, 영철이 자리 근처에서 수상한 행동을 했다"고 진술해야 할 것이다. 이를 위해 교사는 "성수는 담임선생님에게 어떤 대답을 할 수 있는가?" 등의 질문을 할 수 있다. 학생들은 성수가 어떤 진술을 할 수 있으며, 그 진술에는 어떤 가치가 들어있는지 분별할 수 있어야 한다.

(3) 서술된 행동 속에 들어 있는 가치 명명(인식-진술, 가설 수립)

서술된 행동 속에서 어떤 가치에 근거해서 그러한 행동을 했는지 명명한다. 여기서는 학생들이 일종의 가설적 표현을 사용해야 한다. 왜냐하면 철수의 행동이 그 가치에 근거한 것이라고 확증할 수는 없기 때문이다. 다만 여러 가지 정황을 볼 때 그러한 가치에 근거해서 그러한 행동이 나왔을 것이라고 가설적 예측을 할 수는 있다. 철수가 아무도 들어오지 않았다고 말했다면 우정이라는 가치를 우선했을 것이고, 사실대로 말했다면 정직이라는 가치를 우선했다는 가설을 세울 수 있다. 이를 위해 교사는 "철수의 행동에 들어있는 가치는 무엇인가?" 등의 질문을 할 수 있다. 학생들은 (2)에서 진술하고 분별한 행동을 가설로 표현할 수 있어야 한다.

(4) 서술된 행동 속에서 상충하는 가치 결정(인식-분석)

가설이 수립되었다면 그 가설을 분석해 본다. 즉 그 가설이 가능한 것인지 여러 질문을 통해 분석해 본다. 예를 들면 "철수가 아무도 들어오지 않았다고 말한 것이 과연 우정 때문이었을까?", "그것이 우정이라고 할 수 있을까?" 등의 질문을 함으로써 가설의 근거가 적합한지를 따져보아야 할 것이다. 즉 수립한 가설이 객관적으로 동일하게 분석되는지를 따져볼 수 있어야 한다.

(5) 가치의 원천에 관한 서술(가설 수립)

이 단계가 3단계의 가설 수립과 다른 것은 4단계의 분석을 통해 충분한 근거를 가진 가설로 자리 잡았다는 점이다. 즉 추측에 의한 가설이 아니라 충분히 사고를 통한 가설을 수립한 것이다. 그러므로 3단계에서 했던 가설과 같을 수도 있지만 수정될 가능성도 있다. 교사의 여러 질문에 대한 대답을 통해 학생은 정확한 가설 수립을 하게 된다. 이를 위해 교사는 "철수의 행동이 과연 진정한 우정이라고 할 수 있는가?" 등의 질문을 통해 학생의 생각을 흔들어 볼 수 있다.

(6) 대안적 가치 명명(회상)

가설 수립을 통해 나타난 가치에 근거해서 또 다른 행동을 할 수는 없는지 따져본다. 즉 대안적 행동을 찾아본다. 예를 들어 "우정이라는 가치를 실현하기 위해 담임선생님에게 아무도 들어오지 않았다고 하는 행동밖에는 없을까?" 즉 우정을 위해 다른 대안적 행동을 할 수는 없었는가를 질문할 수 있다. 왜냐하면 학생들에 따라 우정을 좀 더 다른 차원, 또는 더 깊은 차원으로 생각할 수도 있고, 그것이 다른 사람들에게도 설득력이 있다면 다른 가설을 세울 수도 있기 때문이다.

(7) 대안적 가치 선택 시 예측되는 결과 서술(예측, 비교, 대조)

여러 대안적 가치들에 대해 예를 들어 철수는 두 가지 가치를 선택할 수 있다. 우정에 기초한 행동과 정직에 기초한 행동이다. 교사는 각 행동이 가지고 올 예상되는 결과를 예측하고 비교해서 발표해 보라고 한다. 이는 특정 가치에 기초한 행동이 실제로 어떤 결과를 낳게 되는지 예측해 봄으로써 어떤 것이 올바른 결정인지 확인하기 위함이다. 예를 들어 아무도 들어오지 않았다고 말한다면 성수는 의심을 받지 않겠지만 철수는 거짓말을 한 자신에 대해 죄책감을 갖게 될 것이다. 또 성수는 자기를 위해서 거짓말을 한 철수에게 고마움을 느끼겠지만 매우 미안한 감정을 가지게 될 것이다. 반대의 경우에도 철수와 성수는 이 일을 계기로 우정이 깨어질 수 있을 것이다. 그러나 철수는 정직했던 자신에 대해 자랑스럽지만 성수에게 평생 미안한 마음을 갖게 될지도 모른다.

(8) 선호하는 가치 공표(선택)

이러한 예측과 비교 및 대조를 거친 뒤 자신의 가치를 여러 사람에게 발표한다. 여러 사람 앞에서 막상 발표하고 보니 잘못했다는 생각이 들 수도 있고, 더 떳떳해질 수도 있다. 이에 따라 자신의 가치 판단에 대해 수정 또는 유지 태도를 가지게 될 것이다. 이를 위해 교사는 "자신은 어떤 가치가 옳다고 생각하는지 발표해 보라"고 한다.

(9) 가치 선택의 이유 제시 및 행동(정당화, 예측)

이제는 모두에게 자신이 선택한 가치의 이유를 설명하게 한다. 즉 정당화하는 것이다. 그리고 그러한 행동이 어떤 결과를 낳을지도 설명하라고 한다.

차경수의 4단계 모형

(1) 문제 제기

교사는 가치 갈등 상황을 보여준다. 상황에 대한 정확한 설명을 해 주고, 학생들의 상황 이해를 돕는 여러 가지 동영상, 자료 등도 보여줄 수 있다. 중요한 것은 학생들이 상황을 정확하게 이해하는 것이다. 그래야 어떤 가치 갈등 상황인지를 정확하게 알 수가 있다.

이익갑 씨는 유명 완구 회사의 대리이다. 이 씨는 2년여 기간 동안의 10억의 예산을 들인 대형 프로젝트팀의 팀장의 임무를 수행하면서 아이들이 보다 좋아할 수 있는 캐릭터 완구를 개발하는 데 성공하였다. 사전 시장 조사를 통해 이 완구는 100억 이상의 수입을 올릴 수 있을 것으로 예상되었다. 이러한 공로를 인정받아 이익갑 씨는 회사 측으로부터 커다란 상과 함께 파격적인 승진을 약속받았다. 이익갑 씨의 가족들도 이로 인해 큰 기대에 부풀어 있었다.

그런데 출시 직전 같은 프로젝트팀의 팀원이자 절친한 친구인 김원용 씨가 이 제품의 마무리 개발 단계에서 아이들에게 해로운 물질이 완전히 제거되지 못했다는 것을 발견하고 문제를 제기하였다. 대부분의 보통 아이들에게는 별다른 영향이 없지만, 면역력이 현저하게 떨어지는 아이들에게는 치명적인 해가 될 수도 있다는 것이었다. 이러한 사실은 이익갑 씨와 김원용 씨만 알고 있으며 김원용 씨는 회사에 손해가 되더라도 모든 제품을 폐기해야 한다고 주장하고 있다.

김 씨는 만약 자신의 주장을 받아들이지 않으면 회사도 그만두고 이익갑 씨와의 관계도 끝날 것이라고 경고하였다. 이익갑 씨는 막대한 이익을 눈앞에 두고 제품 출시를 강행해야 할지, 아니면 극소수 어린이들의 잠재적 피해를 예방하기 위해 판매를 늦추고 다른 방안을 찾아야 할지 고민에 빠졌다.

[그림 2-9-10] 가치 분석 사례 2

(2) 가치 문제 및 가치 갈등 확인

이익갑 씨가 겪고 있는 가치 갈등의 문제는 무엇인지를 질문한다. 학생들이 정확한 대답을 못하는 경우에는 [그림 2-9-11]과 같이 가치 갈등을 정확하게 이해하도록 힌트를 준다. 그리고 정확한 표현으로 가치 갈등 상황을 표현해서 제시해 주도록 한다. 만약 소모둠으로 운영한다면 각 모둠의 토의·토론을 통해 정확한 가치 갈등 상황이 파악되었는지 점검해 준다.

소수 어린이들의 피해를 담보로 하여 막대한 경제적 이익을 얻을 것인가	VS	모든 어린이들의 안전을 위하여 막대한 경제적 이익을 포기할 것인가
회사의 발전을 위하여 오랜 친구와의 우정을 깨뜨릴 것인가		오랜 친구와의 우정을 유지하기 위하여 회사에 손해를 가져올 것인가
가족의 기대에 부응하기 위해 양심의 거리낌을 용인할 것인가		떳떳한 양심을 위해 상과 승진 등 가족이 원하는 것을 포기할 것인가

[그림 2-9-11] 가치 갈등의 지점

(3) 대안 검토와 결과 예측

각 대안을 선택했을 때 올 수 있는 결과들을 예측해 본다. 다음과 같은 활동지에 그 결과들을 토의·토론을 통해 적어본다. 처음에는 구성원들의 아이디어들을 가능하면 다 적어보고, 나중에 이를 다듬어 불필요한 것은 제거한다.

해결안	예상되는 결과
김원용 씨를 설득하여 제품 출시를 강행한다.	① 회사에서 인정받고 큰 상을 받는다. ② 승진을 통해 가족의 기대를 충족시킨다. ③ 소속된 회사가 크게 발전한다. ④ 대다수 어린이들에게 즐거움을 준다. ⑤ 극소수 어린이들이 피해를 입을 수 있다. ⑥ 김원용 씨와의 우정 관계를 유지한다. ⑦ 양심상 떳떳하지 못할 수 있다. ⑧ 훗날 문제 발생 시 처벌받을 수 있다.
김원용 씨를 무시하고	① 회사에서 인정받고 큰 상을 받는다. ② 승진을 통해 가족의 기대를 충족시킨다.

해결안	예상되는 결과
제품 출시를 강행한다.	③ 소속된 회사가 크게 발전한다. ④ 대다수 어린이들에게 즐거움을 준다. ⑤ 극소수 어린이들이 피해를 입을 수 있다. ⑥ 김원용 씨와의 우정에 금이 간다. ⑦ 양심상 떳떳하지 못할 수 있다. ⑧ 훗날 문제 발생 시 처벌받을 수 있다.
김원용 씨의 의견을 수용하여 제품을 폐기한다.	① 회사에서의 포상과 승진이 취소된다. ② 승진하지 못하므로 가족의 기대를 충족시키지 못한다. ③ 소속된 회사가 경제적으로 큰 타격을 입는다. ④ 훗날 용기 있는 결정이었다고 칭찬받을 수 있다. ⑤ 극소수 어린이들의 안전이 보호받는다. ⑥ 김원용 씨와의 우정을 유지한다. ⑦ 양심상 떳떳하게 살 수 있다. ⑧ 대다수 어린이들이 좋아하는 완구를 가지고 놀 기회를 잃게 된다.
김원용 씨의 의견을 수용하여 제품 출시를 보류한다.	① 회사에서의 포상과 승진이 유보된다. ② 승진하지 못하므로 가족의 기대를 충족시키지 못한다. ③ 소속된 회사가 경제적으로 큰 타격을 입는다. ④ 양심상 떳떳하게 살 수 있다. ⑤ 극소수 어린이들의 안전이 일단 보호받는다. ⑥ 김원용 씨와의 우정을 유지한다. ⑦ 대다수 어린이들이 좋아하는 완구를 가지고 놀 기회를 일단 잃게 된다. ⑧ 제품을 보완할 것인지, 폐기할 것인지 회사 차원의 대책이 마련된다.

[그림 2-9-12] 해결안과 예상되는 결과

(4) 가치의 선택과 행동

위의 대안들 및 예상되는 결과를 심사숙고한 뒤, 모둠별로 합리적인 이유와 근거를 가지고 대안들 중 하나를 선택하고 이를 발표한다.

3) 의미와 응용

가치 분석 토의·토론은 교사 주도하에 학급 전체가 할 수도 있고, 모둠별로 할 수도 있다. 가치 갈등 상황이 복잡하고 어려울 때는 학생들이 토의·토론을 운영하기가 매우 어렵기 때문에 교사가 주도하는 것이 바람직하다. 적절한 유도 질문들을 할 수 있기 때문이다. 그러나 비교적 쉬운 갈등 상황일 때는 모둠별로 하는 것이 바람직하다. 전자는 정확한 수업방향을 잡고 수업목표를 달성할 수 있지만 학생들의 참여율이 낮아질 가능성이 있고, 후자는 학생들의 참여율은 높을 수 있지만 자칫 엉뚱한 방향으로 전개될 가능성이 있는 단점이 있다.

그리고 가치들의 복잡성의 정도에 따라 뱅크스의 모형과 차경수의 모형을 적절하게 선택하는 것도 고려해 볼 필요가 있다. 즉 절차를 간단히 하는 것이 더 이해를 어렵게 할 수도 있고, 반대로 쉽게 할 수도 있다. 절차가 너무 복잡하면 절차에 신경을 쓰다가 내용을 놓칠 수도 있기 때문이다. 가치들의 수준에 따라 편한 방법을 사용하면 된다.

54. 구름(cloud)

1) 목적과 특징

구름은 전술한 TOCfE의 세 가지 도구 중 하나로 갈등의 쟁점을 찾고, 해결책을 만들어내는 훈련 방법이다. 어느 사회나 살기 좋은 사회를 만들려는 공동의 목적은 같다. 다만 방법이 다르기 때문에 갈등 문제가 생긴다. 그래서 모둠 내에서 찬성 주장과 반대 주장의 입장에 각각 서 보면서 각각의 대안은 무엇인지, 그 대안들 중에서 양보할 수 있는 것은 어떤 것인지를 찾아 타협하는 활동이다.

2) 방법

(1) 요망 사항이 적힌 활동지 나누어주기

모둠별로 [그림 2-9-13]과 같은 활동지를 나누어준다. 수업시간의 여유에 따라 활동지의 빈칸을 채워준다. 예를 들어 시간이 부족하면 '왜냐하면' 부분만 빈 공간을 주어 모둠별 토의·토론으로 완성하도록 하고, 시간의 여유가 있으면 전체를 빈 공간으로 한 활동지를 배포한다.

(2) 요망 사항이 필요한 이유를 적기

'필요(need)' 란에 그 이유를 한 문장으로 적게 한다. 이미 적혀있는 활동지라면 다음으로 넘어간다.

(3) 필요의 가정을 확인하기

필요의 근본적인 가정을 적게 한다. 즉 필요의 구체적 근거들을 생각해서 적는다.

(4) 윈·윈 해결책을 모색하기

해결책을 생각하여 발표한다. 가정, 즉 '왜냐하면'에 해당하는 것을 깰 수 있는 방안이 양보안이고 해결책이다. 예를 들어 [그림 2-9-13]을 보면 매립 가스를 포집하여 악취를 막으면 '가정1: 쓰레기 매립장은 악취가 난다'를 제거할 수 있다. 이런 식으로 양쪽의 갈등을 해결할 수 있는 방안을 모아서 해결책 빈칸에 적어본다. 더 나아가 위, 아래 해결책을 합해서 윈-윈 대안이 만들어지면 완벽한 합의안이 만들어진 셈이 된다(황중숙, 2008).

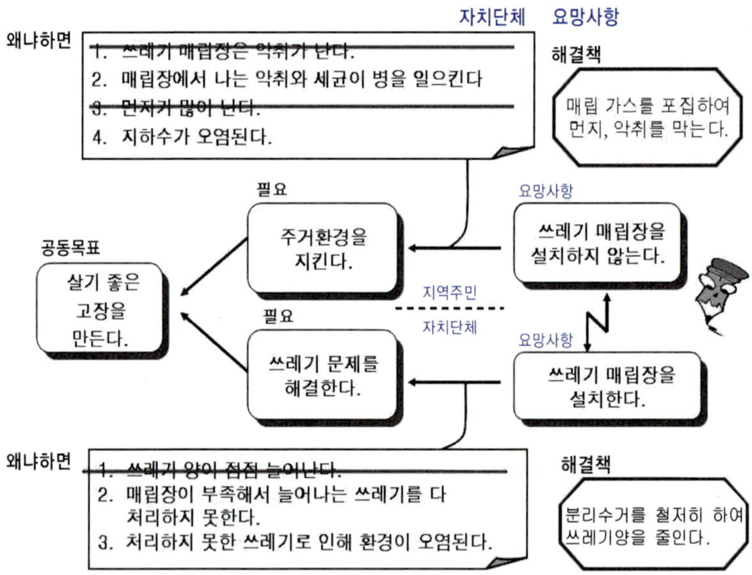

[그림 2-9-13] 구름학습지

3) 의미와 응용

이 방법은 교사의 진행하에 활동지를 채워가면서 대집단에서 할 수도 있고 여기서 소개한 것처럼 소집단으로 할 수도 있다. 이때 반드시 합의안을 만들

필요는 없으며 최소한 양측 주장의 해결책(양보안)까지는 만들도록 이끌어 가야 한다. 이 방법은 갈등 해결이 목적이므로 학생들로 하여금 양쪽의 입장을 충분히 이해하고 최종 결론을 내도록 유도하는 것이다. 예를 들어 한 초등학교 수업에서는 일만 하는 개미와 놀기만 하는 베짱이를 주제로 수업한 후 다음과 같이 훌륭한 결정을 내렸다.

개미와 베짱이는 오전에 일하고 오후에 놀도록 하라!

55. 도덕적 딜레마(moral dilemma)

1) 목적과 특징

콜버그(Kohlberg)의 도덕 추론 과정을 연구한 학자들이 만든 토의·토론 방법이다. 콜버그에 따르면 도덕발달은 6단계로 이루어진다. 1단계는 벌을 받지 않는 것이 옳다고 믿는다. 2단계는 자신에게 이익이 되는 것이 옳다고 믿는다. 3단계는 사회적으로 인정을 받는 것이 옳다고 믿는다. 4단계는 법이나 규칙을 따르는 것이 옳다고 믿는다. 5단계는 상호 간에 공정한 것으로 인정할 수 있는 것이 옳다고 믿는다. 6단계는 정의와 윤리적 보편 원칙에 부합되는 것을 옳다고 믿는다. 이 토의·토론 수업의 목적은 가능하면 학생들을 높은 단계의 수준으로 끌어올리려는 것이다. 즉 딜레마 상황을 주고, 행동 선택을 하되, 그 이유를 설명하는 과정에서 높은 단계의 도덕적 추론을 유도하는 것이다 (Kirschenbaum, 2006).

학생들이 토의·토론을 하는 가운데 보통 두세 가지의 도덕 추론 단계를 보이게 되는데, 이러한 경험이 높은 단계의 도덕 추론 단계로 발전시킨다고 본다. 예를 들어 "도둑질하는 것은 나쁩니다. 왜냐하면 사람들이 그를 나쁜 사람이라고 싫어하기 때문입니다."라고 대답한다면 이 학생은 3단계에 해당된다. 그러나 "도둑질하는 것은 나쁩니다. 왜냐하면 그것은 법을 어기는 것이기 때문입니다."라고 말한다면 4단계에 해당된다. 학생들은 토의·토론을 하는 가운데 이러한 상위 단계의 추론을 자연스럽게 배우게 된다는 것이 이 방법의 특징이다.

2) 방법

(1) 도덕적 딜레마 상황 제시하기

도덕적 딜레마 상황을 제시한다. [그림 2-9-14]는 가장 전형적인 딜레마 상황이다. 이러한 상황은 파워포인트로 토의·토론이 끝날 때까지 스크린에 비추어두고 진행하는 것이 좋다.

특수한 약이 절대적으로 필요한 병을 앓는 한 아이가 있다. 어머니는 돌아가셨고, 가난한 아버지는 약사가 요구하는 높은 가격을 지불할 능력이 없다. 아버지는 돈을 빌릴 시간적 여유가 없고, 약사는 약을 신용으로 조제해 주려고 하지 않는다. 아버지는 그 아이의 생명을 구하기 위해 약을 훔쳐야 하는가?

[그림 2-9-14] 도덕적 딜레마의 예

(2) 자유롭게 발표하기

사회자는 학생이 해도 되고, 교사가 해도 된다. 가능하면 학생으로 해서 교사가 학생들의 발표를 분석하는 것이 좋다. 그러나 추가 질문을 해야 할 경우가 있으므로 사회자가 잘 진행하지 못하면, 교사가 추가 질문을 해서 발표하는 학생의 도덕적 추론 단계를 확인할 필요가 있다.

(3) 수업 마무리하기

토의·토론이 충분히 끝나면 학생들이 제안한 이유들을 정리하여 줄 필요가 있다. 교사는 자연스럽게 하위 단계에서 높은 단계로 학생들의 발표내용을 정리하면서 보다 높은 도덕적 추론을 칭찬해주는 방향으로 마무리한다.

3) 의미와 응용

교사는 다양한 딜레마 상황을 사용하는 것이 좋다. 딜레마는 이미 개발된 것도 많이 있지만 가능하면 교과에 관계되는 상황을 제시하는 것이 더 토의·토론을 활발하게 하는 데 도움이 된다. 특히 학생들로 하여금 어떤 판단을 중요시하는 것이 아니라 그 이유를 중요시한다는 것을 암시해 주어야 한다. 또한 교사가 바라는 대답을 하지 않도록, 학생 스스로의 생각을 자유롭게 말할 수 있도록 유도하는 것이 바람직하다.

56. 매트릭스 분석

1) 목적과 특징

2×2 매트릭스는 단순하면서도 쟁점을 분명하게 인식할 수 있고, 대안도 쉽고 분명하게 만드는 데 도움이 된다. 예를 들어 파스칼(Pascal)은 종교적 삶에 대해 [그림 2-9-15]와 같은 매트릭스로 선택 대안을 만들어 종교의 의미를 재미있게 표현하였다.

> 신을 부인하고 쾌락을 추구했을 때 만약 신이 존재한다면 큰 실패를 하겠지만 신이 존재하지 않는다면 적정한 승리가 될 것이다. 어떤 삶을 선택할지는 개인의 판단에 달려 있지만…

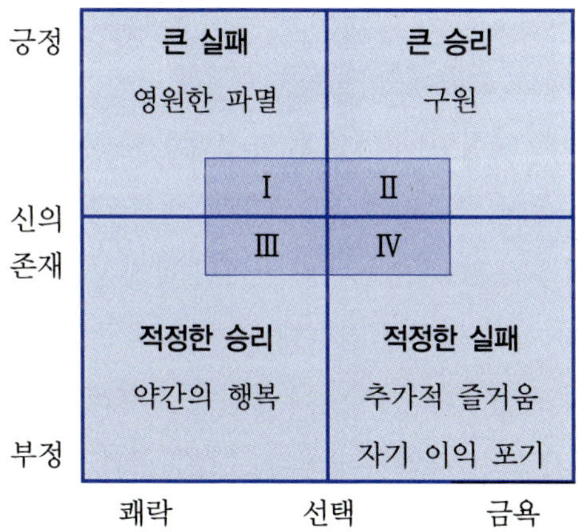

[그림 2-9-15] 2×2 매트릭스의 사례(파스칼의 매트릭스)
출처: Lowy & Hood, 2004, 2×2 매트릭스. 이강락 역. 서울: 지식노마드. p. 53.

이러한 매트릭스는 수학의 2차원 그래프를 통해 우리에게는 익숙하다. 수요와 공급의 법칙 등 경제학에서도 2차원에서 법칙들을 쉽게 설명한다. 헤겔의 변증법도 두 대립하는 힘을 극복하는 대안을 만드는 해법을 찾아내는 것인데 이 또한 2×2 매트릭스와 같은 성격을 갖고 있다.

로위와 후드(Lowy & Hood, 2004)는 두 개의 축을 만드는 데 유용한 여덟 가지 딜레마의 예를 제시하였다. 첫째는 머리와 가슴이다. 이치에 맞는 것과 감정적으로 옳다고 느끼는 것을 어떻게 선택할 것인가 하는 문제이다. 나의 내부에서 갈등이기도 하지만 우리의 삶에서도 이런 갈등은 흔히 나타난다. 헤르만 헤세의 소설 '지와 사랑'에서 나르치스와 골드문트는 삶으로 이를 표현하기도 하였다. 햄릿과 돈키호테도 적절한 예이다. 파우스트가 이 둘의 대안이기도 하다.

둘째는 안과 밖이다. 조직 밖의 요구와 조직 내의 요구를 어떻게 조화할 수 있을까 하는 점이다.

셋째는 비용과 이익이다. 비용은 줄여야 하고, 이익은 늘려야 하는데 품질을 유지하면서 어느 지점에서 결정해야 하는가 하는 점이다.

넷째는 제품과 시장이다. 제품에 새로운 가치를 부여해서 시장을 확대해야 할지, 아니면 시장에 순종해서 제품을 수정해야 할지 결정해야 한다.

다섯째는 변화와 안정이다. 안정된 현 상태를 유지해야 할지, 아니면 실패를 각오하고 혁신적으로 변화시켜 발전해야 할지를 결정하는 선택을 해야 한다. 개인적으로도 안정된 현 직장을 계속 다녀야 할지 내 꿈을 이루기 위한 모험으로 새로운 도전을 해야 할지를 결정해야 할 때가 있다.

여섯째는 앎과 모름이다. 권력이나 성공에 도취해서 진실을 외면할 때가 많다. 내부 고발자가 없는 기업은 망한다는 말은 스스로 진실 앞에 평가받지 못한 공룡기업이 왜 서서히 망하는지를 대변해준다. 내가 알고 있는 것과 모르는 것을 열거해봄으로써 정확한 문제의 진단과 대안을 찾아낼 수 있다.

일곱째는 우선순위의 충돌이다. 단기적인 선택과 장기적인 선택의 충돌일 수도 있다. 정말 중요한 과제가 후순위로 밀리는 것을 막을 수 있다.

여덟째는 내용과 과정이다. 내용 또는 목표를 중시할 것인지 과정을 중시할 것인지를 결정하는 것도 어렵다. 둘 다 중요하기 때문이다. 이런 경우도 2×2 매트릭스는 현명한 대안을 찾게 해 준다.

이러한 딜레마는 우리가 쉽게 접하는 갈등이다. 이외에도 우리의 생활 속에서 다양하게 접하는 딜레마 상황을 2×2 매트릭스로 만들어보는 노력을 해 보기 바란다.

2) 방법

(1) 문제해결의 방해가 되는 쟁점 파악하기

구성원들은 최근에 문제라고 느낀 것들을 브레인스토밍처럼 돌아가며 발표한다. 처음에는 툭툭 던지는 말들이지만 그중에 문제로 만들어지는 주제가 있다. 이는 공통으로 해결해야 할 문제라고 인식하는 것이다. 구성원들이 여러 번 언급한 것도 문제로 부각된다. 그러면 그것을 문제로 설정한다. 문제로 설정되는 과정에서 문제가 되는 이유와 해결해야 할 쟁점들이 같이 언급되었을 것이다. 그런 표현을 문장으로 기술한다. 예를 들어 A프로 야구 구단의 형편없는 성적이 언급되면서 그 이유와 대안들이 많이 거론되었다면 이미 쟁점이 파악된 셈이다.

(2) 문제해결의 결과를 그려보기

쟁점이 되었던 내용이 해결되었을 때를 확인한다. 예를 들어 '투수의 높은 방어율', '타율의 상승', '명품 수비' 등이다.

(3) 문제상황과 관련된 목록 만들기

문제가 해결되었을 때의 결과를 예상했으므로 현재 상황을 있는 그대로 발표하고 이를 기술한다. 예를 들면 '불펜 투수력이 형편없어서 선발투수가 아무리 잘해도 소용없다.', '타율은 높은데 주루사가 많다.' 등이다.

(4) 목록을 범주화하기

목록들을 몇 가지로 범주화한다. 이때 분량을 고려하지 않고 다루기 쉬운 개수의 주제로 범주화한다. 네 개에서 일곱 개 정도가 적당하다.

(5) 우선순위 매기기

범주화된 4~7개를 파급력에 따라 우선순위를 매겨본다.

(6) 2X2 매트릭스 설계하기

2×2 매트릭스를 그린 다음 제1순위 항목을 세로축에 적고 양쪽 끝에 이름을 붙인다. 예를 들어 수비력이 1순위라고 하면 수비력(강함/약함)을 적는다. 다음으로 2순위가 공격력(강함/약함)이라고 하면 가로축에 적는다. 나머지 순위의 내용을 해당 위치에 적어 넣는다.

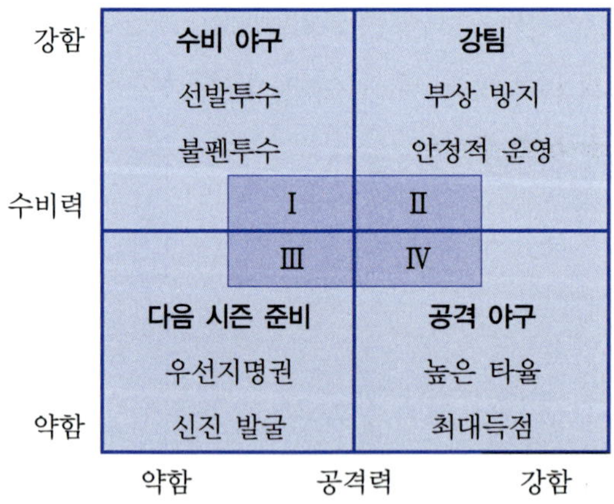

[그림 2-9-16] A프로 야구 구단의 2X2 매트릭스

(7) 이름 붙이기

[그림 2-9-16]처럼 4사분면에 강팀, 수비 야구, 공격 야구, 다음 시즌 준비 등

으로 이름을 붙이고, 각각의 특징을 적는다.

(8) 검증하기

마지막으로 이 매트릭스가 문제를 해결하는 데 적합한 조합으로 2×2 매트릭스가 만들어졌는지 확인해 본다. 즉 네 개의 분류가 적절한지, 이를 통해 구체적 대안을 만들 수 있는지 확인한다.

3) 의미 및 응용

로위와 후드(Lowy & Hood, 2004)는 2×2 매트릭스에 다섯 가지 원리가 숨어있다고 했다. 첫째, 창의적 긴장이다. 시위를 당기면 활의 두 끝 사이의 긴장이 팽팽해지고 최적의 시점에 시위를 놓으면 활은 최고의 힘으로 표적에 정확히게 명중시키는 원리와 같다. 창의적 긴장은 최적의 효과를 노리는 설렘이다.

둘째, 대립이다. 헤겔의 변증법에서 대립은 발전의 원동력이다. 대립에는 직접적 대립, 상호의존적 보완적 대립, 죄수의 딜레마처럼 선택적 대립, 선택에 따라 달라지는 가상적 대립이 있다. 이러한 다양한 대립을 이용하여 문제해결의 단서를 찾는다.

셋째, 반복이다. 아이가 성장하는 과정이 분화와 통합을 반복하듯 하나의 긴장이 해소되면, 새로운 긴장이 다른 수준에서 생겨난다. 2×2 매트릭스는 상황이 진행됨에 따라 끊임없이 맥락에 따라 변화하며 수정을 요구한다.

넷째, 정직이다. 갈등에 직면하면 예측하지 못한 새로운 가능성과 대안을 발견하게 되는데 이를 무시해서는 안 된다. 결과를 원하지 않는 것과 실제로 원하지 않는 결과가 나오는 것을 착각해서는 안 된다. 모든 가능성에 대비해야 한다.

다섯째, 초월성이다. 2×2 매트릭스는 변증법에서 말하는 양적 변화의 질적 변환의 경험을 자주 하게 된다. 대안으로 결정한 4사분면을 무엇이라고 이름 지을 때 이미 질적 변화를 이룬 것이나 다름없다.

57. 법리 모형(jurisprudential approach)

1) 목적과 특징

올리버와 셰이버(Oliver & Shaver, 1966)가 하버드대학교 사회과교육 프로젝트에서 개발한 것으로 도덕과 법률이 중요 기준이 되어 도덕 법률 모형(ethical-legal model) 또는 법리 모형이라고 불린다. 사람들은 서로 다른 견해를 가지고 있으며 사회 가치들이 서로 충돌하는 것은 당연하기 때문에 토의·토론을 통해 성공적으로 문제를 해결하는 시민을 양성해야 한다는 가정을 갖고 있다. 그래서 공공문제를 대상으로 판사가 양측의 논리와 가치를 검토하여 정확한 판결을 내리는 재판과정을 그대로 수업에 옮겨놓은 것이라고 생각하면 된다. 교사의 질문과 학생의 질문은 변호사나 검사의 변론 공방에 비유할 수 있다.

그러므로 학생들은 다음과 같은 조건을 갖추어야 한다.

첫째는 그 나라의 헌법과 건국이념을 잘 알아야 한다. 왜냐하면 모든 법률과 도덕의 근본이어서 논쟁이 발생했을 때 그 판단의 근본적 기준이 되기 때문이다. 즉 보편적 가치에 대한 이해와 수용이 필요하다.

둘째는 공공문제를 논쟁으로 다루는 기본적인 토의·토론 기능이 필요하다. 여기에는 세 가지가 필요하다. (1) 상충하는 가치들이 무엇이며, 가치갈등의 초점은 무엇인지, 그리고 이에 따라 사회의 가치위계나 법적 원리에 의해 이것을 구별하여 판단하고, 필요할 때는 두 가치가 서로 양보하여 타협하는 능력, (2) 공공문제에 관련된 사실을 확인하여 사실의 오해에 기인한 잘못된 판단을 막는 능력, (3) 공공문제를 설명하는 개념들에 대한 정의를 분명히 하는 능력이다. 개념이 분명하지 못하면 토의·토론을 제대로 진행시키지 못하고, 시간만 낭비하게 된다.

셋째는 우리 사회 전반에 대한 정치, 경제, 사회 현상에 대한 지식이다. 특히 공공문제는 나 개인이 아니라 사회 전반에 대한 문제이기 때문에 사회를 이루는 정치, 경제, 사회, 문화의 전반에 대한 기본적인 사회과학 지식이 필요하다.

법리 모형을 전개하는 전반적인 토의·토론 방법은 소크라테스의 대화법에 기초하고 있다. 소크라테스는 어떤 사람이 한 입장을 취하면 다른 사람들이 끊임없이 그 입장에 대해 질문을 하고 그 사람은 그 질문에 응답하면서 타당한 결론에 도달하게 한다. 이를 산파법이라고 하는 이유는 산파가 아기를 낳지 않지만 산모가 스스로 아기를 낳는 것을 도와주기 때문이다. 이 방법에서도 이러한 방식을 사용한다. 그 역할을 교사와 다른 입장을 가진 학생들이 하게 된다.

이 토의·토론 수업의 가장 큰 특징은 재판의 과정과 비슷하다는 점이다. 또 공공문제를 다루며, 대부분 판결이 난 기존 사건을 다루므로 정답이 있어서 교사가 분명한 근거와 방향을 가지고 수업을 이끌 수 있다. 특히 학생들은 이 수업을 통해 사실과 의견의 구분, 정확한 근거를 대는 법, 가치의 위계를 분석하는 법, 경청하고 발표하는 법 등을 배울 수 있다. 아울러 논리적이고 비판적인 사고를 얻을 수 있다.

2) 방법

(1) 사건에 대한 소개하기

수업목표와 수업에서 다룰 사건을 소개한다. 사건 소개는 여러 가지 방식으로 할 수 있다. 교사가 설명으로 할 수도 있고, 그 당시 신문기사나 사진 등을 프로젝터로 스크린에 보여주면서 하면 더욱 좋다.

(2) 문제 확인하기

주어진 사건이 공공문제인지를 확인한다. 그리고 그 사건이 가지고 있는 쟁점을 확인한다. 즉 가치 갈등이 어느 부분에 있는지 확인한다. 그리고 그 쟁점에 관한 사실 문제와 가치의 문제가 무엇인지 명백히 설명한다. 예를 들어 허위보도로 사생활을 침범당한 유명인사가 언론사를 상대로 재판을 한 사건을 다루기로 했다고 하자. 여기에는 국민의 알 권리와 개인의 사생활 보호가 쟁점이 된다. 즉 언론사는 신속한 보도를 생명으로 하기 때문에 신문보도에 오류가 있을 가능성은 인정해야 하며, 특히 그 대상이 유명인사로서 공인일 경우 국민의 알 권리가 침해되지 말아야 하기 때문에 언론사에 제재를 가해서는 안 된다는 입장이 있다. 반대로 유명인사라 하더라도 허위보도로 개인의 명예를 훼손하였으므로 언론사는 제재를 받아야 한다고 하는 입장이 있을 수 있다.

(3) 입장을 선택하기

주어진 쟁점에 대한 입장을 취한다. 자신의 입장을 명료하게 밝히고, 그러한 입장을 갖게 된 근거를 진술한다. 앞의 예에서 학생들은 두 가지 중 하나의 입장을 선택할 것이다.

(4) 입장을 탐색하기

선택한 입장에 대한 탐색이 시작되는데 여기서 가장 활발한 토의·토론이 일어난다. 첫째로 가치 갈등의 측면, 즉 가치의 침해 지점을 확인한다. 각각의 입장이 가진 가치의 위계를 확인하고 그 위계에 문제가 없는지를 확인한다. 이를 위해 교사가 날카로운 질문을 해야 한다. 물론 학생들도 질문을 많이 하도록 유도한다. 교사는 언론사의 입장을 보인 학생들을 일어서게 해서 이들에게 날카로운 질문을 하고, 학생들은 이유를 말하고, 교사와 토의·토론을 하게 된다. 앉아있는 학생들도 마찬가지로 질문하고 토의·토론을 할 수 있다. 어느 정도 시간이 되면 교사는 유명인사의 입장을 보인 학생들을 일으켜 세워서 같은 방식으로 진행한다.

(5) 입장을 완화 또는 수정하고 최종적으로 정리하기

입장 탐색을 통해 드러난 문제점들을 고려하여 원래의 입장을 완화하거나 수정한다. 수정된 입장의 사실적 가정과 가치들을 재점검한다. 그리고 수정한 입장이 가져올 결과들을 예측하고 문제가 없는지를 확인한다. 역시 이 과정에서도 교사의 질문이 중요한 역할을 한다.

[그림 2-9-17] 법리 모형의 절차

3) 의미와 응용

교사는 해당 사건에 대한 기사나 자료를 충분히 읽고 학생들이 논점에서 벗어나거나 엉뚱한 방향으로 생각하지 않도록 준비를 잘 해야 한다. 마치 중요한 공공문제를 판결하는 판사의 심정이 되어야 한다. 특히 학생들의 주장을 예상할 수 있어야 한다. 그래야 그에 맞는 질문과 대답을 할 수 있다. 그러나 최근 법 교육에서는 생활 밀착형 사례 연구를 주로 사용한다(허종렬 · 박형근 · 고영은, 2010). 법리모형의 간단한 축소형으로 볼 수 있다. 예를 들어 A는 황무지를 개간하여 고구마 농사를 지어 수확하였는데 이때 땅 주인이 나타나 그 수익금을 달라고 했다는 사건이 있다고 하자. 여기까지는 사건 소개가 되고, 무엇이 법률적 문제인지 확인한다. 다음으로 주인A와 경작자B의 입장을 선택한다. 다음으로 법률적 탐색을 하고, 입장을 수정 결정한다. 그런 후 실제 판결을 알려주고 토의 · 토론 과정을 반성한다. 예컨대 경작자B는 허락 없이 남의 땅을 사용했지만 자신의 노력으로 일군 수확물은 경작자B의 것이다.

이 토의 · 토론은 초등학교에 사용하기에는 어려운 면이 있다. 재판에서 다룰 정도의 공공문제라면 어린 학생들이 이해하기에는 힘들다. 그러므로 주로 중 · 고등학교에서 다루는 것이 좋다. 또 여러 사건을 다룰 것이 아니라 단일 사건을 깊이 있게 다루는 것이 좋다. 가급적 학생들이 익숙한 소재의 사건을 찾아서 다루어야 한다. 또한 토의 · 토론 중에 학생들이 자유로운 생각을 할 수 있도록 허용적인 분위기를 만들어야 하는 것은 물론이다.

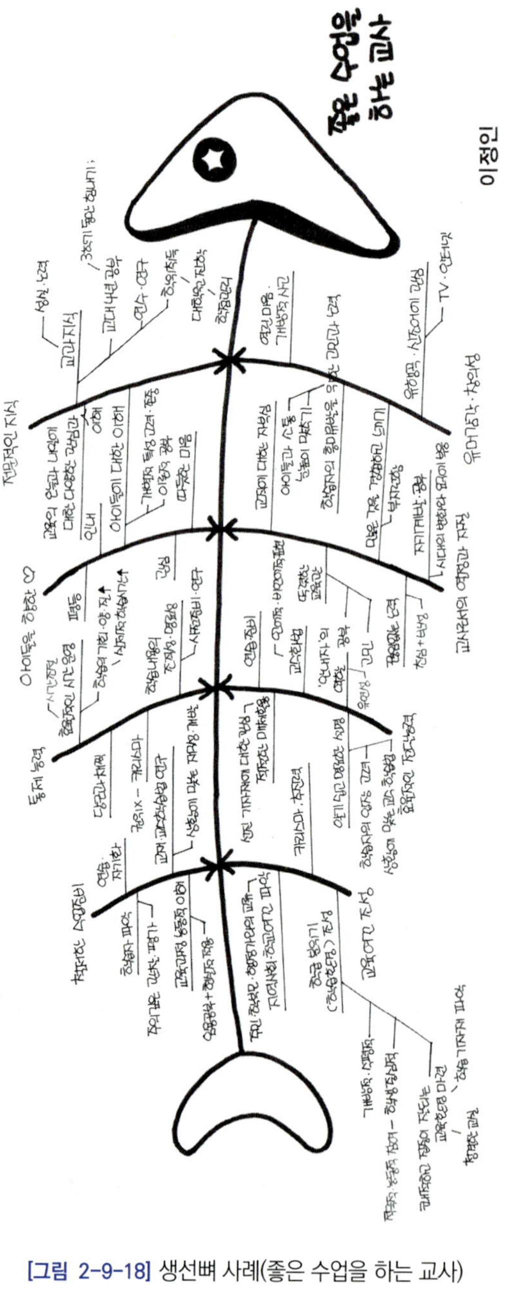

[그림 2-9-18] 생선뼈 사례(좋은 수업을 하는 교사)

58. 생선 뼈(fish bone)

1) 목적과 특징

생선뼈는 원인-결과그림(cause and effect diagrams)의 일종으로 이시카와(Kaoru Ishikawa, 1985)가 개발한 것이다. '이시카와 다이어그램'으로 불리기도 한다. 경영학에서 사용하는 것으로 문제의 원인을 분명히 하기 위해 구조화된 그림을 생선뼈처럼 그려서 정확하게 이해하기 위한 목적을 가지고 있다. 아울러 정확하게 원인이 분석되면 그에 따른 정확한 해결책도 강구될 수 있을 것이다. 토의·토론을 통해 이러한 그림을 그리면서 구성원들은 객관적으로 문제가 무엇이며, 그 원인이 무엇인지를 정확하게 이해할 수 있게 된다. 문제의 원인뿐만 아니라 어떤 문제해결 대안을 구안할 때도 사용할 수 있다. 아울러 무엇이 부족한지, 무엇이 문제해결 대안이 될 수 있는지도 확인해 준다. 아울러 큰 가시와 작은 가시를 통해 어떤 것이 중요한 것인지도 구분할 수 있다.

생선뼈는 마인드맵(Mind Map)과 비슷하다. 큰 차이점은 마인드맵이 끊임없이 아이디어를 확장할 수 있는 반면에 생선뼈는 핵심적인 아이디어를 체계화해서 요약한다는 점이다. 그리고 생선이 앞으로만 진행한다는 점, 살아 움직인다는 점, 자신의 몸보다 수십 배의 힘을 낸다는 점 등 문제를 헤쳐 나아가는 이미지도 강조한다. [그림 2-9-18]은 예비 교사인 교육대학교 학생이 '좋은 수업을 하는 교사'라는 주제로 생선 뼈를 만든 사례이다.

특히 모둠 구성원이 토의·토론을 통해 함께 이 그림을 완성해나가면서 원인을 찾고, 원인과 결과의 관계를 이해하게 되며, 전체 문제 해결의 큰 그림을 얻게 된다는 점에서 매우 유익한 토의·토론 수업이 될 수 있다.

2) 방법

(1) 생선 등뼈 그리기

교사는 화이트보드(또는 장판지)와 보드마커를 모둠에게 나누어주고 한 가운데에 오른쪽 방향의 굵은 화살표를 긋게 한다. 이것은 생선 등뼈(backbone)에 해당한다.

(2) 등뼈를 중심으로 사선으로 가시 그리기

등뼈에 45도로 가시(spur)를 그리고 끝부분에 토의·토론을 통해서 얻은 해결 과제의 영역을 적는다. 즉 이 문제를 해결하기 위한 주요 영역을 적는다. 반드시 네 개일 필요는 없으나 너무 많으면 복잡해지므로 가능하면 여섯 개 이내가 좋다. 그리고 그 가시에 45도로 하위 가시(sub-spur)를 그려서 그 영역에 해당되는 구체적 대안을 적는다.

(3) 생선뼈 그림 다시 정리해서 그리기

이때 특히 중요한 부분은 동그라미를 그리거나 굵은 글씨로 쓰거나 색연필로 쓰거나 해서 강조한다. 다 그린 그림을 A4 또는 B4에 다시 그려서 제출하거나 발표한다.

3) 의미와 응용

이 토의·토론은 구성원들에게 강제적으로 아이디어를 내도록 구조화되어 있지 않다. 그러므로 토의·토론이 한두 사람에 의해 주도될 가능성이 있다. 가능한 한 모든 구성원이 참여할 수 있도록 잘 지도할 필요가 있다. 생선 등뼈와 가시들은 색을 달리해서 보기도 좋고, 한눈에 이해할 수 있도록 예쁘게 만들도록 지도하면 학습이 훨씬 재미있을 뿐만 아니라 모둠 구성원의 다양한 능력을 반영할 수 있다. 화이트보드를 사용하는 것은 토의·토론으로 계속 수정하면서 과제를 완수하기 위해서이다. 저학년은 생선 머리와 등뼈를 그려주는 것이 좋고 고학년으로 갈수록 방법만 가르쳐주고 자유롭게 표현하도록 한다. 이 방법은 개인 과제로도 좋은 사고 도구이다.

59. 스와트(SWOT)

1) 목적과 특징

스와트(SWOT)는 강점(strength), 약점(weakness), 기회(opportunities), 위협(threats)의 첫 글자를 딴 용어이다. SWOT 분석이란 이러한 네 가지 요소를 이용하여 문제를 분석하고, 대책을 세우는 방법이다. 이 방법은 스탠퍼드대의 험프리(Humphrey)가 포천지(Fortune: Harvard Business School Press, 2007)가 선정한 500대 기업을 분석하면서 사용한 뒤 유명해진 방법이다. 주로 기업 경영에 사용하기 위해 창안되었으나 최근에는 개인의 진로 등 모든 분야에서 응용되어 사용된다.

[그림 2-9-19]처럼 내적 요소로서 강점과 약점, 외적 요소로서 기회와 위협으로 현 상황을 분석하고, 이를 극복하기 위한 전략을 세우는 데 유용하다. 토의·토론을 통해 이 분석틀을 만들면서 진행하면 현재 주어진 문제를 정확히 확인하고, [그림 2-9-20]처럼 어떻게 해결해야 할지 대안이 자연스럽게 만들어지므로 매우 유용한 수업방법이다.

	강 점	약 점
내적 요소	깨끗함 생활이 편리함 냉난방시설이 좋음	층간 소음이 심함 낡은 주택 메마른 이웃
	기 회	위 기
외적 요소	신도시 건설 대중교통의 발달 재개발 임대주택 건설	인구 집중 집값 상승 환경 파괴
고려할 점	환경친화적 도시건설 / 서민 융자 확대 / 집값 억제 정책	

[그림 2-9-19] SWOT 분석표 사례(신도시 문제)

	기회(Opportunities)	위기(Threats)
강 점 (Strength)	S/O(강점을 가지고 기회를 살리는 전략)	S/T(강점을 가지고 위험을 피하거나 최소화하는 전략)
약 점 (Weakness)	W/O(약점을 보완하며 기회를 살리는 전략)	W/T(약점을 보완하는 동시에 위험을 피하거나 최소화하는 전략)

[그림 2-9-20] SWOT 대안표

2) 방법

(1) SWOT 분석표를 개인용과 모둠용을 나누어주기

개인용 분석표 [그림 2-9-21]과 대안표를 모두에게 나누어주고, 과제를 제시한다. 그리고 작성하는 방법을 설명해 준다.

(2) 강점과 약점을 작성하기

교사의 지시에 따라 학생들은 개인적 판단으로 과제가 개인의 문제라면 자신의 강점과 약점을 적고, 국가의 문제라면 우리나라의 강점과 약점을 적는다.

(3) 기회와 위기요인을 작성하기

교사의 지시에 따라 학생들은 개인적으로 기회와 위기요인을 작성한다. 이것은 외부환경으로 과제가 개인의 문제라면 나를 제외한 외부 환경에 대해 작성하면 되고, 국가의 문제라면 국제사회의 환경을 작성하면 될 것이다.

(4) 모둠용 SWOT를 작성하기

이것이 모두 끝나면 모둠별로 SWOT표를 하나씩 나누어 이제는 각자가 작성한 것을 토대로 토의·토론을 통해 모둠용 SWOT표를 작성한다. 즉 왼쪽 상단은 강점을, 오른쪽 상단은 약점을, 그리고 왼쪽 하단은 기회를, 오른쪽 하단은 위기를 적는다. [그림 2-9-21]은 체육대회를 앞두고 어떤 학급에서 분석한 SWOT 대안표의 예이다.

강 점	약 점
■ 축구 잘함 ■ 응원 잘함 ■ 협동 잘함	■ 뛰어난 개인이 없음 ■ 키가 작음 ■ 반장이 입원 중
기 회	**위 기**
■ 단체전 점수 높음 ■ 응원상도 있다고 함 ■ 대진 운이 좋음	■ 비가 올 가능성이 많음 ■ 지나친 응원 준비 규제 ■ 연습시간이 부족

[그림 2-9-21] 모둠용 SWOT 대안표

(5) 문제를 해결할 전략을 결정하여 발표하기

SWOT표가 완성되있으면 S/O(강점을 가지고 기회를 살리는 전략), S/T(강점을 가지고 위험을 피하거나 최소화하는 전략), W/O(약점을 보완하며 기회를 살리는 전략), W/T(약점을 보완하는 동시에 위험을 피하거나 최소화하는 전략) 중 어떤 것이 가장 현명한 전략인지 정하게 하여 모둠별로 발표하거나 교사에게 제출하게 한다.

3) 의미와 응용

이 방법은 개인적인 의사결정을 한 뒤, 모둠용 SWOT를 만들면서 토의·토론을 하게 된다. 토의·토론이 풍부해지려면 학생들 개인이 먼저 나름대로 어느 정도 생각을 하고, 토의·토론에 들어가야 한다. 그러므로 개인적 의사결정을 하는 과정에서는 모둠 구성원들끼리 묻고 답하는 일이 생기지 않도록 지도한다.

해결 전략을 세울 때는 각 모둠의 사회자에게 다음과 같은 질문을 하도록 지도한다. 어떻게 우리에게 주어진 기회에 우리의 강점을 이용할 수 있을까?, 우리의 강점으로 위기를 어떻게 극복할 수 있을까?, 우리에게 주어진 기회를 놓치지 않기 위해 우리의 약점이 나타나지 않도록 하는 방법은 없을까?, 위기를 피하면서 약점을 감출 수 있는 방법은 없을까? [그림 2-9-22]는 아무개 반 반장 후보를 학생들이 SWOT 분석한 사례이다.

	김OO	박OO
강점(S)	공부를 잘함	유머가 있고 반장 경험 있음
약점(W)	사회성이 약함	몸집이 작음
기회(O)	공부를 중시하는 학교분위기	재미있다고 소문이 났음
위기(T)	부모가 반장 출마를 원하지 않음	우리 반에 덩치가 큰 아이들이 많음

[그림 2-9-22] 반장 후보 SWOT 분석

60. 왜 · 왜-어떻게 · 어떻게(why-why how-how)

1) 특징

왜 · 왜(Why-Why)는 특정 문제에 대해서 원인을 찾고 정리하는 활동이고, 어떻게 · 어떻게(How-How)는 그 원인의 대책을 세우는 방법이다(최유현, 2008). 두 방법 다 계속해서 하위 요소를 구체적으로 찾아내게 함으로써 좀 더 정교하고 정확하게 분석하도록 유도한다. 왜 · 왜(Why-Why)는 문제를 확인하고, 근본적 원인을 찾아본다. 만약 세 개의 원인을 찾았다면, 그 다음 단계는 각 원인의 원인을 찾아본다. 이러한 방식으로 하위 원인을 찾아가다 보면 매우 구체적인 원인 확인단계에 이른다. 문제의 포괄성이나 주어진 시간에 따라 여러 단계 내려갈 수 있으나 대개 2단계 정도가 적당하다. 다음으로 어떻게 · 어떻게(How-How)는 같은 방법으로 대안을 찾아간다. 근본적 대안을 제시하고, 각 대안의 구체적 대안을 만들어보는 방식이다.

왜 · 왜-어떻게 · 어떻게(why-why how-how)는 원인과 대안을 체계적이고 단계적으로 찾아가는 방법이어서 구체적 결과를 얻게 되므로 그만큼 실현가능성이 높다.

2) 방법

(1) 문제를 확인하고 기록하기(Why-Why)

사회자는 문제를 확인한다. 그리고 활동지의 왼쪽에 문제를 기록한다. 예를 들면 [그림 2-9-23]에서는 수업시간에 학생들이 자는 이유를 적었다.

(2) 문제의 원인을 그 다음 칸에 적기

문제의 원인이라고 생각되는 것을 브레인스토밍을 통해 약 세 개 정도 적는다. 때에 따라서는 두 개, 네 개도 관계없다. 그러나 너무 많이 적으면 그 다음 구체적 단계로 가기가 힘들다. 즉 하위 원인을 포함할 정도의 원인을 찾는 것이다. [그림 2-9-23]에서는 지루한 수업내용, 단조로운 환경, 개인적 특성으로 분류했다.

(3) 원인의 하위 원인 적기

각 원인의 하위 원인을 브레인스토밍을 통해 적는다. 이 단계에서는 매우 구체적 원인이어야 한다.

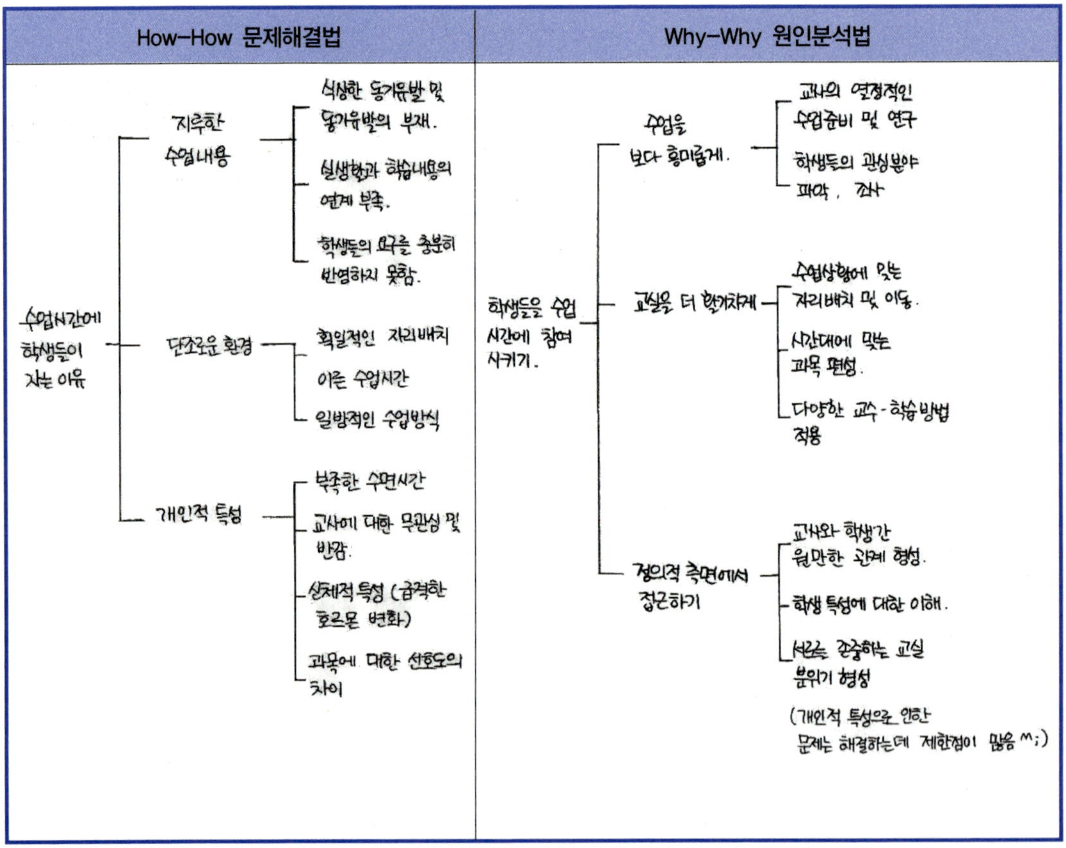

[그림 2-9-23] why-why how-how 사례

(4) 문제의 해결 방안 적기

문제의 해결 방안을 '학생들을 수업시간에 참여시키기'로 적었다.

(5) 문제의 대안 적기

문제의 원인이라고 생각되는 것을 브레인스토밍을 통해 약 세 개 정도 적는다. 수업을 보다 흥미롭게, 교실을 더 활기차게, 정의적 측면에서 접근하기로 적었다.

(6) 대안의 하위 대안 적기

대안의 구체적 하위 대안을 적는다.

3) 의미와 응용

왜·왜-어떻게·어떻게(why-why how-how)는 원인과 대안을 한꺼번에 얻을 수 있는 장점이 있다. 특히 원인을 체계적이고 심층적이고, 구체적으로 찾는다는 점에서, 아울러 대안도 체계적이고 구체적으로 만든다는 데에서 매우 실용적 방법이다. 특히 이러한 과정은 개인이 하는 것보다 모둠이 함께 할 때 빠뜨림 없이 찾아낼 수 있다는 점에서 매우 안정적 과정과 결과를 기대할 수 있다.

61. 중요도·만족도 분석(IPA)

1) 목적과 특징

중요도·만족도 분석(IPA: Importance Performance Analysis)은 고객이 판단하는 중요도와 만족도에 기초한 마케팅 분석 방법이다. 마틸라와 제임스(Martilla & James, 1997)가 개발한 것으로 간단한 설문조사를 통해 제품, 또는 제품의 속성을 [그림 2-9-24]의 4사분면에 위치시키고, 어떤 전략을 세워야 할지 결정한다.

첫째, 1사분면은 상대적 강점을 가진 제품 또는 속성이라고 볼 수 있다. 고객은 중요하다고 생각하면서도 높은 만족도를 보이므로 이 상태를 유지하고 강화하는 전략을 택하면 된다.

둘째, 2사분면은 유지 강화해야 할 제품 또는 속성이라고 볼 수 있다. 고객은 중요하다고 판단하지는 않지만 만족하기 때문에 그 상태를 유지하면 된다. 경쟁사와 비슷한 조건이라면 사소한 차이가 제품을 선택하는 데에 영향을 줄 수 있다.

셋째, 3사분면은 중점 개선해야 할 제품 또는 속성이라고 볼 수 있다. 중요도는 낮고 만족도도 낮지만 아무리 사소해도 제품의 한 속성이므로 개선해서 만족도를 올려야 한다. 예를 들어 제품의 기능은 별로인데 디자인이 너무 예쁜 경우이다. 기능 때문에 구입했는데 정작 기능보다는 예뻐서 액세서리로 들고 다닌다는 것은 주객이 전도되었다고 볼 수 있다.

넷째, 4사분면은 최우선으로 개선해야 할 제품 또는 속성이라고 볼 수 있다. 중요도는 높은데 만족도가 낮으므로 급하게 개선하지 않으면 소비자로부터 외면받을 수 있다.

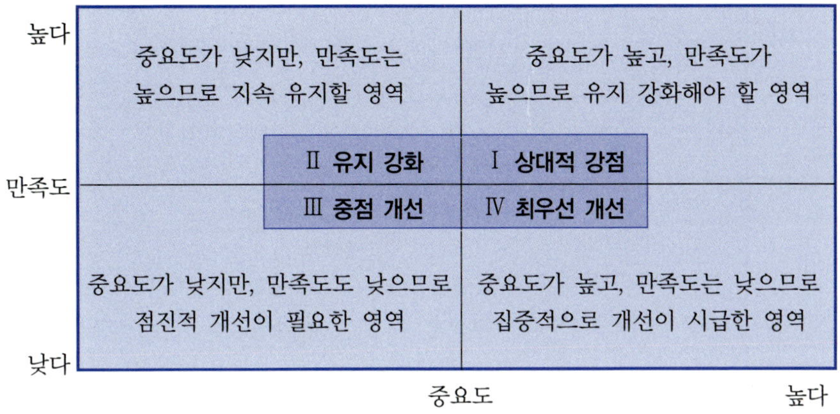

[그림 2-9-24] 중요도·만족도 분석(IPA: Importance Performance Analysis)

중요도·만족도 분석은 설문조사를 통해 그 결과를 가지고 대책을 세우는 것이 원칙이지만 설문조사가 힘들거나 급히 의사결정을 해야 할 때는 관련자들이 모여 토의·토론을 통해서도 이 분석을 할 수 있다.

2) 방법

(1) 제품을 구성하고 있는 속성 열거하기

제품을 구성하고 있는 속성 또는 기능을 전부 열거해본다. 예를 들어 새롭게 박물관을 개관하는 TF팀이라고 해보자. 박물관 관람과 관계있는 속성들을 브레인스토밍으로 열거해본다. 여러 사람이 함께 하면 빠뜨리지 않고 다 열거할 수 있다.

(2) 각 속성의 위치를 결정하기

각 속성을 4사분면에 위치시켜 본다. 아직 개관하지 않았으나 그동안 준비해 온 과정에서 시설이나 서비스 준비 등을 고려하여 예측하여 위치시킬 수 있다. 예를 들어 [그림 2-9-25]와 같이 분포시킬 수 있다.

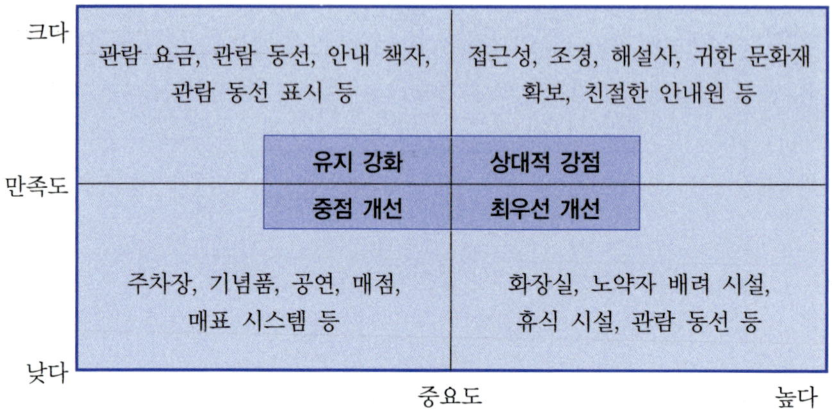

[그림 2-9-25] 박물관 개관 준비 중요도·만족도 분석 예시

(3) 4사분면별 대책을 정리하기

각 속성의 위치에 따라 이를 개선할 대안을 의논하여 정리한다. 예를 들어 관람 요금이 저렴해서 중요도는 낮으나 만족도는 높으므로 그대로 유지한다. 교통의 편리로 접근성이 좋아서 중요하고 만족도가 높으므로 사소한 점 등을 더 보태어 접근성이 감동으로 이어지게 한다. 대중교통이 편리하여 주차장의 중요성은 낮으나 불만이 많으므로 좀 더 공간을 확보한다. 화장실과 노약자 배려 등은 당장 불만 요소가 되므로 개관일 이전에 빨리 개선한다.

3) 의미 및 응용

중요도·만족도 분석은 마케팅에서 개발된 것이지만 서비스에 관한 것이라면 모든 영역에 응용할 수 있다. 교육도 일종의 교육 서비스라고 생각하면 학생, 학부모, 교사가 생각하는 중요도와 만족도를 고려하여 학교 행정, 교수·학습, 학교시설 등을 우선순위를 두어 개선할 수 있다.

62. 카노 모형(Kano model)

카노 모형(Kano model)은 카노 노리아키(Kano, 1984)가 개발한 상품기획 모형이다. 상품을 기획할 때 소비자의 주관적인 반응인 '만족'과 상품이 물리적으로 갖춘 디자인이나 기능 측면인 '충족'을 두 축으로 해서 2차원 분석하는 방법을 제공하였다. 소비자는 자신이 원하는 디자인과 기능을 충족한 상품을 구입할 것이다. 그러나 처음에는 만족하나 시간이 지나면 당연한 것으로 여겨서 만족감이 떨어지는 일종의 한계효용의 법칙이 발생한다. 즉 소비자의 만족도는 끊임없이 변하기 때문에 동일 종류의 상품도 계속 개선해서 새롭게 출품한다. 이러한 소비자의 심리를 물리적 제품의 조건과 결합시켜 제품에 대한 정확한 소비자의 태도를 분석하여 상품을 기획하는 유용한 모형을 제시한 것이다. [그림 2-9-26]은 카노 모형을 축약하여 표현한 것이다.

첫째, 당연적 품질 요소(Must-Be Quality Element)는 마땅히 있어야 할 기본적 품질이다. 소비자가 요구하는 디자인과 기능을 갖추었기에 합당한 비용을 지불하고 구입한다. 즉 소비자가 원하는 기능을 충족시킨 것은 당연하므로 별다른 만족감은 주지 못해서 아래에 위치한다. 그러나 이것이 충족되지 못하면 소비자는 불만을 가질 것이다. 예를 들어 공항에서 내 트렁크가 벨트에 걸려서 잘 움직이지 않으면 불만이지만 그냥 잘 운반된다고 해서 만족하지는 않는 경우이다(최일방, 2021). 또한 오늘날 자동차에 리모컨 키는 당연히 있어야 한다고 생각한다. 그러므로 리모컨 키가 있다고 만족도가 높아지지는 않지만 없다면 당연적 품질 요소 선 아래에 위치하게 될 것이다. 이는 큰 불만을 의미한다.

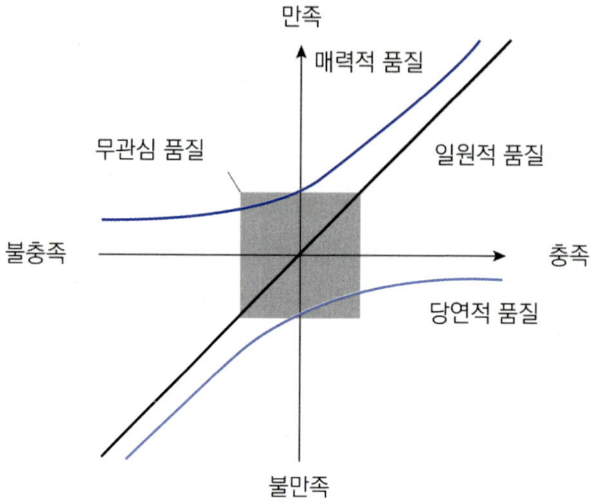

[그림 2-9-26] 카노 모형

둘째, 매력적 품질 요소(Attractive Quality Element)는 충족되지 않아도 불만족하지는 않으나 충족되면 고객이 감동하는 경우를 말한다. 즉 기대하지 않았는데 비행기가 만석이라 우수고객이라고 좌석을 업그레이드해주는 경우가 그것이다.

셋째, 일차원적 품질 요소(One-Dimensional Quality Element)는 충족이 되면 만족하고, 충족되지 않으면 불만을 일으키는 가장 일반적인 품질을 말한다. 예를 들어 선풍기에 리모컨이 있으면 좋고, 없으면 싫은 경우이다. 여기까지가 최소한의 품질 요소 분류이고, 두 개의 추가로 고려해야 할 품질 요소는 다음과 같다.

넷째, 무관심 품질 요소(Indifferent Quality Element)는 있어도 그만, 없어도 그만인 경우를 말한다. 예를 들어 태블릿에 스타일러스 펜의 여부는 고객마다 필요한 사람이 있고 필요 없는 사람이 있으므로 여기에 해당한다.

다섯째, 역 품질 요소(Reverse Quality Element)는 충족되면 오히려 불만족을 일으키고, 충족되지 못하면 만족하는 경우다. 지나친 서비스 기능이라고 할 수 있는데, 예를 들어 단순히 잭을 연결하여 스피커로 사용하고 싶은데, 블루투스 기능이 있어서 자동으로 다른 기기가 연결되어 불편함을 준다면 이는 역품질 요소에 해당한다. 그래서 스마트폰의 경우에는 수많은 기능이 있으나 소비자가 설정에서 직접 선택할 수 있게 한다.

이외에 회의적 품질 요소(Questionable Quality)도 있는데, 이는 응답자가 설문 문항을 제대로 이해하지 못했거나 불성실한 대답, 예를 들어 긍정 질문이나 부정 질문에 동일하게 대답하는 등의 경우이다.

카노 모형으로 분석하는 경우 [그림 2-9-27]에서처럼 긍정과 부정 질문이 짝으로 구성되어 있는데, 분석표를 작성해서 가장 빈도가 많은 것이 이 상품의 위치를 결정한다. 즉 소비자들에게 각 기능에 대한 설문으로 시장조사를 하면 소비자의 반응을 알 수 있고, 이를 통해 적절한 수준의 신제품에 들어갈 기능들을 기획할 수 있다.

긍정 질문	뷔페의 'AI 빈 그릇 수거기'에 음식물쓰레기 통이 추가된다면 어떤 느낌이 드나요? ___1) 만족함 ___2) 당연함 ___3) 느낌 없음 ___4) 하는 수 없음 ___5) 불만족함
부정 질문	뷔페의 'AI 빈 그릇 수거기'에 음식물쓰레기 통이 추가되지 않는다면 어떤 느낌이 드나요? ___1) 만족함 ___2) 당연함 ___3) 느낌 없음 ___4) 하는 수 없음 ___5) 불만족함

충족 \ 불충족		부정 질문				
		1)만족함	2)당연함	3)느낌 없음	4)하는 수 없음	5)불만족함
긍정 질문	1) 만족함	회	매력	매력	매력	일원
	2) 당연함	역	무관심	무관심	무관심	당연
	3) 느낌 없음	역	무관심	무관심	무관심	당연
	4) 하는 수 없음	역	무관심	무관심	무관심	당연
	5) 불만족함	역	역	역	역	회

[그림 2-9-27] 카노 모형 분석의 질문 사례와 분석표

설문조사를 하지 않더라도 관련자들이 모여 토의·토론을 통해 카노 모형을 이용해서 새로운 제품, 새로운 제도 등을 기획할 수도 있다.

2) 방법

(1) 브레인스토밍으로 기능 요소 후보 만들기

모둠별로 새 제품에 들어갈 후보 기능을 만들어 본다. 브레인스토밍으로 필요한 기능들을 열거하고 그중에 제품에 포함할 가능한 기능을 결정한다. 최대한 기능들을 열거한 다음에 포함하면 좋을 만한 후보 기능들을 확정한다. 예를 들어 학급마다 배치할 'AI 보조 교사 로봇'을 제작 의뢰를 받았다고 하자. 모둠은 로봇 전문가, 기술자, 교사, 학부모, 학생 등으로 역할을 맡아 TF팀처럼 운영한다. 'AI 보조 교사 로봇'에 적용할 기능을 브레인스토밍으로 최대한 많이 열거해 본다.

(2) 제품에 들어갈 수 있는 기능 결정하기

브레인스토밍으로 열거된 기능들을 하나씩 토의·토론을 통해 검토하면서 우선순위 열 개의 기능을 선정한다. 이때는 'AI 보조 교사 로봇'으로서 학교 상황, 보조 교사로서 지위, 기술적 가능성 등을 고려하여 선정한다. 열 개 기능을 포스트잇 열 장에 적는다.

(3) 제품에 들어갈 최종 기능 결정하기

우선순위 열 개의 포스트잇을 하나씩 카노 모델 그래프에 위치시켜보면서 토의·토론을 통해 만장일치로 적절한 위치에 붙인다. 열 개를 다 붙인 다음, 그 위치를 고려하여 최종적으로 충족시킬 기능을 결정한다.

3) 의미 및 응용

물리적 불충족은 불만족으로 이어지고, 물리적 충족은 만족으로 이어진다는 전통적인 일차원적 인식을 극복한 것이 카노 모델이다. 물리적 제품의 객관적인 차원과 소비자의 주관적인 감정 차원을 함께 고려함으로써 실질적인 평가가 가능하므로 제품 기획에 널리 사용되는 것이 카노 모델이다. 이는 경영학에서 출발했지만 모든 영역에 다 활용할 수 있다. 특히 거의 모든 분야가 고객 중심으로 진행되는 오늘날 고객의 요구를 반영하기에 매우 적합한 방법이다. 학생도 마찬가지이다. 학생의 요구에 부합하는 교육제도나 교구, 교재 등을 개발할 때 일부 활용할 수 있다.

63. 평가·토의·평가(EDS)

1) 목적과 특징

평가·토의·평가(EDS: Estimate-Discuss-Estimate)는 집단의 신중한 의사결정이 필요할 때 유용하다(Huber & Delbecq, 1972). 건설적이고 긍정적인 의견과 편견 및 부정적인 의견의 조화를 꾀하는 토의·토론 방식이다. 처음에 토의·토론 없이 개인이 선호하는 의견으로 투표를 해서 그 결과를 보고, 다음에 토의·토론하는 독특한 방식이다. 그런 다음에 다시 투표하여 최종 의견을 결정하는데, 처음의 결과와 다르게 나왔다면 학생들은 많은 생각을 한 셈이다. 즉 토의·토론이 신중한 의사결정을 하는 데 얼마나 중요한 것인지를 깨닫게 된 셈이다. 즉 정보를 알고, 충분히 생각해서 결정하는 것이 얼마나 중요한지 알 수 있다.

또한 학생들이 먼저 대안에 대해 투표하게 함으로써 수업 과제에 대해 생각하게 하고, 자신이 투표했기 때문에 토의·토론 수업에 더 집중할 수 있게 해주는 장점이 있다. 왜냐하면 누구나 자기가 선택한 대안이 집단의 최종 대안으로 선택되기를 희망하기 때문이다.

2) 방법

(1) 주어진 대안에 대해 평가하기

교사는 먼저 주제를 제시한다. 그리고 이 문제를 해결하기 위한 여러 대안들을 제시한다. 그러면 학생들은 그냥 느낌으로 선호하는 대안에 투표를 한다. 그리고 그 결과를 발표한다. 필요하면 결과를 발표하지 않고, 마지막에 비교하면서 발표할 수도 있다.

(2) 토의·토론하기

이제 각 대안의 장단점에 대해 토의·토론을 한다. 교사는 각 대안들에 대한 장점은 무엇인지 물어보고, 학생들의 의견을 듣는다. 다음으로 단점은 무엇인지 물어보고 역시 학생들의 의견을 듣는다. 이런 방식으로 모든 대안에 대해 토의·토론을 한다.

(3) 주어진 대안에 대해 다시 평가하기

토의·토론이 끝났으면 다시 한 번 대안에 대해 투표를 한다. 그리고 그 결과를 결론으로 한다.

3) 의미와 응용

교사가 토의·토론을 주도할 때, 한두 사람에게 질문과 대답이 몰리지 않고 여러 학생들이 고르게 발표하도록 유도한다. 또한 처음 투표한 것에 의식하지 말고 얼마든지 생각을 바꿀 수 있음을 강조한다. 때에 따라서 교사는 처음 투표한 결과를 공개하지 않고 토의·토론을 한 뒤에 공개하는 것도 한 방법이다. 그리고 투표는 무기명 비밀 투표로 하는 것이 바람직하다.

위용딩 (중국 세계경제학회 회장)	지구전	속도전	배리 아이켄그린 (UC 버클리 대 교수)
급진적 개혁은 오히려 중국 경제를 혼란에 빠뜨릴 것	49:51 토론 전 67:33 토론 후		민주화를 키워드로 하는 정치·사회개혁 없이는 중국의 경제개혁 힘들어

[그림 2-9-28] EDS의 변형 사례

EDS는 여러 가지로 변형해서 사용할 수 있다. [그림 2-9-28]은 2013년 3월 조선일보가 주최한 아시안 리더십 콘퍼런스에서 중국의 경제개혁을 서서히 해야 한다는 위용딩과 빨리 해야 한다는 배리 아이켄그린의 토론의 사례이다. 사전 배심원들의 투표 결과 '지구전: 속도전'에 49:51로 투표하였다. 그러나 토론을 듣고 나서는 반대로 67:33의 결과가 나타났다(조선일보 2013년 3월 28일 자 참고).

이 방법은 소집단에도 적용할 수 있는데, [그림 2-9-29]는 소집단에서 적용할 때 좀 더 복잡하게 변형해서 투표를 한 경우이다(이종연·진석언·구양미, 2005). 각 대안의 장점(plus), 단점(minus), 흥미로운 점(interesting) 등을 사전에 투표하고, 토의·토론 후 다시 투표하면 된다.

이름	좋은 정도	부족한 정도	흥미로운 정도	합계점수 ☺+☼−☹
	☺☺☺☺☺	☹☹☹☹☹	☼☼☼☼☼	
	☺☺☺☺☺	☹☹☹☹☹	☼☼☼☼☼	
	☺☺☺☺☺	☹☹☹☹☹	☼☼☼☼☼	
	☺☺☺☺☺	☹☹☹☹☹	☼☼☼☼☼	

[그림 2-9-29] 소집단에 적용할 때의 투표 예

출처: 이종연 등, 2005, 창의성 및 문제해결력 증진을 위한 Creative Thinker 프로그램 연구·개발. 한국교육학술정보원

64. 프로-콘(pro-con) 협동학습

1) 목적과 특징

이 방법은 존슨 형제(Johnson & Johnson, 1994)가 창안하였다. 그는 논쟁의 과정에서 일어나는 논리적이고 심리적인 사고과정을 수업절차로 그대로 재현하여 모형을 만들었다. 개인이 어떤 논쟁적인 문제에 직면하면 [그림 2-9-30]과 같은 사고과정이 발생한다. 우선, 그때까지 가지고 있던 불완전한 정보, 제한된 경험, 자신의 관점에 기초하여 최초의 가설적인 결론을 내린다. 다음으로 자신의 생각과 다른 타인의 정보, 경험, 관점에 의한 다른 결론들을 접하게 된다. 때문에 자신의 잠정적 결론의 정확성에 대해 회의를 품게 되고 개념 갈등과 불평형 상태를 경험한다. 이러한 개념 갈등과 불평형 상태를 해소하기 위해 보다 많은 정보, 새로운 경험, 적절한 관점, 정확한 추론을 추구하면서 확산적 사고를 하게 된다. 이런 과정을 거쳐 논쟁에 대한 새롭고 재개념화되고 재구성화된 결론을 얻게 된다.

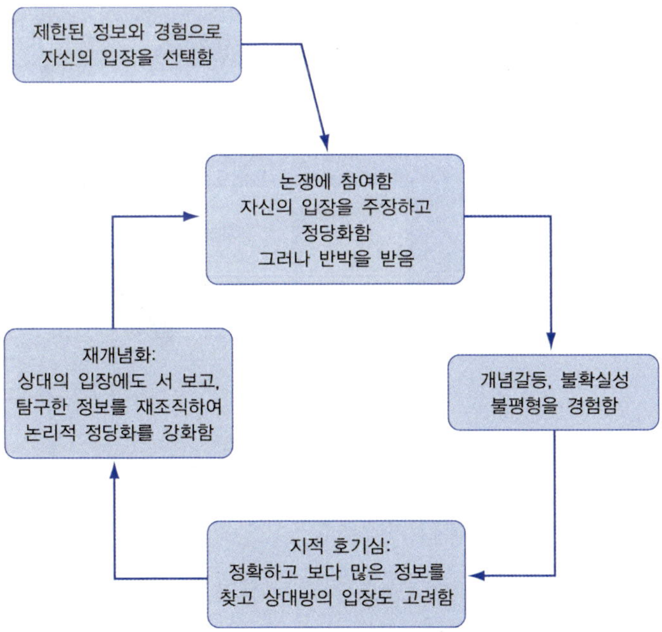

[그림 2-9-30] 논쟁의 사고과정
출처: 정문성, 2006, 협동학습의 이해와 실천, 서울: 교육과학사, p. 382.

이러한 사고과정을 소집단 토의·토론을 통해 그대로 수업 방법으로 재현한 것이다. 즉 모둠 내에 서로 반대되는 미니 모둠(mini group)을 만들어 갈등 상황을 연출하고, 전술한 상황을 경험한 다음에 최종적인 모둠 결정을 하는 것이다. 즉 두 미니 모둠이 찬반 대립 토론을 하지만 이것은 모둠이 의사결정을 하기 위한 과정이 된다. 이 방법의 이름이 pro-con인 것은 미니 모둠이 찬성(pro)과 반대(con)의 역할을 통해 논쟁을 한다고 해서 붙여진 이름이다. 내용상으로는 협동적 찬반 토의·토론인 것이다.

2) 방법

(1) 모둠 내에 미니 모둠을 만들기

네 명으로 구성된 모둠을 만들고, 그 안에 두 명씩 미니 모둠을 만들도록 한다. 그리고 미니 모둠은 주어진 과제에 대해 찬성 팀과 반대 팀의 입장에서 각각의 주장을 하기 위한 근거들을 의논하게 한다.

(2) 미니 모둠의 찬반 주장 발표하기

한 미니 모둠은 찬성 주장, 또 다른 미니 모둠이 반대 주장을 모둠 내에서 하게 한다. 이때는 찬성 또는 반대 주장의 이유 또는 근거를 발표하게 한다. 즉 "우리는 찬성합니다. 왜냐하면 … " 하는 식으로 발표하게 한다.

(3) 서로 입장을 바꾸어서 평가해주기

두 미니 모둠의 발표가 끝나면, 서로가 상대 미니 모둠의 주장에 대해 평가를 해 준다. 특히 "만약 내가 주장한다면 이렇게 했을 겁니다."라는 식으로 상대 미니 모둠의 주장에 대해 보완해주는 조언을 해 준다. 이것은 찬반주장을 한 미니 모둠이 토론시합을 하는 것이 아니라 같은 모둠이기 때문에 협동적 의사결정을 하기 위함이다.

(4) 모둠의 입장을 정리하여 제출하기

이제 찬성과 반대의 입장을 모두 경험하였으므로 모둠은 토의·토론을 통해 찬성 주장의 장단점, 반대 주장의 장단점을 정리하여 모둠 전체의 입장을 정리하여 선생님께 제출한다. 수업 시간에 여유가 있으면 몇 모둠의 결과를 발표해도 좋다.

3) 의미와 응용

모둠의 규모가 네 명이면 가장 좋고, 다섯 명이면 두 명과 세 명으로 미니 모둠을 구성하고, 여섯 명이면 세 명씩 미니 모둠을 구성한다. 학생들 개인의 찬반에 따라 미니 모둠을 구성해도 좋고, 학생들이 미니 모둠을 만드는 데 시간을 너무 많이 소모하면, 교사가 임의로 만들어주어도 좋다. 예를 들어 출석번호의 홀짝이라든가, 남학생과 여학생을 짝으로 한다든가 여러 가지 방법으로 만들어주는데, 이것은 일종의 역할놀이일 수 있기 때문에 부담이 없다는 점을 학생에게 강조한다. 다만 능력이 떨어지는 학생들이 같이 미니 모둠이 되지 않게 주의한다.

이 방법은 모둠 내에서 최대한 극단적인 의견들을 경험하려는 것이므로 미니 모둠은 최대한 찬성과 반대의 입장을 옹호하도록 교사가 자극할 필요가 있다. 즉 이미 모둠 구성원이 의견을 정리해버리면 이 활동이 형식적으로 흐를 가능성이 있기 때문이다.

제 10 장

협력적 의사결정

우리는 매 순간 의사결정을 한다. 언제 잘지, 언제 일어날지, 언제 밥을 먹을지, 매일 수많은 의사결정을 하면서 살아간다. 개인이 결정할 때도 있지만 여럿이 함께 의논해서 결정할 때도 있다. 여러 사람의 정보와 의견을 모아서 결정하면 더욱 정확하게 바르게 결정할 수 있기 때문이다. 토의·토론을 하는 가장 중요한 이유도 여러 사람의 정보와 의견을 살펴볼 수 있기 때문이다. 이 장에서는 의사결정에 무게를 둔 다양한 토의·토론 방법을 소개한다.

"우리가 나보다 강하다."

65. 만장일치(unanimity)
66. 복수선택 질적 의사결정
67. 불가사리 모형(Starfish model)
68. 쌍 비교 분석(PCA)
69. 스탈(Stahl)의 에피소드 모형(episode model)
70. 역장분석(force field analysis)
71. 좋은 점·나쁜 점·흥미로운 점(PMI)
72. 죄수의 딜레마(prisoner's dilemma)
73. 집단 탐구(GI)
74. 창의적 문제해결(CPS)
75. 피라미드(pyramid)

65. 만장일치(unanimity)

1) 목적과 특징

이 방법은 만장일치를 통해 모든 학생들이 존중받으면서 토의·토론을 경험하게 하려는 목적을 가지고 있다. 만장일치란 누구나 '거부권'을 가지고 있다는 것을 뜻한다. 소수, 또는 한 명이라 할지라도 거부권을 가지고 있으므로 다수라 하더라도 상대를 존중하고, 논리적으로 설득하려고 애를 쓰게 된다. 당연한 주장이라 하더라도 이유를 다시 한 번 생각하게 하고 사고력과 표현력이 향상된다. 거부권을 가지게 되면 그만큼 자아존중감이 높아지고 적극적으로 참여하려는 동기도 가지게 된다.

만장일치 의사결정 활동지

교육부는 '2015년 학교 진로교육 실태조사' 결과를 발표했다. 고등학생들은 어떤 직업을 선호할까? 모둠별로 예측을 해 보고, 결과를 비교해보자.

희망 직업	순위	정답	차이
문화, 예술, 스포츠전문가 및 관련 직			
교육 전문가 및 관련 직			
보건, 사회복지, 종교 관련 직			
공학 전문가 및 기술직			
자연과학, 인문사회 전문가			
경찰, 소방, 보안 관련 서비스직			
경영, 회계 사무직			
조리, 음식서비스직			
정보통신 전문가 및 기술직			
군인			

[그림 2-10-1] 만장일치 활동지 만들기 사례 I

또한 순위를 매기는 것은 매우 흥미로운 활동이다. 특히 정답이 있을 경우는 더욱 그렇다. 정답이 없다면 순위를 매겨서 비교할 기준이 분명하지 않기 때문에 적극적으로 활동하지 않는 경향을 보인다. 문제는 정답이 있는 활동지를 만드는 것이 쉽지 않다는 점이다. [그림 2-10-1]처럼 설문조사의 경우, 정답이 분명하여 활동지를 만들어 수업에 사용하기 쉽다(순위는 순서대로임). 그러나 [그림 2-10-2]와 같은 활동지는 정답을 만들기가 어렵다. 하지만 생존전문가들이 내린 결론이라면 정답에 거의 가깝다 할 것이다. 필요한 경우 교과 전문가인 교사들이 교과와 관련된 상황을 만들고 의논해서 정답을 만들 수도 있다.

사막에서 살아남기

7월 중순 오전 10시쯤 여러분은 어느 사막에 불시착했다. 다행히 다친 사람은 없다. 항로를 100킬로미터 정도 이탈한 것 외에는 어디인지도 모른다. 불시착 전 기상 예보는 최고 온도가 섭씨 60도 정도이다. 여러분은 모두 가벼운 옷차림이다. 비행기가 다 불타기 전까지 15가지 물건을 가지고 나올 수 있으며 생존에 필요한 중요한 것부터 순위를 매겨보자. 구조를 기다릴 때 필요한 중요한 것부터 개인적 순위를 매긴 다음, 모둠이 함께 순위를 매겨보자. 단 만장일치로 결정해야 한다.

가장 중요한 15가지			
물건	순위	정답	차이
장전된 총			
책(사막에서 먹을 수 있는 동물)			
소금병			
1인당 물 1리터			
낙하산			
압박붕대			
보드카			
항공지도			
손전등			
잭나이프			
1인당 코트 한 벌			
우비			
1인당 선글라스 한 개			
손거울			
나침반			

[그림 2-10-2] 의사결정 활동지 만들기 사례 II

출처: Kagan, 1994, Cooperative Learning. San Clemente: Kagan Cooperative Learning에서 편집

정답(그냥 구조를 기다리는 것이 현명하다)

1. 손거울: 낮에 위치 표시하기 좋다.
2. 1인당 코트 한 벌: 수분 증발을 막기 위해 필요하다.
3. 1인당 물 1리터: 최대한 버텨야 한다.
4. 손전등: 밤에 위치 표시하기 좋다.
5. 낙하산: 그늘을 만들 수 있다.
6. 잭나이프: 선인장을 자르면 물을 얻을 수 있다.
7. 우비: 물을 보관할 수 있다.
8. 장전된 총: 예민해진 감정적 긴장에 대비해서 가져야 할 필요가 있다.
9. 선글라스: 눈부심을 보호해준다.
10. 압박 붕대: 다친 사람 없으므로 필요 없다.
11. 나침반: 이동하지 않으므로 필요 없다.
12. 항공지도: 이동하지 않으므로 필요 없다.
13. 책: 사냥해서 체력을 소모할 필요 없다.
14. 보드카: 술을 마시면 더욱 목마르다.
15. 소금병: 인체 수분을 더 빼어 간다.

2) 방법

(1) 활동지를 나누어 주기

순위를 매겨야 할 의사결정 상황과 선택할 대안이 들어 있는 활동지를 나누어준다. 활동지를 하나 더 주는데 이는 모둠용으로 합의한 모둠의 결정을 표시하기 위해서이다.

(2) 상황에 대한 설명과 질의응답 시간 갖기

의사결정을 해야 할 상황에 대해 교사가 설명을 해 준다. 이에 대한 질문과 응답시간을 갖는다. 이 시간이 중요한 것은 상황에 대한 정확한 이해를 해야 의사결정을 위한 토의·토론이 겉돌지 않기 때문이다. 이것이 분명하지 않으면 상황에 대해 오해를 했기 때문에 엉뚱한 결정이 나왔다고 항의할 수가 있다.

(3) 개인별로 결정하기

먼저 개인별로 순위를 결정하도록 한다. 시간을 충분히 줄 수 없기 때문에 결정을 다 못 했다 하더라도 모둠별 토의·토론 시간에 자신의 의견을 말하면 되므로 대충의 의사결정을 하도록 한다.

(4) 모둠별로 토의·토론을 통해 만장일치로 결정하기

교사는 일정 시간 후 모둠별로 의사결정을 하도록 한다. 단 만장일치로 결정해야 한다. 이때 활발한 토의·토론이 일어나므로 사회자의 역할이 중요하다. 특히 시간을 엄수해서 시간 내에 결정하도록 한다.

(5) 정답을 발표하고 보상하기

모둠별 의사 결정지를 옆의 모둠과 교환한다. 교사는 정답을 발표하고, 각 모둠은 다른 모둠의 의사 결정지를 채점한다. 가장 정답에 가까운 모둠에게 보상한다.

점수를 주는 방법은 두 가지가 사용된다. 하나는 금메달 방식으로 정확하게 순위를 맞힌 것이 몇 개가 있느냐로 결정한다. 다른 하나는 종합점수제로 정답과 모둠 답안 사이의 차이의 절댓값을 계산한 다음 그 숫자의 합이 적은 모둠이 우승하게 된다. 즉 권총을 5위로 결정했는데 정답이 7위라면 그 차이는 2점이 된다. 이 차이 점수를 모두 합하면 그 모둠의 점수가 되고, 그 점수가 낮아야 정답에 가장 가깝게 접근했다는 뜻이 된다. 전자의 경우 너무 우연의 요소가 강하므로 후자의 경우가 합리적인 평가 방식이다.

3) 의미와 응용

이 활동의 핵심은 만장일치제이다. 만장일치제를 해야 아무도 소외되지 않고 토의·토론에 참여할 수 있다. 대안 하나씩 점검해 나가는 경우도 있고, 일단 개인들의 결정을 모두 내어놓고 그것을 중심으로 합의해가기도 한다. 어떤 방식을 취할지 가능한 한 모둠별로 맡겨놓는 것이 좋다. 그러나 너무 진행이 안 되거나 어려움에 봉착하면 교사가 가서 진행을 도와주어야 한다. 예를 들면 15개를 크게 상 다섯 개, 중 다섯 개, 하 다섯 개로 분류한 뒤, 각각 순위를 매기게 지도하면 빨리 진행된다.

정답을 발표할 때 모둠 점수가 낮게 나왔을 때는 상관없지만 모둠의 합의 결과보다 어느 개인의 결정이 옳았을 때도 있다. 그럴 때는 “그 봐, 내가 뭐랬어?” 하고 아쉬워하는 개인이 많이 나타난다. 이러한 경험도 필요하다. 개인이나 모둠 전체에게 많은 것을 생각하게 하는 좋은 경험이 될 수 있다.

66. 복수선택 질적 의사결정

1) 목적과 특징

이 방법의 목적은 개인의 의사를 좀 더 정확하게 반영하기 위함이다. 이를 위해 좀 더 변수를 많이 활용하여 복잡한 의사결정 경험을 갖는 것이 특징이다. 의사결정의 역사를 보면 크게 네 가지로 요약할 수 있다.

첫째는 독재인데, 주로 리더가 결정을 하고 나머지 사람들은 리더의 결정에 따른다. 왕이 지배하던 시대에 대표적인 의사결정 방식일 뿐만 아니라 지금도 많이 사용되고 있다.

둘째는 다수결인데, 이는 시민혁명 이후 발전된 민주주의 사회의 대표적 의사결정 방식이다. 그러나 이는 구성원이 모두 지혜롭거나 도덕적일 때만 올바른 의사결정방법이다.

셋째는 전문가 결정이다. 다수결은 성숙한 시민의식이 갖추어진 국가가 아니라면 매우 위험한 의사결정 방법이다. 히틀러도 독일 국민들의 압도적 지지 하에 나타난 인물이었다. 이에 오늘날 대부분 민주주의 국가에서는 전문가에게 위임하는 방식을 택한다. 대의정치가 대표적이다. 전문지식과 도덕성을 가진 전문가를 다수결로 결정해서 위임하는 방식이다. 각종 자문회의나 위원회, 이사회 등도 이런 유에 속한다.

넷째는 만장일치제이다. 오늘날 민주주의 사회는 만장일치제의 정신을 많이 사용하고 있다. 국회의 경우만 하더라도 상임위원회에서 여야가 합의하여 단일안을 만들어 본회에 넘기는 경우가 대부분이다. 본회는 형식적으로 표결을 하여 통과시킨다. 물론 단일안으로 합의하기 위해 많은 토의·토론과 진통을 겪는다.

복수선택 질적 의사결정은 다수결을 보완하는 방법이다. 다수결에서 주어진 대안 중에 어느 하나를 100% 좋아서 선택하는 경우는 드물다. 다른 대안보다 더 낫다고 생각하기 때문에 선택하는 것이지만 결과적으로는 다른 대안에

줄 것을 그 대안에 포함해서 100%를 주는 것과 마찬가지이다. 따라서 다수결 결과가 실제 의사와는 다르게 나타날 수도 있다. 이를 보완하기 위한 것이 복수선택 질적 의사결정이다. 즉 대안들 중에 복수를 선택하고, 각각에 좋아하는 만큼만 의사를 표현하는 것이다. 예를 들어 대안이 A, B, C, D 네 개가 있을 때, 이 중에 세 개를 골라 각각 50%, 30%, 20%를 주는 것이다. 또 다른 예를 들자면 학급 반장 선거를 할 때 후보들 중에 좋아하는 후보 두 명을 선택하고 각각 투표지 세 장, 두 장을 행사할 수도 있다. 즉 이 학급의 경우 모든 학생이 투표지 다섯 장씩 받아서 후보들을 복수 선택하고, 질적으로 의사결정을 하는 것이다. 이것이 훨씬 개인의 의사를 잘 반영하는 결과를 가져온다.

실제 이 방법은 학교 현장에서 학생들이 매우 재미있게 하는 토의·토론 수업이다. 다소의 복잡함이 흥미를 주고, 결과에 대한 기대가 높기 때문이다. 아울러 복수선택의 폭과 질적 의사결정의 과정을 다양하게 변형할 수 있기 때문에 더욱 유용한 방법이다.

2) 방법

(1) 활동지를 나누어 주고 상황 설명하기

의사결정할 상황에 대해 분명하게 설명해 주고, 질의와 응답시간을 갖는다.

이때 모둠별로 활동지를 구성원 수 + 1개를 나누어준다. 한 개를 더 주는 것은 모둠용이다.

(2) 개인별 의사결정하기

교사는 먼저 개인별 의사결정을 하도록 지시한다. 이때 완벽한 결정을 할 필요는 없으며 대강의 의사결정만 한다. 〈표 2-10-1〉은 2002년 10월 1000명의 3, 4, 5, 6학년 초등학생에게 교과의 용이성, 흥미성, 중요성을 조사한 연구 결과를 가지고 만든 활동지이다(정문성, 2003).

(3) 우선 여섯 개 중에 세 가지 영역을 선택하기

개인별 의사결정이 끝났으면 모둠별 의사결정을 하는데, 우선 모둠이 가장 자신 있게 맞힐 수 있는 세 가지 영역을 선택하게 한다. 〈표 2-10-2〉의 예를 보면 '가장 쉬운 교과', '가장 재미있는 교과', '가장 덜 중요한 교과'를 선택했음을 알 수 있다. 물론 세 가지 영역을 선택하기 위해 활발한 토의·토론이 있었을 것이다.

(4) 세 가지 영역에 질적 선택을 위해 가중치 부여하기

교사는 모둠별로 정한 세 가지 영역에 대해 사전에 600원, 300원, 100원의 가중치를 정하게 한다. 즉 가장 자신 있는 영역은 600원, 그 다음은 300원, 그 다음은 100원으로 정한다. 예를 들어 어떤 모둠은 '가장 재미있는 교과'를 600원, '가장 쉬운 교과'를 300원, '가장 덜 중요한 교과'를 100원으로 정할 수 있을 것이다.

(5) 모둠의 의사결정을 하고 정답을 발표하기

토의·토론을 통해 모둠별 의사결정이 되면 교사가 정답을 발표한다. 만약 어느 팀이 600원짜리 세 개, 300원짜리 두 개, 100원짜리 네 개를 맞히었다면 모두 2,800원의 점수를 얻게 된다. 그러므로 가장 돈을 많이 받은 모둠이 우승한다.

3) 의미와 응용

앞에서 예를 든 경우는 제법 복잡한 경우이다. 좀 더 간단하게 활용할 수도 있는데, 앞의 모둠 문장 만들기의 예를 들어보자. 봄을 표현한 문장을 네 명이 각각 두 문장씩 만들었으므로 모두 여덟 문장이 만들어졌다. 이 중에서 봄을 가장 잘 표현한 문장 한 개를 복수 선택 질적 의사결정으로 선택해 보자. 이때 교사는 여덟 개 문장 중에 자신이 만든 두 개의 문장은 대상에서 제외하고, 나머지 여섯 개 중에 좋은 표현 세 개를 골라 가장 좋은 문장에는 별표(***) 세 개, 그 다음 문장에는 별표(**) 두 개, 마지막은 별표(*) 한 개를 문장 옆에 표시하게 한다. 그래서 별표를 가장 많이 받은 문장을 그 모둠에서 봄을 가장 잘 표현한 문장으로 결정할 수 있을 것이다.

이처럼 간단하게 적용할 수도 있고, 다소 복잡하게 적용할 수도 있다. 가중치는 돈으로 또는 점수로, 기타 어떤 단위로든 교사가 창의적으로 활용할 수 있다. 아울러 앞에서 본 것보다 더 복잡하고 재미있게 응용할 수도 있다.

〈표 2-10-1〉 복수선택 질적 의사결정 점수 계산 사례

구분	가중치	정답 개수	소계
가장 쉬운 교과	600	3	1,800
가장 재미있는 교과	300	2	600
가장 덜 중요한 교과	100	4	400
합계	1,000	9	2,800

〈표 2-10-2〉 초등학생의 교과에 대한 인식(정답)

다음은 2002년 10월 1000명의 3, 4, 5, 6학년 초등학생에게 설문조사를 한 결과이다.

가장 쉬운 교과						가장 재미있는 교과						가장 중요한 교과					
남	여	3	4	5	6	남	여	3	4	5	6	남	여	3	4	5	6
체육	국어	체육	체육	체육	체육	체육	체육	체육	체육	체육	체육	수학	수학	수학	수학	수학	수학
가장 어려운 교과						**가장 재미없는 교과**						**가장 덜 중요한 교과**					
남	여	3	4	5	6	남	여	3	4	5	6	남	여	3	4	5	6
사회	사회	수학	사회	사회	사회	사회	수학	수학	사회	수학	수학	미술	미술	미술	미술	미술	미술

출처: 정문성, 2003, 경인지역 초등학생의 교과에 대한 태도. 기전문화연구 29.30집, pp. 281-286.

67. 불가사리 모형(starfish model)

1) 목적과 특징

패트릭 쿠아(Patrick Kua, 2006)가 개발한 불가사리 모형(Retrospective Starfish model)은 불가사리처럼 다섯 개의 질문을 던지고 답하기 때문에 붙여진 이름이다. 회고적(Retrospective)이라는 형용사를 붙인 것은 이전 활동에 대해 반성을 하면서 토의·토론을 하기 때문이다. 개인적으로 활동할 수도 있지만 팀 활동으로 반성하고 개선하려는 목적으로 개발되었다. 다섯 개의 질문이란 [그림 2-10-3]과 같다. 이러한 질문에 대한 답은 지금까지의 활동에 대한 반성과 대안으로 만들어진다.

이 모형의 특징은 다음과 같다. 첫째, 이 모형은 간단하면서도 강력하다. 바로 질문하고 바로 답한다. 둘째, 팀을 앞으로 진전하게 한다. 셋째, 실수나 잘못을 반복하지 않게 한다. 넷째, 팀을 보다 생산적으로 만든다. 다섯째, 이런 과정을 통해 팀 활동에 대해 만족스럽게 느끼게 한다.

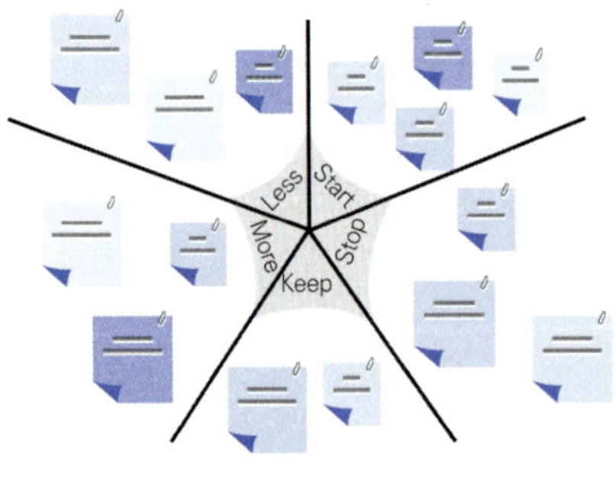

- 계속해야 할 것은 무엇인가?(KEEP)
- 좀 더 해야 할 것은 무엇인가?(MORE)
- 좀 더 줄여야 할 것은 무엇인가?(LESS)
- 새로 시작해야 할 것은 무엇인가?(START)
- 당장 그만두어야 할 것은 무엇인가?(STOP)

[그림 2-10-3] 불가사리 모형의 다섯 가지 영역

2) 방법

(1) 개인별로 다섯 가지에 해당하는 의견들을 생각해 보기

개인별로 KEEP부터 다섯 가지 질문에 해당하는 답들을 포스트잇에 적어본다.

(2) 불가사리 게시판에 자신의 포스트잇 붙이기

불가사리 게시판에 자신의 포스트잇을 붙인다. 개수는 제한하지 않더라도 사전에 몇 개만 붙이도록 약속할 수도 있다.

(3) KEEP부터 시계 방향으로 정리하기

KEEP부터 붙여진 포스트잇을 보고 무슨 뜻인지 공유하고, 중복되거나 사소한 것은 토의를 통해 제거한다.

(4) 우선순위 정하기

최종적으로 정리한 포스트잇을 토의를 통하여 오늘 할 것, 이번 주에 할 것, 한 달 동안 할 것으로 구분하여 붙여본다. 포스트잇을 사용하지 않고 직접 기록해도 된다. 기간도 지금 당장, 이번 학기, 내년까지 등 참여자가 함께 원하는 기간을 조정할 수 있다.

오늘 당장 할 것	
이번 주까지 할 것	
이번 달까지 할 것	

[그림 2-10-4] 우선순위 정하기

3) 의미 및 응용

이 모형은 새로운 일을 착수할 때 하기보다는 기존의 활동에 대해 점검하고 더 나은 방향으로 진행할 수 있는 과정에서 사용하는 것이 좋다. KEEP은 지금까지 잘해 오고 있는 것이 무엇인지 확인하면 되고, MORE는 현재 하는 활동을 좀 더 활발하게 하거나 새로운 활동을 더 추가하면 된다. LESS는 더 할 필요가 없는 활동이 무엇인지 확인한다. START는 새로 시작해야 하는 일이고 STOP은 더 실수나 잘못을 하지 않도록 하는 것이다.

다음은 재학 중인 대학생의 '성공적인 대학 생활'을 위한 불가사리 모형 적용 사례이다.

불가사리 모형(Star fish)

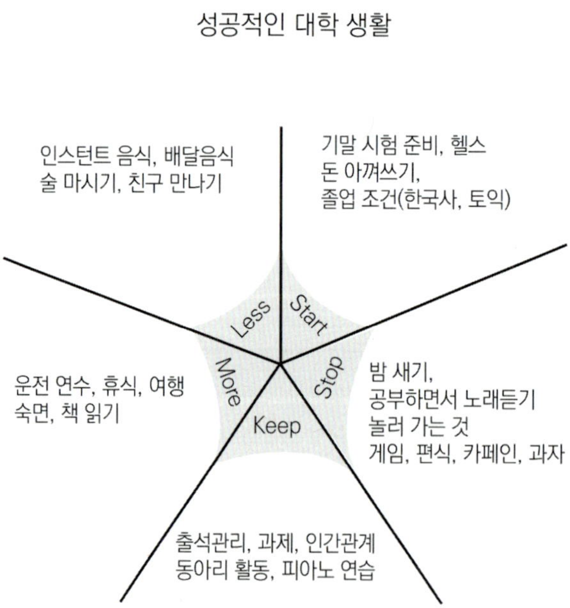

오늘부터	게임 편식 카페인 과자
이번 학기	기말 시험 준비 기말 과제 여행 계획
졸업까지	졸업 조건 (한국사, 토익) 피아노 연습 책 읽기

68. 쌍 비교 분석(PCA)

1) 목적과 특징

우리의 삶은 선택의 연속이다. 학생들이 시험에서 객관식 문항을 푸는 것도 선택이다. 선택형 문제에는 선택지의 숫자에 따라 진위(OX)형도 있고, 4지선다형, 5지선다형도 있다. 노구치 요시아키는 '3의 마법'이라는 책에서 사람들은 세 개의 선택지를 줄 때 보통 중간을 선택하기 때문에 마케팅에서는 이것을 잘 활용해서 가격을 결정한다고도 한다.

선택한다는 것은 항상 부담스럽다. 그러므로 선택을 하기 전에 무엇을 기준으로 삼을까 고민을 하게 되는데, 기준만 세워진다면 여러 대안들 중에서 하나를 선택하는 것은 크게 어렵지 않다. 그런데 어떤 경우는 명쾌한 기준을 세우기가 어려운 경우가 있다. 즉 누구나 인정할 만한 객관적인 기준을 세우기 힘들 때는 어떤 방법으로 선택하는 것이 좋을까?

이때 많이 사용하는 것이 쌍 비교 분석(PCA: Paired Comparison Analysis 또는 Pairwise Comparison Analysis)이다. PCA는 여러 대안들을 두 개씩 상대적으로 비교하여 중요한 것을 또는 필요한 것을 결정하는 방식이다. 이 방식은 서스톤(Thurstone, 1927)이 19개의 범죄유형을 짝으로 제시하여 어떤 것이 더 심각한 것인지를 측정한 것에서 유래한다. 이후에 이러한 비교는 모든 영역에서 활용되었다. 특히 스포츠에서 많이 사용되는 라운드 로빈 토너먼트(round robin tournament)가 대표적인 쌍 비교라고 할 수 있다.

점심 메뉴를 정할 때, 자장면, 짬뽕, 볶음밥, 냉면, 기스면, 울면 등이 있다고 하자. 이런 경우 딱히 선택할 기준을 찾기가 어렵다. 예를 들어 '한계효용'의 개념을 도입할 수 있을 것이다. 자장면을 먹은 지는 한 달이 되었고, 짬뽕을 먹은 지는 일주일이 되었으니 자장면을 먹는 한계효용이 더 클 것이라고 판단할 수도 있다. 그러나 다섯 개의 음식 중에서 하나를 고를 때 한계효용이라는 단일한 조건만을 가지고 고르기는 힘들다. 기스면은 한 번도 먹어보지 않았지만 한

번 도전해 보고 싶은 생각도 들 것이다. 그러므로 이런 경우는 대개 거의 느낌으로 둘씩 짝을 지어 선택해 가면 결국 최종 하나를 선택할 수가 있다. PCS를 토의·토론 수업에 활용한다면 다음과 같은 특징을 발견할 수 있다.

첫째, 학생들은 별다른 기준이 없으므로 부담 없이 자기 개인의 의견을 말할 수 있다. 그만큼 학생들의 참여도가 높아진다.

둘째, 쌍비교 분석 자체가 일종의 판단 기준 역할을 한다. 개인이 결정한다면 어떤 경우는 엉뚱한 결과가 나올 수 있지만 모둠 토의·토론으로 하면 어느 정도 의견들이 다듬어져서 모두가 납득할 만한 결과가 나올 수 있다. 즉 참여자의 의견이 반영된 결과이므로 결과에 무게감이 실린다.

셋째, 가중치를 자유롭게 둘 수 있다. 단순히 둘 중 하나를 선택할 수도 있지만 둘 중 선택한 것에 2점, 1점 등을 줄 수 있게 하면 가중치가 주어져서 대안의 질을 고려할 수 있다. 스포츠에서는 1:0으로 이기나 8:0으로 이기나 1승이지만 PCA에서는 가중치에 따라 최종 선택이 달라질 수 있다.

넷째, 선택하기 곤란한 경우는 동점을 줄 수도 있다. 정말 우열을 가리기 힘들 때는 선택을 하지 않고 0점을 주면 된다. 여러 개가 대안이므로 0점을 주어도 마지막 최종 선택을 하는 데에 문제가 없다.

다섯째, 모든 대안들을 일대일로 비교하므로 각 대안에 대해 깊이 생각할 수 있는 기회를 제공한다.

2) 방법

(1) 비교하고자 하는 모든 대안 열거하기

교사는 문제를 해결하기 위한 모든 대안들을 학생들이 말하도록 한다. 이때 대안이 열 개 이상 넘지 않도록 한다. 대안이 너무 많으면 모든 대안을 다 검토해야 하므로 시간이 많이 걸리기 때문이다. 만약 열 개가 넘으면 학생들의 의견을 모아서 덜 중요한 대안들을 하나씩 지워서 열 개를 맞추도록 한다.

(2) 격자(GRID) 활동지에 가로축과 세로축에 대안 적기

이제 모둠별 활동으로 들어간다. 각 모둠에 격자로 된 활동지 1매를 배분하고, 모둠별로 기록이가 빈 공간에 대안의 숫자만큼 기호를 적어 넣는다. 만약 대안이 네 개라고 하면 〈표 2-10-3〉 처럼 4×4형태의 표를 만든다. 이것은 각각의 대안을 1:1로 비교하기 위함이다.

〈표 2-10-3〉 쌍 비교 분석표

	A	B	C	D
A		A	C	A
B			C	B
C				C

(3) 차례대로 쌍 비교를 해서 둘 중 하나를 선택해서 적기

모둠별 선택이 끝났으면 결과를 계산해서 발표하도록 한다. 〈표 2-10-3〉 에서 보면 C가 3승, A가 2승, B가 1승으로 나타나 있다. 그러므로 최종으로 결정된 대안은 C가 된다.

3) 의미와 응용

학생들이 이 방법에 익숙하면 다소 복잡하지만 가중치를 주어 진행할 수도 있다. 예를 들어 쌍을 비교를 할 때 단순히 둘 중 하나를 선택하는 것이 아니라 다음과 같이 다양한 방법으로 가중치를 줄 수 있다. 가중치는 수업 목표와 상황 및 내용에 따라 얼마든지 융통성 있게 결정할 수 있다. 만약 4명이 한 모둠이라면 다음과 같이 가중치를 적용할 수 있다.

2:2로 비기면 0점
3:1로 다수로 이기면 1점
4:0으로 만장일치로 이기면 2점

다음은 여대생들에게 배우자의 조건으로 '경제력', '외모', '성격', '학력', '가정환경' 다섯 가지를 쌍비교 분석한 것이다. 결론적으로 가정환경이 가장 중요한 기준으로 결정되었다.

〈표 2-10-4〉 배우자의 조건 쌍비교 분석표 사례

구성	성격	학벌	직업	외모	가정환경	취미취향	가치관
성격		학벌2	직업1	성격2	성격1	성격2	가치1
학벌			직업2	학벌1	학벌1	학벌1	가치1
직업				직업1	직업2	직업1	직업1
외모					가정1	취미1	가치2
가정환경						가정1	가치1
취미취향							가치1
가치관							

- 성격은 3승을 했고 점수는 5점을 얻었음.
- 학벌은 4승을 했고 점수는 5점을 얻었음.
- 직업은 6승을 했고 점수는 8점을 얻었음.
- 외모는 0승을 했고 점수는 0점을 얻었음.
- 가정환경은 2승을 했고 점수는 2점을 얻었음.
- 취미취향은 1승을 했고 점수는 1점을 얻었음.
- 가치관은 5승을 했고 점수는 6점을 얻었음.

69. 스탈(Stahl)의 에피소드 모형(episode model)

1) 목적과 특징

스탈(Stahl, 1994)이 개발한 이 방법은 학생들이 배워야 할 내용을 하나의 일화(episode)로 만들어 그 일화를 완성하는 과정에서 자연스럽게 수업 목표를 달성하도록 하였다. 수업을 진행하는 동안 학생이 다음과 같은 의사결정 능력을 신장시킬 전략을 사용하도록 구조화해 놓은 점이 장점이다.

첫째는 서열화 능력이다(ranking-order decision strategy). 의사결정 능력에서 제일 중요한 것이라고 볼 수 있다. 대안을 만들기는 쉽지만 그 중요성, 또는 현실성 등을 고려하여 서열을 매기기는 무척 어렵기 때문이다. 이러한 능력을 기르기 위해서는 여러 대안들을 검토하는 경험을 많이 갖는 수밖에 없다. 이 방법은 이런 경험을 제공해준다.

둘째는 강제 선택 전략(forced-choice decision strategy)이다. 일단 대안을 선택을 하고 나면 다른 대안들은 모두 포기해야 한다. 즉 A영역에 세 개의 대안을 선택하면 이 대안들은 다른 영역에 이중으로 포함시킬 수 없게 만들어 더욱 대안들을 따져보게 만든다.

셋째는 협상 전략(negotiation strategy)이다. 여러 대안들을 세 가지로 범주화함으로써 각 대안들이 서로 분명한 관계를 설정할 수 있게 해 주며 타협의 능력을 향상시켜준다. 이 세상에 완벽한 대안은 없으며 대부분 협상의 산물이다.

넷째는 창안 결정 전략(invention decision strategy)이다. 저학년은 교사가 활동지에서 대안을 만들어주지만 고학년은 학생들이 대안을 직접 만들게 할 수도 있다. 이를 통해 대안을 만들어내는 창안 능력을 길러줄 수 있다(Stahl, 1994; 정문성, 2006).

이 방법은 학생들이 역사 속의 실제 인물이 되어 그 시대상황에서 의사결정을 해 보는 경험을 줌으로써 그 시대와 그 시대 사람들을 이해하는 데 큰 도움이 된다. 또한 현실에서도 선택의 상황에 직면하여 의사결정 상황을 체험할 수 있다. 즉 어떤 의사결정을 할 때 그 상황 속에 깊이 빠져봄으로써 감정이입을 경험하고, 사회와 사람들의 마음을 잘 이해하고, 더욱 정확하고 수준 높은 의사결정을 할 수 있는 능력을 기를 수 있다. 아울러 치열한 토의·토론은 이러한 능력을 기르는 촉진제가 된다.

2) 방법

(1) 수업목표와 배경을 설명해 주기

교사는 수업 목표에 따라 교과 내용을 구조화된 열린 상황 이야기로 만든다. [그림 2-10-5]처럼 민주주의의 등장에 관한 영국의 대헌장(magna carta)에 관한 수업을 한다고 할 때, 대헌장이 나오기까지의 상황을 배경으로 만들 수 있을 것이다. 이때 모둠은 그 시대의 귀족이 되어 역사를 결정해 보는 경험을 갖게 되는 것이다. 그러므로 이 시대 상황에 대한 정확한 이해가 있어야 의사결정을 잘 할 수 있다. 즉 영국의 대헌장이 만들어지는 1215년의 시대 상황을 설명해 주고 주인공인 왕과 귀족, 그리고 시민들의 정치적 위치나 권력 등을 설명해 주어야 한다.

(2) 개인 의사 결정하기

모둠 결정하기 전에 먼저 개인적인 의사 결정을 해 본다. 이때에는 주어진 대안들에 대해 그것이 채택될 가능성, 채택되었을 때의 효과 등을 점검해 보아야 할 것이다.

(3) 모둠의 의사결정하기

개인적인 의사결정이 끝났으면 모둠별로 토의·토론을 통해 합의를 해야 한다. 이때에도 만장일치제로 결정을 한다. 교사는 제한 시간을 주고 합의가 되지 않더라도 시간이 되면 중단하여야 한다.

(4) 각 모둠별 결과 발표하기

발표는 여러 가지 방식으로 할 수 있다. 임의의 모둠을 선택하여 결과를 발표하게 할 수도 있고, 〈표 2-10-5〉 처럼 표를 칠판에 적어놓고, 모둠 대표가 결과를 적어도 된다. 이때 한두 모둠은 발표를 시키는 것이 좋은데, 발표할 때는 1모둠의 경우, 왜 A영역에 1, 5, 6의 대안을 선택했는지 이유를 설명하게 해야 한다. 시간이 없으면 A영역과 C영역만 설명한다. 발표가 끝났으면 실제 역사에서 어떤 결정이 이루어졌는지 알려준다. 예를 들어 실제 대헌장에서는 어떤 내용들이 담겼는지 설명해 주면 된다.

〈표 2-10-5〉 모둠의 의사결정 결과표

구분	1모둠	2모둠	3모둠	4모둠	5모둠	6모둠	7모둠
A	1, 5, 6						
B	3, 4, 9						
C	2, 7, 8						

3) 의미와 응용

상황을 만들고 대안을 만들어 제공할 때, 가능하면 대안은 3의 배수, 즉 여섯 개나 아홉 개를 주는 것이 좋다. A, B, C 세 영역으로 나누고 각각 동일한 수의 대안을 분류시키는 것이 혼란을 줄일 수 있기 때문이다. 물론 3의 배수로 만들기 힘들 때는 A, B, C에 동일한 수의 대안을 담지 않아도 된다고 말해 주어야 한다.

무엇보다 배경 설명을 잘 해야 한다. 배경에 대해 충분히 숙지하지 못하면 대안들을 제대로 평가할 수 없다. 모든 토의·토론에서 기본 전제나, 쟁점의 상황에 대해 동일한 이해를 하지 않으면 토의·토론이 항상 겉돌아 비생산적으로 끝날 가능성이 많다.

이 활동에서 중요한 점은 학생들이 직접 의사결정을 한 내용과 실제로 의사결정이 이루어진 내용을 비교할 때 학생들이 깨닫거나 느끼는 경험이다. 실제 수업을 해 보면 그때 가장 학생들의 반응이 뜨겁다. 정답을 발표하여 비교하는 셈이다. 이러한 역사적 의사결정의 순간 외에도 [그림 2-10-6]처럼 현재 우리 생활 속에서도 모둠이 의사결정을 해야 할 상황이 많으므로 이러한 토의·토론 경험은 학생들에게 현실적으로 큰 도움을 줄 수 있다.

Big Bad John
로빈 후드가 살고 있던 1215년의 일이다. 당신은 폭군인 존 왕의 지배하에 있는 영국 귀족이다. 존 왕은 귀족회의를 무시하고, 유리한 법은 이용하고, 불리한 법은 무시하였다. 또한 자신을 추종하는 사람들만 관직에 임명했다. 영국 백성의 대다수가 존 왕으로 인해 매우 불행한 나날을 보내야 했다. 귀족으로서 당신은 왕이 권력을 함부로 사용하지 못하도록 제한해야 할 때가 왔다고 생각하였다. 왕이 따라야 할 규칙들을 만들기 위해 귀족회의가 소집되었다. 왕이 이 규칙들을 지킨다는 서명을 받기로 했다. 이 모임의 일원으로서 당신이 생각한 아홉 가지의 규칙들은 다음과 같은 것이다. 1. 왕은 귀족회의 허가 없이는 어떤 세금도 거두어들일 수 없다. 2. 왕은 귀족회의 허가 없이는 새로운 종류의 세금을 만들 수 없다. 3. 왕은 소유지 주인에게 정당한 가격을 지불하지 않고는 누구의 소유지도 뺏을 수 없다. 4. 왕은 뇌물을 받을 수 없다. 5. 왕은 재판을 받지 않은 사람을 감옥에 보낼 수 없다. 6. 왕은 백성과 마찬가지로 법을 지켜야 한다. 7. 왕은 백성이 원하지 않을 때 억지로 다른 나라에 전쟁하러 보낼 수 없다. 8. 왕은 교회의 일에 간섭하지 말아야 한다. 9. 왕은 그가 싫어하는 귀족들을 위협하고, 그를 추종하는 귀족들에게는 특권과 호의를 베푸는 것을 멈추어야 한다.

Big Bad John
약간의 논쟁이 있었지만 이들 귀족모임은 '대헌장'이라고 이름 지어진 이러한 규칙들에 동의했다. 이러한 움직임을 눈치챈 존 왕은 타협을 하자고 요청하였다. 이에 귀족들은 서로 의논한 결과, 존 왕이 세 가지는 동의할 것이며, 또 세 가지는 추후에 협상하자고 제의할 것이고, 나머지 세 가지는 어떤 상황에서도 따르지 않을 것이라고 판단하였다. 왕의 타협안에 따라 귀족들은 다음의 선택사항에 동의하였다. A. 왕에게서 반드시 지킨다고 받아낼 세 가지 규칙 안에는 아홉 가지 중에 귀족들이나 백성들을 위해서 가장 중요한 규칙들이 선택되어야 한다. B. 왕이 차후에 고려해보겠다고 생각할 규칙들은 위의 세 가지 규칙보다는 덜 중요하지만 나머지 세 가지보다는 더 중요한 규칙들이어야 한다. C. 왕이 절대 양보하지 않을 세 가지 규칙은 아홉 가지 규칙 중에 귀족들이 포기할 수 있는 가장 덜 중요한 규칙들이어야 한다. 우선 당신 개인이 각 대안들을 A, B, C 세 영역에 각각 세 개씩 분류시키는 의사결정을 먼저 하라. 그리고 귀족회의에서 집단 의사 결정을 하라. 단 회의 규칙은 만장일치제이다. 영국의 미래가 당신에게 달려 있다. 가능한 한 당신의 의견이 많이 반영되도록 노력하라. 그러면 당신은 새로운 지도자로 부상할 것이다.

[그림 2-10-5] 에피소드 의사결정 활동지 사례 I

출처: 정문성, 2006, 협동학습의 이해와 실천. 서울: 교육과학사, pp. 315-316.

오늘은 내 동생 지수의 생일입니다. 온 가족이 모여 지수의 생일을 축하해야 하는데 아빠가 오시지 않습니다. 엄마: 얘들아, 조금만 더 기다리자. 지수: 엄마, 요즘 아빠가 이상해요. 일요일에는 방에서 주무시기만 하고, 전화도 없이 지수 생일에 늦으시고……. 엄마: 아니야, 요즘 아빠가 회사 일이 바쁘셔서 그런 거야. 나: 엄마, 우리가 아빠에게 드리고 싶은 말이 많은 것 같은데 '아빠 이것만은 지켜주세요.'라고 규칙을 정해 드리는 게 어때요? 엄마: 그럼 너희들이 아빠께 원하는 것이 무엇인지 말해보렴.

지수와 나는 평소에 생각해 보았던 점을 말씀드렸습니다.

1. 아빠는 집에 기쁜 일이 있을 때 집에 와서 저녁을 드셔야 합니다.
2. 아빠는 아무리 바쁘셔도 주말은 가족과 함께 보내셔야 합니다.
3. 아빠는 가족이 원하는 일에 협조적이어야 합니다.
4. 아빠는 엄마의 일을 모른 척할 수 없습니다.
5. 아빠는 아들, 딸의 고민을 들어주셔야 합니다.
6. 아빠는 가족과 함께 의논한 뒤 일을 처리하셔야 합니다.
7. 아빠는 가족이 원하지 않는 것을 억지로 시킬 수 없습니다.
8. 아빠는 가족회의 없이는 새로운 가족 규칙을 만들 수 없습니다.
9. 아빠는 건강을 위해 식구들과 운동을 규칙적으로 하셔야 합니다.

약간의 논쟁이 있었지만, 엄마는 지수와 내가 말씀드린 아홉 가지의 '아빠, 이것만은 지켜주세요.' 규칙에 동의하셨습니다. 엄마, 나, 지수가 생일축하 파티를 하고 조금 쉬고 있으려니 아빠가 오셨습니다. 우리의 의견을 아빠께 보여 드리니 웃으시면서 이렇게 말씀하셨습니다.

아빠: 너희들이 아빠에게 서운한 점이 많았던가 보구나. 아빠의 사정도 좀 봐줘라. 이 아홉 가지 규칙 중에서 세 가지는 아빠가 꼭 지킬 것을 약속하마. 그러나 세 가지는 아빠가 지킬 수 없을 것 같다.

지수: 나머지 세 가지는요?

아빠: 그래. 그것도 고려해보마.

지수와 나는 아빠가 아홉 가지 규칙을 모두 지켜주셨으면 했지만 엄마의 말씀(행복한 가정은 모두의 노력으로 이루어질 수 있다)에 따라 아빠와 타협하기로 했습니다. 나와 지수는 다음과 같이 나누어 제안하기로 했습니다.

A. 아빠가 지킨다고 약속한 세 가지 규칙에는 우리 가족 모두를 위해서 가장 중요한 규칙들이 선택되어야 한다.
B. 아빠가 고려해보겠다고 생각하는 규칙들은 위의 세 가지 규칙보다는 덜 중요하지만 나머지 세 가지보다는 더 중요한 규칙들이어야 한다.
C. 아빠가 지킬 수 없다 하실 세 가지 규칙은 가족들이 포기할 수 있는 가장 덜 중요한 규칙들이어야 한다.

자 이제 여러분의 모둠이 가족 구성원이라고 생각하고 이 세 가지 범주로 아홉 개의 안을 분류시켜보십시오. 단 만장일치제입니다.

[그림 2-10-6] 에피소드 의사결정 활동지 사례 II

70. 역장분석(force field analysis)

1) 목적과 특징

역장분석(FFA)은 상황진단을 위한 판단 기법이다. 레빈(Lewin)은 문제 상황에 영향을 미치는 프레임을 주목했다. 어떤 상황도 변화해야 하는 입장과 유지해야 하는 입장이 평형을 이루고 있는 모습으로 표현할 수 있다. 이때 그 입장의 배경에는 동원할 수 있는 자료, 전통, 이윤, 조직, 관계, 사회적 동향, 수요, 기술력, 정책, 비용 등의 영향력이 버티고 있다. FFA는 이러한 영향력을 이용해서 두 대안에 힘을 실어주는 것이 무엇인지, 그리고 어느 정도인지를 표시할 수 있다. 그리고 이를 통해 합리적 의사결정을 할 수 있다. 서로 다른 의견이 충분히 개진될 수 있는 장점도 있다.

2) 방법

(1) 문제 확인하기

현 상황을 정확하게 기술한다. [그림 2-10-7]은 임용고사 스터디 모둠을 만들어서 준비할지 그냥 혼자 준비할지를 결정하는 사례이다.

(2) 다이어그램 그리기

왼쪽은 변화, 오른쪽은 유지로 그린다. 예를 보면 왼쪽은 '임용고시 스터디 모둠을 만든다.', 오른쪽은 '혼자 공부한다.'이다.

(3) 변화와 유지를 지지하는 근거 표시하기

실현 가능한가? 정말 중요한가? 시급한가? 시간이 많이 걸리는가? 즉각 효과가 있는가? 등을 기준으로 좌우 근거를 동일한 수만큼 선정한다.

(4) 근거에 가중치 부여하기

1-5척도로 의사결정의 영향력을 기준으로 가중치를 부여한다.

(5) 가중치를 합산하여 결정하기

좌우 가중치를 합하여 높은 점수를 받은 대안을 선택한다. 사례에서는 19:17로 현상유지, 즉 혼자 준비하는 것으로 결정했다.

3) 의미와 응용

변화 한다.			스터디 반대 유지
진도가 뒤처지지 않게 학습관리 가능	3	5	시간 맞추기 어려움
모르는 부분을 물어볼 수 있다.	2	5	나의 컨디션과 관계없이 공부해야 함
자료가 풍부해진다.	5	4	조원들 관계 문제
인강값 절약	3	1	장소 섭외 문제
서로 힘이 되어줄 수 있다.	4	4	목적 전도 (친목모임으로 변질 가능성이 높음)
합계 17			합계 19

[그림 2-10-7] 역장분석 활동지 사례

선택할 문제가 발생하면 각 대안의 장단점이 있기 마련이다. 그러나 단순하게 장점과 단점의 개수로 결정할 수는 없다. 장점과 단점의 중요도가 다 다르기 때문이다. 그러므로 장단점의 영향력 또는 중요성에 따라 가중치를 주면 보다 냉정하고 객관적으로 판단할 수 있는 장치가 될 수 있다. 아울러 여러 사람이 토의·토론으로 하면 더욱 장단점의 가중치를 정확하게 판단할 수 있다. 이러한 장단점 분석을 통한 선택은 더욱 정확한 판단을 하는 데에 도움을 준다.

71. 좋은 점·나쁜 점·흥미로운 점(PMI)

1) 목적과 특징

이 방법은 드 보노(De Bono)가 개발한 사고방법 중의 하나이다. 제안된 아이디어의 장점(plus), 단점(minus), 그리고 흥미로운 점(interesting)을 따져본 후 그 아이디어를 평가하는 아주 간단하면서도 매우 효과적인 기법이다. '진리는 평범하다.'라는 말은 정말 평범한 진리이다. 수업방법은 단순하고 쉬운 것이 좋다. 방법이 너무 복잡하면 방법에 얽매여서 정작 본질인 내용학습이 소홀하게 된다. '생각을 하고 행동하지 않으면, 행동에 생각이 따라간다.'라는 말이 있다. 목적과 수단이 거꾸로 된 것이다. 물론 이 원리를 이용해 좋은 습관을 만들어서 역이용할 수도 있지만 그런 정도의 수준이라면 이미 생각이 깊은 사람이다.

'저 친구는 생각 없이 산다.'라는 말도 있다. 인간의 능력은 생각에서 나온다. 그래서 탈무드에서는 '고기를 잡아주지 말고, 고기 잡는 방법을 가르쳐주라'고 하여 지식의 전달보다는 생각하는 방법을 가르쳐주라고 했다. 생각 없이 실천이 앞서는 무모한 사람을 돈키호테형이라고 부른다. 또 너무 생각만 하다가 실천할 시기를 잃는 사람은 햄릿형이라고 한다.

생각은 계획적으로 해야 시간과 노력의 낭비를 줄일 수 있다. 그래서 생산적이고 실천 가능한 방안을 만들어낸다. PMI는 그런 의미에서 간단하면서도 매우 생산적인 생각기법이다. 여기에서 주의할 점은 아이디어를 산출할 때, P, M, I를 철저히 분리해서 생각해야 한다는 것이다. 이 기법은 동시에 여러 가지 요인들이 혼합되어 작용하는 사고의 상황에서 하나하나씩의 단계를 거쳐 보다 냉철한 판단 아래 사고를 전개시킬 수 있는 이점을 가지고 있다. 특히 단계마다 모둠이 토의·토론을 해야 정확한 판단을 할 수 있다.

• 햄릿형: 생각만 하고 실천을 쉽게 못 하는 고민형

'죽느냐 사느냐 그것이 문제로다.' 항상 이럴까 저럴까 고민만 한다. 쉽게 결정을 못 내린다. 아는 것이 병인 경우이다. 정확하게 알지 못하거나 판단하는 사고방법을 알지 못해서 그렇다.

• 돈키호테형: 실천이 앞서서 일단 하고 보는 성급형

일단 지르고 본다. 행동하고 나서 후회하는 형이다. 충분히 생각하고 해도 될 일도 성급하게 실천하는 바람에 실패하는 경우가 많다. 추진력이 있어 보이지만 지도자가 이럴 경우 따르는 사람에게 큰 피해를 줄 수 있다.

• 파우스트형: 생각과 실천을 겸비한 이상형

파우스트는 학자이지만 경험을 위해 악마와 계약을 할 정도로 이론과 실천을 함께 추구하는 인간상이다. 이론 없는 실천은 무모하며, 실천 없는 이론은 공허하다.

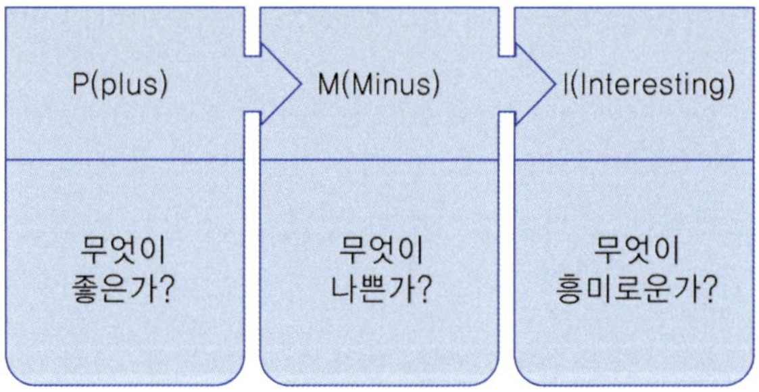

- P(plus): 아이디어에 대한 좋은 점(왜 그것을 좋아하는가?)
- M(minus): 아이디어에 대한 나쁜 점(왜 그것을 좋아하지 않는가?)
- I(interesting): 아이디어에 관해 발견된 흥미(무엇이 흥미로운가?)

[그림 2-10-8] PMI

2) 방법

(1) 과제를 제시하고, 활동지 나누어주기

교사는 과제를 제시하고, 다음과 같은 개별 활동지를 나누어준다. 예를 들어 집에서 강아지를 기르는 문제를 두고 가족 간에 갈등이 생겨서 이 문제를 PMI로 해결해보기로 했다고 하자. 그러면 우리 모둠의 활동은 가족회의라고 볼 수 있을 것이다. 모둠원들은 각자 개인별로 PMI 활동지에 나름대로 개인의 의견을 적는다.

(2) 좋은 점을 적기

교사가 개별활동지와 똑같은 형태(제목만 모둠용 PMI 활동지로 적음)의 PMI 활동지를 나누어준다. 그리고 먼저 좋은 점부터 토의·토론을 하라고 지시를 하면 모둠별 사회자가 주도하여 강아지를 키울 때 좋은 점에 대해 의견을 말하게 하고, 기록이가 모둠용 PMI 활동지에 의견들을 적는다. 이때 좋은지 나쁜지 판단하기 힘든 특징은 적지 않는다. 중복 여부는 나중에 정리할 것이므로 기록이는 의견이 나오는 대로 적는다.

(3) 나쁜 점 적기

다음으로 교사의 지시에 따라 나쁜 점을 토의·토론한다. 이때도 사회자가 사회를 보고, 기록이가 기록을 한다.

(4) 흥미로운 점 적기

좋은 점과 나쁜 점을 다 적었으면 흥미로운 점을 똑같은 방식으로 토의·토론하고, 기록하게 한다.

(5) 모둠별로 정리하고 발표하기

모둠별로 모둠 활동지를 재정리한다. 즉 중복된 것이나 좋은 점과 나쁜 점이 아닌 의견들을 제거한다. 이 활동이 다 끝나면 모둠별로 발표한다. 주어진 시간에 따라 모든 모둠이 발표할 수도 있고, 시간이 없으면 모둠 활동지를 교사에게 제출하고 수업을 끝내도 된다.

3) 의미와 응용

PMI는 학생들은 주로 발견해낸 의견을 모으는 경험을 하므로 학생들 사이에 특별한 논쟁은 발생하지 않고 아이디어를 주로 모으는 형태의 토의·토론이 된다. 모둠별로 걸리는 시간의 차이가 있기 때문에 교사는 타이머를 이용해 단계마다 시간 통제를 하는 것이 좋다. 시간이 부족하면 전체 학급에 모둠별 결과를 발표할 필요 없이 학급게시판에 별도로 게시하는 것도 한 방법이다. 학생들이 찾아낸 좋은 점, 나쁜 점, 흥미로운 점이 모둠의 의사결정 근거가 된다. 이 활동을 통해 학생들은 아이디어의 장점과 단점, 그리고 매력적인 점 등을 따져보는 경험을 하게 되었다. 이러한 경험은 학생들의 신중하고 후회 없는 의사결정력 향상에 도움이 될 것이다.

유사한 방법으로는 PPC(Positive, Possibilities, Concerns)와 ALU(Advantage, Limitation, Unique qualities)가 있다. 전자는 긍정적인 면, 적용될 수 있는 가능성, 주의할 점으로 평가하는 것이다. 후자는 강점, 한계, 독특한 점으로 평가하는 것이다.

<table>
<tr><th colspan="3">PMI 활동지(모둠용)</th></tr>
<tr><td rowspan="2"></td><td>모둠명</td><td></td></tr>
<tr><td>모둠원</td><td></td></tr>
<tr><td>주 제</td><td colspan="2">집에서 강아지 기르기</td></tr>
<tr><td>P(좋은 점)</td><td colspan="2">집에 오는 것이 즐겁다
강아지와 재미있게 놀 수 있다
반겨주는 강아지 때문에 집안 분위기가 살아난다
공동 화제가 생겨서 대화가 많아진다</td></tr>
<tr><td>M(나쁜 점)</td><td colspan="2">시끄럽다
냄새가 난다
대소변 처리가 힘들다
장기 여행할 때 곤란하다
먹이 챙기는 것이 귀찮다</td></tr>
<tr><td>I(흥미로운 점)</td><td colspan="2">새로운 가족이 생겨서 흥미롭다
가족의 역할이 정해질 것 같다
가족들의 태도에 어떤 변화가 생길지 기대된다
강아지가 주인공이 될 것 같다</td></tr>
<tr><td>모둠 결론</td><td colspan="2">다음 조건을 갖춘 후에 강아지를 기르기로 한다
• 주택일 것
• 역할분담을 철저히 할 것
• 여행, 질병 등에 대비해 각자 일정 금액의 비용을 낼 것</td></tr>
</table>

[그림 2-10-9] PMI 모둠용 활동지 사례

72. 죄수의 딜레마(prisoner's dilemma)

1) 목적과 특징

영화 뷰티풀 마인드의 한 장면을 보면 경제학도 내쉬(Nash)와 친구들이 카페에서 맥주를 마시고 있는데, 아름다운 금발의 여인이 그녀의 친구들과 함께 카페에 들어온다. 한눈에 반한 내쉬와 친구 중 한 명이 애덤 스미스(Adam Smith) 이론을 인용한다. "개인의 이익을 위해 최선을 다하면 사회(우리 친구들)의 이익이 된다. 그러므로 누가 저 여인을 차지하든 질투하지 말기다." 그러나 내쉬의 머릿속에는 다른 생각이 떠올랐다. '우리 다섯이 경쟁하면 모두 실패할 것이고, 대신 그녀의 친구들에게 접근했다가는 꿩 대신 닭으로 대했다는 것을 알고 퇴짜를 맞을 것이고, 차라리 아무도 그녀에게 접근하지 않으면 그녀는 우리들과 자연스럽게 즐길 것이다.' 그러면서 애덤 스미스가 틀렸다고 판단한다. 정보가 차단되고 여러 상황이 동시에 발생할 때 사람들은 자신에게 이익이 되는 최고의 선택을 하는 것이 아니라 다른 사람의 행동이나 전략을 예상해서 차선을 선택한다는 유명한 균형이론(Nash Equilibrium)의 서막이 시작되는 장면이다. 상대방이 이렇게 대응할 줄 알았으면 나도 바꿀 거고 내가 바꾸면 상대방이 또 바꿀 것이고 그러므로 서로 더 바꾸지 않는 상태, 즉 지금이 최선인 것, 이것이 내쉬의 균형이론이다. "네가 생각하는 것을 내가 생각하고 있다고 네가 생각하고 있다는 것을 나는 생각한다."로 요약된다.

이것은 '죄수의 딜레마'로 흔히 비유된다. 서로에게 더 좋은 결과가 있음에도 불구하고 서로에게 더 나쁜 결과로 귀착된다는 것으로 알려져있다. 플루드(Merrill Flood)와 드레셔(Melvin Dresher)가 개념화했으며, 터커(Albert Tucker)가 죄수의 딜레마(prisoner's dilemma)라는 이름을 붙였다(조인성, 2017). 예를 들어 강도 용의자 두 명에게 둘 다 침묵하면 각각 1년 형을 받고, 둘 중 한 사람만 자백하면 자백한 사람은 1년 형, 침묵한 사람은 10년 형을 받으며, 둘 다 자백하면 5년 형을 받는 조건을 주었을 때, 결국 둘 다 자백하여 5년 형을 받는다는 것이다. 개인의 이익만 추구한다면 침묵해야겠지만 만약 상대방이 자백해버리면 10년 형을 받기 때문에 차선(5년 형)인 자백을 한다는 것이 균형이론이다.

구분		용의자 B	
		침묵	자백
용의자 A	침묵	(1년, 1년)	(10년, 1년)
	자백	(1년, 10년)	(5년, 5년)

[그림 2-10-10] 죄수의 딜레마

그렇다면 실제 이와 유사한 사례가 많을까? 죄수의 딜레마 상황은 두 용의자의 소통을 단절시켰기 때문에 가능한 형식이다. 정보가 단절된 경우가 많았던 과거와는 달리 오늘날 이런 경우는 많지 않다. 서로 협의하기도 하고, 제3자가 개입해서 조정하기도 하고, 딜레마가 한 번으로 끝나지 않고 계속 반복되기도 하기 때문이다. 그러므로 경쟁이 치열해지면 죄수의 딜레마 매트릭스를 만들어 전략을 고민해볼 필요가 있다.

2001년 델컴퓨터가 시장점유율을 높이는 마케팅으로 가격 할인을 단행하자 다른 컴퓨터 회사들이 비상이 걸렸다. 가격을 고수해야 할지, 아니면 같이 할인으로 맞서야 할지 중요한 결정을 해야 했다. 이때 죄수의 딜레마 매트릭스가 의사결정에 따른 결과를 예측할 수 있게 해준다. 이를 통해 서로 협상을 할 수 있다.

2) 방법

(1) 관계 집단과 쟁점을 파악하기

주제가 결정되면 쟁점이 무엇인지 확인하고, 관련된 경쟁하는 개인 또는 집단을 확인한다. 예를 들어 델컴퓨터 회사가 공격적인 가격 인하를 시도한다는 정보가 있을 때 가격 인하가 시장점유율을 올리기 위함이며, 관련된 기업들은 어디인지 조사한다.

(2) 죄수의 딜레마 매트릭스 만들기

협력과 배신의 매트릭스의 형식을 만든다. 예를 들어 델컴퓨터의 경우는 가격 인하와 가격 고수가 배신과 협력이 될 수 있다. [그림 2-10-11]과 같이 X축은 델컴퓨터, Y축은 타사 컴퓨터로 매트릭스를 만든다.

(3) 죄수의 딜레마 매트릭스로 전략에 따른 결과 예측하고 대안 만들기

만들어진 매트릭스에 네 가지 경우의 예측 결과들을 적어 넣는다. 예를 들면 델컴퓨터와 타사 컴퓨터의 시장점유율과 수익의 변화를 예측할 수 있다. 그러면 각 선택에 따른 결과를 고려하여 어떤 전략을 선택할 것인지 의논한다.

델컴퓨터	협력(가격고수)	배신(가격인하)
협력(가격고수)	Win-win 델-점유율, 수익 유지 타-점유율, 수익 유지	Lose-win 델-점유율, 수익 하락 타-점유율, 수익 증가
배신(가격인하)	Win-lose 델-점유율, 수익 급증 타-점유율, 수익 하락	Punishment 델-점유율 유지, 수익 하락 타-점유율 유지, 적자 지속

타사 컴퓨터

[그림 2-10-11] 델과 타사 컴퓨터의 죄수 딜레마

3) 의미 및 응용

죄수의 딜레마와 유사한 상황이 되면 상대방과 소통이나 협조가 가능한지 먼저 살펴보아야 한다. 또한 약속을 지킬 수 있는 신뢰성이 있는지도 확인해야 한다. 개인의 최선이 그들만의 집단의 이익을 가져오는지 더 넓은 사회의 이익을 가져오는지도 따져보아야 한다. 아무리 자유 경쟁이라고 하더라도 기업 간의 지나친 경쟁이 있을 때는 정부가 개입하기도 하기 때문이다. 승자 독식을 하면 기업이 파산해서 대량 실업자가 나올 수도 있고, 독과점이 되어 횡포를 부릴 수도 있다. 이는 승자 기업은 당장은 이익이 되지만 길게 보면 궁극적으로는 좋은 결과가 아닐 수도 있다.

73. 집단 탐구(GI)

1) 목적과 특징

집단 탐구(group investigation)는 민주적 교수-학습 방법을 실천에 옮기려는 많은 학자들의 노력의 결과로 탄생하였다(윤기옥 외, 2001). 이를 실천한 최초의 사람은 듀이(Dewey, 1910)라고 할 수 있다. 그는 학교를 하나의 축소판 민주 사회로 조직할 것을 권장하였다. 그는 학생이 교실의 민주 사회에 참여하고, 경험을 통하여 점차적으로 과학적 방법을 인간 사회 개선에 어떻게 적용할 수 있는가를 배우게 해야 하며, 이것이 민주 사회에서 시민을 준비시키는 최선의 방법이라고 생각하였다.

집단 탐구는 이러한 정신을 이어받은 텔렌(Thelen, 1910)과 샤란과 샤란(Sharan & Sharan, 1990) 등이 발전시켰다. 연구할 과제를 교사가 조직하여 제시하는 대신에 학생이 스스로 소과제의 아이디어를 내고, 자신이 하고 싶은 소과제를 선택하여, 같은 관심을 가진 학생들끼리 모둠을 구성하여 함께 과제를 해나가는 활동이다.

모둠 활동을 할 때에는 함께 탐구 계획을 세우게 된다. 첫째, 우리가 무엇을 탐구할 것인가? 둘째, 우리는 어떤 자료를 가져야 하는가? 셋째, 어떻게 일을 분담해야 하는가? 넷째, 우리가 발견한 것들을 어떻게 요약해야 하는가에 대해 계획을 세운다. 교사는 이러한 계획에서부터 진행되는 과정에 순회하면서 지도해 준다.

집단 탐구는 모둠 내에서 많은 토의·토론이 일어나는 것이 특징이다. 그러나 상당 부분 모둠 활동을 자율에 맡기기 때문에 모둠이 어떻게 운영되는지가 수업의 성공의 열쇠가 된다. 그러므로 이 방법은 학생들이 토의·토론에 익숙해진 후에 실천하는 것이 바람직하다.

이처럼 모둠 활동에 대한 통제 결여를 보완한 것이 집단 탐구Ⅱ(co-op co-op)이다. 학생들이 원하는 소과제를 한다고 해서 학생들이 정말 최선의 학습 경험을 얻는다고 보장할 수 없다. 처음에는 하고 싶었으나 막상 하다 보면 흥미가 없어질 수도 있고, 책임을 다하지 않을 수도 있다. 그래서 모둠 협동 속의 미니 모둠 협동 수업의 구조화를 시도했다.

샤란과 샤란(Sharan & Sharan, 1976), 밀러와 셀러(Miller & Seller, 1985)의 모형에 근거하여 케이건(Kagan, 1992)이 고안한 집단 탐구Ⅱ는 한 학급에서 정한 전체 과제를 여러 모둠으로 구성된 학급 전체가 협동으로 해결하되, 모둠 안에서도 또 다른 모둠 또는 개인이 협동으로 모둠 소과제를 완성하는 독특한 수업방법이다. 학생들이 전체 학급에서 교사가 제시한 과제에 관해 대략적인 학습 내용을 토론한 뒤 여러 소과제(sub-topics)를 나누고, 자신이 원하는 소과제를 선택하는 것은 집단 탐구와 동일하다. 그러나 소과제를 다루는 모둠에 속하여, 모둠 내에서의 토의를 통해 그 소주제를 또다시 더 작은 미니 과제(mini-topics)로 나누어 각각의 맡은 부분을 심도 있게 조사하여 모둠 내에서 발표하는 점이 다른 점이다. 즉 집단 탐구를 좀 더 정교화해서, 학생들에게 더 분명한 개별적 책무성을 부여하여 적극적으로 수업에 참여하게 하는 것이 특징이다.

2) 방법

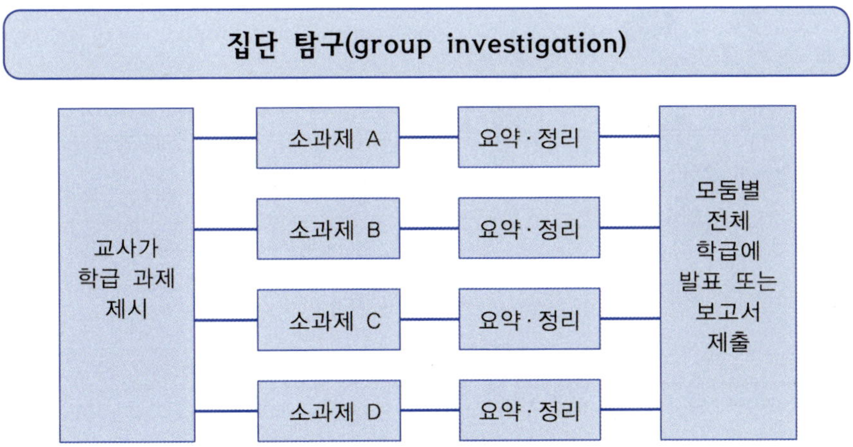

[그림 2-10-12] GI의 수업 절차 개념도

(1) 전체 학급 과제와 소과제로 정하기

교사는 전체 학급 과제를 제시한다. 예를 들어 우리 고장에 있는 이름난 시설, 놀이공원, 자연 환경 등에는 어떤 것이 있는지 각종 자료를 통해 조사해 보기로 하자. 그러면 이를 위해 어떤 소과제들이 필요한지 학생들이 자유롭게 발표하게 하고, 이를 칠판에 적는다. 그런 후 학생들과 함께 교사가 주도로 몇 개의 영역으로 묶는다.

(2) 학생들은 선호하는 과제를 선택해서 모둠 구성하기

몇 개의 과제로 분류가 되면, 교사는 학생들에게 어떤 과제를 하고 싶은지 선택하게 한다. 학생들이 자기의 이름이나 번호가 적힌 자석 토큰을 교사가 분류해 놓은 과제에 나와서 붙인다. 이때 특정 과제에 너무 몰리지 않도록 교사가 유도하여 골고루 과제에 분산되도록 한다.

(3) 모둠별 탐구계획 세우기

학생들이 원하는 과제가 정해지면 필요한 역할을 분담하고, 모둠별로 탐구계획을 세우게 한다. 학생들은 토의·토론을 통해 탐구계획과 역할을 분담한다. 이때 교사는 소주제별 활동지를 모둠별로 주는 것이 좋다. 그래야 학생들이 어떻게 학습을 해야 할지 감을 잡는다.

(4) 모둠별 탐구결과 발표하기

모둠 활동이 끝나면 모둠별로 학급 전체에 결과를 발표한다. 이때 시간이 없으면 발표하지 않고, 보고서로 제출하게 해서 따로 교사가 정리해 줄 수도 있다.

(5) 모둠의 탐구결과 정리해주기

교사는 모둠의 활동이 전체 학급 과제 완성에 어떤 기여를 했는지 칭찬과 정리를 해 준다. 또 모둠 활동을 모범적으로 잘 한 모둠을 칭찬해 준다.

〈소주제별 (중요 기관) 학습지〉 3학년 ( )반 ( )번 이름( )					
우리 고장의 중요 기관	있는 곳	중요기관에 대한 간단한 설명	연락처	자료를 찾은 곳	비고

[그림 2-10-13] 집단 탐구 활동지 사례

집단 탐구 II (co-op co-op)

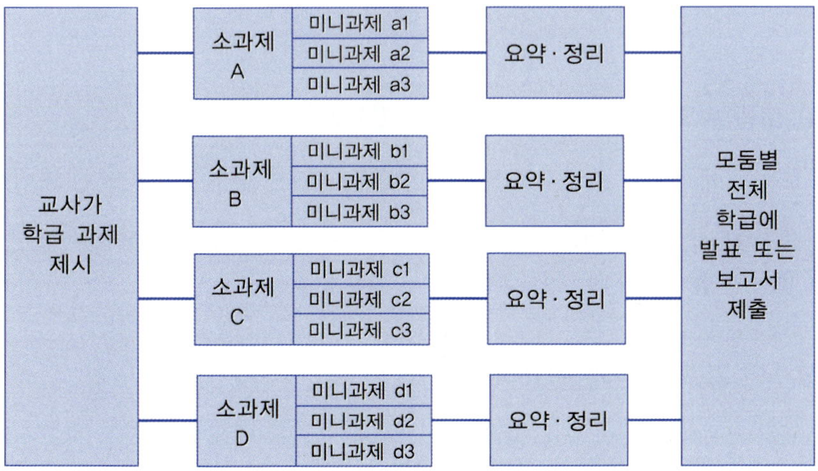

[그림 2-10-14] 집단 탐구 II (co-op co-op) 수업 절차 개념도

(1) 전체 학급 과제와 소과제 정하기

집단 탐구와 마찬가지로 교사는 전체 학급 과제를 제시하고, 이를 위해 어떤 소과제들이 필요한지 학생들이 자유롭게 발표하게 한다. 이를 칠판에 적은 후 학생들과 함께 교사가 주도로 몇 개의 영역으로 묶는다.

(2) 선호하는 과제를 선택해서 모둠 구성하기

몇 개의 과제로 분류가 되면, 교사는 학생들에게 어떤 과제를 하고 싶은지 선택하게 한다. 학생들이 자기의 이름이나 번호가 적힌 자석 토큰을 교사가 분류해 놓은 과제에 나와서 붙이고 모둠을 정한다.

(3) 모둠별 소과제를 정교화하고, 미니 소과제를 정하기

학생들이 원하는 과제가 정해지면 소과제를 연구하기 좋도록 정교화한다. 필요한 역할을 분담하고, 모둠별로 탐구계획을 세우게 한다. 이때 소과제의 미니 소과제를 정한다. 예를 들어 소과제가 우리 고장의 관공서를 조사하는 것이라면, 미니 소과제는 경찰서, 시청, 교육청 등이 될 것이다. 그리고 학생들이 원하는 미니 소과제를 분담한다.

(4) 모둠별 미니 소과제 수행 결과 발표하기

모둠 내에서 미니 소과제를 분담한 학생들이 과제를 수행한 후 모둠 내에서 각자 미니 소과제 결과를 발표한다. 이들을 정리하면 모둠 과제가 완성된다. 이 활동이 집단 탐구와 다른 점이다.

(5) 모둠별 탐구결과 발표하기

모둠 활동이 끝나면 모둠별로 학급 전체에 결과를 발표한다. 또는 보고서로 대신할 수 있다.

(6) 모둠의 탐구결과들 정리해주기

교사는 모둠의 발표, 또는 보고서를 정리해서 전체 학급 과제가 어떻게 완성되었는지 정리해 준다. 이때 각 모둠에 어떻게 미니 모둠이 과제를 수행했는지도 알려준다.

이를 통해, 학생들은 높은 수준의 분류, 과제와 관련되어 있는 것을 연결하는 능력, 다양한 방법의 창안, 관계된 자료 수집, 자료의 해석과 분석, 전체와 부분의 통합, 그리고 모둠의 구성원이나 모둠 및 학급의 대집단과의 의사 소통 능력 등의 고급 사고력을 향상시킬 수 있다. 또한 스스로 학습의 방향을 결정하는 능력, 동료 교수 기능, 분업을 통한 학습의 능력 강화, 자기의 주장과 다른 사람의 주장을 조절하는 능력 등 다양한 효과를 기대할 수 있다(정문성, 2006).

3) 의미와 응용

집단 탐구는 학생들이 스스로 좋아하는 과제를 선택할 수 있게 하는 것이 핵심이다. 그래야 더욱 자신의 과제를 열심히 할 수 있다. 그러므로 교사가 강제로 소과제를 부여하면 안 된다. 그러나 모둠 내에서 어떤 방식으로 과제를 진행하는지에 대한 자세한 안내는 없기 때문에 모둠의 역량에 따라 수업이 영향을 받는다. 그러므로 모둠별로 제공되는 활동지가 상당히 큰 역할을 한다. 즉 모둠 활동의 가이드가 될 수 있다. 또한 모둠별로 활동이 이루어지므로 교사가 순회하면서 구체적으로 도와주어야 한다.

집단 탐구Ⅱ의 경우는 집단 탐구의 단점인 모둠 활동에 대한 통제력을 보완하기 위해 만든 것으로 구성원 개인의 책무성이 강조된 수업 방법이다. 또한 개인의 참여 기회가 더욱 구체화되었으므로 좀 더 많은 토의·토론이 일어날 가능성이 많다. 이러한 장점을 가졌지만 역으로 개인의 부담이 그만큼 강화되었고, 모둠 내에서 개인의 역할이 중요해졌기 때문에 개인의 능력에 따라 모둠의 과제가 영향을 받을 가능성도 그만큼 많아졌다. 그러므로 교사는 개인의 능력에 따라 모둠의 미니 과제가 잘 배분되도록 개입할 필요가 있다.

집단 탐구는 시간이 부족한 경우가 많다. 그럴 때는 모둠 활동지의 60% 정도를 교사가 채워서 주는 것도 학습시간을 줄여주는 좋은 방법이다. 또한 가급적이면 모둠별 발표를 시키는 것보다 모둠 내에서 활발한 토의·토론과 학습기회를 제공해 주고, 보고서만 제출하게 하는 것도 좋다. 그리고 그 보고서를 교사가 잘 정리하고 보완해서 다음 시간에 그 보고서를 가지고 마무리 수업을 하는 것이 바람직하다.

74. 창의적 문제해결(CPS)

1) 목적과 특징

오즈본(Osborn) 이후 창의적 문제해결(CPS: creative problem solving)은 많은 연구와 더불어 다양한 버전으로 발전되어 왔다(Treffinger, Isaksen, & Stead-dorvalI, 2005; 이종연·진석언·구양미, 2005; 강인애·정준환·정득년, 2007). 수많은 학자들과 연구기관들이 이 분야에 공헌을 해 왔다. 창의성이 강조된 것은 포스트모더니즘이 관심을 받던 1960년대와 70년대부터라고 할 수 있다. 특히 1980년대가 그 절정기라 할 수 있다. 합리주의가 보편적 가치였던 모더니즘 시대에는 창의성이 설 자리가 없었다. 오직 이성에 의한 합리적 문제해결이 최선이었기 때문이다. 그러나 모더니즘에 의해 수면 아래에 잠겨있던 창의성, 개성, 잠정성, 다양성, 감성, 특수성 등에 대한 가치들이 부각되면서 합리성을 넘어선 창의적 문제해결이 관심을 끌게 되었다.

이러한 창의적 문제해결 과정도 토의·토론을 통해 더욱 좋은 대안을 찾아낼 수 있다. 창의적 문제해결 방법은 여러 가지 모형이 있으나 6×2 단계가 가장 많이 사용되고 있다. 각 단계마다 확산적 사고와 수렴적 사고를 반복하면서 아이디어를 모으고 있는 것이 특징이다. 구체적 단계는 방법에서 설명하기로 한다.

2) 방법

(1) 혼란한 상태의 발견(mess finding)

교사는 학생들에게 혼란한 상태를 경험하는 질문을 던진다. 예를 들어 "요즘 환경오염이 심각하지 않니?", "월E 영화를 보고 어떤 느낌이 들었니?", "그런 세상이 정말 올까?", "우리 환경을 이대로 두어도 될까?" 정도의 질문을 던져서 학생들이 이와 관련된 생각을 하게 한다. 이 단계는 다시 두 단계로 나누어지는데 ① 확산적 사고 전략에서는 "만약 우리도 그렇게 된다면 어떤 일들이 벌어질까?"의 표현으로 브레인스토밍 방법으로 학생들을 발표시킨다. ② 수렴적 사고 전략에서는 요점정리(highlighting), 가능한 방법들, 실제 사례 등을 발표하게 한다. 교사가 실제 환경오염에 관한 충격적인 사진 등을 준비해서 보여주어도 된다.

(2) 데이터 발견(data finding)

교사는 환경문제에 대한 다양한 자료를 보여준다. 학생들에게 사전에 준비하게 해서 발표시켜도 된다. ① 확산적 사고 전략에서는 육하원칙을 사용하여 다양한 사례들을 발표하도록 한다. ② 수렴적 단계에서는 마인드맵을 사용하여 데이터를 정리하면서 모으는 것이 좋다.

(3) 문제 발견(problem finding)

교사는 문제 해결을 위한 아이디어를 발견하기 좋도록 진술하도록 유도한다. ① 확산적 사고 전략에서는 역시 육하원칙을 사용하는 것이 좋으며, 특히 "왜?"라는 질문을 많이 하는 것이 좋다. ② 수렴적 사고 전략에서는 요점 정리식으로 문제를 진술하도록 한다.

(4) 아이디어 발견(idea finding)

교사는 가능하면 많은 문제 해결 아이디어를 발표하도록 유도한다. ① 확산적 사고 전략에서는 브레인 라이팅 방법을 사용하여 아이디어를 만들어낸다. ② 수렴적 사고 전략에서는 요점 정리와 마인드맵을 이용하여 아이디어를 정리한다.

(5) 문제 해결 발견(solution finding)

교사는 학생들과의 ① 확산적 사고 전략과 ② 수렴적 사고 전략을 번갈아 사용하여 평가 기준을 만들어낸다. 그리고 발견된 아이디어 리스트에서 가장 훌륭한 아이디어를 선택하도록 한다.

(6) 수용 발견(acceptance finding)

학생들이 선택한 해결 방안을 어떻게 실천할 것인지를 토의·토론한다. 실행 계획(action plan)을 세워야 하는데, 실제 수업에서는 이 과정은 생략할 수도 있다.

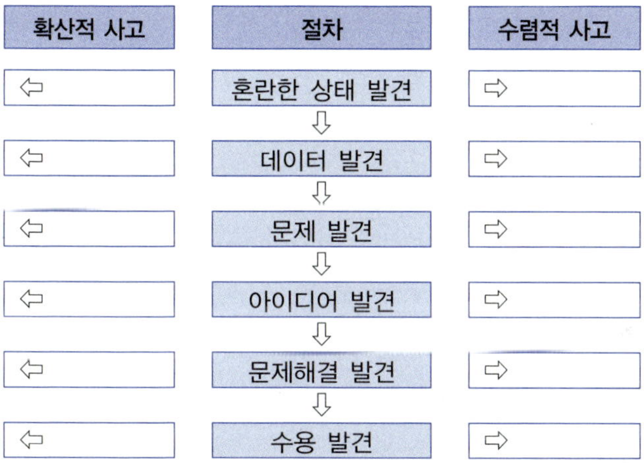

[그림 2-10-15] CPS의 6×2단계

3) 의미와 응용

창의적 문제해결 방법은 1차시 수업 내에서 하기는 힘들다. 각 단계마다 시간을 많이 필요로 하는 과정이 있고, 전체 학생들을 잘 통제하기도 힘들다. 그러므로 이 6단계를 충실하게 다 하려고 하기보다는 필요한 부분을 좀 더 부각해서 수업을 진행하는 것이 바람직하다. 예를 들면 1, 2, 3단계는 이미 했다고 보고, 교사가 문제를 진술해 주고, 4단계를 집중적으로 수업에서 다루는 방법도 생각해 볼 수 있다. 또는 6단계의 실행 계획을 세워보는 활동도 생각해 볼 수 있다.

75. 피라미드(pyramid)

1) 목적과 특징

피라미드는 두 사람이 의견을 모으고, 또 다른 두 사람과 함께 모두 네 명이 의견을 모으고, 다시 여덟 명이 의견을 모으는 등 마치 피라미드처럼 의견을 모아나간다고 해서 붙은 이름이다(송창석, 2001). 어떤 전체 집단의 의견을 모을 때 매우 유용한 방법이다. 수업뿐만 아니라 사회생활에서 의견을 모을 때도 효과가 크다. 예를 들어 어느 직장의 30명 사원이 이런 식으로 회사 측에 다섯 가지의 의견을 모아 전달했을 때, 이것은 단순히 다수결로 결정한 의견이 아니다. 구성원 전체가 함께 여러 차례의 토의·토론을 통해서 합의한 의견이므로 매우 신뢰롭고 무게 있는 의사결정이어서 회사 측에서 따르지 않을 수 없을 것이다. 학교에서도 수업뿐만 아니라 학급을 경영할 때, 학생들의 의견을 모으는 방법으로 사용해도 좋다.

모든 학생이 개인적으로 다섯 개의 의견을 내어야 하고, 그것으로 두 사람이 토의·토론을 시작한다. 학생 수가 늘어나면서 소수일 때와 다수일 때의 토의·토론 경험도 동시에 해보는 장점이 있다. 아울러 같은 주제로 비슷한 주장을 여러 번 하게 되므로 좀 더 쉽게 개선되고 발전된 표현력을 연습하고, 기를 수 있다.

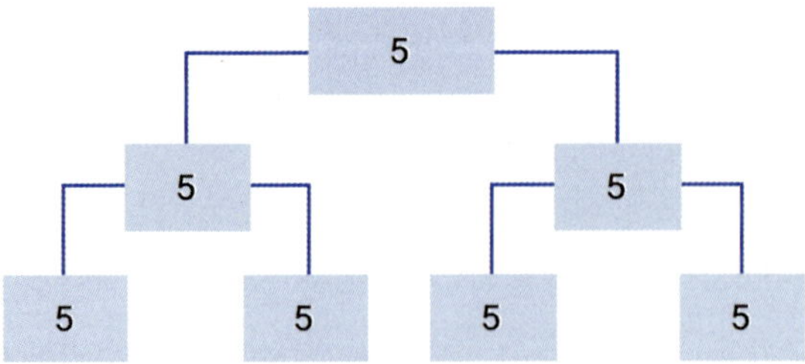

[그림 2-10-16] 피라미드 토의·토론

2) 방법

(1) 1인당 다섯 장의 포스트잇 배부하기

교사는 과제를 제시하고, 1인당 다섯 장의 포스트잇을 배부한다. 모둠에서 심부름 역할을 맡은 학생을 불러 포스트잇을 가져가서 모둠 구성원에게 다섯 장씩 나누어 주라고 하면 된다.

(2) 개인이 먼저 다섯 가지의 의견을 포스트잇에 적기

만약 토의·토론의 주제가 '환경오염을 막기 위해 우리가 실천할 수 있는 일 다섯 가지를 찾아보자.'라고 한다면, 먼저 개인이 다섯 가지의 자기 의견을 포스트잇에 적는다.

(3) 두 사람이 토의·토론으로 다섯 개의 의견을 모으기

두 사람이 짝을 지어 각자가 적어 놓은 다섯 개, 모두 열 개의 포스트잇을 책상에 붙여 놓고, 토의·토론을 통해 다섯 개로 줄인다. 이때 대안들은 수정할 수도 있고, 지우고 새로 적을 수도 있다. 즉 중복되는 것은 빼고, 포함관계인 것은 더 넓은 개념으로 대체하는 등 최종적으로 다섯 개 안을 합의한다.

(4) 네 사람, 여덟 사람, 이런 식으로 다섯 개의 의견 모으기

두 사람이 다섯 개 안을 합의하면, 합의된 다른 두 사람의 모둠을 만나 네 명이서 똑같은 방법으로 토의·토론을 통해 열 개 안을 다시 다섯 개 안으로 줄인다. 이런 방식으로 하면 2, 4, 8, 16, 32명의 모둠으로 학생수는 늘어나고, 대안은 계속 다섯 개를 유지한다.

(5) 학급 전체의 최종 의견 다섯 개 발표하기

최종적으로 다섯 개 안이 모아지면, 이것은 결국 학급 전체의 의견이 된 셈이다. 교사가 이 다섯 개의 의견을 발표한다.

3) 의미와 응용

학급 학생 수가 홀수일 때는 부전승제도를 사용하거나 두 사람이 한 사람인 것처럼 하면 된다. 이때에는 잘하는 학생과 아주 못하는 학생이 한 팀이 되는 것이 좋다.

열여섯 명 정도가 모이게 되면 관심 없는 학생이나 소외되는 학생이 생기기 시작한다. 또 책상 위에 포스트잇 열 개를 붙여 놓고 여러 명이 토의·토론하기는 힘들다. 이때는 교실이나 복도 벽에 포스트잇을 붙여 놓고 하는 것이 자연스럽고 좋다. 그리고 대개의 경우 16명 정도 하면 더 이상 새로운 의견은 나오지 않고, 거의 의견이 모인 셈이 된다. 그러므로 학생수가 30여 명이라고 하면 16명 정도까지만 하고, 각 모둠에서 나온 다섯 개의 의견, 즉 모두 열 개를 전체 학급이 함께 토의·토론해서 최종적인 다섯 개를 선정하는 것도 방법이다.

학급 학생 수가 짝수라 하더라도 2, 4, 8, 16명 등으로 나누어지지 않을 때는 부전승의 개념을 도입하면 된다. 예를 들어 학생 수가 30명이라고 하면, 16명, 14명으로 진행해야 하므로 어느 한 팀(두 명)은 기다렸다가 다른 두 명과 두 명이 합의해서 올라온 네 명의 팀을 만나서 토의·토론을 하면 된다.

피라미드는 학기 초 생활지도에 사용할 것을 추천한다. 학생들과 인사를 나눈 다음 우리 반이 1년 동안 잘 지내기 위해서 “이것만은 지키자!”라고 생각되는 것을 다섯 개씩 적어보게 한다. 이를 피라미드 토의·토론을 하게 되면 우리 반 모두가 합의한 다섯 가지의 생활규칙을 만들 수 있다. 이것은 만장일치로 학생들이 정한 것이기 때문에 매우 강력한 실천규범이 될 수 있다. 이를 학급 게시판에 붙여 놓으면 담임교사가 만든 규칙보다 더 실천가능성이 높을 것이다. 또는 반장 선거를 하기 전에 우리 반 반장이 갖추어야 할 자질을 마찬가지 방법으로 다섯 가지 정한다. 그런 다음 반장 선거를 하면 인간적인 관계나 즉흥적인 생각으로 선출하지 않고 합리적으로 훌륭한 반장을 선출할 가능성이 많다. [그림 2-10-17]은 피라미드 토의·토론으로 나온 사례이다.

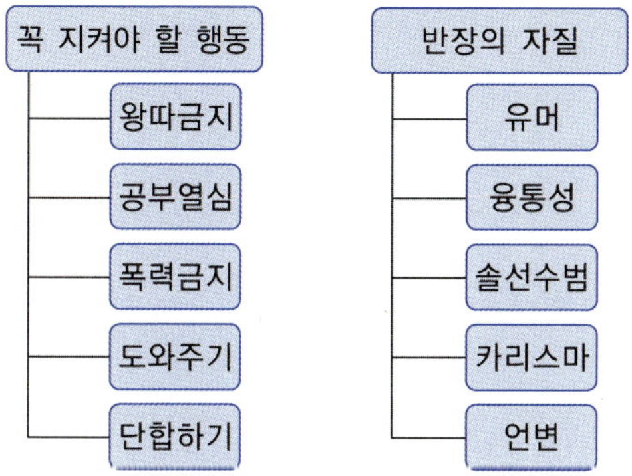

[그림 2-10-17] 피라미드 사례

제 11 장

토론 시합과 논리력

토의와 토론은 구분되는 개념이지만 실제 생활 속에서는 토의하다가 토론을 하고, 토론하다가 토의하는 등 함께 사용되는 경우가 많다. 일상생활에서 서로 다른 주장을 강하게 주장하면서 긴장을 유발시키는 경우는 거의 없다. 그러나 토론이 중요한 것은 정확하게 바른 결정을 할 수 있기 때문이다. 토론하는 과정에서 고정관념, 편견, 은폐, 축소, 확대, 과장 등 정확한 판단을 방해하는 사고들을 걸러낼 수 있기 때문이다. 그래서 토론은 재판이나 세미나 등 학술대회 등에서 많이 사용되며, 정확한 판단을 위한 훈련을 위해 토론 시합 등에서 주로 사용된다. 토론 시합은 많지만 형식은 거의 비슷하므로 이 장에서는 역사적 의의가 있는 것과 국내외에서 비교적 체계적인 것 몇 가지만 소개한다(이선영, 2011). 그리고 80. 찬반대립토론에서 소개한 형식을 기본으로 하고 있다. 즉 찬반대립토론 모형의 약간의 변형에 불과하다.

"토론에는 이기고, 친구는 잃는다." - 영국 속담 -

76. 링컨-더글러스(Lincoln-Douglas) 모형
77. 세다(CEDA)
78. 의회식 토론(parliamentary debate)
79. 전국 고등학생 바이오안전성-바이오산업 토론대회
80. 찬반대립토론(debate)
81. 칼 포퍼(Karl Popper) 모형
82. 툴민(Toulmin) 모형

76. 링컨-더글러스(Lincoln-Douglas) 모형

1) 목적과 특징

링컨-더글러스 모형은 1958년 일리노이주 상원의원 선거에서 공화당 후보 링컨과 민주당 후보 더글러스 사이에 있었던 노예제도(미 역사상 가장 큰 가치관 충돌)에 관한 토론에 기원을 둔 것으로 양쪽에서 각각 한 사람이 토론에 참가하는 방식이다. 링컨은 미국독립선언서에서 '모든 인간은 동등하다.'라고 하여 인간은 흑인을 포함한 모든 사람이라고 주장했고, 더글러스는 인간은 백인을 의미한다고 주장하였다. 링컨과 더글러스는 일리노이주 일곱 개 도시에서 일곱 번에 걸쳐 토론을 했다. A후보가 60분을 하면, B후보가 90분을 하고, A후보가 30분 답변하는 형식으로 했다. 토론순서는 바꿀 수 있는데 현직 의원인 더글러스가 일곱 번 중 네 번을 먼저 했다. 링컨은 선거에서는 졌지만 이 토론을 계기로 1960년 공화당 대통령후보에 지명되었다.

1980년 미국 전국 토론 리그(National Forensics League)가 현대식 링컨-더글러스 토론 방식을 채택하면서 미국 고등학교의 토론 방법으로 대중화되었다. 대학에서는 NFALD(National Forensics Association Lincoln-Douglas)로 개최되고 있다.

이 토론의 특징은 다음과 같다.

첫째, 1:1 토론이다. 링컨과 더글러스가 1:1로 토론했기 때문에 토론에 참여하는 사람은 1:1로 토론에 임해야 하므로 많은 부담을 가지게 되지만 자신 개인의 토론 역량을 마음껏 발휘할 수 있는 장점도 있다.

둘째, 링컨과 더글러스가 그랬던 것처럼 윤리, 철학, 논리 중심의 주제로 토론을 한다. 통계나 실증적 자료를 가지고 하는 것보다 윤리, 철학 중심의 토론 주제를 갖는 것이 특징이다.

셋째, 1:1로 하기 때문에 상대 논리의 허점과 자신 논리의 방어를 위한 순발력이 뛰어나야 한다.

[그림 2-11-1] 링컨과 더글러스 토론
출처: http://housedivided.dickinson.edu/

2) 방법

링컨 더글러스 토론의 절차는 다음과 같다. 시간은 6-3-7-3-4-6-3분의 순서이다.

(1) 찬성 측 입론

찬성 측이 자신의 입장을 발표한다.

(2) 반대 측 교차조사

반대 측이 찬성 측에게 상대 논리의 허점을 지적하는 질문을 한다.

(3) 반대 측 입론

반대 측이 자신의 입장과 교차조사에서 나타난 것으로 상대 주장을 반박한다.

(4) 찬성 측 교차조사

찬성 측이 반대 측에게 질문을 한다.

(5) 찬성 측 반박

찬성 측은 질문의 결과를 토대로 반대 측 주장에 반박한다.

(6) 반대 측 반박

반대 측이 반박한다.

(7) 찬성 측 반박

찬성 측이 마지막으로 반박한다.

3) 유의점

링컨-더글러스 토론의 중요한 특징은 1:1로 시합을 한다는 점이다. 개인의 토론 능력을 길러 주는 데는 좋지만 수업용으로는 바람직한 것이 아니다. 1:1로 토론 시합을 한다는 것은 대다수의 학생들에게는 두려운 것이며, 충분한 토론 훈련을 받지 않은 학생들은 감당하기 힘든 경험이기 때문이다.

77. 세다(CEDA)

1) 목적과 특징

1947년 미국토론학회(AFA: American forensics Association)가 전국 대학생 토론 대회(National Debate Tournament)를 주관하면서 토론 대회가 관심을 끌게 되었다. 1971년 미국 사우스웨스트(Southwest) 교차조사토론협회(CEDA: Cross Examination Debate Association)가 설립되고 기존 토론 방법에 교차조사 방식이 추가되어 CEDA방식이 대표적인 토론방식으로 정착되었다. 미국토론토너먼트 협회(NDT: National Debate Tournament)와 미국토론협회(ADA: American Debate Association)가 공동으로 CEDA방식에 의한 전국 규모의 토론대회 Annual National Championship Tournament를 개최하고, 토론 저널 The Journal of the Cross Examination Debate Association도 발간한다. 한편 ADA는 과도한 토론보다는 학생들의 토론 능력을 향상시키려는 의도로 1985년 NDT로부터 분리되어 설립되었다.

CEDA의 가장 중요한 특징은 토론의 절차에서 교차조사, 즉 상대의 주장의 허점을 드러내는 방식으로서 질문하는 단계라고 볼 수 있다. 상대 주장의 흔들기라고도 볼 수 있는데, 이 때문에 일방적 전제하에 주장만 하는 것이 아니라 주고받기식의 치열한 토론을 이끌어내는 역할을 하게 한다. 오늘날 대부분의 토론 대회는 교차조사 절차를 채택하고 있다.

2) 방법

CEDA 절차는 다음과 같다.

3) 유의점

CEDA는 대표적인 찬반대립토론 방법으로 발전해왔다. 찬반대립토론은 우리 일상생활에서는 잘 일어나지 않는 방법으로 주로 토론 시합용으로 사용된다. 대부분의 토론 시합은 CEDA방식으로 진행된다. 또한 학생들이 이를 통해 감정적 상처를 받을 수 있으므로 일반 수업에서는 사용하지 않는 것이 좋다.

순서	논쟁절차 긍정 측: 첫 번째 토론자-☺, 두 번째 토론자-☻ 부정 측: 첫 번째 토론자-☆, 두 번째 토론자-★	발언 시간 (작전타임 제외)			
		A안 60분	B안 48분	C안 36분	D안 20분
1	☺ 긍정 측 첫 번째 토론자의 입론 ☺ First Affirmative Constructive Speech (1AC)	8분	6분	5분	3분
2	★ 부정 측 두 번째 토론자의 교차조사 ★ Second Negative Speaker Cross Examines (2NC)	3분	3분	2분	1분
3	☆ 부정 측 첫 번째 토론자의 입론 ☆ First Negative Constructive Speech (1NC)	8분	6분	5분	3분
4	☺ 긍정 측 첫 번째 토론자의 교차조사 ☺ First Affirmative Speaker Cross Examines (1AC)	3분	3분	2분	1분
5	☻ 긍정 측 두 번째 토론자의 입론 ☻ Second Affirmative Constructive Speech (2AC)	8분	6분	5분	3분
6	☆ 부정 측 첫 번째 토론자의 교차조사 ☆ First Negative Speaker Cross Examines (1NC)	3분	3분	2분	1분
7	★ 부정 측 두 번째 토론자의 입론 ★ Second Negative Constructive Speech (2NC)	8분	6분	5분	3분
8	☻ 긍정 측 두 번째 토론자의 교차조사 ☻ Second Affirmative Speaker Cross Examines (2AC)	3분	3분	2분	1분
9	☆ 부정 측 첫 번째 토론자의 반박 ☆ First Negative Rebuttal (1NR)	4분	3분	2분	1분
10	☺ 긍정 측 첫 번째 토론자의 반박 ☺ First Affirmative Rebuttal (1AR)	4분	3분	2분	1분
11	★ 부정 측 두 번째 토론자의 반박 ★ Second Negative Rebuttal (2NR)	4분	3분	2분	1분
12	☻ 긍정 측 두 번째 토론자의 반박 ☻ Second Affirmative Rebuttal (2AR)	4분	3분	2분	1분
작전 타임	긍정 측, 부정 측 팀당 5분, 3분, 1분	10분	10분	6분	2분
※CEDA 논쟁 소요시간: A안: 미국 CEDA(협회)의 CEDA 시간배정(표준) B안: 전국대학생토론대회용 CEDA 시간배정 C안: 대학 토론 수업(50분 강의)용 CEDA 시간배정 D안: 중·고등학교 학생 정규·특별수업용 CEDA 시간배정		70분	58분	42분	22분
		총 소요시간 (작전타임 포함)			

[그림 2-11-2] CEDA 절차

78. 의회식 토론(parliamentary debate)

1) 목적과 특징

의회식 토론은 영국 의회를 모델로 만들어진 토론 형식이다. 1~2팀이 정부팀(government team)을 맡고 다른 1~2팀이 야당팀(opposition team)으로 나뉘어 구성한다. 미국의 대학교 수준에서는 1991년 설립된 NPDA(National Parliamentary Debate Association), 1994년에 설립된 NPTE(National Parliamentary Tournament of Excellence), 1982년 설립한 APDA(American Parliamentary Debate Association) 등이 사용하는 방법이다. 오리건 주립대학교를 비롯해서 많은 대학들이 고등학생들의 의회식 토론대회를 개최한다.

2) 방법

절차는 다음과 같다. 시간은 대회마다 다른데, NPDA와 APDA는 7-8-8-8-4-5분으로 한다.

(1) 수상의 입론(Prime Minister Constructive)

찬성 측 입장을 발표한다.

(2) 야당 당수의 입론(Leader of the Opposition Constructive)

반대 측 입장을 발표하고 찬성 측 주장에 대한 논박과 대답을 한다.

(3) 부수상의 주장(Member of the Government Constructive)

찬성 측 입장 발표와 반대 측 주장에 대한 논박을 한다.

(4) 야당 부당수의 주장(Member of the Opposition Constructive)

반대 측 입장 발표와 찬성 측 주장에 논박한다.

(5) 야당 당수의 정리(Leader of the Opposition Rebuttal)

반대 측 당수가 주장을 요약한다. 반박은 허용되지 않는다.

(6) 수상의 정리(Prime Minister Rebuttal)

찬성 측 수상이 주장을 요약한다. 반박은 허용되지 않는다.

3) 유의점

의회식 토론의 장점은 마치 영국 의회 시뮬레이션처럼 진행하기 때문에 매우 재미있다는 점이다. 즉 의회의 수상과 야당의 당수와 같은 인물의 역할을 이해하고, 감정이입하면서 흥미롭게 토론에 임할 수 있다는 점이다. 이러한 점을 잘 살리면 갈등을 다루는 토론이지만 학생들이 좀 더 여유 있고 재미있게 수업을 할 수 있다.

79. 전국 고등학생 바이오안전성-바이오산업 토론대회

1) 목적과 특징

이 대회는 2010년 처음으로 개최되었다. 한국생명공학연구원 바이오안전성정보센터가 주최한다. 바이오산업에 대한 관심과 정확한 지식을 홍보하기 위한 목적으로 자격은 고등학생으로 두 명이 한 팀이 되어 먼저 토론요지를 문서와 동영상을 제출하여 예선을 치르고 선정된 팀에 한해 본선을 치른다. 이 대회를 소개하는 것은 국내에서 개최되는 토론 대회 중에 절차와 형식에 있어서 가장 체계가 잘 잡혀있는 찬반대립토론대회이기 때문이다. 역사가 깊지는 않지만 시행착오를 거치면서 끊임없이 개선의 노력을 했기 때문이다.

2) 방법

매년 조금씩 규정이 바뀌고는 있으나 큰 틀은 변함이 없고 공정하면서도 매우 체계적이고 잘 짜인 토론 방식으로 평가받는다. 경기 진행 규칙은 다음과 같다.

① 대회 참가자는 심사위원단에게 학교, 인적사항을 노출해서는 안 된다. 이에 따라 교복, 명찰 등의 착용을 금지하며, 언행 등에도 주의하여야 한다.
② 예선 경기의 대진은 주최 측이 대회 당일 발표 및 게시한다(총 8조/1조당 4팀 구성).
③ 본선 경기의 대진은 대회 참가자(팀 대표)가 대회 당일 오리엔테이션 시간에 센터규정을 바탕으로 직접 추첨을 하여 결정한다.
④ 경기 불참 시에는 대회출전을 포기한 것으로 간주하고 "패"로 결정한다.
⑤ 찬성, 반대팀 결정과 발언순서(A or B팀)는 매 경기 시작 전 추첨을 통해 결정한다.
⑥ 토론자의 팀 내 역할(찬성 팀 첫 번째 또는 반대 팀 첫 번째 토론자 등)은 팀 내에서 자유롭게 결정하며, 각 경기마다 역할 변경이 가능하다. 그러나 경기 진행 중에는 변경될 수 없다. 예) 32강 반대팀 첫 번째 토론자를 16강 시 찬성 팀

두 번째 토론자로 변경 가능

⑦ 기본적으로 모든 발언 시 각 팀에서 순서를 맡은 토론자 한 명씩 총 두 명이 나와 좌석 앞 청테이프 표시 부분에서 마주 보고 진행한다. 단, 입안과 마지막 초점발언 시에만 순서를 맡은 토론자 한 명만 나와 상대 팀을 보며 발언하며, 발언을 마치면 자리로 돌아가 착석한다.

⑧ 토론자는 토론단계별 발언시간을 준수하여야 하며 정해진 시간을 30초 경과할 때마다 1점씩 감점처리된다(29초까지는 발언을 마무리하는 시간으로 사용가능).

⑨ 토론자는 준비한 원고(메모지 형태로 간단히 작성)를 소지하고 경기에 임할 수 있으며, 본인 발언 시 간간히 보고 참조할 수 있다. 그러나 계속 보고 읽는 경우에는 감점처리된다.

⑩ 토론자는 토론 중에 언급되는 논거에 대하여 상대편이 출처 제시를 요구할 경우 이에 대해 정확하고 구체적으로 답변하여야 한다. 예) "농촌진흥청 자료에 따르면..."과 같은 포괄적 인용이 아닌, "농촌진흥청에서 몇 년도에 발간한 OO논문(논문 제목 언급) 혹은 OO자료에 따르면…"과 같은 구체적인 인용이 정확한 답변임

⑪ 토론자는 경기 시 휴대전화, 컴퓨터, 노트북, 휴대용 PC 및 인터넷 접속이 가능한 어떠한 전자기기도 사용할 수 없다. 다만 펜 종류, 노트 종류, 사전 준비 자료 등을 지참할 수 있으며, 증거자료(소품, 차트) 등을 활용할 수 있으나 그 자체를 채점에 고려하지는 않는다.

⑫ 토론자가 상대방이 알아들을 수 없을 정도로 말을 너무 빨리 하거나, 상대방에게 화를 내거나, 품위에 어긋나는 행동을 하는 경우 심사위원은 감점을 줄 수 있다.

⑬ 각 경기마다 심사위원별로 팀 총점(심사위원 점수와 타임키퍼가 매긴 점수의 합계)을 비교하여 고득점 팀을 "승" 팀으로 결정하고, 심사위원 승패비율로 최종 승리팀을 결정한다(단, 승패를 가리기 힘든 경우 심사위원 간 협의 후 결정함).

⑭ 토너먼트 방식에 의해 "승" 팀이 다음 단계로 진출한다.

⑮ 예선 32강전부터 본선 4강전까지 모든 경기는 참관이 불가하며, 동행자는 참가자 대기실에서 대기하여야 한다. 단, 결승전 및 시상식은 청중에게 개방하여 진행한다.

발언순서	발언자	방식	시간
1	A팀 첫 번째 토론자	입안	3분
2	B팀 첫 번째 토론자	입안	3분
*준비시간			1분
3	A팀 두 번째 토론자	1차 교차조사	4분
4	B팀 두 번째 토론자	1차 교차조사	4분
5	A팀 두 번째 토론자	반박	3분
6	B팀 두 번째 토론자	반박	3분
*준비시간			1분
7	B팀 첫 번째 토론자	2차 교차조사	4분
8	A팀 첫 번째 토론자	2차 교차조사	4분
9	B팀 첫 번째 토론자	요약(재반박)	2분
10	A팀 첫 번째 토론자	요약(재반박)	2분
11	B팀 두 번째 토론자	바시막 결론	2분
12	A팀 두 번째 토론자	마지막 결론	2분
합계			38분

[그림 2-11-3] 토론 절차

다음은 바이오안전성정보센터에서 참여 학생들에게 제공한 토론에 임하는 방법에 대한 가이드이다.

※ 교차조사에만 역할을 맡은 각 팀 토론자 두 명 모두 나와서 마주 보고 발언하며, 그 외에 입안, 반박 등과 같은 발언에는 각 팀 발언자 한 명씩 나와서 발언한다. 모든 발언 종료 시 "~이상입니다." 멘트로 발언을 마무리하여, 본의 아니게 시간 초과하지 않도록 유의함(종료멘트까지 시간에 포함됨).

1 입안 (찬성 팀 첫 번째 토론자 / 반대 팀 첫 번째 토론자)

- 모든 토론은 논제에 등장하는 주요 개념들을 바르게 정의하는 것에서부터 시작함. 따라서 각 팀 첫 번째 토론자는 토론 주제에서 반드시 논의되어야 할 주요 개념들을 적절하게 제시하고, 이들 개념을 올바르게 이해하고 있음을 입안 과정에서 밝혀야 함
- 더불어 이러한 개념 정의와 논제가 등장한 배경이나 역사, 논제의 현상 및 문제에 관한 분석을 이 과정에서 명시하고, 자신의 주장을 펼침

2 1차 교차조사 (찬성 팀 두 번째 토론자 / 반대 팀 두 번째 토론자)

- 교차조사는 상대 팀 논리상에 나타나는 문제를 부각시킬 수 있는 심문 과정으로 서로의 주장과 논거에 대한 허점이나 오류 또는 반대 생각 등을 들어 질문하고 답변을 요구하며, 주장 중에서 불충분하다고 판단되거나 나중에 문제 삼을 부분에 대해 상대 팀의 분명한 입장을 들어볼 수 있는 기회로 삼아야 함(2:2 찬반토론방식에서 교차조사에 배정된 점수 비중이 다른 발언순서에 배정된 점수보다 큼)
- 질문자의 경우: 주어진 시간을 끝까지 충분하게 활용하여 간략하고 포인트 있는 질문을 많이 하는 것이 중요함. 다만 질문하고 답변하는 시간 모두가 발언시간에 포함되므로, 답변을 듣다가 시간이 다 지나가버리는 경우가 발생할 수 있으므로 상대가 주장하는 논리가 애매해지거나 늘어지는 경우 적정선에서 말을 끊을 줄도 알아야 함.
- 답변자의 경우: 효과적이며 설득력 있는 간단한 답변을 하는 것이 중요하며, 상대방의 주장을 회피하기보다는 전적으로 맞서 반론하는 것이 유리함.

3 반박 (찬성 팀 두 번째 토론자 / 반대 팀 두 번째 토론자)

- 앞서 교차 조사에서 드러난 상대 팀의 논리적 허점이 무엇인지를 지적하면서 상대 팀의 입안 주장을 논리적으로 재논박하고, 상대 팀에 의해 논박되지 않은 내용들을 정리함은 물론(**논박되지 않은 주장은 수용된 것으로 인정되므로 이를 청중과 심사위원에게 주지시킬 필요가 있음**) 추가적인 근거나 자료를 통해 자기 팀의 입안을 보강해 주어야 함

4 2차 교차조사 (반대 팀 첫 번째 토론자 / 찬성 팀 첫 번째 토론자)

- 앞의 교차조사 방법과 동일

5 요약(재반박) (반대 팀 첫 번째 토론자 / 찬성 팀 첫 번째 토론자)

- 자기 팀에 유리한 핵심적인 논점을 요약해서 정리하고, 불리한 점을 방어하면서 상대방의 약점을 효과적으로 드러냄. 그러기 위해서는 토론 전반에 대한 요약 및 핵심 포인트의 간략한 정리가 필요함
- 앞서 언급되지 않았던 새로운 논쟁거리가 처음으로 제시되어서는 안 됨

6 마지막 결론 (찬성 팀 두 번째 토론자 / 반대 팀 두 번째 토론자)

- 토론의 마지막 발언 기회로 자기 팀이 제시한 필수 쟁점의 논리성과 방안의 실행을 통해 발생할 이익을 상기시키면서 상대 팀 요약(재반박)에서 제시된 주장들을 성공적으로 공격하고, 왜 자기 팀이 이 토론에서 승리했는지를 말함
- 다시 말해, 상대 팀이 입안에서 제시한 논리와 반박한 내용을 중심으로 다시 자기 팀의 필수 쟁점이 모두 성공적으로 방어되었다는 점을 확인시키면 됨

3) 유의점

대부분의 찬반대립토론 방식이 그렇지만 찬성 측을 택하느냐 반대 측을 택하느냐에 따라 토론시합에서 유불리가 발생할 소지가 크다. 정확하게 5:5로 찬반이 갈리는 주제는 거의 없다. 보통은 반대가 유리하다. 하지 말아야 할 증거는 많지만 하면 좋다는 찬성의 경우에는 미래의 것이 대부분이어서 증거를 구할 수가 없기 때문이다. 뿐만 아니라 스마트폰 생산중단사태나 자동차의 리콜 현상에서 보듯 1%의 실패가능성만 있어도 '만약'이라는 이유 때문에 찬성 주장을 하는 것이 부담되기 때문이다. 따라서 주제를 선정하는 것도 매우 힘들고, 양쪽을 공정하게 심사하는 것도 매우 어렵다. 그러므로 심판들은 이 점을 고려하여 찬반의 내용보다는 얼마나 근거를 가지고 주장을 잘 했는지를 판단해야 한다.

바이오안전성 바이오 산업 토론대회는 결승전을 공개하며 동영상을 홈페이지에서 볼 수 있는데, 제6회 대회가 가장 치열한 대회로 알려져 있다(https://www.biosafety.or.kr/dbat/default.do).

80. 찬반대립토론(debate)

1) 목적과 특징

찬반대립토론은 흔히 디베이트(debate)로 알려져 있다. 가장 대표적인 모습이 재판이라고 볼 수 있다. 재판은 원고와 피고가 치열하게 논리와 증거 토론을 해서 판사의 판결을 이끌어내는 '끝장 토론'이라고 할 수 있다. 찬반대립토론은 주제에 대해 정반대의 주장을 가진 양측에서 자기주장의 옳음을 논증이나 실증으로 정당화하여 승부를 가리는 일종의 토론 시합이다. 이것을 수업에 적용하면 여러 가지 형태로 변형이 되는데 찬성과 반대의 장단점을 확인함으로써 주제가 가지고 있는 쟁점들을 밝히는 데 일차적 목적이 있다. 즉 찬반대립 토론은 양극단의 입장에서 주제를 다루기 때문에 모든 쟁점들이 다 드러나게 되어 있고, 드러난 사실과 가치를 판단해서 그만큼 정확한 판단을 할 수 있게 해 준다. 찬반 토론에서는 사실 내용보다는 형식에 무게를 두고 있다. 즉 어떤 입장이 옳은지가 아니라 얼마나 자기의 주장을 논증과 실증으로 잘 표현했는지에 점수를 준다. 그러므로 한형석(2003)은 이를 권투 시합에 비교했다.

> 각자가 가지고 있는 지식, 기능, 경험을 총동원해서 이기려고 한다. 가만히 있거나 서툴게 대전하다가는 호되게 얻어맞고, KO당하게 된다. 맞은 것 이상으로 상대를 때려야 한다. 주먹만 날리면 되는 것이 아니라 적중하도록 때려야 한다.

이를 위해 크게 보면 세 가지 절차가 핵심을 이루는데 첫째로 입론이다. 입론은 자기의 입장을 정당화하기 위해 논리와 실제 증거를 제시하면서 핵심적인 주장을 하는 절차이다. 둘째로 심문은 상대의 입론에 대해 논리적 모순과 실제 증거의 타당성 등에 문제가 있음을 드러낸다. 셋째는 반박인데, 새로운 논리나 증거를 제시하는 것이 아니라 이제까지 나온 입론과 심문의 결과를 재정리해서 반박할 것은 반박하고, 더 주장할 것은 강화해서 최종적으로 자기주장을 정리하고 정당화하는 절차이다.

그리고 마지막으로 심판 또는 배심원에 의해 판결이 내려지는데, 이때는 반드시 판결문을 낭독하여야 한다. 판결문에는 양측의 어떤 점이 잘했고, 못했는지를 지적해야 한다. 그래야 양측이 판결을 받아들이고 승복하게 된다. 이 판결문을 쓰기 위해서 심판들도 열심히 관찰하고 평가하게 된다.

2) 방법

(1) 준비단계

토의·토론 준비 단계로서 토의·토론 규칙을 확인하고, 주제를 확인함과 동시에 자료를 검색하고 준비한다. 토의·토론 목적에 따라 미리 주제를 가르쳐 주고 준비할 충분한 시간을 주기도 하고, 한정된 시간을 정해 줄 수도 있다. 찬성 팀과 반대 팀은 추첨으로 하는 것이 좋다. 한 팀은 네 명으로 구성하고 차례로 토론에 임한다. 찬성 팀이 먼저 시작한다면 다음과 같다.

(2) 찬성 발제

주제를 해석하고, 명료화하며, 필요하면 사용할 용어도 정의한다. 논점(발제에서 내세운 중요한 주장과 이를 정당화하기 위한 근거의 제시)을 명백히 하여 찬성의 이유를 밝히는데, 서너 개 정도의 논점과 그 논점을 뒷받침할 자료(논리적 자료, 실증적 자료)를 제시한다. 예를 들어 '부모의 말씀에 순종하여야 한다.'가 주제라면 찬성과 반대의견이 나올 수 있는 논점을 서너 개 정도 말하고, 각 논점에 대해 왜 찬성할 수밖에 없는지 이유를 설명하는 것이다.

(3) 반대 발제

세 가지 방식으로 할 수 있다. 첫째는 반대 주장의 기본적 논리에 근거하여 주장한다. 둘째는 찬성논리를 비판적으로 분석하여 오류들을 지적하는 방법이다. 셋째는 찬성논리에 없는 논점을 가져와서 반론의 근거로 삼는 방법이다. 즉 찬성 팀이 미처 발견하지 못하거나 다루지 못한 논점을 무기로 사용하는 방법이다. 주로 찬성 팀의 발제가 완벽할 때 취할 수 있는 차선책이다.

(4) 1차 작전타임

이제 찬성 팀과 반대 팀의 발제가 끝났으니 각 주장의 단점을 찾아내어서 논박의 내용과 방법을 논의한다. 이때는 모둠 내에서 토의가 이루어진다.

(5) 찬성 측 1차 논박

두 가지 내용으로 구성하여야 하는데, 하나는 처음에 주장한 찬성발제에 대해 보충하는 것이고, 다른 하나는 반대발제에 대해 비판하는 것이다. 아울러 다음에 있을 반대 측 1차 논박에서 주장할 것을 방어하는 주장도 해야 한다. 즉 찬성 측의 주장을 더욱 강화하고, 반대 측의 주장에 상처를 입히며, 앞으로 해올 반대 측의 공격을 사전에 차단하는 것이다.

(6) 반대 측 1차 논박

찬성 측 논박자와 마찬가지 역할을 한다. 다만 찬성 측 1차 논박에 대한 논박을 주로 하게 된다. 다음에 2차 논박 기회가 있으므로 너무 많은 내용을 주장하려다 주어진 시간을 효율적으로 사용하지 못하는 일이 없도록 한다.

(7) 2차 작전타임

자신의 1차 논박에 대해 반성하고, 상대 팀의 1차 논박에 대해 약점을 찾아 2차 논박을 준비한다.

(8) 반대 측 2차 논박

반대 측의 발제, 1차 논박을 모두 종합적으로 정리하여 재확인하고 비판한다. 아울러 반대 측의 2차 논박에 대해 미리 방어하는 주장도 한다.

(9) 찬성 측 2차 논박

역시 찬성 측 발제와 1, 2차 논박을 정리하여 재확인하고 비판한다.

(10) 반대 측 정리

이제까지의 토의·토론을 정리하여 반대 측의 주장이 찬성 측과 어떻게 다르며, 왜 반대 측의 주장이 진실하고 정당한가를 강조한다. 특히 토론 과정에서 반대 측이 찬성 측을 압도했음을 확인하며, 더 이상 논박의 여지가 없을 만큼 단단히 문을 잠근다는 자세로 마무리 주장을 한다.

(11) 찬성 측 정리

찬성 측에게 마지막 기회를 주는 것은 찬성 측이 먼저 발제를 하기 때문이다. 찬성 측의 주장을 먼저 듣고 반대 측이 전략을 잘 짤 수 있기 때문이다. 보통 찬반 대립 토론에서 반대쪽이 유리한 것도 이 때문이다. 특히 찬성 측 발제를 잘못하여 반대 측에서 그 부분을 끝까지 물고 늘어지면 치명적 타격을 입을 수 있다. 찬성 측은 주로 반대 측에서 찬성논리를 반박하는 데 실패했음을 강조하면서 마무리하게 된다.

3) 의미와 응용

찬반대립토론의 가장 큰 단점은 감정을 자극할 수 있다는 점이다. 영국 속담에 '토론에서 이기고 친구를 잃는다.'라는 말이 있다. 그만큼 토론은 잘못하면 친구들 간에 감정이 상할 수 있다. 특히 찬성과 반대로 서로 대립적인 토론을 하기 때문에 학생들이 감정적으로 상처를 입기 쉽고, 흥분하기 쉽다. 토론은 어디까지나 논리적이고 실증적인 활동이기 때문에 감정을 배제하는 데 노력해야 한다. 그러므로 발표자들의 감정적인 발언들은 철저하게 감점을 주어 토론 중에 흥분하지 않도록 잘 지도해야 한다.

또 토론이 일종의 게임이라는 것을 강조하기 위해 교사는 주제를 말하고, 찬성하는 학생과 반대하는 학생을 손 들게 한 다음, 찬성하는 학생들을 반대 팀에서, 반대하는 학생들을 찬성 팀에서 토론을 하도록 하는 것도 한 방법이다. 그리고 손 들지 않은 학생들을 배심원으로 하면 된다.

특히 배심원들에게는 주제의 내용에 의존하지 말고, 양측에서 하는 토론 형식에 초점을 두도록 잘 지도해야 한다. 예를 들어 '반드시 부모님의 말씀에 따라야 하는가?'라는 주제로 토론을 한다면 내용상 찬성 팀이 훨씬 유리할 것이다. 그러므로 내용이 아니라 얼마나 반대논리를 잘 개발하고, 효과적인 증거들을 잘 보여 주는가 등에 초점을 맞추어야 한다.

이 방법은 대집단으로 할 수도 있고, 소집단으로 할 수도 있다. 소집단으로 할 때에는 세 명을 한 모둠으로 하고, 각자 찬성, 반대, 심판으로 구성하면 된다. 또는 여섯 명으로 한 모둠을 하고, 찬성 두 명, 반대 두 명, 심판 두 명으로 해도 된다.

TV나 라디오 등의 토의·토론 프로그램에서 거의 찬반 대립 토론 모형을 사용하는 것은 시청률을 올리기에 가장 확실한 방법이기 때문이다. 마치 검투사의 결투를 보는 것처럼 매우 긴장되고, 재미있기 때문이다. 쇼펜하

우어가 '토론은 칼 없는 싸움'이라고 한 것도 찬반 대립 토론을 두고 한 말이다. 토론과 현실을 잘 구별하지 못하는 경우에는 괜한 오해를 할 수도 있다. 특히 토론에 익숙하지 않은 학생들에게 이 방법은 자주 사용하지 않는 것이 좋다.

전술한 바와 같이 토의·토론은 다양한 방식이 있는데, 여기서 소개한 방법은 '민사식' 토론이다. 실제 민족사관고등학교에서는 보통 네 명을 한 팀으로 하여 여덟 명이 토론에 참석하고, 심판진이 이를 평가한다. 전술한 방법에는 그 절차만 민사식 토론으로 소개하였다. 민족사관고등학교에서 오래전부터 중학생을 대상으로 토론캠프와 토론대회를 열어왔는데, 여러 가지 시행착오를 거쳐 완성도가 높은 찬반대립토론의 모형을 정착시켰다(백춘현, 2004; 민족사관고등학교 토론교육연구소, 2007).

81. 칼 포퍼(Karl Popper) 모형

1) 목적과 특징

칼 포퍼 모형은 동유럽과 중앙아시아 고등학교에서 널리 사용되는 토론 방법이었다. 원래는 열린사회연구소(OSI: Open Society Institute)에서 1994년 창안되었다. 이 연구소는 조지 소로스(George Soros: Soros Foundation Network)가 동유럽의 사회주의 붕괴에 따른 새로운 동유럽의 변화에 대처하기 위해 민주정부, 인권, 경제, 법, 사회개혁을 증진할 목적으로 출연한 연구기관으로 1984년 설립되었다. 철학자 칼 포퍼의 유명한 저서 'The Open Society and Its Enemies'에서 이름을 땄으며, 이에 이 연구소에서 개발한 토론 방식이라 하여 칼 포퍼 토론(Karl Popper debate)이라고도 불린다.

칼 포퍼는 오스트리아 출신으로 영국에서 활동한 철학자이다. 그는 어떤 주장도 옳을 수도, 틀릴 수도 있으며, 서로가 예측과 반증을 통한 진실 규명의 노력으로 진리에 가까이 갈 수 있음을 강조하였다.

OSI는 칼 포퍼의 이러한 비판적 사고와 다른 관점에 대한 열린 관용성을 고등학생들에게 길러주기 위해 비교적 유연한 모둠 토론 방법으로 개발하였다. 이를 위해 각각 세 명이 한 모둠이 되어 쟁점에 대한 양쪽 입장을 반드시 함께 연구한 뒤 토론을 벌이도록 한다. 이 토론의 특징은 다른 토론들이 상대방의 틀린 점을 입증해도 승리할 수 있지만 칼 포퍼 토론은 우리 측이 옳다는 것을 입증해야 승리한다는 원칙을 강조한다는 것이다.

1999년 OSI가 설립한 국제토론교육협회(International Debate Education Association)에서 주관하는 토론 대회는 대부분 이 방법을 사용한다. 매년 칼 포퍼 세계 챔피언(Karl Popper World Championships) 대회에서는 유스 포럼(Youth Forum)을 비롯해서 여러 종류의 토론대회를 토론 훈련 캠프와 함께 이 모형을 사용하여 우승자를 가린다. 동유럽의 사회주의 붕괴와 이에 따른 건전한 민주주의 시민 사회 건설을 위해 건전한 토론 능력을 길러주어야 할 필요성에 입각해 만들게 되었지만 지금은 전 세계의 많은 국가가 참여하는 유명한 토론대회가 되었다.

칼 포퍼 모형의 특징은 항상 인간의 주장에는 오류를 범할 가능성이 있으므로 반론 중심의 토론이 필요하다는 점을 강조한 것이다. 따라서 입론보다는 교차조사와 반론 시간을 더 많이 배정하고 있다. 즉 적극적으로 상대 주장에 반론을 제기하는 것이 유리하다.

2) 방법

칼 포퍼 모형의 절차는 다음과 같다. 시간은 6-3-6-3-5-3-5-3-5-5-5-5이다. 작전타임은 10분(팀당 총 5분 4회 이내)이다. 다른 토론방식과 비슷하므로 각 절차에 대한 구체적 설명은 생략한다.

단계	활동	담당 토론자	
1	입론	찬성	1번
2	교차조사	반대	3번
3	입론	반대	1번
4	교차조사	찬성	2번
5	반론	찬성	2번
6	교차조사	반대	2번
7	반론	반대	2번
8	교차조사	찬성	3번
9	반론	찬성	3번
10	반론	반대	3번
11	최종 변론	반대	1번
12	최종 변론	찬성	1번

[그림 2-11-4] 칼 포퍼 모형 절차

3) 유의점

칼 포퍼의 정신을 살린 토론 방법인 만큼 반론 시간을 많이 할애하고 있다. 따라서 반론과 반론에 대한 방어 능력에 초점을 둔 토론으로 유도해야 한다.

82. 툴민(Toulmin) 모형

1) 특징

툴민(Toulmin, 1958)이 영국 케임브리지 대학 박사학위 논문에서 주장한 논증모형으로 토론을 준비할 때 많이 사용한다. 6단 논법이라고도 한다. ① 논제를 정하고, ② 결론을 주장하고, ③ 근거를 대며, ④ 근거에 대한 설명을 하고, ⑤ 예상되는 반론을 꺾으며, ⑥ 예외를 정리한다. 그림으로 표현하면 다음과 같다. 공공장소에서는 흡연을 금지해야 한다는 주장을 위해서는 흡연은 암을 유발한다는 많은 연구들(사실)에서 과학적 검증결과라는 핵심 근거에서 출발한다. 이를 알기 쉽게 좀 더 설명하고, 이를 뒷받침하는 보조 근거들을 열거한다. 그리고 주장을 하는데, 다만 예외 상황이 있으면 조건을 달아주고, 동시에 반대 주장이 내세우는 핵심 근거에 대한 반박 준비를 해 둔다.

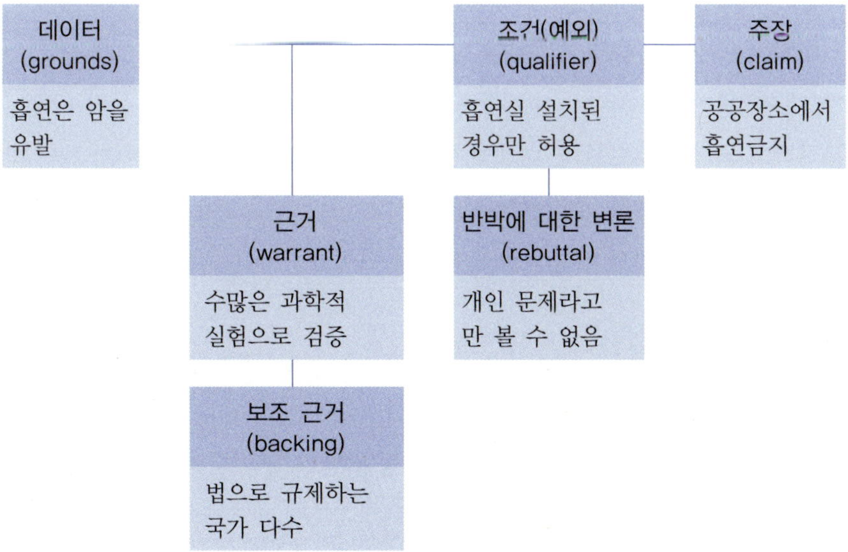

[그림 2-11-5] 툴민의 모델

이 방법의 장점은 토론이 진행되더라도 튼튼한 생각 박스 안에 정확하고 많은 자료들이 준비되어 있기 때문에 결코 흔들리지 않는다는 점이다. 대개 토론을 하다 보면 상대에게 말려들기도 하고, 내 생각이 흔들리기도 하지만 툴민의 생각 박스를 가지고 있으면 초지일관 자신의 주장을 설득할 수 있다(Toulmin, 1958, 2003; 정문성, 2016).

2) 방법

(1) 토론주제를 제시하고 활동지 배부하기

활동지는 툴민 모델에 근거해서 데이터는 근거에서 언급하므로 제외하고 주장, 조건, 반박, 핵심근거, 보조근거의 다섯 영역으로 구성한다. 이 다섯 영역에 적절한 내용을 채워 넣는 활동을 한다.

(2) 모둠별로 토의·토론으로 주어진 활동지에 채워 넣기

사회자는 찬성을 택할지 반대를 택할지 주장을 먼저 결정한다. 그런 다음 주장, 조건, 반박, 핵심근거, 보조근거 순서로 다섯 개 생각박스에 어떤 내용이 들어갈지 논의를 주도한다. 대개 아이디어에 이의가 없으면 기록이가 해당 박스에 요약하여 적는다. 주장부터 시작하지만 지나간 박스에 대한 추가 의견이나 수정사항이 생기면 자유롭게 보태거나 수정할 수 있다.

(3) 모둠별 발표하기

발표는 모둠의 사회자가 전체에 발표할 수도 있고, 모둠결과물(활동지)을 게시판에 게시할 수도, 또는 인터넷으로 공유할 수도 있다. 또는 이를 근거로 실제 토론을 시킬 수도 있다.

3) 의미와 응용

보통 토론이 어려운 것은 논리도 생각하고, 근거도 생각하면서 동시에 발표를 해야 하기 때문이다. 그러므로 소수만이 토론에 참여하고 대부분은 거저 구경만 하고 있는 경우가 많다. 그러나 툴민 모형을 활용하면 일종의 생각박스를 만들고, 그 안에 내용을 채워 두었기 때문에 상황에 따라 생각박스를 선택해서, 내용을 끄집어내어 발표하면 되므로 쉽게 토론에 참여할 수 있다. 아울러 토론에 참여하여 다른 사람들의 주장을 듣다 보면 자신의 원래 입장이 흔들릴 때가 많다. 그러나 툴민의 모형으로 준비를 하면 핵심근거를 가지고 있기 때문에 크게 흔들리지 않고 자신이 준비한 근거들을 무게중심으로 일관된 주장을 할 수 있다.

툴민 모형의 장점은 자신들의 입장을 준비하는 활동을 토의로 할 수 있다는 것이다. 즉 나 혼자의 힘이 아니라 여러 사람이 함께 논리와 증거를 준비하므로 보다 탄탄한 근거들을 가질 수 있다는 점이다. 다음은 '교사의 히잡 착용을 금지해야 하는가?' 주제로 툴민 모형을 사용하여 토론을 준비한 토의의 결과사례이다.

결론 주장	'교사의 히잡 착용 금지법'에 찬성한다
핵심 근거	공인으로서 정치적 또는 종교적 중립을 지켜야 한다
보조 근거	1) 유럽 국가들은 교사의 히잡 착용 금지하고 있다 2) 공공장소에까지 금지하고 있다 3) 문화적 갈등을 유발시킬 수 있다 4) 상호교감해야 하는데 눈만 있으면 의사소통도 어렵다
예외 조건	1) 학교 밖에서는 개인의 자유이므로 허용한다 2) 이슬람학교는 가능하다 3) 종교 행사 때는 허용한다
예상 주장 반박 근거	1) 교사의 종교적 자유는 있으나 공인이므로 사회적 공익이 우선이다 2) 특히 학생은 아직 어리고 감수성이 예민하므로 교사가 영향을 주어서는 안 된다

결론 주장	'교사의 히잡 착용 금지법'에 반대한다
핵심 근거	의식주는 개인의 자유이며, 학생에게 종교의 자유 박해하는 메시지를 주어서는 안 된다
보조 근거	1) 교사는 다양한 종교를 가지고 있고, 1/n에 불과하다 2) 이슬람교도가 히잡 착용하는 것은 이미 알려진 사실이어서 영향 받지 않는다 3) 오히려 종교의 자유를 가르치는 효과가 있다 4) 디자이너들은 오히려 히잡을 활용하고 있다 5) 하버드 대는 학교 내 이슬람성전을 지어주었다
예외 조건	수업시간이나 회의 등 공식적 활동에만 착용금지한다
예상 주장 반박 근거	1) 히잡은 눈에 띄게 종교 색을 보인다는데 신부, 수녀, 스님 복장은 왜 허용하는가? 2) 유럽에서 금지하는 나라 많다고 하지만 아시아에서는 그런 국가 없다 3) 종교이기 전에 전통의상이다

제 12 장

프로젝트와 문제해결

우리의 삶은 문제해결의 함수이다. 매 순간 문제가 주어지고 우리는 선택을 하여 해결하면서 살아간다. 예를 들어 컴퓨터를 켜면 우리는 끊임없이 클릭을 해야 한다. 즉 선택을 해야 하는 것이다. 그때마다 문제를 해결하면서 나의 삶을 만들어나간다. 간단한 문제도 있지만 어떤 문제는 복잡하고 어려워서 시간과 노력 및 많은 사람들의 도움이 필요하기도 하다. 이때는 프로젝트로 해결한다. 이를 수업에 적용한 것이 프로젝트 수업이다. 자발적으로 주제를 선택하여 목표수립-계획-수행-결과발표-평가하는 수업을 말한다(정문성, 2016). 여기서는 문제해결과 프로젝트 수업에 활용되는 토의·토론을 소개한다.

"생각한 대로 살지 않으면, 사는 대로 생각하게 된다."

83. 디자인 사고(design thinking)
84. 목표 나무(target tree)
85. 문제중심학습(PBL)
86. 미래 문제해결 프로그램(FPSP)
87. 설계 중심 학습(DBL)
88. 탐구 공동체(community of inquiry)
89. 토마스-킬만 갈등 해결 모형
90. 6-루틴 모형
91. ADDIE 모형
92. BCG 분석

83. 디자인 사고(design thinking)

1) 목적과 특징

디자인 사고가 유행하게 된 것은 스티브 잡스가 아이폰 신제품을 발표할 때마다 혁신적 디자인으로 화제를 몰고 왔기 때문이다. 이전에 우리가 알던 단순한 물리적 상품 디자인이 아니었다. 정보통신기술, 생활용품, 상품, 예술품이 융합되면서 최근의 디자인은 흔히 말하는 합리적 사고나 창의적 사고로 만들어 낼 수 있는 것이 아니라는 점을 깨닫게 되었다. 스마트폰 자체가 일상생활에 없어서는 안 될 내 몸의 일부분이 된 만큼, 디자인도 이전에는 상상하지 못한 격이 다른 개념을 요구하게 되었다. 많은 기업이 새로운 차원의 디자인에 관심을 가지게 되었다. 아울러 디자이너들이 하는 사고 방법에도 관심이 쏠렸다. 이를 통해 혁신적 제품들을 만들어 내기 시작하였다.

디자이너는 예술적이면서도 기술적으로 현실화할 수 있고, 고객을 만족시키고 이윤도 남기는 비즈니스도 해야 하므로 독특한 사고방식을 사용한다. 사회현상이나 자연현상을 설명하고, 예측하고, 통제하는 목적의 과학자들은 관찰이나 조사 및 실험 등 합리적 사고만으로도 충분히 문제를 해결할 수 있다. 그러나 다수의 고객이 만족하면서도 매력적이고 창의적인 작품을 만들어야 하는 디자이너는 합리적 사고만으로는 문제를 해결할 수 없다. 기존의 제품과 고객의 요구를 분석하고, 타당하고 만족할 만한 직관적 사고의 균형을 이루는 디자인적 사고를 해야 한다.

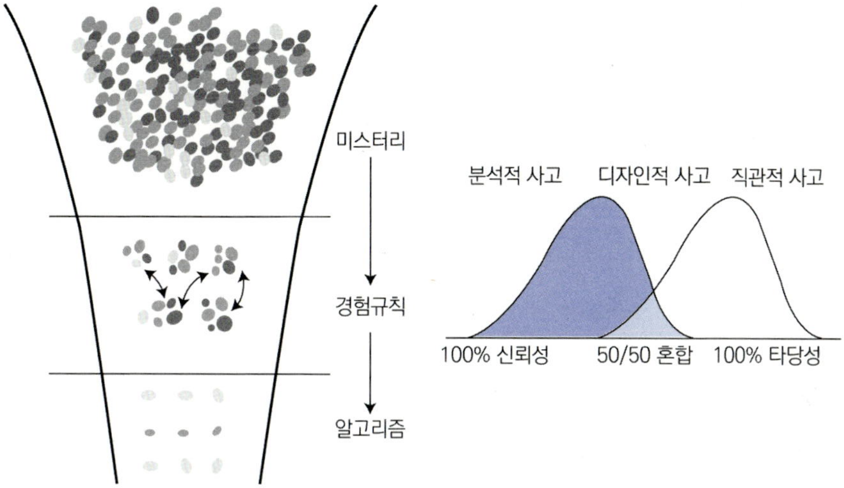

[그림 2-12-1] 디자인 사고
출처: Roger Martin, 2009, 디자인씽킹. 이건식 역. 서울: 웅진윙스. p. 23, 85.

이에 로저 마틴(Roger Martin)은 [그림 2 12 1]처럼 디자인 사고는 '분석적 사고에 기반을 둔 숙련과 직관적 사고에 근거한 창의가 역동적으로 상호작용하면서 균형을 이루는 것'이라고 하였다. 분석적 사고와 직관적 사고가 끊임없이 충돌하고 조정되면서 결국은 균형을 찾아가면서 아이디어가 창출된다는 것이다. 처음에는 어떤 지식이든 카오스 상태에서 성공적 체험을 통해 규칙화되어 암묵적 지식이 되고, 언어화되면서 알고리즘이 만들어지는 과정에서 이러한 균형이 찾아진다는 것이다. 이를 귀추적 사고라고 정의하였다. 처음에는 확산적(divergence) 사고를 통해 다양한 정보나 사례를 살펴서 여러 선택지를 만들고, 여러 가지 옵션을 고려해서 하나의 아이디어를 선택해서 다듬는 수렴적(convergence) 사고로 이어지는 다이아몬드식 사고를 하게 되고, 이러한 과정이 계속되면서 아이디어가 만들어진다는 것이다.

디자인 사고로 유명한 혁신적인 디자인 컨설팅 기업 IDEO의 팀 브라운

(Tim Brown)은 디자인은 호감도, 기술, 사업의 조화라고 주장하고 영감(inspiration), 아이디어(ideation), 구현(implementation)의 세 가지 절차를 강조하였다(우영진 외, 2018). 이를 구체화하면 다섯 단계가 된다. 첫째, 이해하고 공감하기 단계는 상황을 관찰하고 문제점을 발견한다. 둘째, 문제 정의하기 단계는 문제점을 인식하고 공유하며 문제 지점을 정확히 찾아낸다. 셋째, 아이디어 확장하기 단계는 질보다 양으로 자유로운 발상을 해 본다. 넷째, 프로토타입 만들기 단계는 시제품을 만들어 가면서 최상의 제품을 구현해본다. 다섯째, 테스트하기 단계는 피드백을 통해 아이디어를 개선한다.

단계	내용
이해하고 공감하기	현상 관찰, 문제점 발견
⇓	
문제 정의하기	문제점 인식과 공유, 문제지점 도출
⇓	
아이디어 확장하기	자유로운 발상, 질보다 양
⇓	
프로토타입 만들기	시제품 만들어보기
⇓	
테스트하기	피드백을 통해 아이디어 개선

[그림 2-12-2] 디자인 사고의 5단계

2) 방법

(1) 이해하고 공감하기

주어진 문제와 관련된 현상을 관찰하고, 공감하는 문제를 확인한다. 관련 신문 기사, 동영상 등의 자료를 함께 찾고 감상한다. 그리고 문제점이 무엇인지 발견하고 상황을 이해한다. 그런 다음 그 문제에 대해 공감해야 한다. 그래야 향후 문제해결 방향이 일관성 있게 협력이 잘 된다.

(2) 문제 정의하기

현상에 대해 문제에 공감했다면 이를 글로 기술하여 분명히 한다. 이것은 문제를 정의하는 단계이며 문제가 분명히 기술되어야 문제해결까지 혼란 없이 이어갈 수 있다.

(3) 아이디어 확장하기

통합적 사고 및 분산과 수렴 과정을 통해 구체적인 아이디어를 얻는 단계이다. 문제해결의 가능한 대안들을 만들어 낸다. 어느 대안이 유력한가보다 최대한 많은 대안을 생각해 보는 것이 중요하다. 그래야 사고의 폭이 넓어진다. 선택의 여지가 많아야 여러 조합이 많아지고 창의적 대안을 만들어 낼 수 있다. 다음으로 결과의 타당성을 고려하면서 선택을 좁혀나가는 수렴적 사고로 대안을 선택한다.

(4) 프로토타입 만들기

대안을 선택하면 이를 현실적으로 구현하여 프로토타입, 즉 시제품을 만든다. 현실적인 제약 사항을 고려하여 선택한 대안을 다듬어 나가는 것이다. 이러한 방식은 디자이너들의 평소 작업 방식이기도 하다.

(5) 테스트하기

결과물을 시험해보고, 문제점을 계속 수정하고 개선한다. 디자인씽킹은 단시간에 하는 수업보다는 긴 시간이 필요한 프로젝트 수업을 하기에 적절한 방법이다.

3) 의미 및 응용

과거 컴퓨터 바이러스 '트로이 목마'가 유행하여 큰 피해를 주었다. 이를 찾아내지 못할 때 한 보안 관련 소프트웨어 기업의 CEO는 '트로이 목마'라는 제목에서 이 악성코드의 작동원리 힌트를 얻었다. 겉으로는 멀쩡하게 보이는 목마여서 성 내부로 들여왔는데, 목마에 숨어있던 특공대가 밤이 되자 몰래 나와서 승리에 도취해서 술에 취해 있던 트로이군을 섬멸한 사건이다. 이 악성코드가 이러한 방식으로 작동할 것이라 가정하고 접근하여 찾아내어 치료하는 백신을 개발해서 유명해졌다. 이것은 컴퓨터 소프트웨어 전문가가 그리스로마 신화에 나오는 트로이목마 사건을 잘 알고 있었기에 해결할 수 있었다. 디자인 사고는 이와 비슷하다. 스티브 잡스의 혁신적 디자인이 각광 받았을 때 엉뚱하게 인문학 붐이 일었던 것도 이 때문이다. 디자인 사고는 융합적 사고를 토대로 한다. 퓨전(Fusion)적 사고가 되어야 퓨전 한식이 나타나고, 하이브리드 자동차가 디자인되는 것과 같다. 다이슨(Dyson)의 날개 없는 선풍기가 만들어지고, 자체 숙박시설 없는 에어비앤비(Airbnb), 자체 택시 한 대 없는 우버(Uber)가 탄생한다.

84. 목표 나무(target tree)

1) 목적과 특징

목표 나무는 TOCfE의 세 가지 도구 중 하나로 목표 달성을 체계적으로 계획하고, 목표와 현재 상태 사이의 상세한 중간 단계 행동 계획을 만드는 사고도구이다. 이 목표 나무를 토의·토론에 활용하면 특히 소집단 과제를 하는 데 큰 도움이 된다. 주로 프로젝트 학습에 적용하면 매우 효과적이다. 이 도구 역시 기업을 경영하다가 무언가 돌파구가 필요할 때, 예를 들어 신제품을 개발해야 할 때, 생산비용을 획기적으로 줄여야 할 때 등 상당히 의미 있는 큰 목표 달성을 위한 종합적인 계획을 세우고 실천할 때 유용하다. 크게 세 가지 절차를 갖는다. 첫째는 목표를 달성하는 데 걸림돌이 되는 것은 무엇이고, 그 걸림돌을 제거하기 위한 디딤돌이 무엇인지를 찾는다. 둘째는 디딤돌, 곧 상세한 중간목표들의 순서를 만들어서 목표 나무를 만든다. 셋째는 중간목표의 구체적 실천 방안을 만든다. 이 세 가지만 교사가 잘 지도하면 학생들은 프로젝트를 성공적으로 완수할 것이다.

2) 방법

(1) 걸림돌과 디딤돌을 만들기

프로젝트 주제가 주어지면 프로젝트를 수행하는 데 방해가 되는 걸림돌을 〈표 2-12-1〉처럼 적어본다. 사례는 학급 임원진에게 생일파티라는 프로젝트를 부여한 것이다. 그리고 이를 해결하기 위한 대안, 즉 디딤돌을 적어본다. 이러한 디딤돌만 실천할 수 있으면 목표를 달성하는 데 문제가 없을 것이다.

〈표 2-12-1〉 생일 파티

	걸림돌	디딤돌
1	돈은?	조금씩 모은다
2	시간이 없다	되는 시간 맞춘다
3	아이디어가 없다	토의한다
4	공간은?	교실 빌린다
5	생일 파악하기 힘들다	우리 반 아이들 모두 조사한다
6	생일 지난 아이들 문제	나중에 한다
7	장식은 어떻게 하지?	인터넷 찾아본다
8	선물은?	선생님이 준비한다

(2) 목표 나무를 만들기

[그림 2-12-3]처럼 디딤돌을 순서대로 조정해서 목표 나무를 만든다. 동시에 할 수 있는 것은 나란히 배치한다. 목표 나무대로 차례로 실천하면 목표가 달성될 것이다.

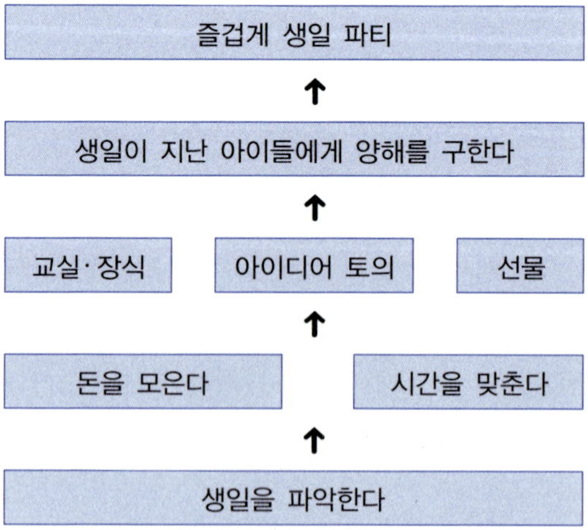

[그림 2-12-3] 생일 파티 목표 나무

(3) 중간목표 계획하기

〈표 2-12-2〉처럼 목표 나무의 구체적 중간목표들을 어떻게 실천할 것인지 계획을 세운다. 이를 학습지로 제공하고, 학생들이 토의·토론으로 채워나가면 구체적 계획이 세워지고, 이대로 실천하면 목표가 달성될 것이다.

〈표 2-12-2〉 생일 파티 중간 목표 계획

순서	디딤돌	활동1	활동2	담당자	시기
1	생일 파악	생일 적기	제출하기	선생님	4일까지
2	돈 모으기	액수 정하기	내기	총무	10일까지
3	시간 맞추기	시간 맞춘다	없음	반장	8일 HR
4	아이디어 토의	토의한다	아이디어 낸다	친교부장	8일 HR
5	공간 장식	인터넷 검색	교실 장식	부반장	10일 방과 후
6	선물	산다	준다	선생님	생일파티날
7	생일 지난 아이	양해를 구한다	없음	반장	8일 HR

3) 의미와 응용

프로젝트 수업은 학생들이 결정해야 할 일이 많은 수업이다. 익숙하지 않은 학생들에게는 어디서부터 시작할지 매우 부담스러운 활동이다. 그러나 목표 나무 방법을 이용하면 아주 쉽게 진행할 수 있다. 교사는 단지 세 가지 절차에서 제공한 표와 목표 나무를 점검해주고 지도하면 되고, 그에 따라 학생들이 실천만 하면 빈틈없이 목표를 달성할 수 있을 것이다. 학생들의 수준에 따라 표와 목표 나무의 완성도를 조절하면 된다. 저학년 학생들의 경우 표와 목표 나무의 일부를 교사가 만들어주고, 중간목표 담당도 일부 교사가 해주는 것이 좋고, 고학년으로 갈수록 학생들의 자율 범위를 확대해주면 된다.

85. 문제 중심 학습(PBL)

1) 목적과 특징

문제 중심 학습(problem based learning)은 주어진 실제적인 문제를 개인활동과 모둠활동을 통해 해결안을 마련하면서 학습하는 모형이다. 전통적인 학습과 문제 중심 학습을 비교하면 [그림 2-12-4]와 같다.

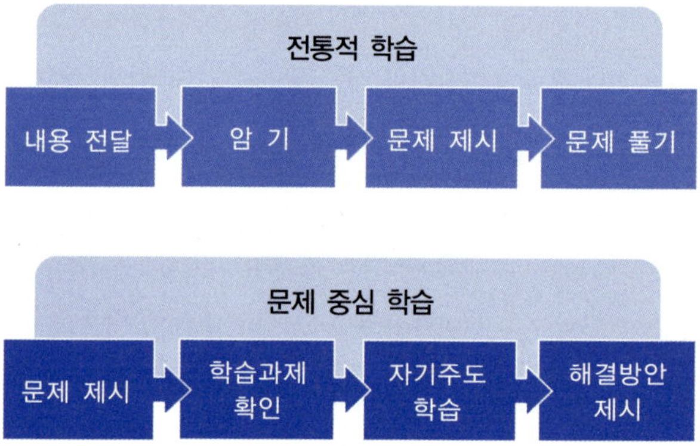

[그림 2-12-4] 전통적 학습과 문제 중심 학습

문제 중심 학습은 1960년대 캐나다의 맥마스터(McMaster)대학에서 연구되기 시작하였고 그 이론적 기초는 구성주의에서 제공하고 있으므로 자기 주도 학습(self-directed learning)과 협동/협력 학습(cooperative/collaborative learning)이 중요한 수업방법으로 작동한다.

문제 중심 학습은 의학교육에서 출발했다. 배로스(Barrows, 1985)는 의과대학생들이 오랜 시간 동안 많은 의학지식을 공부하지만 실제로 환자를 진단하고 적절한 처방을 내리는 데에 어려움을 겪는 문제를 해결하기 위해 문제 중심 학습을 제안하였다. 여기서 '문제 중심'이라는 용어를 사용한 것은 이전의 의학교육이 의학 '지식중심'의 교육이었기 때문이다. 즉 의사는 의학지식만 암기하는 수업이 아니라 환자를 직면한 '문제'상황에서 수업이 시작되어야 한다는 점을 강조하기 위함이다. 의사가 직면한 문제와 이를 해결하는 과정이 문제 중심 학습이다. 그러므로 문제 중심 학습에는 몇 가지 구성요소가 필수적으로 들어가게 된다(조연순 외, 2005; 박성익 외, 2012).

첫째, 비구조화된 문제 상황이 필요하다. 문제가 무엇인지 정확하게 파악되지 않은 상황이 주어져야 한다는 것이다. 예를 들어 환자는 자신의 상태에 대해 불충분한 정보를 가지고 의사를 만나며, 의사는 정확한 진단을 위해 환자의 말을 듣기도 하지만 의학적 방법으로 추가적인 정보를 얻어야 하는 상황을 말한다. 학생들은 문제가 무엇인지부터 파악하는 활동을 해야 하는 것이다. 이 점이 대개 구조화된 문제로 출발하는 일반적인 문제해결 학습(problem solving learning)과 다른 점이다. 문제해결 학습이란 듀이가 주장한 것으로 문제를 해결하는 과정에서 반성적 사고(reflective thinking)를 통해 학습하는 것을 말한다. 문제해결 과정은 영역마다 다를 수 있기 때문에 다양한 형태의 하위 모형들이 있다.

둘째, 참여자의 자기 주도 학습과정이 필요하다. 의사가 환자를 진단하기 위해서는 환자 개개인이 가지고 있는 수많은 변인들을 고려해야 하지만, 동시에 계속 발견되는 질병들, 처방들, 신약 등 끊임없이 경험하고 공부해야 하는 과정이 필요하다. 즉 문제 중심 학습에서 학생들은 스스로 문제를 진단하고, 해결책을 찾아가는 자기 주도 학습과정을 중시한다.

셋째, 가설-연역적인 추론 과정이 필요하다. 환자를 진단할 때는 현 상태에서 가장 가까운 병명을 가설로 세우고, 여러 가지 조사와 자신의 지식과 경험을 통해 가설들을 검증한 다음 정확한 진단을 하게 된다. 그러므로 문제 중심 학습은 충분한 지식을 공부해야 하지만 가설을 세우고 검증하는 추론 능력도 필요하다.

넷째, 모둠 중심의 협동적 과정이 필요하다. 환자를 진단할 때는 많은 지식과 경험이 필요하므로 혼자서 감당하기보다는 협동학습구조에서 동료들과의 활발한 토의·토론이 필요하다. 이러한 협동학습을 통해서 빠르고, 정확하고, 합리적인 결정을 할 수 있게 된다.

이러한 요소를 포함하여 슈미트 외(Schmidt et al., 2011)는 다음과 같은 네 가지 단계를 제시하였다.

2) 방법

(1) 비구조화된 문제를 제시하기

교사는 다소 불확실한 문제 상황을 제시한다. 그러면 학생들은 토의·토론을 통해 자신들의 지식을 동원하여 문제 상황을 이해하려고 노력한다. 교사가 주도하는 전체 활동으로 할 수도 있지만 이때부터 모둠별 활동을 할 수도 있다.

(2) 가설 세우기

앞 단계에서 어느 정도 문제 상황이 이해가 되었으면 모둠별로 토의·토론을 통해 문제상황을 설명할 수 있는 가설을 세운다. 그리고 그 가설을 증명하기 위해 어떤 학습이 필요한지 학습과제를 분명히 한다. 이때 과제를 분담해야 한다면 누가 어떤 과제를 분담해서 학습해 올 것인지도 정한다.

(3) 자기 주도 학습하기

학습해야 할 과제가 분명히 주어졌으므로 학생들은 각자 과제를 해결하는 자기 주도 학습을 한다. 이때 교사가 개입하여 학생들이 공부해야 할 과제들을 잘 점검하고 지도해주면 좋다.

(4) 결론 내리기

학생들은 모둠별로 다시 모여 각자 공부한 것을 토대로 최초의 가설을 수정하거나 정교화하고, 최종적인 결론을 내린다.

3) 의미와 응용

문제 중심 학습에서는 (3)단계를 제외하고는 모든 단계에서 토의·토론을 최대한 활용해야 한다. 그래야 문제를 보다 정확히 파악하고, 정확한 방향으로 해결방안을 모색할 가능성이 많기 때문이다. 그러므로 개인의 자기 주도 학습도 그러한 전체 흐름 속에서 진행되는 것으로 볼 수 있다. 그리고 문제 중심 학습에서 가장 중요한 것은 '어떤 문제를 제시할 것인가?'로 볼 수 있다. 문제의 질에 따라 문제 중심 학습의 적합성이 좌우되기 때문이다. 제시해야 할 문제는 다음과 같은 특징을 가지는 것이 바람직하다(박성익 외, 2012).

- 정답을 쉽게 찾을 수 있거나 너무 단편적인 것이어서는 안 된다.
- 문제와 관련된 지식 간의 관계가 복잡하여야 한다.
- 다양한 접근이 가능해야 한다.
- 실제 생활과 관련되어야 한다.
- 수업의 시작 때 제시되는 것으로 학습의 필요성을 일깨워줄 수 있어야 한다.
- 포괄적인 내용이어야 한다.

86. 미래 문제해결 프로그램(FPSP)

1) 목적과 특징

미래 문제해결 프로그램(FPSP: Future Problem Solving Program)은 토런스(Torrance)가 청소년에게 '미래에 대하여 창의적으로 사고하는 방법'을 가르치기 위해 1976년 개발한 프로그램이다. 조지아주에 있는 클라크(Clarke) 고등학교의 영재교육에 초대받은 것이 계기가 되었다. 그는 영재들조차도 미래지향적 자세와 기능, 그리고 창의적인 사고가 크게 결여되어 있는 것에 충격을 받아 이 프로그램을 개발한 것으로 알려져 있다.

FPSP는 학생들에게 비판적이고 창의적인 사고 기능을 자극하고, 미래에 대한 비전을 개발하도록 격려하고, 글로벌 리더십을 준비하도록 도와주는 것을 목표로 한다. 이 프로그램은 발전을 거듭하여 2006년부터는 '국제 창의력 올림피아드'를 개최하기에 이르렀다. 매년 2월에는 국가별 예선이 있고, 6월에 국제 창의력 올림피아드가 열린다(http://www.fpspi.org 참고).

FPSP는 세 가지 교육목표를 가지고 있다.

첫째는 창의적으로 문제해결을 할 수 있는 사고기능과 태도를 개발한다. 사고기능과 태도를 개발하기 위해 '무엇(what?)'을 생각하느냐보다는 '어떻게(how?)' 사고할 것이냐에 초점을 둔다. 교과내용을 포함한 내용지식보다는 이 내용 소재를 다루는 사고하는 기능과 태도를 가르치는 데 목적이 있다.

둘째는 미래지향적 사고를 강조한다. 리더는 비전을 가져야 하고 이를 제시할 수 있어야 한다. 그러기 위해서는 앞서서 생각하고 준비하고 계획하는 능력이 필요하다. 여기에는 정확한 미래 예측 능력과 문제해결 대안을 만들어내는 능력이 필요하다. 그래서 이 프로그램은 효과적인 창의적 문제해결 모형을 사용하여 학생들의 미래에 대한 자각을 증대시키고 변화하는 세계에 적응할 수 있는 창의적 문제해결 능력을 기르려는 것이다.

셋째는 협동을 강조한다. 이미 오늘날 사회는 수많은 네트워크로 연결되어 서로 관련되지 않은 부분이 없다. 또한 여러 사람의 전문성이 동원되어 서로 돕지 않으면 문제를 해결할 수 없다. 그러므로 미래 사회는 더욱더 더불어 살아가지 않을 수 없고, 독립적 사고 못지않게 팀워크를 통한 협동적 문제해결이 중요시된다. 그러므로 이 프로그램은 협동적 문제해결 능력을 기르도록 강조한다.

FPSP는 세 영역과 모두 여섯 단계의 문제해결 모형을 가지고 있다.

첫째 영역은 문제의 이해이다. 미래에 해결해야 할 문제가 주어지고, 이를 분석해서 다음 두 가지 절차를 진행한다.

(1) 도전 확인해 내기

미래의 한 장면을 분석한 뒤 무엇에 도전해야 할지 결정한다. 이는 당장 해결해야 할 문제일 수도 있고, 창의적인 해결을 요구하는 도전일 수도 있다. 다음 사례에서 보듯이 지구온난화 문제는 당장 시급한 문제이기도 하지만 간단하게 해결될 문제도 아니며, 얼마든지 창의적인 대안을 만들어낼 수도 있는 문제이다. 그러므로 아주 구체적으로 기술하기보다는

> '만약에 … 라면 … 해야 하지 않을까?'

등의 소망의 형태로 표현하는 것이 좋다.

(2) 핵심문제 선정하기

여러 가지의 도전적 문제들 가운데 핵심적인 한 개의 도전 문제를 정한다. 이때 도전 문제의 표현은 네 개의 요소(조건+미래상황+목표+방법)가 포함된 문장으로 기술한다. 예를 들면 다음과 같다.

"지구온난화가 계속되면 (조건)	2040년 빙하가 녹을 때, (미래 상황)
우리가 어떻게 하면 (방법)	안전한 지대로 대피시킬 수 있을까?" (목표)

둘째 영역은 아이디어 생성하기이다.

(3) 해결 아이디어 생성하기

도전 문제를 해결하기 위해 많은 아이디어를 생성해 내야 하는 단계이다. 이때 브레인스토밍, 속성열거법, 형태분석법, SCAMPER, 강제결부법 등 다양한 창의성 개발 방식을 사용한다(김영채, 2009). 모둠별 토의·토론을 통해 16개의 아이디어를 생성하고 육하원칙에 따라 기술한다.

셋째 영역은 실천을 위한 계획이다.

(4) 판단준거의 생성과 선택

16개의 아이디어를 생성했으므로 이들 중에 가장 좋은 대안을 선정하기 위해 판단준거를 개발해야 한다. 아이디어들이 가지고 있는 창의적 잠재력과 중요도를 평가하고 최선의 아이디어를 결정할 수 있는 판단준거는 어떤 해결책이 '가장 쉬울까?', '가장 윤리적일까?', '비용이 가장 적게 들까?', '가장 안전할까?' 등이다.

(5) 판단준거의 적용

우선 16개의 아이디어는 너무 많으므로 이 중 모둠별 토의·토론을 통해 보다 낫다고 생각하는 절반, 즉 여덟 개를 선정한다. 처음부터 여덟 개로 하지 않고, 16개의 많은 아이디어를 수집한 것은 모둠 구성원들의 창의적인 아이디어를 얻어낼 수 있도록 배려하기 위함이다. 모둠별 토의·토론을 통해 의미 없는 아이디어를 버리는 방식으로 최종 여덟 개를 남긴다. 다음으로 판단준거에 따라 점수를 부여하여 최고점을 받은 아이디어를 선정한다. 이때 기존의 아이디어의 부분들을 살려서 다른 아이디어와 결합하는 방법도 가능하다. 어쨌든 궁극적으로 여덟 개의 아이디어를 선정해서 점수를 매기면 된다.

(6) 실천을 위한 계획의 개발

선택한 최선의 해결 아이디어를 실천할 계획을 세운다. 이 해결책을 실천할 때 예상되는 긍정적 효과와 부정적 효과를 기술한다.

FPSP는 토의·토론을 위해 개발된 프로그램이 아니다. 그러나 협동적으로 문제를 해결해야 하고, 그 과정에서 기본적으로 사용하는 활동방법이 토의·토론이다. 그러므로 토의·토론을 잘 진행하는 것이 FPSP 성공 여부를 결정짓는다.

2) 방법

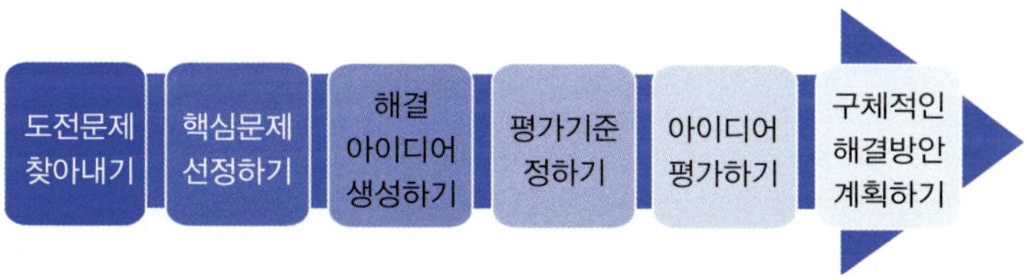

[그림 2-12-5] FPSP 절차

(1) 도전할 문제 찾기

교사는 미래에 일어날 한 장면을 제시한다. 제시 방식은 동영상, 사진, 그림 등 어떤 것이라도 좋다. 그리고 그러한 미래 사회에서는 좋은 일도 일어나지만 걱정되는 일도 일어날 수 있다. 그러한 문제가 포함된 상황을 제시해야 한다.

교사의 상황제시가 끝나면 모둠별로 내용을 분석한 뒤 무엇을 도전해야 할지 결정한다. 원래 프로그램에는 16개의 도전과제를 생성하라고 되어 있으나 실제 수업에서는 많은 시간을 할애할 수가 없을 때에는 4~8개 정도의 도전과제를 만들어보게 해도 된다. 다음에는 이를 완전한 문장으로 진술한다. 무엇이, 왜, 어떤 결과가, 어떻게 미래장면에 관련되는지를 진술한다.

[그림 2-12-6]은 로봇이 보편화된 미래사회에서 어떤 모둠이 만든 도전 목록이다.

1	로봇이 인간 대신 일하므로 실업자가 증가한다
2	로봇은 선악 판단능력이 없으므로 범죄에 이용될 수 있다
3	정신활동조차 로봇에게 맡기므로 인간의 뇌가 쇠퇴한다
4	로봇에게 심부름을 많이 시키므로 인간이 게을러진다
5	로봇도 품질에 따라 가격의 차이가 있으므로 가난한 사람은 좋은 로봇을 사용할 수 없게 된다
6	로봇이 고성능이 되면 인간을 지배할 수도 있다
7	로봇에 의존하게 되면 사람과의 관계도 적어져서 비인간적인 세상이 된다
8	사람들은 책임을 자기보다 로봇에게 돌린다
9	로봇은 죄책감이 없어서 인간을 해칠 수 있다
10	로봇 수는 많아지고 인구는 줄어든다
11	로봇을 많이 사용하면 인간의 운동능력이 떨어져서 무기력해진다
12	로봇을 이용하면서 운동이 부족하여 비만이 늘어난다
13	로봇이 많아지면 에너지 사용량이 증가하여 환경이 파괴된다
14	로봇이 고장 나면 모든 것이 스톱된다
15	학습도우미 로봇 때문에 학생들이 스스로 하는 능력이 약해진다
16	로봇을 함부로 대하면서 로봇에 대한 대우 문제가 제기된다

[그림 2-12-6] 로봇시대 도전과제(사례)

(2) 핵심문제 선정하기

모둠별로 도전과제에서 우리 모둠이 핵심적으로 해결할 핵심 과제 하나를 정한다. 그리고 이 과제는 네 개의 요소(조건+미래상황+목표+방법)를 포함한 문장으로 재진술한다. 모둠별로 발표를 하거나 교사가 모둠을 다니면서 이를 점검해 준다. 문제가 확실하게 정의되지 않으면 이후의 활동이 무의미해지므로 특히 자세히 지도해줄 필요가 있다. 첫 단추를 잘못 꿰면 안 되기 때문이다. 로봇시대 도전과제에서 한 모둠이 정한 핵심문제는 다음과 같다.

> 2046년 로봇이 보편화된 시대에서 다양한 영역에서 로봇을 사용할 수 있기 때문에 어떤 방법으로 로봇을 범죄에 이용하는 것을 막을 수 있을까?
>
> - 조건: 다양한 영역에서 로봇을 사용할 수 있기 때문에
> - 미래상황: 2050년 로봇시대
> - 목표: 로봇을 범죄에 이용하는 것을 막음
> - 방법: 어떤 방법으로

[그림 2-12-7] 핵심문제

(3) 해결 아이디어 생성하기

모둠별로 토의·토론을 통해 문제를 해결하기 위해 많은 아이디어를 생성해 낸다. 이때 브레인스토밍을 비롯한 창의성을 개발하는 다양한 형태의 토의·토론기법을 사용할 수 있다. 가능하면 많은 아이디어를 생성하는 것이 좋으나 최소 네 가지 정도는 만들어야 한다. 그리고 생성된 아이디어는 육하원칙에 따라 기술한다.

(4) 평가 기준 정하기

해결 아이디어가 가지고 있는 창의적 잠재력과 중요도를 평가하고 최선의

아이디어를 결정할 수 있는 평가 기준을 개발한다. '어떤 해결책이 가장 쉬울까?', '가장 윤리적일까?', '비용이 가장 적게 들까?', '가장 안전할까?' 등 문제의 특성에 따라 평가 기준은 달라질 수 있다. 이러한 평가 기준을 만드는 것은 고급사고를 필요로 하기 때문에 토의·토론이 필수적이다. 시간적 여유가 있다면 학생들이 토의·토론을 통해 스스로 기준을 개발하는 것이 바람직하다. 그래야 중요한 기준들이 빠지지 않고 제시될 수 있기 때문이다. 그러나 실제 수업에서는 학생들이 기준을 만들 때도 시간이 많이 걸릴 수 있으므로 교사가 제시해줄 수도 있다. 기준을 만들었으면 평가표를 만든다. 점수기준은 1점에서 5점 척도로 하는 것이 좋다.

〈표 2-12-3〉 기준에 따른 아이디어 채점표

아이디어		실천 가능성	윤리성	비용 절감성	안전성	점수 합계
1						
2						
3						
4						

최고점은 5, 최저점은 1

(5) 아이디어 평가하기

이렇게 만든 평가 기준으로 아이디어들에 대해 기준별로 점수를 매겨 평균을 내어 최고점을 받은 아이디어를 선정한다. 시간적 여유가 있다면 평가 기준에 의해 각 아이디어에 대한 모둠원의 의견을 피력한 다음 점수를 주는 것도 좋다. 그러나 시간이 부족하다면 바로 모둠원이 각각 점수를 적도록 한다.

(6) 구체적 해결방안 계획하기

이제 해결 아이디어가 결정되었으므로 이를 실천하기 위한 계획을 세워야 할 것이다. 각 모둠별로 선정된 아이디어가 실천될 때 어떤 장점과 단점이 있는지를 토의·토론으로 점검해서 기록하여 발표한다. 동일한 주제라면 모둠별로 선정된 아이디어가 같을 수도 있고 다를 수도 있을 것이다. 각 모둠별 발표를 통해 서로의 아이디어가 비슷한 것을 경험할 때는 인간의 합리성이 보편적임을 확인할 것이고, 전혀 다를 때는 인간의 창의성의 다양함에 감탄하기도 할 것이다.

3) 의미와 응용

FPSP는 영재들을 대상으로 한 창의성과 리더십 역량을 키우려는 프로그램이다. 그러므로 일반 학생들에게 적용할 때는 이 절차를 엄격하게 적용할 필요는 없다. 특히 초등학생의 경우는 더욱 그렇다. 중요한 것은 매 절차마다 적절한 토의·토론을 잘 적용하도록 교사가 직접 개입하거나 사회자를 잘 훈련시켜서 원만하게 토의·토론이 진행되도록 해야 한다는 것이다. 그리고 혼자서 하는 것보다 여럿이 함께 문제를 해결하는 것이 훨씬 효율적이고 효과적임을 체험하도록 하는 것도 중요하다.

실천 계획의 경우 서술형으로 할 수도 있고, 아이들의 수준에 따라 개조식으로 할 수도 있다. 학생들이 개조식으로 했을 때, 교사가 이를 풀어서 서술형으로 바꾸어주면 아이들에게 글 쓰는 요령을 가르치는 효과도 얻을 수 있다. 초등학교 저학년이라면 마인드맵 형태나 삽화 또는 그림의 형태로 표현해도 좋다.

87. 설계 중심 학습(DBL)

1) 목적과 특징

설계 중심 학습(DBL: design based learning)은 실제 생활과 밀접한 관련이 있는 문제 상황을 해결하는 과정을 강조한 듀이의 문제해결학습의 철학에 기초해 있다. 다만 설계 중심 학습은 공업교육에서 개발되었으며 '기능적 요구를 확인하고 그 요구를 해결할 물리적 실체를 만드는 과정'을 교실로 가져온 것이라 볼 수 있다. 공학에서의 설계의 과정을 그대로 수업절차로 경험하게 함으로써 학생들의 설계능력을 향상시킨다. 설계 중심 학습은 다음과 같은 특징을 갖는다(최유현, 2008).

첫째, 인간의 필요와 요구에서 출발하는 기술적 활동으로 예술적 상상력을 기초로 하는 예술적 설계와는 구별된다. 즉 심미적 목적으로 하는 예술과는 달리 일정한 논리적 사고과정에 기초하는 정신적 활동이다.

둘째, 여러 제한 조건 사이에서 적절한 타협을 해야 한다. 항상 최상의 제품을 설계할 수 없다. 비용, 시간, 크기 등 주어진 환경 안에서 설계를 해야 하므로 제한 조건을 만족하면서도 요구되는 기능을 만족시켜야 하는 타협을 해야 한다. 그러므로 어느 선에서 결정을 해야 할지 판단하는 의사결정능력이 매우 중요하다.

셋째, 자연법칙, 설계자의 의도, 미적인 측면 등을 모두 고려해야 한다. 예를 들어 자동차를 설계한다면 물리적 운동의 법칙에 따라 공기마찰의 저항 등을 고려한 설계를 해야 하고, 승용차인지 화물차인지 만들고자 하는 의도를 고려해야 하며, 자동차의 외양이 주는 매력 등도 고려해야 한다. 외양은 매력적인데 성능이 아쉽다든가, 성능은 좋은데 외양이 보기 싫다든가 하는 판단들은 바로 이러한 고려 조건들을 모두 만족시키지 못했기 때문이다.

넷째, 설계 중심 학습은 일상에 관련된 문제로 시작해야 한다. 이는 문제해결학습의 기본적 조건이다. 일상생활에 관련된 설계를 하기 때문에 학생들에게 동기를 부여해주고, 도전정신을 주며, 오랫동안 머리에 남는 학습이 될 수 있다.

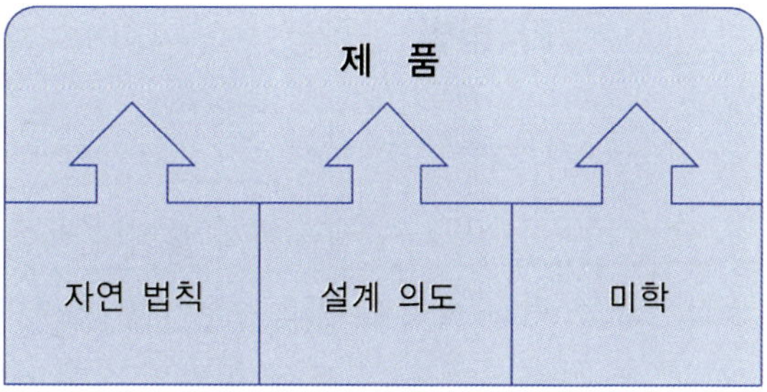

[그림 2-12-8] 제품 설계 요소

다섯째, 설계 중심 학습은 머릿속에서만 학습이 이루어지는 것이 아니라 자신이 표현한 사고의 외형물을 이용해서 자신의 정신적 모형을 검증할 수 있는 기회를 제공해준다. 즉 학생의 지식을 의미 있는 지식으로 구성해나가는 실천적 지식, 살아있는 지식으로 승화시켜준다.

크로스(Cross, 2000)는 설계 과정을 [그림 2-12-9]와 같이 7단계로 제시하였다.

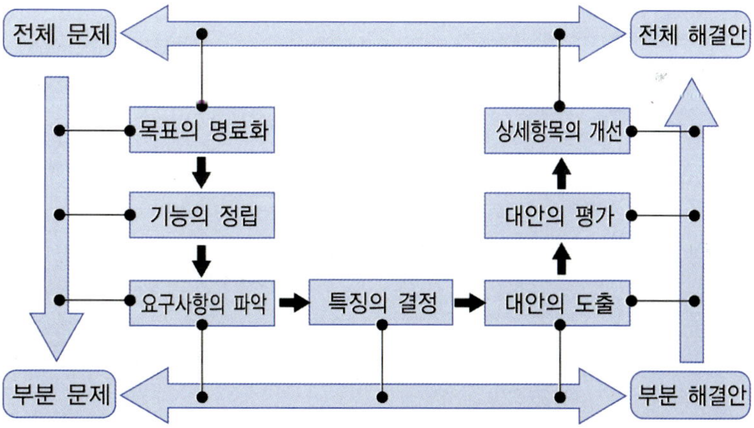

[그림 2-12-9] 크로스(Cross)의 설계 중심 학습 7단계

출처: 최유현, 2008, 공학교수학습 모형과 전략. 충남대학교 공학교육혁신센터, p. 85.

2) 방법

(1) 목표 명료화

교사는 학생들에게 설계할 제품을 제시한다. 설계할 제품은 완성품이 그려진 것이 아니고 추상적인 요구이기 때문에 그 제품이 명확하게 표현되지 않는다. 예를 들어 훌륭한 쇼핑 카트를 설계해 보라고 했을 때, 그 훌륭하다는 것이 무엇인지 명료화되지 않으면 설계에 착수할 수 없다. 그러므로 학생들은 토의·토론을 통해 훌륭한 쇼핑 카트가 갖추어야 할 요구사항들을 확인하고 어떤 카트를 만들 것인지 목표를 명료화해야 한다. 이때 사용하는 유용한 방법이 목표 나무 방법(objective tree method)이다.

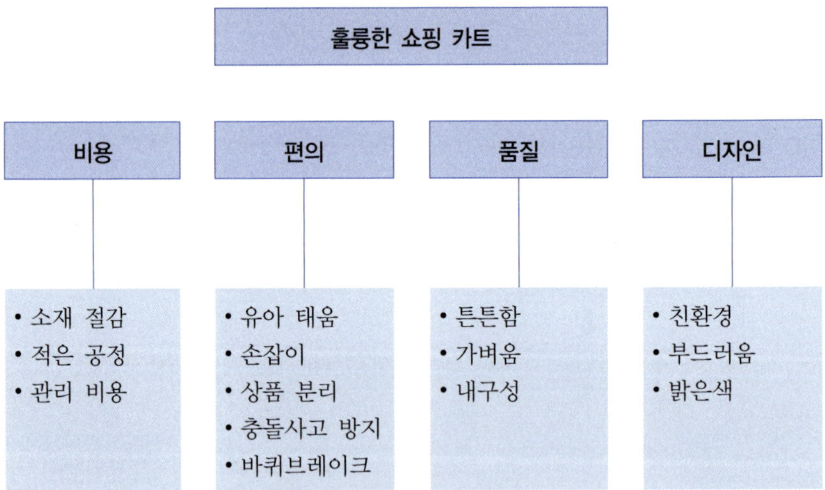

[그림 2-12-10] 목표 나무의 사례(훌륭한 쇼핑 카트)

(2) 기능의 정립

목표가 정해졌다면 목표를 달성하기 위해서 기능분석법(function analysis method)을 통해 필요한 기능들을 결정한다. [그림 2-12-11]처럼 간단하게 그림으로 그리는 것이 모둠원들이 집중하는 데 도움이 된다. 토의·토론을 통해 어떤 기능들이 최소한 갖추어져야 하는지 확인한다. 필수적인 기능들과 부수적인 기능들을 구별하는 것이 중요하다. 즉 어느 수준까지의 기능을 필수적인 것으로 넣을지 결정한다. 예를 들어 '겨울에도 차갑지 않게 손잡이를 만든다' 정도만 결정해야지, 구체적으로 손잡이의 재질까지 결정하지는 않는다.

[그림 2-12-11] 훌륭한 쇼핑 카트 특징

(3) 요구사항의 파악

기능들이 정해지면 이제 요구사항을 정립할 단계이다. 이때 주어진 조건들이 검토된다. 비용, 크기, 무게, 성능 등의 조건들을 확인한다. 제품을 구입할 때, 제품 표면의 규격, 출력의 크기 등 성능명세표(performance specification)가 바로 이 단계에서 만들어진다.

(4) 특징의 결정

요구사항 파악이 제품의 공학적 특징을 결정하는 것이라면 특징의 결정 단계는 소비자 입장에서 제품의 특징을 결정하는 것을 말한다. 그러므로 공학적 특징과 제품의 특징 간의 관계를 파악하고, 다른 제품과 차별성을 확인하는 일들을 한다. 예를 들어 전체 무게를 늘리지 않고 유아를 태울 수 있다든가, 다른 제품과 공간은 같지만 상품을 넣을 수 있는 공간을 구별해서 편의를 도모한다든가 하는 점들을 확인한다. 토의·토론은 처음에 고려했던 특성들이 누락되지 않도록 하는 스크린 역할을 해 준다.

(5) 대안의 도출

설계도가 1차 완성된다. 이때 형태학적 도표(morphological chart method)를 제시하여 제품을 명확하게 설명하게 한다. 즉 요구사항들이 어떻게 구현되었는지 최종적 상태를 차트나 그림으로 만들어본다.

(6) 대안의 평가

처음 만들었던 목표 나무를 활용해서 중요한 목표와 덜 중요한 목표를 구분하여 토의·토론을 통해 가중치를 정한다. 이 가중치 목표법(weighted objectives method)으로 대안을 평가해본다.

(7) 상세항목의 개선

평가한 결과를 중심으로 상세 항목별로 토의·토론을 통해 대안을 개선한다. 예를 들어 기능이나 가치를 손상시키지 않고 제작비용을 줄인다거나 성능의 차이 없이 구조를 개선한다거나 하는 등의 개선안을 만들어 최종 설계를 마친다.

3) 의미와 응용

앞서 설명한 설계중심수업의 7단계를 모두 거쳐야 하는 것은 아니다. 필요에 따라 생략하거나 합쳐서 진행해도 된다. 그리고 설계를 하는 동안 항상 피드백을 통해 수정을 할 수 있다. 완전히 설계를 마칠 때까지는 항상 생각을 열어놓고, 얼마든지 수정 의견을 개진할 수 있도록 한다. 특히 모둠별 토의·토론은 설계를 하면서 부딪치는 장애물을 해결할 수 있는 생산적인 아이디어들을 제공해준다. 나보다 우리가 똑똑하기 때문이다. 그러므로 모둠별 토의·토론을 최대한 활용하는 것이 좋다.

88. 탐구 공동체(community of inquiry)

1) 목적 및 특징

탐구 공동체는 퍼스(Peirce)와 듀이의 이론을 기초로 리프만(Lipman, 2003)이 지·정·의(知情意)를 통합적으로 길러주기 위해 주장하였다. 탐구 공동체에서는 비판적 사고, 창의적 사고, 배려적 사고의 균형을 중시하는 다원적 사고를 강조한다. 균형이라 함은 이성이나 지성을 욕구나 감정의 우위에 두거나 정신적인 것을 육체적인 것의 우위에 두는 데카르트의 이원론을 비판하고, 전술한 세 가지 사고의 반성적 평형을 강조한다. 절대적 진리를 전제하지 않고 우리의 인식에 결함이 있는지 끊임없이 반성하고, 재구성하며, 개선하고 수정하면서 반성적 평형을 유지하는 것이 탐구 공동체의 특징이다. 그래야만 지·정·의를 통합적이고 균형적으로 발달시키고 바람직한 판단과 대안을 만들 수 있다고 본다(조성민, 2009).

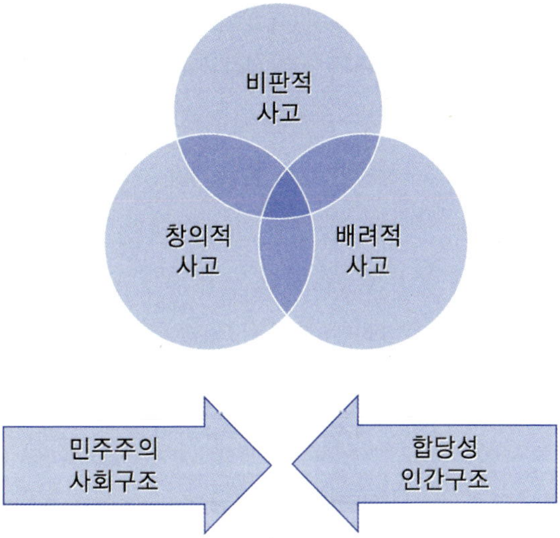

[그림 2-12-12] 탐구 공동체 이념과 다원적 사고

탐구 공동체는 민주주의와 합당성(reasonableness)을 이념으로 한다. 민주주의는 사회구조의 발전을 위한 것이고 합당성은 인간구조의 발전을 위한 이념이다. 절대적 진리를 인정하지 않기 때문에 대안은 발견의 대상이 아니라 민주적 대화와 토의·토론을 통한 합의의 산물이다. 따라서 비판적 사고, 창의적 사고, 배려적 사고를 통해 민주적이고 합당한 절차와 탐구로 대안을 만들어야 하며 그 과정에서 민주주의 사회구조가 탄탄해지고 민주시민으로서 개인의 자질이 완성되는 것이다.

이러한 민주주의와 합당성을 위해 필요한 다원적 사고를 구체적으로 설명하면 다음과 같다.

첫째, 비판적 사고는 기준 또는 이유 있는 판단을 말한다. 그리고 그 기준이 신뢰롭고 합당해야 할 것이다. 탐구 공동체 활동은 여러 사람들의 판단 기준과 추론방법을 배우기도 하고 수정하기도 하면서 합당한 기준과 추론능력을 만드는 방법을 배우게 된다. 아울러 상황에 대한 민감성도 배운다. 우리는 실제 상황에서 기계적 기준을 세우는 것이 아니라 상황에 합당한 기준을 세워야 한다. 탐구 공동체 활동은 어떤 상황에 어떤 기준이 적합한지를 경험으로 배운다.

둘째, 창의적 사고는 독창성, 생산성, 상상력, 독립성, 실험적 태도 등을 포함하는 복합적 사고이다. 이러한 복합적 사고는 탐구 공동체 활동에서 치열한 토의와 토론에 참여할 때 역시 복합적으로 길러지는 것이다. 왜냐하면 그 과정에서 지적 또는 정의적 자극을 많이 받을 뿐 아니라 다양한 관점들을 경험하기 때문이다. 아울러 지나치게 엉뚱하거나 신기하지만 실제 도움이 되지 않는 과도한 토의·토론의 전개를 막아주는 울타리 역할도 하게 되므로 '준창의성'이나 '가짜 창의성'이 아닌 '진짜 창의성'을 유도한다.

〈표 2-12-4〉 창의성의 종류

구분	내용
진짜 창의성	새롭고 유익한 것
준창의성	새롭지만 쓸모없는 것
가짜 창의성	새롭지만 유해한 것

셋째, 배려적 사고는 경험론자들에 의해 경시되어 왔지만 우리의 판단에 중요한 역할을 하는 사고이다. 좋아하고 사랑하는 정서적 사고, 어떤 가치를 인정하고 존중하는 평가적 사고, 규범이나 당위를 인정하는 규범적 사고, 공동선에 참여하는 행동적 사고, 다른 사람의 입장이 되어보는 감정이입적 사고 등은 모두 배려적 사고에 속한다. 이러한 사고는 탐구 공동체 활동이 민주적이고 합

당하게 진행되는 데 필요한 윤활유이면서도 어떤 면에서는 가장 많이 사용되는 사고이기도 하다.

비판적 사고와 창의적 사고는 주로 인지적 능력을 길러주고, 배려적 사고는 정의적 능력을 길러준다고 볼 수 있지만 이들은 서로 연결되어 있고, 영향을 주어서 상호 관련되어 있다고 볼 수 있다.

2) 방법

(1) 텍스트 읽기

주어진 텍스트를 개인이 먼저 읽고 이해한다. 이해가 안 되는 부분들은 질의와 응답으로 확인할 수 있다. 텍스트에 대한 이해가 공유되어야 다음 단계로 진입할 수 있다.

(2) 질문하기

텍스트를 읽고 의문이 있거나 생각해 보아야 할 부분이 있으면 질문을 제기한다. 그러면 사회자는 그 질문들을 질문자의 이름과 함께 모두가 볼 수 있는 화이트보드나 칠판에 적는다. 이 활동이 끝나면 이들 질문 중에 어떤 질문을 가지고 토의·토론할지 합의한다. 이때는 다수의 의견을 따르는 것이 좋다. 적혀 있는 질문 중에 포함관계 등을 고려하여 좀 더 정리한 다음에 선택하는 것도 좋다.

(3) 토의·토론하기

질문이 선정되면 질문을 제기한 사람에게 질문 의도와 배경을 먼저 설명할 수 있는 기회를 준다. 이후에는 자유롭게 그 질문에 대답하거나 대답한 주장에 대한 의견 등 활발한 토의·토론을 진행하여 의견을 모아간다. 이 과정에서 다원적 사고가 발휘된다.

예를 들어 A학생이 친구의 가방에서 만 원의 돈을 훔쳤고 이 사실을 담임교사가 알았다고 하자. 담임교사가 어떻게 처리해야 할지가 질문이라고 하자. 이 사실을 공개하고 A학생을 처벌하면 같은 일이 예방되겠지만 교육적 차원에서 A학생의 미래와 학급분위기는 상처를 입게 된다. 어떤 기준을 채택하느냐에 따라 대안은 달라진다. 학교의 규범, 절도행위의 심각성, 행위 학생의 개인적 상황 등의 변수도 상황에 따라 다를 것이다. 그러므로 일률적인 기준을 적용하기보다는 학급 전체가 만족할 만한 대안을 만들어야 하는데, 이때 필요한 것이 비판적 사고, 창의적 사고, 배려적 사고의 반성적 평형을 유지하여 판단하는 것이다. 이를 개인이 결정하는 것보다는 관련 당사자들이 탐구 공동체에서 다원적 사고를 거쳐, 즉 집단 지성으로 결정하는 것이 훨씬 지혜로운 결정이 될 수 있다(조성민, 2009).

3) 의미와 응용

탐구 공동체는 모든 참여자의 능동적이고 대면적인 참여가 필수적이다. 그래야 사회적 연대감을 갖게 되고 공동체의식으로 함께 문제를 해결해 가는 과정이 원활하게 진행된다. 토론보다는 토의에 가까워야 다른 의견들을 이해하고, 관용하고, 수용할 수 있다. 또한 자신이 인정받는 경험이 있어야 자긍심도 생긴다. 무엇보다 근거를 가지고 의견을 개진하는 경험, 그리고 그 근거를 평가받는 기회, 더 좋은 근거를 배우는 기회 등도 얻는다. 무엇보다 인지적이고 정의적인 능력과 태도를 함께 배우는 기회를 얻는다.

89. 토마스-킬만 갈등 해결 모형

1) 목적과 특징

토마스와 킬만(Thomas & Kilmann, 1977, 1992)은 갈등당사자 자신에 대한 배려와 상대방에 대한 배려라는 두 가지 기준과 이들의 조합으로 다섯 가지 갈등해결유형을 제안하였다. 자신과 상대방에 대한 배려가 동시에 많은 당사자는 협조(collaborating)를, 자신과 상대방에 대한 배려가 동시에 적은 당사자는 회피(avoiding) 유형을 취하게 된다. 자신에 대한 배려는 강하고 상대방에 대한 배려가 부족할 경우에는 경쟁(contending)을, 타인에 대한 배려는 강하나 자신에 대한 배려가 적은 경우는 양보(accommodating) 유형을 띠게 된다. 자신과 상대방에 대한 배려가 중간 정도인 경우 타협(compromising) 유형을 띠는데, 이 경우 상호불일치를 양보와 교환을 통해 해결하려는 태도를 취하게 된다.

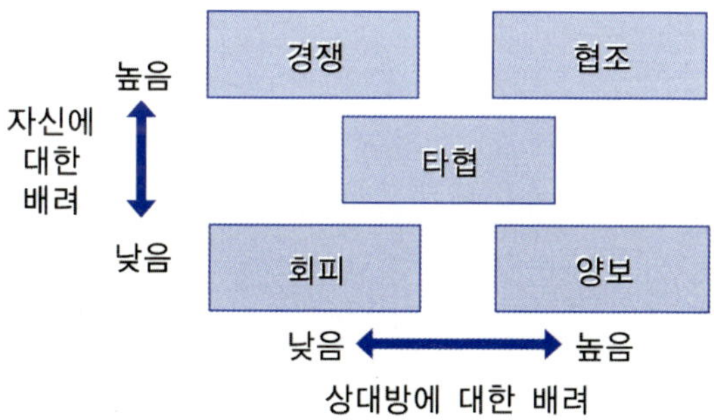

[그림 2-12-13] 토마스 킬만의 갈등 중재 모형

가장 이상적인 것은 자신도 배려하면서, 상대방도 배려하는 타협 유형이다. 서로 적당한 양보를 하면서도 얻을 것은 얻으니까 가장 갈등 해결의 가능성이 크다. 그러므로 갈등을 해결할 때는 혹시 내가 너무 경쟁적인 것이 아닌지, 너

무 협조하는 것은 아닌지, 너무 회피하는 것은 아닌지, 너무 양보하는 것은 아닌지 점검하면서 적절한 선에서 타협하는 방식이 가장 바람직하다.

2) 방법

(1) 상황 확인하기

갈등상황을 제시한다. 양측의 입장을 확인한다. 예를 들어 핵방폐장을 유치하려는 지방자치단체와 반대하는 시민단체의 협상이 시작되었다고 가정해 보자. 사회자의 논의로 누구의 입장을 택할지 결정한다.

(2) 협조 가능성 모색하기

양측의 입장을 다 배려하는 협조 가능성을 논의해 본다. 예를 들어 지방자치단체와 시민단체 모두를 배려하는 방법은 갈등 해결이 불가능하다. 시민단체는 핵발전소 반대이고, 지방자치단체는 핵발전소를 찬성하는 입장이기 때문이다.

(3) 회피 가능성 모색하기

회피 가능성을 논의해 본다. 예를 들어 시민단체도 배려하지 않고, 지방자치단체도 배려하지 않는다면 이것은 정부가 결정하라는 것인데, 지방자치제를 실시하는 민주주의 국가에서는 무책임한 처사이므로 이 방법도 적절치 않음을 확인한다.

(4) 경쟁 가능성 모색하기

한쪽의 입장은 많이 배려하되, 다른 쪽을 배려하지 않는다면 어떤 결과가 나타날지 논의해 본다. 예를 들어 지방자치단체가 시민단체의 반대를 무시하고 정책을 수행하는 경우라고 볼 수 있다. 물론 주민들의 찬성을 등에 업고 하는 것이지만 시민단체의 격렬한 저항으로 많은 정치적 상처를 받을 수 있고, 자칫 주민들을 자극할 가능성도 있다.

(5) 양보 가능성 모색하기

양보 가능성을 논의해본다. 예를 들어 시민단체 입장은 많이 배려하되, 지방자치단체의 입장을 무시한다면 나약한 지방자치단체로서 주민의 신뢰를 잃어버리게 될 것이다.

(6) 타협 가능성을 모색하기

사회자는 타협 가능성을 논의해본다. 예를 들어 주민들의 동의를 받기는 했지만 시민단체의 입장을 적절히 반영해서 정책을 추진할 방법을 모색할 수 있나. 핵발전소를 반대하는 시민단체로서 핵 방폐장의 유치는 핵발전소의 유지를 도와주는 것이므로 받아들이기 힘들 것이다. 그러나 인류의 안전과 평화를 위한 시민단체의 노력을 인정해서 핵 방폐장 건설과정을 감시하는 위워회에 참여시키는 정도의 타협안을 추진해 볼 수 있다. 적어도 시민단체의 명분은 지켜주는 방법이기 때문이다.

3) 의미와 응용

토마스와 킬만의 모형은 사실상 정답은 정해져있다. 그러나 가능한 갈등해결의 시나리오를 모두 살펴봄으로써 최종적 결정이 차선이라는 것을 깨닫는 것이 중요하다. 마치 왜 정답인지를 따져보지 않고 정답을 외우는 것은 바르게 알고 있는 것이 아닌 것과 같다. 가능한 시나리오를 다 점검해보는 것은 차선책을 합리화하는 근거가 되는 점에서 매우 중요한 의미를 가진다. 그리고 토마스 킬만은 현실적으로 생활 속에서 접하는 많은 갈등을 바람직하게 해결할 수 있는 현실적 대안으로 활용하기도 좋다.

90. 6-루틴 모형

1) 목적과 특징

유영식(2021)은 교사가 수업을 설계할 때 활용할 6-루틴 모형을 제안하였다. 교사를 위한 모형이기는 하지만 학습자가 교사의 의도대로 6-루틴 과정을 경험한다는 의미에서는 학습 현상이 일어나는 곳이면 누구나 활용할 수 있는 모형이다.

이 모형의 기초는 배움 탐구, 배움 표현, 배움 활용이라고 하였다. 먼저 필요한 기본 지식, 기능, 가치 · 태도를 알아야 하고(배움 탐구), 다음으로 이를 익혔는지 확인해야 하며(배움 표현), 마지막으로 실생활에 활용할 수 있어야 한다(배움 활용). 이에 기초하여 다음과 같은 여섯 개의 절차를 제안하였다.

첫째, '루틴1-배움과 만나기' 단계는 핵심 질문과 적절한 학습자료를 사용하여 지적 호기심을 일으키는 것이 먼저이다. 선행조직자를 잘 선정해야 성공적인 출발을 할 수 있다.

둘째, '루틴2-생각을 나누기' 단계는 교사와 학생, 학생과 학생 사이에 핵심 질문을 중심으로 생각들을 교류하는 것이다. 비고츠키의 근접 발달 이론에서 주장한 것처럼 또래 간의 상호작용이 인지를 자극하고 발달시키기 때문에 생각의 정리와 발달, 도전을 가져온다. 이때 교사는 이들의 인지를 자극하여 활발한 토의가 일어나게 한다.

셋째, '루틴3-생각을 모아 구름 만들기' 단계는 루틴2를 이어받아 브레인스토밍, 브레인 라이팅 등을 비롯한 개발된 활동 모형으로 학생들의 생각을 체계적으로 공유하는 기회가 된다. 자기 의견도 개진하고, 주장도 하며, 비판도 한다. 마치 비 내리기 전에 구름이 모이는 것과 같아서 이런 표현을 사용하였다.

넷째, '루틴4-생각의 비 내리기' 단계는 마침내 구름에서 비가 내려서 학생들이 생각의 비에 젖는 단계이다. 앞선 여러 활동을 통해서 생각이 정리되는 것이다. 이때 중요한 역할을 하는 것이 브레인스토밍과 같은 수업모형들과 활동지들이다. 적절한 울타리 안에서 마음껏 생각의 꽃을 피우고 나누며 활동지로 생각들을 정리하기 때문이다. 그리고 그 결과물은 포트폴리오로 남게 된다.

다섯째, '루틴5-배움을 표현하기' 단계는 내면화된 생각을 자신의 것으로 표현하는 기회가 된다. 이 과정을 통해 자신과 다른 사람들의 피드백을 받아 다시 한번 수정과 보완하게 되고 비로소 내 것이 된다.

여섯째, '루틴6-배움, 세상과 만나기' 단계는 학교가 아니라 일상생활 속에서 배운 것을 활용하는 단계를 의미한다. 학생들이 싫어하거나 어렵다고 생각하는 수업은 난이도 문제가 아니라 일상생활에서 쓸 일이 없는 것을 배우기 때문이다. 학습 동기도 안 생기고, 배워도 쓸모없는데 왜 배우려고 집중하고, 시간을 투자하고, 노력하겠는가? 그러므로 배움 뒤에는 반드시 일상생활 속에서 실천 여부를 확인하는 것이 중요하다.

2) 방법

(1) 루틴1-배움과 만나기

주제가 정해지면 핵심 질문을 던져본다. 예를 들어 미디어 리터러시 교육의 일환으로 '가짜뉴스를 가려낼 수 있는가?'를 묻고, 가짜뉴스의 정의를 확인한다.

(2) 루틴2-생각을 나누기

핵심 질문에서 언급된 개념을 확인하고, 관련된 사례들을 점검한다. 예를 들어 가짜뉴스의 정의에 따라 각자가 알고 있는 가짜뉴스들을 공유하면서 다양한 가짜뉴스가 존재하고, 다양한 의도가 깔려 있음을 확인한다. 아울러 우리 일상 속에 가짜뉴스가 널리 퍼져있다는 것도 깨닫게 되면서 이를 대처할 준비를 해야겠다는 태도를 갖춘다.

루틴1	배움과 만나기
⇓	
루틴2	생각을 나누기
⇓	
루틴3	생각을 모아 구름 만들기
⇓	
루틴4	생각의 비 내리기
⇓	
루틴5	배움을 표현하기
⇓	
루틴6	세상과 만나기

[그림 2-12-14] 유영식의 6-루틴 모형

(3) 루틴3-생각을 모아 구름 만들기

핵심 질문에 대한 대답에 필요한 기초적 활동을 전개한다. 예를 들어 여러 가짜뉴스에 속지 않기 위해서 점검해야 할 요소들을 찾는 활동을 한다면 브레인스토밍 활동을 할 수도 있다. 각자가 대안들을 생각나는 대로 주장하면서 공유할 수 있다.

(4) 루틴4-생각의 비 내리기

기초적 활동을 토대로 체계적인 대안을 마련한다. 예를 들어 앞서 다양한 점검 요소를 공유했다면 브레인 라이팅을 통해 좀 더 정교하게 대안을 마련할 수 있다. ① 기사의 출처를 확인하기, ② 기사의 의도를 확인하기, ③ 기자가 누구인지 확인하기, ④ 근거자료가 정확한지 확인하기, ⑤ 사용된 날짜 등 시기를 확인하기, ⑥ 다른 언론사에서도 같은 내용이 있는지 확인하기, ⑦ 나의 편견은 없는지 확인하기 등이 제안될 수 있다. 이러한 토의·토론 결과는 참여자의 생각이 어느 정도 정리된 것을 뜻한다.

(5) 루틴5-배움을 표현하기

도출한 대안으로 실제 점검을 해 본다. 예를 들어 이미 밝혀진 가짜뉴스 사례를 택해서, 일곱 가지 대안을 적용해볼 수 있다. 이는 배운 것을 표현하는 절차이다.

(6) 루틴6-배움, 세상과 만나기

토의·토론 과정에서는 할 수 없는 단계이지만 일상생활 속에서 가짜뉴스에 어떻게 대응할지 돌아가면서 의견을 개진하는 것으로 마무리할 수 있다.

3) 의미 및 응용

6-루틴 모형은 교사가 루틴하게 수업을 설계하는 틀을 갖고 있음으로써 교육과정이 바뀌거나 교육환경이 변화하더라도 흔들리지 말고 교육의 본질에 입각한 수업을 하라는 의도에서 제안된 것이다. 그러나 이 과정은 학습자가 학습할 때의 과정과 다르지 않기 때문에 토의·토론 수업으로 사용해도 효과가 있을 것으로 생각된다.

91. ADDIE 모형

1) 목적과 특징

수업 설계에서 주로 사용된 전통적인 교수 설계(IE: Instructional Development)방식은 미시적 접근으로 인한 한계가 있다고 비판받았다. 이에 1960년대부터 현재와 바람직한 상태의 차이 극복, 전체 맥락에서 단계별 유기적 상호작용을 반영하는 총체적 관계, 정보통신기술의 급속한 발전 등 달라진 교육환경을 반영하여 미시적 관점을 포함 거시적 관점의 교수 체제 개발(ISD: Instructional System Development)의 개념이 강조되었다. 교수 체제 개발은 문제 해결 지향적이며, 총체적으로 접근하며, 맥락을 중시하며, 가치 지향을 그 특징으로 하고 있다(박성익 외, 2021).

교수 체제 개발 모형 중에 ADDIE 모형은 수업 또는 교육프로그램 개발의 보편적인 절차를 담고 있어서 가장 널리 사용된다. 이 모형은 플로리다 주립대학교 교육공학센터에서 개발되어 오랫동안 수정 보완되어 분석(Analysis), 설계(Design), 개발(Development), 실행(Implementation), 평가(Evaluation)의 5단계로 다듬어져서 ADDIE 모형으로 불린다(정재삼, 1996; 방경랑, 2017). 각 단계를 나타내는 영어단어의 첫 글자를 따서 ADDIE라고 부르게 되었다.

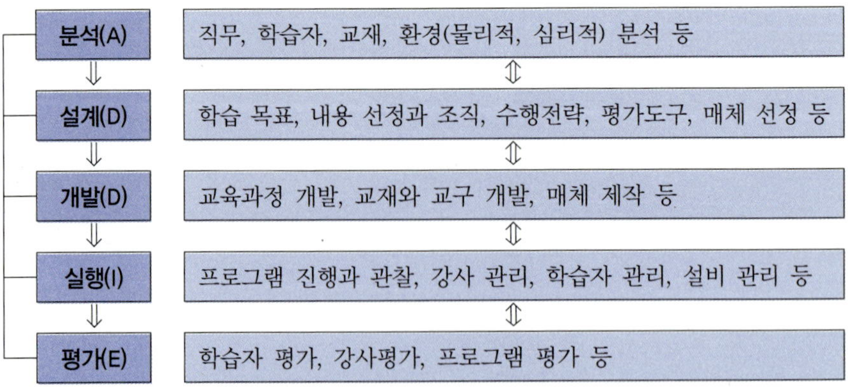

[그림 2-12-15] ADDIE 모형

[그림 2-12-15]에서 볼 수 있듯이 다섯 개의 단계가 선형적으로 이루어져 있으나 각 단계별 상호연계되어 있으며, 순환적으로 피드백이 되어 수정 보완되면서 만들어진다.

첫째, 분석(Analysis)단계는 직무 또는 과제를 파악하고, 학습자의 특성, 수준, 요구를 파악하며, 기존 교재의 분석과 개선사항, 물리적인 교육시설과 설비는 물론 사회심리적 환경까지 분석한다.

둘째, 설계(Design)는 분석을 통해 진단된 현 상황을 기초로 수업 또는 프로그램 전반에 대해 설계를 한다. 학습 목표를 상세화하며, 이를 달성하기 위한 내용을 선정하고 구성한다. 또한 수업이나 프로그램을 어떤 절차와 방식으로 전개할지 계획한다. 평가는 어떻게 할 것인지를 결정하고 평가도구를 준비하여, 학습활동을 위한 적절한 교수 매체를 선정한다.

셋째, 개발(Development)은 설계에 따른 구체적인 수업 또는 프로그램을 상세하게 개발하며, 바로 사용할 필요한 교재와 매체 자료 및 평가도구를 개발한다.

넷째, 실행(Implementation)은 개발된 수업과 프로그램을 진행하며, 계획대로 진행되도록 계속적 관찰과 관리를 한다. 항상 계획대로만 되는 것은 아니므로 문제가 발생했을 때 최선을 다해 해결한다. 형성평가가 있을 때는 이를 수행하고 피드백을 통해 프로그램에 반영한다. 학습자의 민원도 수시로 해결한다.

다섯째, 평가(Evaluation)는 학습자를 평가하여 성적에 반영하고, 강사평가와 프로그램 평가도 병행하여 프로그램 개선에 활용한다.

2) 방법

(1) 분석하기

교육프로그램이 결정되면 요구분석이 무엇인지 확인한다. 예를 들어 [그림

2-12-16]은 공공 HRD 콘테스트 대통령상을 수상한 '공기호흡기 장착 및 비상 호흡법' 교육프로그램이다. 대상은 신임 소방공무원이고, 인원은 429명(남 362, 여 67), 장소는 경기도소방학교 대강의실 등 학습자 특성과 교육 필요성, 교육내용, 교육환경을 분석한다(우수 사례모음집 참조).

(2) 설계하기

목표를 상세화하고, 평가도구도 개발하며 교수전략을 수립한다. 예를 들면 일반목표와 세부 목표를 설정하고, 세부 목표는 지식, 기능, 태도로 구분하여 구체화했다. 12주 합숙 과정으로 현장 대응 역량, 직무기초역량, 직무 심화 역량, 공통역량, 사이버 등으로 교과를 구분했다(우수 사례모음집 참조).

(3) 개발하기

설계에 따른 교안 및 교수 자료를 구체적으로 개발한다. 특히 공기호흡기 장착 및 비상 호흡법을 실제로 익히는 것이므로 필요한 장비들을 학습자 수에 맞게 철저하게 준비한다.

(4) 진행하기

도입, 전개, 정리, 평가로 수업을 진행한다. 각 진행 과정을 관찰하고 모니터하며 문제가 발생하면 즉각 해결하고, 강의자와 학습자의 민원도 즉각 해결한다. 활동이 많으므로 무난한 진행이 되도록 한다.

(5) 평가하기

형성평가는 바로 피드백하고, 총괄평가로 전체 프로그램의 개선에 반영한다. 이상의 다섯 개 절차를 준비하면서 많은 토의·토론이 필요하다. 프로젝트형이기 때문에 고려해야 할 것도 많고 준비물도 많으며 돌발상황도 많이 발생하기 때문에 여러 사람의 생각과 경험이 큰 보탬이 될 수 있다.

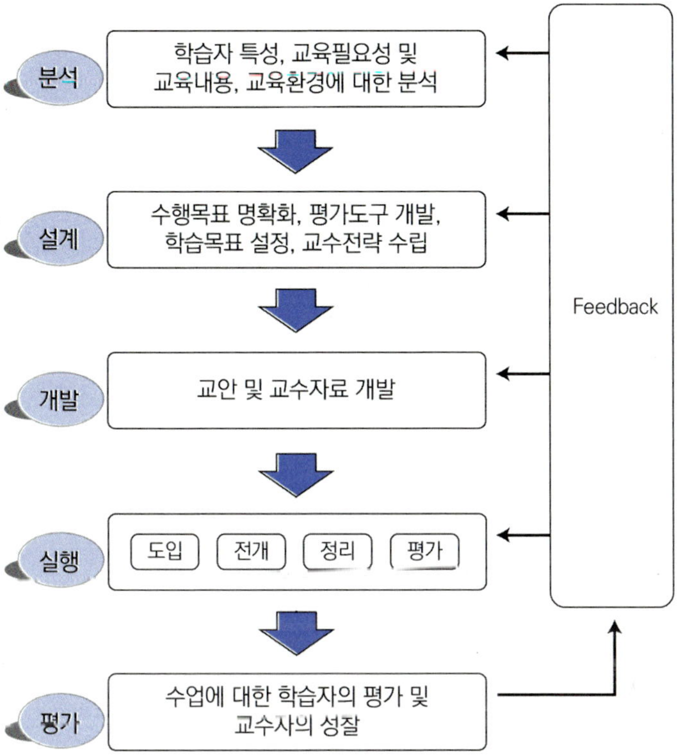

[그림 2-12-16] 공기호흡기 장착 및 비상 호흡법 과정

출처: 공무원인재개발원, 2021, 제39집 공공HRD콘테스트 우수사례 모음집. p. 13.

3) 의미 및 응용

이 모형은 프로그램 개발을 목적으로 하는 프로젝트 수업에 사용하는 것이 적합하다. 교수 체제 개발 모형에는 ADDIE 모형, 딕과 케리(Dick & Carey) 모형, RPISD 모형 등이 있다. 딕과 케리 모형은 상세하나 너무 이론적이라는 비판이 있고, RPISD 모형은 학교 교육과는 달리 새로운 교육프로그램을 계속 개발하는 기업교육에 특화되어있다는 특징이 있다. 개발하려는 프로그램에 따라 선택적으로 사용하면 된다. 두 모형은 [그림 2-12-17]과 같다.

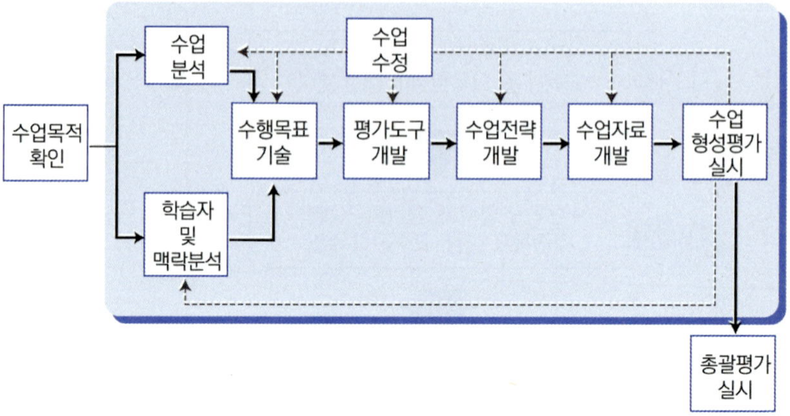

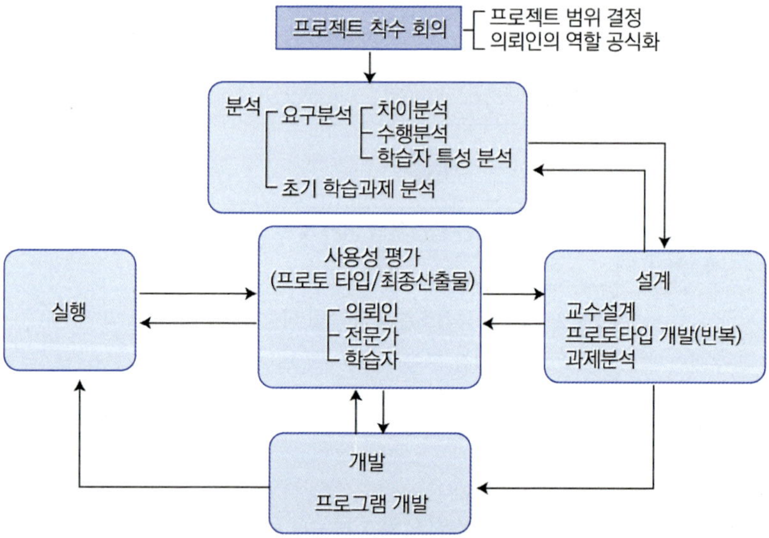

[그림 2-12-17] 딕과 케리(Dick & Carey) 모형(위), RPISD모형(아래)

출처: 박성익 외, 2021, 교육공학과 수업. 서울: 교육과학사. pp. 52-57.

92. BCG 분석

1) 목적과 특징

1970년대 초반 개발된 보스턴 컨설팅의 BCG(Boston Consulting Group's product portfolio matrix) 모형은 시장분석 프레임으로 유명하다.

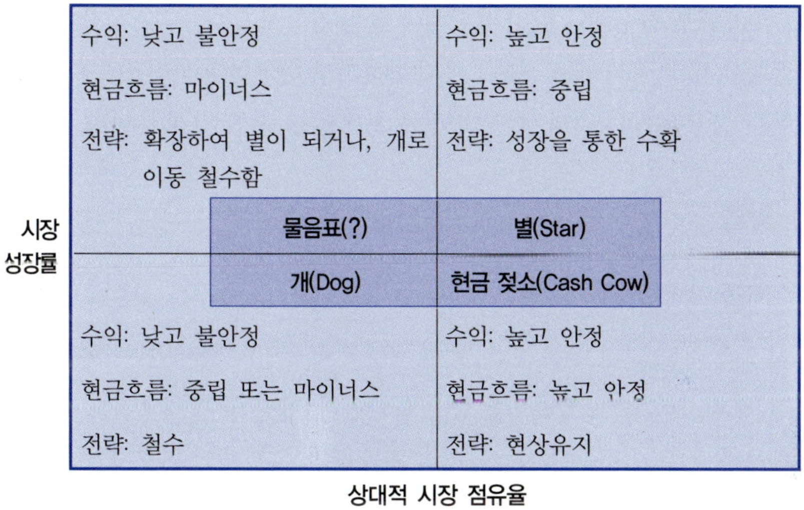

[그림 2-12-18] BCG 모형

[그림 2-12-18]을 보면 사업 규모를 X축으로, 성장률을 Y축으로 4사분면을 구성하고, 각 사분면별 전략을 적용하여 시장성을 진단한다.

첫째, 물음표는 시장이 성장하고 있으나 제품의 시장점유율이 낮은 경우로 과감하게 투자하고 본격적으로 뛰어들 수 있으나 위험이 있는 상황이다. 그래서 성공해서 별이 되거나 실패해서 개가 될 수 있다.

둘째, 별은 시장도 성장하고 우리 제품의 시장점유율도 높은 경우로 안정적 지위를 누리고 수익도 누리지만 이를 유지하기 위한 투자도 많이 해야 하는 부담이 있다. 시장 성장률이 낮아지면 자금 젖소로 전락할 수 있다.

셋째, 현금 젖소는 시장점유율이 높아서 이익을 많이 얻고 있지만 시장 성장률은 낮아서 여기서 얻은 자금을 새로운 산업에 투자할 준비를 해야 한다.

넷째, 개는 시장 성장률도 낮고, 시장점유율도 낮아서 사업을 철수해야 한다.

이 매트릭스는 창의적 긴장이 있다. 새 제품을 들고 시장에 뛰어들어야 할지, 현 제품을 철수해야 할지 선택해야 하는 긴장이 있다. 시장 성장률과 시장점유율은 항상 움직이는 변수로서 대립하기도 하고 반복되기도 한다. 그리고 정직한 결정을 해야 한다. 잘못하면 큰 손해를 볼 수 있기 때문이다.

2) 방법

(1) 제품 확인하기

시장에 내놓을 새 제품 또는 현재 제품이 무엇인지 확인한다. 제품의 사용 목적, 소비자의 요구, 생산비용 등을 확인한다. 예를 들어 진로지도 수업에 적용해보자. 진로가 비슷한 사람들끼리 모둠을 만든다. 만약 변호사가 되고 싶은 사람들이 모인 모둠은 각자 시계방향으로 왜 변호사가 되려고 하는지 각자의 의견을 돌아가면서 말한다. 그런 다음 우선 변호사가 하는 사회적 역할, 수입, 삶의 의미 등을 포함하여 변호사가 되기 위해서 어떤 적성이 필요한지, 어느 정도의 학업능력이 필요한지, 정신적 물질적 뒷받침해 줄 후원자가 있는지 등을 토의·토론으로 확인한다.

(2) 4사분면 분석하기

물음표, 별, 현금젖소, 개의 네 가지 시장을 토의·토론으로 분석한다. 예를 들어 법률시장의 성장 규모, 변호사의 입지 등을 분석해 본다. 만약 저작권 분야의 변호사를 지향한다면 저작권 관련 법률시장이 성장하고 있는지, 저작권 관련 변호사가 얼마나 있는지 등을 조사하면 4사분면의 그림이 그려질 수 있다. 그러면 현재 또는 가까운 미래의 그 사분면이 예측되면 변호사 준비를 할지 말지를 결정할 수 있다.

(3) 제품 재설계하기

4사분면의 그림이 그려지면 제품을 수정하여 적합한 제품으로 재설계한다. 진로 교육활동의 예를 들면 변호사를 추구할지 말지, 변호사의 활동 분야를 그대로 갈지, 바꿀지 등을 결정한다.

3) 의미 및 응용

BCG 모형은 시장분석 프로그램이기 때문에 시장과 관련된 모든 분야에 응용할 수 있다. 전술한 직업에 대한 진로 지도에도 활용할 수 있지만 그 외에도 교육 활동에서 응용할 수 있다. 우리는 경제적으로 자본주의에 살고 있으므로 우리 실생활이 시장과 관련이 있다. 직접 사업을 하지 않더라도 사회를 이해하는 좋은 관점으로 활용할 수 있다.

제 13 장

이미지 활용 의사소통

인간이 사회적 동물이라는 뜻은 여러 사람이 함께 살아가는 것을 특징으로 한다는 것이다. 더불어 살아가기 위해서는 의사소통이 필수적이다. 과거 문자가 발견되기 전에는 이미지로 소통을 하였다. 손짓 발짓 등 몸짓으로 또는 그림으로 하였다. 고대 동굴 벽화에는 그림으로 기록을 남긴 것들도 쉽게 볼 수 있다. 문자가 발명된 후 의사소통의 수단은 문자가 대신하였나. 사실 생각은 이미지로 떠오르는데 이를 문자로 바꾸는 과정에서 한 번 번역이 되고, 다른 사람이 이를 다시 생각 이미지로 바꾸는 과정에서 또 한 번 번역된다. 두 번 번역되는 과정에서 많은 오해가 생긴다. 최근 정보통신과학기술의 발달로 문자로 번역하지 않고 이미지가 다시 중요한 의사소통의 도구로 각광을 받고 있다. 이미지로 직접 지식과 의견을 이해하고 아이디어를 만들어내고, 소통하게 되었다. 대표적인 사례가 이모티콘이다. 문자보다는 이미지 하나가 더 확실한 생각을 주고받을 수 있다. 인간이 배우는 지식의 75% 이상이 시각적 행위로 이루어진다고 한다. 정보통신기술의 혁명적 발달은 이전과는 전혀 다른 소통의 문화를 만들고 있다. 이 장에서는 이미지로 토의·토론하는 다양한 방법을 소개한다.

이 메일을 보내는 사람은 전화하듯 보내지만, 이 메일을 받는 사람은 편지 받는 느낌으로 받는다.

93. 개념도(concept map)
94. 다트(DARTs)
95. 미디어 활용 교육(MIE)
96. 비주얼 씽킹(visual thinking)
97. 추론 레이어(layers of inference)
98. 카드 뉴스(card news)
99. 페임랩(FameLab)

93. 개념도(concept map)

1) 목적과 특징

개념도는 노박(Novak, 1990)이 오스벨(Ausubel)의 유의미 학습 이론을 근거로 고안하였다. 개념들 사이의 관계를 시각적으로 나타내는 구조화된 개념 체계를 만들어 학습하는 방법이다. 즉 개념들을 가장 일반적이고 포괄적인 개념들로부터 가장 덜 일반적이고 가장 특정한 개념으로 이루어지는 위계적 배열로 조직하는 과정을 통해 학습하는 것이다. 개념도는 이후 좀 더 발전하여 개념들 사이의 관계를 선으로 표시하여 보다 다양한 관계를 표현하면서 다음의 세 가지 방식으로 사용된다(정문성 외, 2008).

첫째, 위계적인 개념도이다. 가장 포괄적인 개념이 개념도의 정상에 위치하고 그 밑에는 덜 포괄적인 하위 종속적 개념들로 표현된다.

둘째, 범주적인 개념도이다. 주요 특징 또는 영역에 따라 하위 종속 개념들과의 관계를 담고 있다.

셋째, 인과적인 개념도이다. 각 개념들 간의 관계를 원인과 결과로 표현한다.

개념도의 장점은 개념들의 위계적인 구조나 동위 수준을 보이는 다양한 개념 간의 상호관계를 조직해 나가기 때문에 정확한 개념 이해에 도움이 된다는 점이다. 아울러 이미 알고 있는 개념과 새로운 정보나 개념을 연관 짓게 하여 학습효과를 높인다(정문성 외, 2008). 특히 토의·토론을 활용할 경우 어려운 개념의 이해나 개념 간의 관계설정이 보다 정확하게 확인된다.

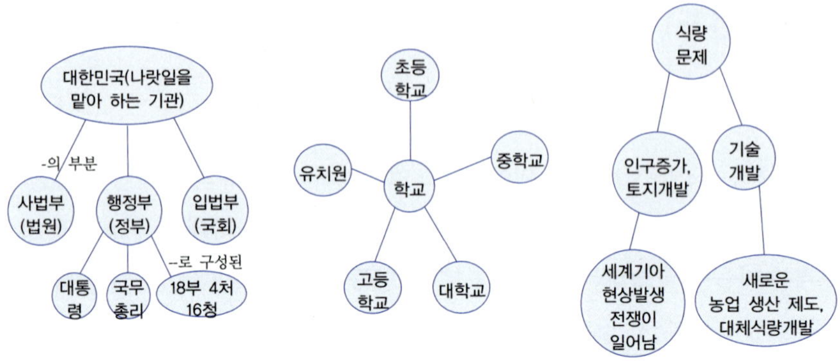

[그림 2-13-1] 개념도의 종류(위계, 범주, 인과)

2) 방법

(1) 주제에 필요한 관련 개념 추출하기

주제를 확인하고, 필요한 경우 주제 내용의 유인물을 배포한다. 아울러 개념도를 그릴 백지를 제공한다. 그리고 사용할 개념들을 브레인스토밍을 통해 추출한다.

(2) 개념들의 위치를 결정하기

핵심적이고 포괄적인 개념을 백지 중앙에 적는다. 경우에 따라 핵심 개념이 적혀있는 활동지를 제공할 수 있고, 일부 관련 선을 그어주어도 된다.

(3) 개념 간 선을 긋고 관련된 방식을 적기

개념들 간 관련 방식을 논의한다. 포함관계, 유사관계, 논리적 관계 등을 확인한다. 이에 따라 '－의 형태, －의 부분, －을 초래한다, －와 유사, －의 성격, －을 위한 증거' 등 관계의 기술을 선택하여 적는다.

(4) 발표하기

개념도가 완성되었으면 전체 앞에서 발표하거나 게시 또는 공유한다.

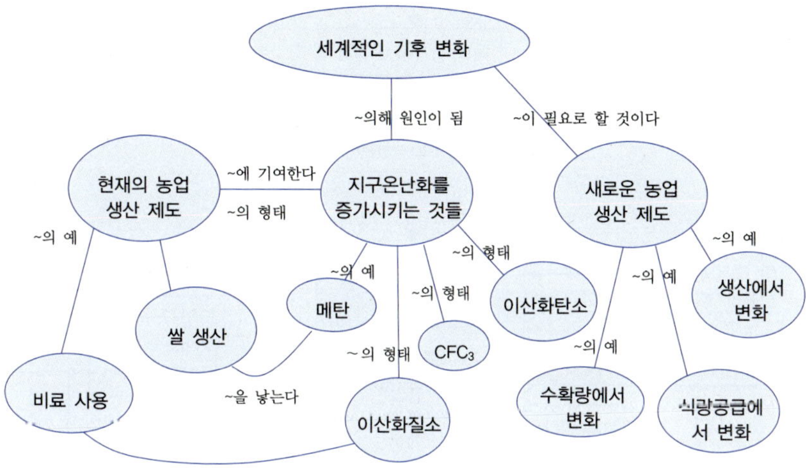

[그림 2-13-2] 환경문제와 인간의 삶에 대한 예시
자료: Jonassen, Beissner, & Yacci(1993: 157) 정문성 외(2008)에서 재인용

3) 의미와 응용

개념도는 지식의 체계이므로 마치 노트 필기와 유사하다. 자신이 이해한 바를 개념도로 표시하면 관련지어 이해하므로 이해도가 높아질 뿐만 아니라 개념도를 만드는 과정에서 자신도 모르게 학습이 되고 이해가 되는 장점을 가지고 있다. 보통은 문제를 확인하는 데에 사용하는 경우가 많고 문제해결 대안을 만들 때도 사용할 수 있다. 또는 [그림 2-13-3]과 같이 조직도 또는 정책과정이나 수행과정 등을 표현하는 데에도 유용하다.

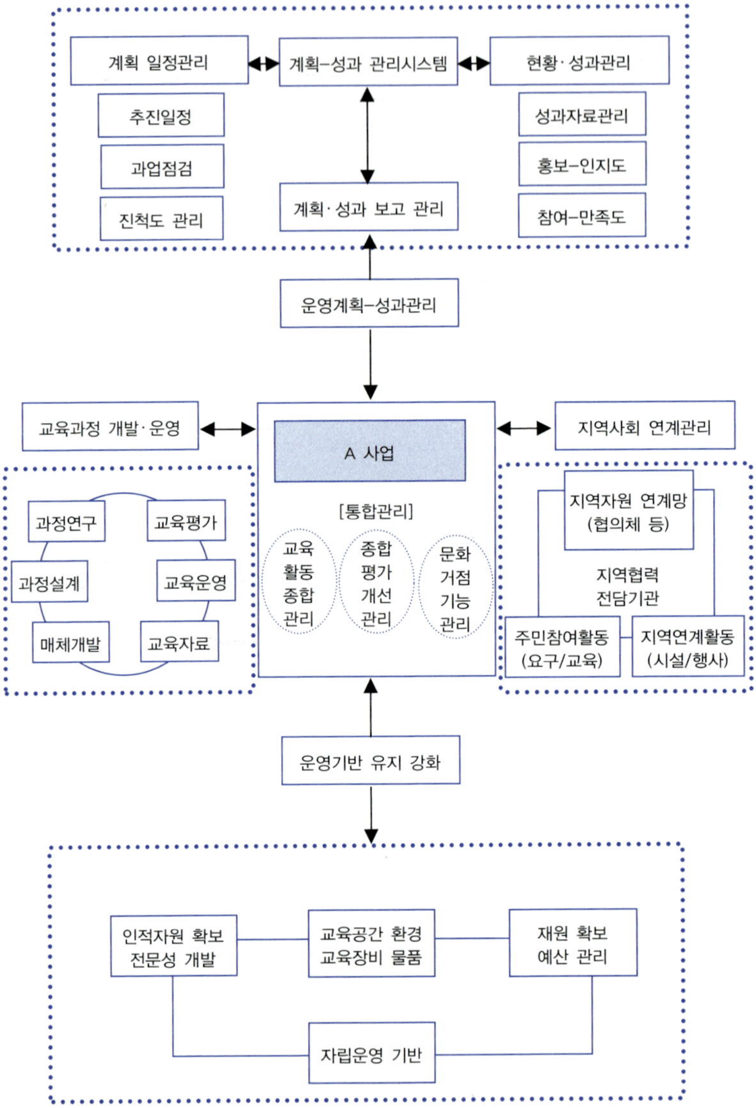

[그림 2-13-3] 사업 운영 모델의 사례

출처: 정문성 외(2015). 예술꽃 씨앗학교 운영 모델. 한국문화예술교육진흥원

94. 다트(DARTs)

1) 목적과 특징

다트(DARTs: Directed Activities Related to Texts)는 룬쩌와 가드너(Lunzer & Gardner, 1980)가 효과적 읽기를 목적으로 개발하였다(이종원 역, 2016). 즉 텍스트 읽기를 싫어하더라도 그 내용을 그림으로 표현하려고 하면 충분히 이해해야 하기 때문에 텍스트 읽기에 집중하게 된다는 점을 이용하였다. 텍스트를 읽고 이를 그림으로 표현하게 함으로써 첫째, 긴 시간 동안 심층 읽기를 유도하고, 둘째, 텍스트의 전체적 이해를 유도하고, 셋째, 텍스트 속의 핵심개념을 찾아내도록 하며, 넷째, 토의·토론으로 협력하여 정확한 이해와 표현을 유도하며, 다섯째, 그림으로 핵심 아이디어를 표현하도록 유도한다. 텍스트의 내용을 재구성하여 다이어그램, 그림, 선 등 모든 가능한 표현을 동원하여 창의성도 자극한다.

이 방법의 장점은 핵심개념이나 원리 파악 능력과 다양한 표현 능력을 향상할 수 있다는 점이다. 혼자 텍스트를 이해하고, 이를 그림으로 표현하는 것은 개인의 적성이나 능력의 차이가 크기 때문에 매우 부담스럽다. 그러나 모둠을 구성하여 토의·토론을 적용하면 서로의 장점을 협동으로 보완할 수 있다. 주어진 텍스트를 쉽고 정확하게 파악하는 사람, 그리는 기능에 재능을 가진 사람, 다양한 관점을 가진 사람의 협업으로 정확하고 창의적인 표현이 가능하다.

2) 방법

(1) 텍스트와 백지 제공하기

주제가 담겨있는 텍스트 자료를 제공한다. 텍스트는 그림으로 표현할 수 있는 것이어야 하며, 가능한 한 가공하여 불필요한 내용은 제거하는 것이 좋다.

그리고 그림으로 표현할 백지를 제공한다. 표현해야 할 내용에 따라 백지의 크기는 조절할 수 있다.

(2) 텍스트 이해하기

개인별로 텍스트를 읽은 다음 사회자는 처음부터 차례로 텍스트를 요약하도록 토의·토론을 유도한다. 전체가 이해되었으면 텍스트 내용의 핵심 개념과 요지에 대한 이해를 확인한다.

(3) 그림으로 표현하기

사회자를 중심으로 어떻게 그림을 그릴지 의논한다. 그림을 그리는 과정에서 정확하게 표현했는지 구성원들은 계속적으로 피드백을 준다.

(4) 모둠별 발표하기

발표는 전체에 발표할 수도 있고, 게시판 또는 인터넷으로 공유할 수도 있다. 경우에 따라 참여자가 상호 평가하여 모둠별 우수작을 선정할 수도 있다.

3) 의미와 응용

모둠을 구성할 때는 그림이, 찾음이, 비판이, 해결이 등의 역할을 정해주는 것이 좋다. 그림이는 그림을 잘 그리는 사람, 찾음이는 인터넷 검색 등을 담당하고, 비판이는 텍스트 이해나 그림 표현할 때 비판을 하고, 해결이는 대안을 제시하는 역할을 주는 것이 한 예이다. 이 활동은 다양한 능력이 필요하므로 구성원들에게 적절한 역할을 분담하는 것이 효율적이다. 이는 다양한 재능을 발휘할 기회를 주므로 모둠원의 적극적 참여를 자극한다.

한양 도성의 8문

한양의 도성은 천지를 팔방으로 나타내어 8문을 만들었는데 이들 대문은 역법의 8괘를 모방하였다. 태극기의 사방은 동서남북을 가리키며, 이는 인의예지(仁義禮智)를 뜻한다. 그래서 동대문을 흥인문, 서대문을 돈의문, 남대문을 숭례문, 북문을 홍지문이라 했다. 동대문, 즉 흥인문(興仁門)에서의 인은 오행에서 목(木)에 해당하고, 동(東)을 뜻하므로 흥인은 곧 동방이라는 뜻이다. 임진왜란 후 조정에서는 한양이 쉽게 함락된 것은 동쪽의 산세가 낮기 때문이라고 판단하였다. 그래서 그 허점을 보완하기 위해 실제로 산세를 높게 만들 수는 없으므로 풍수에서 산맥을 나타내는 '지(之)'라는 글자를 사용하여 이를 대신하고자 흥인지문이라 하였다. 실제로 백호에 해당하는 인왕산에 비해 청룡에 해당하는 낙산은 산세가 허약하다. 지금은 그나마 주택들이 꼭대기까지 들어서 산으로서의 역할은 거의 못 하고 있다.

숭례문(崇禮門)에서의 예는 오행에서 화이고 남(南)을 뜻하므로 남방이라는 뜻이다. 남쪽에 자리한 풍수상 화산(火山)인 관악산 때문에 경복궁에 불이 자주 난다고 보고 이를 누르기 위해 다른 문과는 달리 세로로 달았다.

1399년 경복궁을 세우면서 주위에 성을 쌓고 동서남북에 각각 건춘문, 영추문, 광화문, 신무문을 만들었다. 광화문은 남문이면서 정문으로 태평성대를 뜻한다. 광화문 앞을 지키고 있는 해태는 가상의 물짐승으로 화산인 관악산의 불기운을 막기 위해 대원군이 경복궁을 수리할 때 설치해 놓은 것이다(풍수를 알면 서울이 보인다).

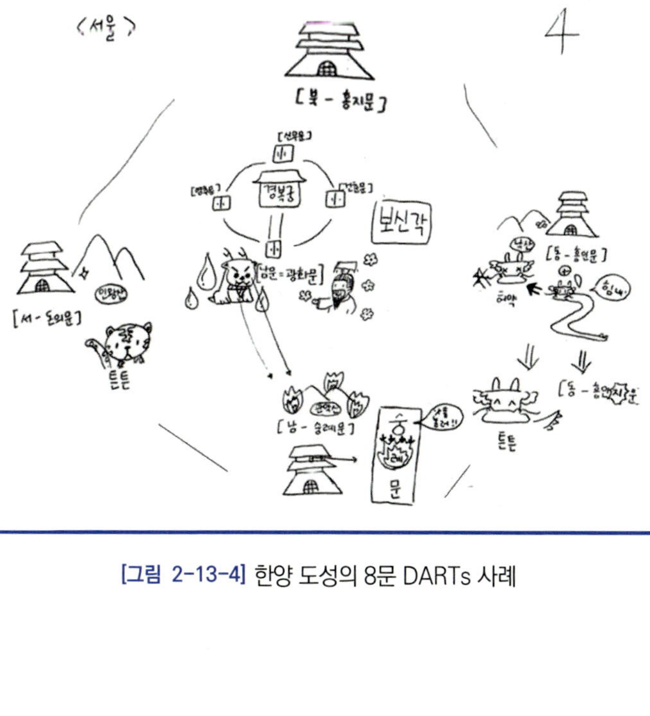

[그림 2-13-4] 한양 도성의 8문 DARTs 사례

95. 미디어 활용 교육(MIE)

1) 목적과 특징

인간은 정보와 의견을 주고받는 소통(communication)을 하면서 살아간다. SMCR(Source: 공급자-Message: 메시지-Channel: 경로-Receiver: 수신자)을 통해 소통이 이루어지는데 매개체 역할을 하는 것이 미디어이다. 즉 미디어는 정보나 의견을 시공간적으로 이동시켜주는 매개물이다(오택섭 외, 2009). 인간의 소통은 자기와의 소통, 즉 인간 내, 대인, 소모둠, 조직, 대중적 소통으로 구분된다. 그 도구가 미디어인데 그 발달속도는 가히 혁명적이다. 슈람(Schramm, 1981)은 100만 년의 인류 역사를 24시간으로 설정했을 때, 문자의 발명은 21시 33분, 인쇄매체의 등장은 23시 59분, 방송매체의 등장은 23시 59분 53초, 텔레비전의 등장은 23시 59분 56초로 비유하였다. 그러므로 뉴미디어가 보편화되고 있는 지금은 계산하기조차 힘들다. 더불어 디지털 컨버전스(convergence)로 미디어를 구분하기조차 힘든 상황이 되었다. 그만큼 미디어는 우리의 삶의 일부가 되었다. 이를 활용한 학습이나 아이디어 개발은 당연한 현상이다.

미디어를 보는 관점은 네 가지로 구분된다(김영순, 2005; 김정자, 2002; 안정임·전경란, 1999). 첫째는 천박한 대중문화를 확산하는 도구로 보는 관점, 둘째는 미디어를 대중예술의 한 장르로 보는 관점, 셋째는 미디어를 지식 전달과 학습도구로 보는 관점, 넷째는 미디어를 상징체계 연구의 대상으로 보는 관점이다. 그리고 미디어 교육은 미디어 자체에 대한 교육과 미디어를 활용한 교육으로 구분된다. 미디어활용교육(MIE: Media In Education)은 후자에 해당된다.

웹 환경은 우리의 삶에 일상화되어 있다. 정보통신기술의 발달로 웹을 통해 미디어의 생산, 소비, 유통이 활발해지고, 미디어 접근 경로도 다양해졌다. 그만큼 미디어를 활용할 기회가 많아진 것이다. 미디어의 장르도 많고, 콘텐츠도 많은 만큼 그 활용도는 무궁무진하다고 볼 수 있다. 보통 미디어는 인쇄매체와 영상매체로 구분되는데 여기서는 영상매체에 한해 살펴본다. EBS의 e-채널, YTN뉴스, 지상파 방송국에서 만든 다큐, 유튜브 동영상 등 이미 학교 현장에서는 활발하게 활용되고 있다. 특히 누구나 쉽게 편집 등 재가공할 수 있는 소프트웨어도 많아서 목적에 따라 자유롭게 미디어를 활용할 수 있다. 활용 방법은 다양하지만 크게 보면 세 가지로 분류할 수 있다.

첫째는 미디어 시청으로 동기를 유발하는 활동이다. 미디어는 시청각자료이므로 참여자들의 주목을 끌기 쉽고, 콘텐츠에 몰입되기 쉬워서 후속 활동에 참여하게 하는 좋은 동기유발 방법이다. 둘째는 미디어를 분석하거나 요약하는 활동이다. 미디어 내용 자체가 활동 목적에 완전 부합하는 경우, 즉 미디어를 보는 것만으로 문제가 해결될 경우는 단순히 관람하는 것보다 활동지를 해결하는 방식으로 관람하고, 토의·토론하는 것이 훨씬 심도 있는 학습을 할 수 있다. 셋째, 미디어를 전체 활동의 일부로 활용하는 경우이다. 즉 다양한 단계에서 활용할 수 있다.

MIE는 구체적으로 시청 후 토의·토론, 미디어 제작, 감상문 쓰기, 활동지 채우기, 마인드맵 만들기, 패러디하기 등 다양한 활동을 할 수 있다. 몇 가지 유의점만 정리하면 다음과 같다(조성태, 2002). 첫째, 제로 스타트에서 시작한다. 즉 장황한 설명 없이 바로 시청하는 것이 좋다. 호기심과 집중도를 높이기 위해서이다. 둘째, 5~12분 정도로 한다. 12분이 넘어가면 집중도가 떨어지기 때문이다. 셋째, 학생 주도적 학습으로 유도한다. 즉 학생들이 활동하면서 학습하도록 한다. 전달식이 되면 수업의 역동성이 떨어진다. 넷째, 학생들의 눈높이에 맞게 사전에 편집하는 것이 좋다. 내용이 어려워서 이해가 안 되거나 영상시청의 목적이 엉뚱한 관심으로 쏠려서는 안 된다. 다섯째, 영상 활용 시간이 수업 전체 시간 중에 적절히 분배되어 전체 수업의 진행에 지나치게 크게 영향을 미쳐서는 안 된다.

2) 방법

(1) 활동지 제공하기

목적에 맞는 활동지를 제공한다. 참여자의 수준이나 주어진 시간에 따라 활동지의 공백을 조절한다. 공백이 많으면 그만큼 시간이 많이 소요된다.

(2) 미디어를 시청하고 개인별로 활동지를 완성하기

미디어를 시청하고, 개인별로 나름대로 활동지의 공백을 메꾼다. 개인 활동은 모둠활동을 위한 전제조건이다. 개인별 의견이 있어야 모두 참여하는 토의·토론이 일어날 수 있다.

(3) 모둠별 토의·토론을 통해 활동지를 완성하기

사회자가 중심이 되어 돌아가며 각자의 의견을 말하고, 이를 정리하여 모둠별 활동지를 완성해 나간다.

(4) 발표하기

모둠별 결과를 전체 앞에서 발표한다. [그림 2-13-5]는 '독수리와 소녀'라는 동영상을 선택을 해야 하는 상황까지만 보여주고 참여자들에게 선택을 하고 이유를 발표하게 하는 활동의 예이다.

1994년 퓰리처상 수상작(Kevin Cater) '독수리와 소녀'

당신은 사진기자로서 사진을 먼저 찍을 것인가? 아이를 먼저 구할 것인가?	
사진을 먼저 찍는다.	아이를 먼저 구한다.
• 이 사진으로 수단의 굶주림을 많이 알려 이들을 구해야 한다. • 독수리는 시체를 먹기 때문에 죽기 전에 공격하지 않는다. • 사진 찍는 시간은 순간이므로 사진 찍고 구해도 늦지 않다.	• 아이가 언제 죽을지 모르는데 사진 찍을 여유가 어디에 있겠는가. • 이런 사진은 굶주림을 알리기도 하겠지만 오히려 비난받을 가능성이 많다. • 사진기자이기 전에 부모이고 오빠이지 않은가.

[그림 2-13-5] MIE 활용 사례

3) 의미와 응용

미디어는 그 자체로 콘텐츠의 완성도가 높기 때문에 관람하는 것만으로도 의미가 있다. 아울러 관람자 모두 내용을 큰 오해 없이 같은 의미로 공유할 수 있다. 즉 그만큼 이해의 차이 때문에 시간을 낭비하지 않아 시간의 효율을 가질 수 있다. 또한 동일한 이해에 기초한 토의·토론을 할 수 있어 심도 있는 논의가 가능하다. 게다가 풍부한 미디어가 많아서 목적에 맞는 질 높은 미디어 콘텐츠를 선택할 수 있다.

96. 비주얼 씽킹(visual thinking)

1) 목적과 특징

비주얼 씽킹은 이미지로 생각하는 모든 방법을 말한다. 정보나 생각을 글, 그림, 화살표, 컬러 등을 사용해서 이미지로 표현하는 것이다. 이미지로 의사소통하는 것이면 모두 비주얼 씽킹이라 할 수 있다. 말 그대로 눈으로 보는 생각이다. 식당에서 이미지로 된 메뉴를 보면 음식의 이름을 정확히 몰라도 손가락질로 종업원과 정확한 소통을 할 수 있다. 이처럼 이미지는 정확한 의사소통을 할 수 있는 최적의 도구이다. 정보통신기술이 발달하기 전에는 문자로 모든 의사소통을 다 했다. 심지어 컴퓨터도 문자와 숫자로 입력하고 출력을 얻었다. 그러나 윈도우 시스템의 출발은 문자의 시대가 가고 이미지의 시대가 온 것을 상징한다. 이후 이미지로 소통하는 기술과 문화가 급속도로 발달하고 풍족해져서 이제는 이미지의 시대가 되었다. 발달된 디지털문화는 이미지의 사용이 일상화되도록 만들었다. 인터넷을 이용한 의사소통에서 이모티콘의 활발한 사용처럼 이미지가 점점 중심을 차지하고 있다. 수많은 이미지들이 개발되어 활용된다. 이미지가 텍스트보다 훨씬 정확하게 이해되고 의사소통된다.

우리가 대화를 할 때 몸짓을 함께 하는 것도, 다양한 표정을 짓는 것도 문자로는 충분한 표현이 안 되기 때문에 몸짓의 도움을 받는 것이다. 몸짓은 살아있는 입체적 이미지라고 볼 수 있는데 정보통신기술은 이를 가능하게 했다.

직장에서 보고서나 계획서는 물론 실제 발표할 때도 이미지를 많이 사용한다. 한눈에 내용이 들어오기 때문에 더 의사소통이 잘 되기 때문이다. 비주얼 씽킹으로 표현하는 방법도 다양하다. 레이아웃이라고도 하는데 여기에는 정형이 없다. 모든 표현이 가능하기 때문이다.

2) 방법

(1) 핵심어 찾기

표현해야 할 주제를 찾아내거나 정한다. 예를 들어 체육대회 때 우리 축구팀이 승리하기 위해 열심히 노력했으나 우승에 실패한 경험을 프로젝트로 발표한다고 하자.

(2) 레이아웃 결정하기

레이아웃이란 표현 방식을 말한다. 다양한 방식을 사용할 수 있으나 [그림 2-13-6]에서는 축구공에서 출발해서 골대를 향하는 과정으로 표현하였다.

(3) 텍스트와 이미지로 표현하기

텍스트, 이미지, 선 등을 활용해서 표현한다. 가능하면 이미지가 중심이 되게 표현한다. 초기에는 학생들이 그림을 그려서 표현하기 어려우므로 잘 알려진 그림이나 삽화에 텍스트와 약간의 이미지를 추가하는 방식을 사용하는 것이 좋다.

(4) 이미지로 공감하기

모둠별로 발표하고, 발표물로 질문과 응답, 느낌을 나눈다.

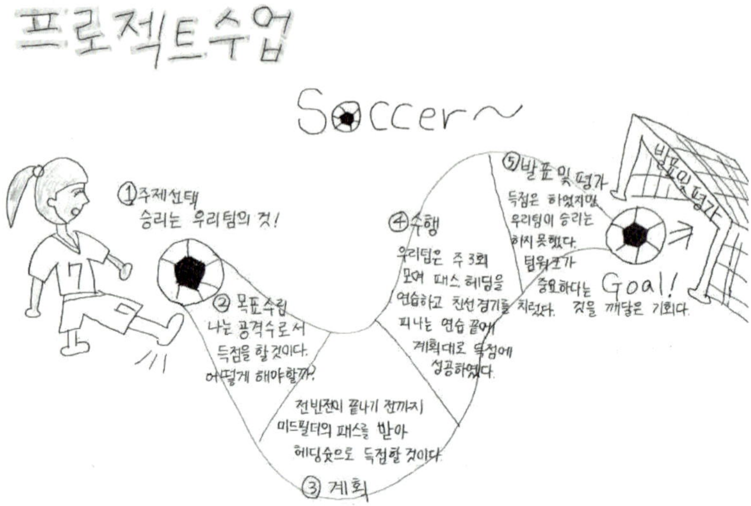

[그림 2-13-6] 비주얼 씽킹 프로젝트 수업 사례

3) 의미와 응용

비주얼 씽킹이 DARTs와 다른 점은 후자가 텍스트를 이미지로 번역하는 데에 초점을 둔 반면 비주얼 씽킹은 텍스트를 포함해서 모든 생각을 이미지로 소통하는 데에 초점을 둔다는 점이다. DARTs가 좀 더 발전되고 확대된 개념이 비주얼 씽킹이라고 할 수 있다. 즉 텍스트가 주어지지 않더라도 생각을 이미지로 만들어 표현하는 것이 비주얼 씽킹이다. [그림 2-13-7]은 초등학생에게 유통과정을 설명하기 위해 교사가 만든 비주얼 씽킹이다. 말로 설명하는 것보다 훨씬 쉽게 이해시킬 수 있다. [그림 2-13-6]은 프로젝트 수업이 무엇인지 배운 학생들이 이미지로 요약한 것이다. 비주얼 씽킹의 표현 방식은 정해져있기보다는 무한하다고 할 수 있고, 창의력을 발휘할 가능성이 더 높다.

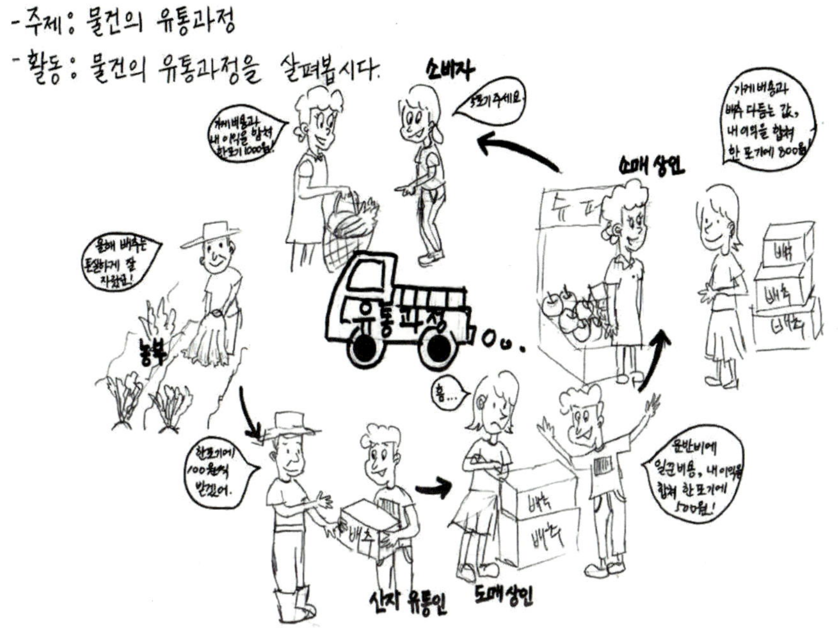

[그림 2-13-7] 비주얼 씽킹 유통과정 사례

97. 추론 레이어(layers of inference)

1) 목적과 특징

추론 레이어는 고고학자들이 자신이 수집한 증거를 다루는 과정에서 사용하는 방법이다. 유물을 발견하면 첫째, 유물에서 직접적으로 알 수 있는 것은 무엇인지, 둘째, 이미 알고 있는 사실과 유추를 통해 연결시키고, 셋째, 유물을 이해하기 위해 더 알아야 할 것이 무엇인지 결정한다(이종원, 2016에서 재인용; Collingwood, 1956).

보통 추론 레이어에서는 4단계의 질문을 한다. 첫째, 자료를 통해 확실히 알 수 있는 것은 무엇인가?, 둘째, 자료를 통해 추론할 수 있는 것은 무엇인가?, 셋째, 자료가 말해주지 않는 것은 무엇인가?, 넷째, 무엇을 더 알고 싶은가?이다. 그러나 유물조사뿐만 아니라 모든 교과, 모든 학교급에서 쉽게 사용할 수 있도록 셋째와 넷째를 종합하여 좀 더 단순화해서 3단계의 질문으로 활동하는 것이 현실적이다.

① 자료를 통해 확실히 알 수 있는 것은 무엇인가?
② 자료를 통해 추론이나 추측할 수 있는 것은 무엇인가?
③ 더 알아야 하거나 더 알고 싶은 것은 무엇인가?

2) 방법

(1) 학습 자료가 포함된 활동지 제시하기

[그림 2-13-8]과 같은 활동지를 제시한다. 활동지의 중앙에는 학습 자료가 제시되어 있고, 이를 중심으로 사각형이 두 개가 있어서 세 개의 공간이 주어진다. 이 공간에 세 가지 질문의 대답을 적으면서 활동한다.

(2) 세 단계 질문에 토의·토론해서 답을 적기

우선 학습 자료를 함께 이해하고 공유한다. 다음에 사회자는 세 단계의 질문을 안쪽에서 시작하여 토의·토론으로 답을 적어나간다.

(3) 모둠별로 발표하기

모둠별 결과를 전체 앞에서 발표하거나 게시판에 게시한다.

3) 의미와 응용

추론 레이어는 주어진 자료를 확인하고, 그 자료에서 확인할 수 있는 사실은 무엇인지 먼저 따져본다. 다음으로 그 사실에서 추론할 수 있는 것이 무엇인지 생각해본다. 즉 사실을 토대로 추론을 하므로 체계적 사고로 정확한 추론을 할 수 있나. 또한 사실 확인과 추론으로 알 수는 없지만 문제해결을 위해서는 꼭 알아야 할 것이 무엇인지 확인함으로써 객관적이고 논리적이며 체계적으로 사고할 수 있는 기회를 제공한다. 이 과정에서 토의·토론은 이러한 의도를 빈틈없이 실천할 수 있도록 한다. 즉 비체계적이거나 비논리적인 사고를 제거해주는 역할을 한다.

더 알고 싶은 것은 무엇인가?

- 실효적 지배의 의미가 어디까지인지?
- 센카쿠열도가 정확히 어느 국가 것인지?
- 경제적 자원 외의 다른 이점은 무엇인지?
- 영토 분쟁이 일어났을 때 조율이나 협상은 어떻게 하는지?

자료를 통해 어떤 추론이나 추측을 할 수 있나?

- 영토의 크기에 비해 영토 분쟁이 큰 것으로 보아 경제적 이점과 관련된 것으로 보인다
- 청일전쟁을 해석하는 관점이 다르다

자료를 통해 확실히 알 수 있는 것은 무엇인가?

- 센카쿠열도를 둘러싼 중국, 일본, 대만의 분쟁이 있다
- 센카쿠열도는 위치상 중국에 가깝다
- 일본이 실효적 지배를 하고 있다
- 주변에 풍부한 석유 자원이 매장되어 있다
- 일본이 청일전쟁에서 이겨서 얻은 것이다
- 동중국해 항로의 요충지에 해당한다
- 무인도이다

센카쿠 열도는 무인도로 일본이 실효적 지배를 하고 있지만 거리상으로는 일본 오키나와섬보다 중국에 더 가까워 중일 갈등의 화근이 되어 왔다. 작은 섬을 놓고 대립하는 이유는 동중국해 항로의 요충지에 위치한 데다 주변에 풍부한 석유자원이 매장되어 있기 때문이다. 일본은 청일 전쟁에서 이긴 직후 센카쿠 열도를 자국 영토에 편입했다고 주장한 반면 중국과 타이완은 원래 중국령이었던 곳을 불법적으로 빼앗겼다고 주장한다.

- 배타적 경제수역이 늘어날 것이다
- 석유자원이 국가에 중요한 자원일 것이다
- 전쟁은 영토분쟁을 유발한다
- 타이완이 참여한 것은 어떤 목적이 있을 것이다
- 일부 사안에 대해서는 중국과 타이완이 의견일치가 될 수 있다
- 무인도라도 실효적 지배를 할 수 있다

[그림 2-13-8] 추론 레이어 사례

98. 카드 뉴스(card news)

1) 목적과 특징

카드 뉴스는 2014년부터 언론사들이 새롭게 내놓은 뉴스 포맷으로 SNS의 새로운 의사소통 방식으로 발전했다. 긴 텍스트에 사진을 곁들어 넣어주던 것에서 반대로 이미지가 중심이고 텍스트가 보조로 출연하는 방식으로 바뀐 것이다. 독자들은 문자로 되어 있는 신문보다 인터넷에 나와 있는 카드 뉴스가 훨씬 접근도 쉽고 보기도 쉬워서 좋은 반응을 보였다. 보통 사람들은 광고를 볼 때 우뇌가 먼저 왼쪽의 그림을 보게 되고, 다음으로 좌뇌가 오른쪽에 있는 문자를 보게 된다. 그래서 대부분의 광고는 왼쪽에 그림, 오른쪽에 문자를 배치한다. 그림을 보는 우뇌가 감성도 함께 느끼면서 호감을 가지게 되고, 좌뇌가 이성으로 판단을 하게 되는데, 우뇌가 사고 싶다거나 하겠다거니 하는 감성과 의지를 남당하기 때문에 의사결정에 중요한 역할을 한다.

시계 광고는 그림은 왼쪽, 문자는 오른쪽이며, 상표 때문에 시간은 10시 10분을 가리킨다.

카드 뉴스는 그런 과학적 원리와 요즈음 청소년들이 문자보다는 이미지에 더 호감을 갖는 점을 고려하여 만든 뉴스, 상식, 정보 등의 그림책이라 할 수 있다. 카드 뉴스는 사실보도를 넘어서 사건 관련 역사, 풍자, 유머, 뒷이야기 등 다양한 콘텐츠를 담기도 쉽다.

2) 방법

(1) 주제 정하기

주제는 사회문제를 선택하는 것이 좋다. 주제를 제시해줄 수도 있고, 모둠별로 스스로 선택하게 할 수도 있다. 그림을 그려야 하므로 역할을 그림이, 찾음이, 비판이, 해결이로 구성하는 것을 권한다.

(2) 레이아웃 정하기

우선 몇 개의 카드로 구성할지 결정한다. 카드는 보통 4~8개가 적당하다. 그리고 구성은 배경-전개-정리의 형태로 하는 것이 좋다. 예를 들어 [그림 2-13-9]처럼 사회적 이슈로 강남역 살인사건을 택할 수 있다. 그리고 레이아웃은 '배경-전개-갈등-대안'의 형태로 만들었다. 살인자가 '여자가 나를 무시해서 죽였다'고 한 말 한마디가 SNS를 통해 남녀 갈등으로 비화되었다. 그 과정의 대표적 상황을 표현하였고, 이전에도 SNS상에서 발생했던 남녀갈등 사례도 정리되어 있다. 그리고 마무리는 건전한 대안으로 '배려와 이해'로 끝을 낸다.

(3) 발표하기

모둠의 결과를 전체 앞에서 발표한다. 게시판에 게시하는 것도 좋은 방법이다. 이미지 위주의 카드이므로 별도의 설명 없이도 쉽게 이해되기 때문이다.

3) 의미와 응용

의사소통에서 문자는 번역해서 이해해야 하기 때문에 뇌에 간접적인 자극을 주지만 이미지는 직접적으로 자극을 주기 때문에 훨씬 의사소통이 빠르다.

다만 그림 카드를 만드는 과정에 시간이 많이 소요되는 것이 단점이다. 그러나 모둠마다 그림을 잘 그리는 재능을 가진 구성원이 대부분 있기 때문에 모둠 구성원이 가진 다양한 재능을 모아서 모둠 활동의 위력을 보여줄 수 있는 좋은 방법이다. 아울러 이 과정에서 사회문제를 정확히 읽어내고 부각시킬 수 있는 아이디어도 많이 나오고 토의·토론도 활발해진다. 또한 모둠 활동은 빠진 것, 미흡한 것들을 빨리 찾아내고, 문자로 일일이 표현하지 않아도 이미지를 통해 많은 다양한 의미들도 담아낼 수 있다. 텍스트는 간단하게 구성되므로 마치 시적인 표현이 가능하다.

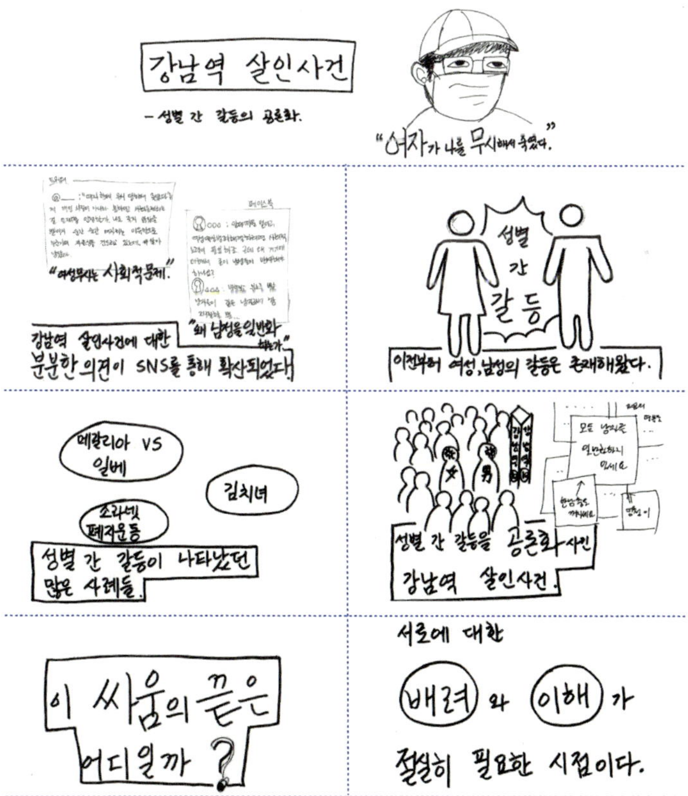

[그림 2-13-9] 카드 뉴스 사례(강남역 살인사건)

99. 페임랩(FameLab)

1) 목적과 특징

페임랩(FameLab)은 2005년 영국 첼턴햄 페스티벌(Cheltenham festivals)에서 시작된 세계 최대의 과학 커뮤니케이션 경연대회이다. 과학 기술 분야의 연구자와 교육자들이 대중과 쉽게 소통하기 위해 간단한 소품을 사용하여 창의적으로 과학의 개념을 소개하는 재미있는 이벤트이다. 이 축제는 재즈, 음악, 문학, 교육과 봉사활동, 그리고 과학 이벤트를 장기간 축제로 즐기는 행사이다. 과학 이벤트 중의 하나가 페임랩인데 크게 인기를 얻어 대표적인 행사가 되었다. 페임랩은 젊은 과학자들이 얼마나 대중들에게 어려운 과학 개념을 쉽게 재미있게 유용하게 소개하는지를 경쟁하는 대회이다. 참여자에게는 3분 동안 시간이 주어지고, 일반인에게 그들의 과학적 지식과 개념을 설명하고, 과학자들이 심사한다. 심사 기준은 3C이다. 내용(Content), 명료함(Clarity), 그리고 카리스마(Charisma)이다. 내용이 충실해야 하며, 쉽고 명확하게 설명이 되어야 한다. 그리고 대중을 주의 집중시켜야 하고 설득, 호응, 지지를 얻어내는 능력이 있어야 한다. 2019년도 우승자의 소감을 보면 페임랩 대회의 취지가 잘 나타나 있다.

> FameLab은 전 세계에서 훌륭한 연구를 수행하고 전달하는 영감을 주는 사람을 만날 수 있는 좋은 기회였습니다. 서로에게서 배우고, 서로 격려하고, 미래에 지속할 네트워크를 구축하는 것은 훌륭한 경험이었고, 제가 그 일부가 된 것은 매우 운 좋은 일이었습니다.(Tim Gordin 2019 우승자)

'페임랩(FameLab)'은 많은 과학자와 과학 기술 분야에 입문하려는 젊은이들에게 큰 인기를 끌었다. 해마다 대회를 개최하는 국가가 늘어나고 있고, 단순히 대회 개최뿐만 아니라 과학으로 소통하는 워크숍이나 훈련프로그램도 운영하고 있다. 우리나라에서도 과학이나 수학 수업에서 많이 활용하고 있다. 개인이 할 수도 있으나 모둠별로 어떤 과학 개념이나 원리를 쉽게 설명하는 방법을 모둠 토의·토론으로 학습함으로써 개념을 더욱 잘 이해하는 인지정교화 효과를 얻을 수 있다.

2) 방법

(1) 페임랩 규칙을 설명하기

모둠별 준비해서 발표해야 하므로 발표 규칙을 설명해준다. 규칙은 다음과 같다.

- 발표할 시간은 3분이다.
- 파워포인트 등 전자적 발표 도구는 사용하지 않는다.
- 직접 들고 할 수 있는 소품만 사용할 수 있다. 단 설치할 시간은 주지 않으므로 간단한 소품을 준비해야 한다.
- 발표 후 2분 동안 심사위원의 질문에 대답해야 한다.
- 심사 기준은 다음의 세 가지이다.

내용 (content)	- 과학적으로 정확해야 함. - 논란이나 불확실성이 있을 때는 반대 의견도 제시해야 함. - 주제를 청중이 이해할 수 있는 내용으로 선정해야 함.
명확성 (clarity)	- 전달이 가능한 발표의 구조가 중요함. - 심사위원과 일반적인 청중이 이해할 수 있도록 쉬워야 함.
카리스마 (charisma)	- 심사위원과 청중이 영감을 받고 열광해야 함. - 심사위원과 청중이 쉽고 재미있고 흥미진진하게 받아들여야 함. - 과학에 대한 열정이 드러나야 함.

(2) 발표할 주제 정하기

모둠별로 3분 동안 발표할 주제를 무엇으로 정할지 의논한다. 주제의 범위는 교사가 정해준다. 페임랩은 과학 분야에서 시작했으나 개념이나 원리를 쉽게 설명하는 활동이므로 모든 분야에서 활용할 수 있다. 주제를 정할 때는 다음의 기준을 따르는 것이 좋다.

첫째, 들어본 적은 있으나 분명하게 이해하지 못하는 개념이 좋다. 너무 쉬운 개념은 관객의 호응을 얻기 어렵고, 너무 어려운 개념은 쉽게 설명하기도 어려울 뿐만 아니라 이해하려는 노력을 얻기에도 실패할 가능성이 있다. 그러므로 누구나 들어본 개념이지만 확실하게 알고 있지 못한 개념이 호기심이나 관심을 끌기에 유리하다.

둘째, 소품을 사용하면 훨씬 효과적으로 설명할 수 있는 개념이 좋다. 추상적 개념도 구체물을 비유적으로 이용하면 쉽게 이해되기 때문이다. 특히 재미있고 기발한 소품은 어려운 개념을 명쾌하게 이해시키고 관객의 열광적 박수를 얻어낼 수 있다.

(3) 발표하기

발표는 개인이 대표로 한다. 다른 사람들은 대본, 소품 등을 만드는 것을 도와준다.

3) 의미 및 응용

첼턴햄 페스티벌 홈페이지에 가면 페임랩 대회 동영상이 올라가 있어서 페임랩의 의미와 응용 방법을 자연스럽게 알 수 있다. 우리나라에서 열린 페임랩 코리아 대회 동영상들도 인터넷에 올라와 있다. 출전자들은 어떻게 하면 어려운 과학 개념을 일반인에게 쉽게 설명할지 고민한 모습을 볼 수 있고, 출전자들의 재미있는 상황설정과 적절한 소품의 사용으로 쉽고 명쾌한 비유와 설명을 통해 어려운 과학 개념이 이해되고 속속 머릿속에 들어온다.

치열한 경쟁은 참여하는 사람들에게는 힘든 일이지만 오히려 쉽게 설명하기 위해 노력하는 가운데에 어려운 과학 개념들이 더욱 깊이 이해되기도 하고, 평소에는 의문이 생기지 않았으나 막상 설명하려다 보면 새로운 의문과 의심이 생기기도 한다. 이를 해결해야만 자신 있게 다른 사람에게 설명할 수 있으므로 그 개념에 대한 이해는 더욱 정교해지는 혜택을 볼 수 있다.

이러한 과정은 개인보다는 모둠별로 토의할 때 서로가 더욱 쉽게 이해할 수 있고 소통의 능력도 길러진다. 또한 타인을 배려하고 이해하는 인성도 길러진다.

참고문헌

강인애·정준환·정득년(2007). PBL의 실천적 이해: PBL수업을 위한 길라잡이. 서울: 문음사.

강인애(1999). 왜 구성주의인가?. 서울: 문음사.

강철성(1999). 창조적 집단사고 활동을 위한 지리수업의 구조화. 지리·환경교육 7(1), 151-164.

고슬링(2008). 스눕. 서울: 한국경제신문사.

공무원인재개발원(2021). 제39집 공공HRD콘테스트 우수사례 모음집.

교육부(2004). 교육과정해설.

교육부(2012). 2009개정 교육과정 총론.

구정화(2002). 사회과 논쟁문제에 대한 웹 기반 토론수업의 효과연구. 시민교육연구 34(1), 1-23.

구정화(2005). 초등 사회과의 면대면 및 온라인 토론 수업 비교 연구. 시민교육연구 37(2), 1-34.

구정화(2006). 초등 사회과에서 교사의 토론수업 이해와 인식. 시민교육연구 38(2), 27-46.

구정화(2009). 학교 토론 수업의 이해와 실천: 서울: 교육과학사.

권낙원(1996). 토의수업의 이론과 실제. 서울: 현대교육출판사.

권승혁(1999). 학생의 도덕성 발달을 위한 Kohlberg 토의 수업모형의 적용 연구. 사회과학교육연구 3, 79-102.

김경동·이온죽·김여진(2009). 사회조사연구방법. 서울: 박영사.

김병원(2000). 생각의 충돌. 서울: 자유지성사.

김영미·이충기(2013). 문화융성시대의 문화유산관람선택속성에 대한 IPA분석 연구: 창경궁 관람객 중심으로. 관광레저연구 25(7), 113-131.

김영순(2005). 미디어와 문화교육. 한국문화사.

김영채(2007). 창의력의 이론과 개발. 서울: 교육과학사.

김영채(2009). 창의적 문제해결: 창의력 수업을 위한 코칭 가이드. 서울: 교육과학사.

김장중·권병웅(2021). BCG Matrix에 의한 코스메틱 제품 시장성 진단 및 트렌드 분석. 문화와 융합 43(2), 817-833.

김재봉(2022). 초등예비교사들의 갈등 대응에 관한 인식 양상 연구. 현대사회의 갈등 및 사유 문제와 시민교육(학술대회 자료집), 1-16.

김정자(2002). 국어교육에서 미디어 교육의 수용. 국어교육학연구. 15. 235-272.

김주환(2012). 고등학교 문학 수업에서 토의 학습의 효과. 청람어문교육 46, 7-27.
김지현·전은주(2012). 고등학교 토론 다원 교수학습의 비판적 분석. 교사교육연구 51, 245-258.
김홍희(2000). 집단사고 이론의 비판적 고찰. 한국행정논집 12(3), 455-467.
노구치 요시아키(2009), 김윤수 역. 3의 마법. 서울: 다산라이프.
박건호(1997). 금융정책 시뮬레이션의 효과적인 수업방법 탐색. 석사학위논문. 서울대학교.
박범수(2002). 철학적 관점에서의 토의수업 모형. 한국초등교육 13(2), 1-35.
박성익·임철일·이재경·최정임·조영환(2021). 교육공학과수업. 서울: 교육과학사.
박성익 외(2012). 교육방법의 교육공학적 이해. 서울: 교육과학사.
박재현(2004). 한국의 토론 문화와 토론 교육. 국어교육학연구 19, 289-318.
박진균(2009). 기질별 육아혁명. 서울: 파인앤굿.
박천환·안효일·김주현(2001). 토론 문화 정착을 위한 수업 방안 개발. 부산교대 초등교육연구, 16, 75-92.
방경린(2017). 문화예술교육에서의 융합형 디자인교육모형 제안 - ADDIE 교수설계 기반-한국디자인포럼 54권, 133-142.
백춘현(2003). 도덕과 토론수업모형 개발과 적용. 토론학습모형과 토론기술, 한국열린교육학회 2003년 동계학술대회 발표자료집.
변영계(2006). 교수·학습이론의 이해. 서울: 학지사.
변홍규(1997). 능률적 토의수업의 기법. 서울: 교육과학사.
서재천(2000). 초등 사회과 수업방법. 서울: 유천.
송창석(2011). 새로운 민주시민 교육방법. 서울: 백산서당.
스티븐 코비(1999). 성공하는 10대들의 7가지 습관. 서울: 김영사.
스티븐 코비(2017). 성공하는 사람들의 7가지 습관. 서울: 김영사.
심성보(2018). 사람다움과 시민다움의 조화를 통한 '민주적'시민교육의 모색-보이텔스바흐 합의와 크릭 보고서를 중심으로. 윤리교육연구 47, 253-282.
안정임·전경란(1999). 미디어교육의 이해. 서울: 한나래.
여희숙(2009). 토론하는 교실: 서울: 파란자전거.
옹진환(2012). 논쟁문제 수업에서 교사 의견 표명의 정당성 탐색-켈리에 대한 오해와 이해를 넘어서. 시민교육연구 44(2), 129-161.
옹진환 외(2023). 중립성 원칙 기반 교육 프로그램 개발: 학교 시민교육의 개념 및 원칙 연구. 한국교육과정평가원.
우영진·박병주·이현진·최미숙(2018). 디자인씽킹 수업. 서울: 시공미디어.
유동걸(2012). 토론의 전사. 서울: 해냄애듀.

유병열(2011). 도덕과교육론. 서울: 양서원.
유영식(2021). 수업잘하는 교사는 루틴이 있다. 서울: 테크빌교육.
윤기옥 등(2001). 수업모형의 이론과 실제, 서울: 학문출판.
이동원(2011). 창의성교육의 실천적 접근. 서울: 교육과학사.
이무·박승재(1987). 일반계 고등학교 과학교육실태 비교 분석, 한국과학교육학회지 7, 71-82.
이상우(2011). 협동학습으로 토의·토론 달인 되기. 서울: 시그마프레스.
이선영(2011). 국내외 토론 대회 현황 분석을 통한 토론 교육 발전 방안 연구. 화법연구 19, 145-171.
이선영(2012). 토론평가 패러다임 분석에 따른 토론 평가의 방향 고찰. 국어교육학연구 44, 454-481.
이성우(1985). 한국요리문화사, 서울: 교문사.
이성은·오은순·성기옥(2002). 초·중등교실을 위한 새 교수법. 서울: 교육과학사.
이종연·진석언·구양미(2006). 창의성 및 문제해결력 증진을 위한 Creative Thinker 프로그램 연구·개발. 한국교육학술정보원.
이태종(2006). NIE 원론: 서울: 통키.
임정훈 등(2008). 디지털교과서 활용 교수-학습 방법 연구. KERIS.
임칠성(2011). 토론의 본질과 토론 지도. 화법연구 18, 103-130.
장경원(2012). 토의 수업을 위한 월드 카페 활용 가능성 탐색. 교육방법연구 24(3), 523-545.
장동일·김연종(2015). 토론연구논문의 변화와 전망: 1974년부터 2013년까지 국내학술지 게재 논문을 중심으로. 스피치와 커뮤니케이션 27, 7-57.
장혜경 역(2012). 사물의 심리학, 서울: 북하우스.
전명남(2006). 토의식 교수법 토론식 학습법. 계명대학교 출판부.
전영우(1996). 토의 토론과 회의: 학교에서 직장에서 사회에서. 서울: 집문당.
정문성(2004). 토의토론수업의 개념과 수업에의 적용모델에 관한 연구. 열린교육연구 12(1), 147-168.
정문성(2006). 협동학습의 이해와 실천. 서울: 교육과학사.
정문성(2011). 뉴홈스쿨NIE학습법. 서울: 드림피그.
정문성(2016). 초등 사회과에서 디지털교과서를 활용한 토의·토론 수업의 양상 연구. 시민교육연구 47(4), 217~240.
정문성·구정화·박미영(2004). 학교 NIE 알아보기. 한국신문협회.
정문성·구정화·성태모·김용순(2007). NIE 수업모델 알아보기. 한국신문협회.
정문성·구정화(2003). 참여토론식 교육모델 수립을 위한 연구. 중앙공무원교육원.

정문성·구정화(2005). 학생 NIE 알아보기. 한국신문협회.
정문성 외(2008). 사회과 교수-학습법. 서울: 교육과학사.
정문성 외(2013). 신문으로 하는 인성교육. 서울: 교육과학사.
정재삼(1996). 교수설계 (ID)와 교수체제개발(ISD)의 최근 경향과 논쟁 -21세기를 대비하는 교수공학. 교육공학연구 12(1), 195-225.
정재삼·임규연(2000). 웹기반 토론에서 학습자의 참여도, 성취도 및 만족도 관련 요인의 효과분석. 교육공학연구 16(2), 107-135.
정재승(2003). 과학 콘서트. 서울: 동아시아.
정재찬·이성영·서혁·박수자(1998). 국어과 토의·토론 학습의 수업모형 개발 연구(1). 선청어문 26, 359-414.
정혜승 외(2016). 창의적 사고력 계발을 위한 교과서 질문 개선 방안. 교육부.
조성민(2009). 탐구공동체 활동을 통한 도덕과 토론논술 연계지도. 윤리철학교육 10, 1-22.
조성태(2002). 즐거운 미디어 활용교육. 서울: 즐거운 학교.
조연순 외(2005). 문제중심학습의 교수학습과정 연구: 초등과학 수업에의 적용사례를 중심으로. 초등교육연구 18(1), 61-87.
조인성(2017). 죄수의 딜레마의 개념과 적용. 전문경영인연구 20(1), 129-147.
좌일방(2021). 카노모델(Kano Model) 및 잠재적 고객만족개선 지수(PCSI Index)를 이용한 C2C 중고거래 플랫폼의 품질 개선 순위에 관한 연구. 단국대학교 박사학위논문.
중앙공무원교육원(2003). 제1기 토론문화발전과정. 중앙공무원교육원.
차경수·모경환(2008). 현대의 사회과교육. 서울: 동문사.
차경수(2000). 현대의 사회과교육. 서울: 학문사.
차우규(2000). 토의식 수업과 평가. 교육발전논총 21(1). 충남대학교, 259-273.
최고은(2010). 영상을 활용한 도덕과 탐구공동체 수업방안 연구. 윤리철학교육 11집, 79-106.
최유현(1999). 다중지능이론이란 무엇인가? 교육개발 여름, 108-114.
최유현(2008). 공학교수학습 모형과 전략. 충남대학교 공학교육혁신센터.
최호형(1997). 생물 실험 교재 연구를 통한 토론수업. 한국생물교육학회지 25(2), 157-163.
토론교육연구소(2007). 토론 교육. 민족사관고등학교.
한석실(2015). 유아교사 양성과정에서 토의를 활용한 수업의 효과에 대한 질적 분석. 미래유아교육학회지 22(4), 279-299.
한형석(2003). 학습자를 지적으로 단련시키는 토론수업의 기술 모색. 토론학습모형과 토론기술, 한국열린교육학회 2003년 동계학술대회 발표자료집.
허종렬·박형근·고영은(2010). 사회적 법교육 교수학습방법에 관한 연구. 한국초등교육 20(2), 47-65.

허종렬·박형근·고영은(2010). 사회적 법교육 교수학습방법에 관한 연구. 한국초등교육 20(2), 47-65.

홍순재(2020). 음성인식 인공지능의 관여도와 경험에 따른 만족도 연구. 홍익대학교 박사학위논문.

황연성(2011). 신나는 디베이트: 황샘의 토의·토론 학습코칭. 서울: 이비락.

황정규·이돈희·김신일(2011). 교육학 개론. 서울: 교육과학사.

황중숙(2008). 수업연구발표자료. 부내초등학교.

12명의 성난 사람들 포스터.

Albrecht, S. L., Thomas, D. L., & Chadwick, B. A.(1980). *Social psychology*. NJ: Prentice -Hall.

Altaf, S., Aslam, M., & Asiam, M.(2012). Paired Comparison Analysis of the van Baaren Model Using Bayesian Approach with Noninformative Prior. *Pakistan Journal of Statistics & Operation Research* 8(2), 259-270.

Arends, R.(1994). *Learning to teach*.: NY: McGraw, Hill.

Aronson, A. Blaney, N., Stephan, C., Sikes, J. & Snapp, M.(1978). *The Jigsaw Classroom*. CA: Sage pub.

Ascher, R. S.(1976). Methods and technologies in teacher development. *Education Technology*, November, 1-2.

Atwater, D.(1984). *The 4-H debate project: Getting adults and children involved in communication*, ERIC.

Banks, J. A.(1990). *Teaching strategies for the social studies*. New York: Longman.

Barber, B.(1989). Public Talk and Civic Action: Education for Participation in a Strong Democracy. *Social Education* 53(6), 355-356.

Barrows, H.S.(1985). *How to design a problem-based curriculum for the preclinical years*. NY: Springer Publishing Co.

Bergerson(2010). Repairing the Leaky Educational Pipeline: Cultural Relevancy as a Classroom Tool, 경인-서울교대 국제학술대회 자료집.

Berko, R. M., Wolvin, A.D., Wolvin, D.R., & Aitken, J.E.(2013). Communicating: A Social, Carrer and Cultural Focus. NY: Pearson.

Berliner, D.(1984), "The Half-full Glass: A Review of Research on Teaching", in P. Hosferd (ed), *Using What we Know about Teaching*. Alexandria, VA: Association for Supervision and Curriculum Development.

Bligh, D.(2000). *Lecture*. San Francisco: Jossey-Bass Publishers.

Bridges, D.(1987). Discussion and Questioning. *Questioning Exchange* 1, 34-37.

Brookfield, S. D. & Preskill, S.(2005). *Discussion As a Way of Teaching: Tools And Techniques for Democratic Classrooms*. NY: John Wiley & Sons Inc.

Brown, J., Isaacs, D., & The world cafe community (2001). The world cafe: living knowledge through conversations that matter. *The Systems Thinker, 12*(5), 1-5.

Bruce, L.(2003). Comparing face-to-face Decision and Electronic Discussion: A Case Study from High School Social Studies. *Theory and Research in Social Studies* 31(3).

Coninger, C. R., Thomas R.. Przybeck, & Dragan M.. Svrakic.(1994). The Temperament and Character Inventory (TCI): A guide to its development and use. St. Louis, MO: Center for Psychobiology of Personality, Washington University.

Cox, J. F., Schleier, J. G., & Goldratt, E. M.(2010). *Theory of Constraints Handbook*. NY: McGraw-Hill Professional Publishing.

Costa, A. L.(1990). Teacher Behaviors that promote discussion. In W. Wilen (Ed), *Teaching and learning through discussion: the theory, Research and Practice of the Discussion Method*. Springfield: Charles C Thomas Pub.

Cross, N.(2004). 공학설계방법론. 김관배·차주헌 역. 서울: 범한서적.

De Bono, E.(1999). *Six Thinking Hats: An Essential Approach to Busziness Management*. NY: Back Bay Books.

De Bono, E.(1982). *De Bono's Thinking Course*. NY: Facts on File Publication.

De Bono, E.(2009). *Lateral Thinking*. NY: Penguin Group.

Dewey, J(1910). *How to think*. MA: Heath.

Doolan, L. & Morris, H.(2009). Important artifacts and personal property. NY: Strachan & Quinn Auctioneers.

Dubin, R. & Taveggia, T. C.(1968). *The teaching-learning paradox. OR: Center for the advanced study of educational administration*, University of Oregon.

EBS(2009). 아이의 사생활. EBS.

Gall, M. D. & Gall, J. P.(1976). The Discussion Method. In N. L. Gagné(Ed.), *The Psy-chology of Teaching Methods(the 75th Yearbook of the National Society for the Study of Education)*. Chicago: University of Chicago Press.

Gagné, N.(1978). *The scientific basis for the art of teaching*. NY: Teachers College Press.

Gall, J. P. & Gall, M. D.(1990). Outcomes of the discussion method. In W. Wilen (Ed), *Teaching and learning through discussion: the theory, Research and Practice of the Discussion Method*. Springfield: Charles C Thomas Pub.

Gardner, H. (2011). Frames of mind: The theory of multiple intelligences. Basic books.

Ginnis, P.(2002). *The teacher's toolkit*. Glasgow: Crown House Publishing.

Ginnis, P.(1980). *The Discussion Method in Classroom Teaching*. Theory Into Practice.

Ginnis, P.(1993). *Teacher and Student Roles in Different Types of Classroom Disc-ussions*. Paper presented at the annual meeting of the American Educational Research Association.

Gosling, s.(2008). 스눕·김선아 역. 서울: 한국경제신문.

Gordon, W. J.(1961). *Synectics*. New York: harper & Row.

Gutman, J. A.(1982). Means-end chain model based on consumer categorization process. *Journal of Marketing*, 46, 60-72.

Harvard Business School Press(2007). *SWOT Analysis I: Looking Outside for Threats and Opportunities(Digital)*. Harvard Business School Press.

Harvard Business School Press(2007). *SWOT Analysis II: Looking Inside for Strengths and Weaknesses(Digital)*. Harvard Business School Press.

Honebein, P.(1996). Seven Goals for the Design of Constructivist Learning Environments. In B. G. Wilson (Ed.), *Constructivist Learning Environments: Case Studies in Instructional Design*. Englewood Cliffs, NJ.: Educational Technology Publications, Inc.

Ishikawa, K.(1985). *What Is Total Quality Control?: The Japanese Way*. NY: Prentice Hall.

Johnson, D. W., & Johnson, R. T.(1994). Pro-Con Cooperative Group Strategy Structuring Academic Controversy within the Social Studies Classroom. In R. J. Stahl(Ed.), *Cooperative Learning in Social Studies: A Handbook for Teachers*. NY: Addison-Wesley Publishing Company, 306-331.

Joyce, B., & Calhoun, E.(2015). *Models of Teaching*. NY: Prentice Hall.

Kagan, S.(1994). *Cooperative Learning*. Resources for Teachers, Inc.

Kano, Moriaki(1984). Attractive quality and must-be quality. *The Journal of the Japanese Society for Quality Control*(April), 39-48.

Kilmann, R. H., & Thomas, K. W. (1977). Developing a forced-choice measure of conflict-handling behavior: The" MODE" instrument. *Educational and psychological measurement*, 37(2), 309-325.

Kindsvatter, R.(1990). Teacher social power and classroom discussion. In W. Wilen (Ed),

Teaching and learning through discussion: the theory, Research and Practice of the Discussion Method. Springfield: Charles C Thomas Pub.

Kirschenbaum, H.(2006). 도덕, 가치 교육을 위한 100가지 방법. 추병완 외 역. 서울: 울력진석찬문고.

Khaw Choon Ean(2006). TOCFE 사고력 혁명. 고제석 역. 서울: 동양문고.

Larson, B. E. (2003). Comparing face-to-face discussion and electronic discussion: A case study from high school social studies. *Theory & Research in Social Education*, 31(3), 347-365.

Lipman, M.(2003). Thinking in education. Cambridge University Press.

Lowy & Hood(2004). 2×2 매트릭스. 이강락 역. 서울: 지식노마드.

Lunzer, E. & Gardner, K.(1980). The effective use of reading. British Journal of Educational Studies 28 (2), 163-164.

Lynch, T.(1996). Basing discussion classes on learners questions: an experiment in (non)course design. Edinburgh working papers in *Applied linguistics* 7, 72-84.

Martilla, J. A. & James, J. C. (1977) Importance-Performance Analysis, Journal of Marketing, 41(1), 77-79.

Martin, R.(2009). 디자인씽킹. 이건식 역. 서울: 웅진윙스.

Marzano, R. J., & Simms, J. A. (2017). 학생 탐구 중심 수업과 질문 연속체, 정혜승·성선영 역. 서울: 사회평론.

Mathews, D.(1994). *Politics for People. Baltimore*. University of Illinois Press.

Mcintyre, E.(2007). *Story discussion in the primary grades: Balancing authenticity and explicit teaching*. International Reading Association.

Mckeachie, W. J. & Kulik, J. A.(1975). Effective collefe teaching. In Kerlinger, F. N.(Ed), *Review of Research in Education*, 3, IL: Peabody.

Medina, J.(2009). 브레인 룰스: 의식의 등장에서 생각의 실현까지. 서용조 역. 서울: 프런티어.

Menzel, P., & Mann, C. C. (1994). *Material world: a global family portrait*. Univ of California Press.

Novak, J. D.(1990). Concept mapping: A useful tool for science education. Journal of research in science teaching, 27(10), 937-949.

Okolo, C. M., Ferrerri, R. P., and MacArthur, C. A.(2007). Talking about history: discussion in a middle school inclusive classroom. *Journal of Learning Disabilities*, 40(2), 154-165.

Olson, M.(1985). *Using the Newspaper to teach social studies*. Dale Seymour Pub.

Osborn, P.(1997). School *Newspaper adviser's*. San Francisco: Jossey-bass.

Parker, W. C.(1996). Curriculum for Democracy. In R. Soder(Ed.). *Democracy, Education and Schooling*. San Francisco: Jossey-Bass, 182-210.

Parker, W. C.(2001). Classroom Discussion: Models for Leading Seminars and Deliberations, *Social Education* 65(2), 111-115.

Piaget, J.(1926). *The Language and Thought of the Child*. NY: Harcourt, Brace.

Reynolds, T. J. & Gutman, J.(1988). Laddering theory, method, analysis, and interpretation. *Journal of advertising research* 2/3, 12-31.

Roberts, M.(2013). Geography through Enquiry. Sheffield: Geographical Association. 이종원 역(2016). 탐구를 통한 지리 학습. 서울: 푸른길.

Quantz, R. A.(2001). On seminars, ritual, and cowboys. *Teachers College Record*, 103, 896-922.

Sadker, M. P. and Sadker, D. N.(1991), *Teachers, Schools and Society*. New York: Mc Graw-Hill, Inc.

Sanderson, P.(1999). *Using Newspapers in the classroom*. Cambridge: Cambridge Press.

Saxena, P.(2015). Johari Window: An effective model for improving interpersonal communication and managerial effectiveness. SIT Journal of Management, 5(2), 134-146.

Schmidt, H., Rotgans, J. & Yew, E.(2011). The process of problem-based learning: what works? and why?. *Medical Education* 45, 792-806.

Schopenhauer(2003). 쇼펜하우어의 토론의 법칙. 최성욱 역. 서울: 원앤원북스.

Silverstein, D., Samuel, P. & DeCarlo, N.(2012). *The Innovator's ToolKit: 50 Techniques for Predictable and Sustainable Organic Growth*. NY: John Wiley & Sons Inc.

Slavin, R. E.(1987). Cooperative Learning & cooperative School. *Educational Leadership*, 45(3), 7-13.

Slavin, R. E.(1990). *Cooperative Learning*: Theory, Research, and Practice, Boston.

Stahl, R. J.(1994). *Cooperative Learning: A Social Studies Context and an Overview*. Stahl, R. J.(Ed.), *In Cooperative Learning in Social Studies: A Handbook for Teachers*. New York: Addison-Wesley Publishing Company, 1-17.

Steinbrink, J. E. & Stahl, R. J.(1994). JigsawⅢ=JigsawⅡ+Cooperative Test Review: Applications to the Social Studies Classroom In *Cooperative Learning in Social Studies: A Handbook for Teachers*, edited by R. J. Stahl, New York: Addison-Wesley Publishing Company.

Seo, K. K.(2007), Utilizing peer moderating in online discussions: Addressing the controversy between teacher moderation and non-moderation. *The American Journal of Distance Education*, 21(1), 21-36.

Swan, J.(2007). Designing educationally effective discussion, *Language and Education*, 21(4), 342-359.

Thomas, K. W. (1992). Conflict and negotiation processes in organizations. In L. M. Hough & M. D. Dunnette (Eds.), Handbook of industrial and organizational psychology, 2nd ed., Vol. 3 (pp. 651-717). Palo Alto, CA: Consulting Psychologists Press.

Thurstone, L. L. (1927). A Law of Comparative Judgment. *Psychological Review*, 34, 273-286.

Toulmin, S. E.(2003). *The Uses of Argument*. Cambridge Univ Press.

Treffinger, D. J., Isaksen, S. G. & Stead-dorval, K. B.(2005). *Creative Problem Solving: An Introduction*, Fourth Edition. Prufrock Press INC.

Tumposky, N, R.(2004), The debate debate, *The Clearing House*. 78(2), 52-55

VanGundy, A. B., Pfeiffer, J. W.(2004). *101 Activities for Teaching Creativity and Problem Solving*. CA: John Willey and sons, Inc.

Vygotsky, L. S.(1978). *Mind in Society*. Cambridge, MA: Havard University Press.

Wang, Q. & Woo, H.(2007). Comparing asynchoronous online discussions and face-to-face discussions in a classroom setting, *British Journal of Educational Technology*, 38(2), 280-281.

Wilen, W.(1990). *Teaching and learning through discussion: the theory, Research and Practice of the Discussion Method*. Springfield: Charles C Thomas Pub.

Woolever, R. M. & Scott, K. P.(1988). *Active learning in social studies: promoting cognitive and social growth*. Boston: Foresman and Company.

https://itadvisory.dk/the-retrospective-starfish-simple-and-powerful-project-retrospectives/

https://www.britishcouncil.org/education/he-science/famelab

https://www.youtube.com/watch?v=EYa7Lq4uKvo

저자: 정문성

서울대학교 사회교육학과를 졸업하고, 서울대학교에서 협동학습으로 박사학위를 받았다. 서울 미성중학교와 대영고등학교에서 사회를 가르쳤으며, 한국청소년정책연구원을 거쳐서 국립 경인교육대학교 사회교육과 교수로 있다. 이십여 년간 협동학습과 토의·토론 수업방법 개발과 보급에 매진해왔고 유치원 교사에서부터 대학교수에 이르기까지 강연을 통해 효율적인 교수법 공유에 힘을 쏟고 있다. 이 외에도 저작권교육, 문화예술교육, 통계활용교육, 재외동포 한글학교학교, 문화다양성 교육 관련 교재 개발과 연구를 하고 있다. 경인교육대학교 교무처장, 부총장 및 교육대학원장, 한국열린교육학회 회장, 한국다문화교육연구학회 회장, 한국사회과교육학회 회장을 역임하고 현재 경인교육대학교 사회교육과 교수로 있다. 저서로는 '협동학습의 이해와 실천(교육과학사)', '초등사회과교육(교육과학사)', '사회과교수·학습법(교육과학사)', '다문화사회교수방법론(교육과학사) 등이 있다.

5판 토의·토론 수업방법 99

2008년 8월 30일 1판 1쇄 발행
2010년 8월 30일 1판 3쇄 발행
2011년 11월 1일 2판 1쇄 발행
2013년 1월 5일 2판 4쇄 발행
2013년 5월 20일 3판 1쇄 발행
2016년 12월 20일 3판 12쇄 발행
2017년 2월 28일 4판 1쇄 발행
2021년 9월 25일 4판 5쇄 발행
2022년 7월 25일 5판 1쇄 발행
2025년 10월 25일 5판 3쇄 발행

저 자 : 정 문 성
발행인 : 한 정 주
발행처 : 교 육 과 학 사

경기도 파주시 광인사길 71
전화(031)955-6956~8 / 팩스(031)955-6037
Home-page : www.kyoyookbook.co.kr
등록 : 1970년 5월 18일 제2-73호

낙장 · 파본은 교환해 드립니다.
Printed in Korea.

정가 20,000원
ISBN 978-89-254-1704-2